Criminal

The Truth About
Why People Do Bad Things

Tom Gash
湯姆・蓋許——著
堯嘉寧——譯

被誤解的犯罪學

從全球數據庫看犯罪心理及行為的
十一個常見偏誤

Criminal : The truth about why people do bad things
Original English language edition first published by Penguin Books Ltd, London.

臉譜書房 FS0083X

被誤解的犯罪學：
從全球數據庫看犯罪心理及行為的十一個常見偏誤
Criminal : The truth about why people do bad things

作　　者　湯姆．蓋許（Tom Gash）
譯　　者　堯嘉寧
責任編輯　陳怡君（一版）；許舒涵（二版）
行銷企劃　陳彩玉、陳紫晴、楊凱雯
封面設計　井十二設計研究室

編輯總監　劉麗真
總 經 理　陳逸瑛
發 行 人　凃玉雲
出　　版　臉譜出版
城邦文化事業股份有限公司
臺北市中山區民生東路二段141號5樓
電話：886-2-25007696 傳真：886-2-25001952
發　　行　英屬蓋曼群島商家庭傳媒股份有限公司城邦分公司
臺北市中山區民生東路二段141號11樓
客服專線：02-25007718；25007719
24小時傳真專線：02-25001990；25001991
服務時間：週一至週五上午09:30-12:00；下午13:30-17:00
劃撥帳號：19863813 戶名：書虫股份有限公司
讀者服務信箱：service@readingclub.com.tw
城邦網址：http://www.cite.com.tw
香港發行所　城邦（香港）出版集團有限公司
香港灣仔駱克道193號東超商業中心1樓
電話：852-25086231或25086217　傳真：852-25789337
新馬發行所　城邦（新、馬）出版集團
Cite（M）Sdn. Bhd.（458372U）
41-3, Jalan Radin Anum, Bandar Baru Sri Petaling,
57000 Kuala Lumpur, MalaysFia.
電話：603-90563833　傳真：603-90576622
電子信箱：services@cite.my
一版一刷　2018年4月
二版一刷　2022年7月
二版二刷　2024年5月

城邦讀書花園
www.cite.com.tw

ISBN 978-626-315-132-1

售價　NT$ 480

國家圖書館出版品預行編目資料

被誤解的犯罪學：從全球數據庫看犯罪心理及行為的十一個常見偏誤 / 湯姆. 蓋許(Tom Gash)著；堯嘉寧譯. -- 二版. -- 臺北市：臉譜出版：英屬蓋曼群島商家庭傳媒股份有限公司城邦分公司發行, 2022.07
面；公分. -- (臉譜書房；FS0083X)
譯自：Criminal : the truth about why people do bad things
ISBN 978-626-315-132-1(平裝)

1.CST: 犯罪學 2.CST: 犯罪心理學

548.5　　111005949

國內推薦

關於犯罪，多數人（包括我自己）的理解恐怕是零碎的、旁觀的、甚至是矛盾且反覆的，卻又每每在某個重大社會事件發生的當下苦於無法分辨龐雜的訊息，見解相異的同溫層間頻頻發生流於情緒宣洩的衝突對抗，激情過後問題仍不見改變。湯姆・蓋許在《被誤解的犯罪學》書中給予了一個脈絡清晰的視角，有系統地破除一般人的刻板印象與思考盲點，從諸多事例中探索犯罪的真貌。或許存有東西文化差異，也或許這只是諸多犯罪研究的其中一個論述，但對於想透過閱讀建立觀點的我來說，確實方便受用。

——冬陽，推理評論人

這幾年來，臺灣始終對司法有一種迷思，也就是亂世用重典。酒駕？判鞭刑。酒駕肇事致死？判死刑。吸毒？判鞭刑。販毒？判死刑。在這樣的庶民文化中，彷彿臺灣人都以為只有鞭刑與死刑，才能讓臺灣恢復安定。然而，真實的情況卻是，當這些刑罰真正實施時，面對懲罰的人竟然以中下階層居多。例如吸毒，往往是因為失去社會連結的結果；酒駕，可能是騎乘摩托車的勞工居多，這時候嚴刑峻法是不是真的周全？所有的犯罪都有成因，我們並不一定要同情犯罪者，畢竟受害者需要我們更大的關注。但就抑制犯罪的角度來看，了解所謂的「壞人」為何做壞事，是我們應該密切關注的議題。

——呂秋遠，律師

本書運用實際數據破除有關犯罪學方面的十一個迷思，舉凡犯罪日益增加、犯罪組織龐大邪惡、加強警力的必要性、嚴刑峻法的有效性、激進的改革方案等，這些迷思不僅困擾了英美等先進國家，我國也無法倖免。這些迷思讓我們浪費了許多資源，而且效果不彰。

作者認為不論是犯罪生物學還是犯罪社會學，都有一定的局限性或甚至偏頗，事實上許多犯罪人都是機會犯。對於有犯罪傾向的人，就業、信仰或其他信念、支撐的人際關係以及心態和個性的轉變等是讓他們遠離犯罪機會的最佳策略。而一個人為何會犯罪其原因是非常複雜的，因人而異，所以我們無法以一個單純的模式去解決複雜的犯罪問題，而應按照犯罪類型進行分析，然後透過情境的改變才能抑制犯罪行為的發生。這種將犯罪潛在者與犯罪行為分開思考的方式，正是讓許多先進國家在這二十餘年來，犯罪數量不斷下降的策略。

我國在面臨犯罪問題時，不管對個別的犯罪人，還是整體的犯罪情事，往往都過於偏向情緒反應，為求有效利用資源抑制犯罪，為政者與一般民眾都應該讀讀這本犯罪學的普及書。

——李茂生，臺灣大學法律學院教授

讀完本書譯稿，我就決定要推薦給在司法系統以及從事法律相關工作的朋友們了。當年參加監所管理員考試時，讀那厚厚的犯罪學猶如嚼蠟，各派學說各家之言在進入職場後成為見證人性複雜的工具，不過在面對因罪定刑的受刑人時，我仍難消心頭之惑。人為什麼要犯罪？犯罪是社會常態？還是病態？要怎麼樣才足以減少及預防犯罪的發生？這樣的困惑至今未曾得到解答。

對於犯罪的各種迷思，在作者湯姆．蓋許（Tom Gash）以實證角度一一解析後，會發現原來我們對於犯罪的想像，比了解的還多。我國刑事政策向來喜歡引進外國的政策，例如迷思九中美國一九九三年為懲處謀殺十二歲女童者所立的三振出局法，但我們卻未曾思考，這些效仿自國外的法案及政策，究竟合不合於國內的社會條件？無法減少和預防犯罪的刑事政策，究竟是病態？還是常態？

——林文蔚，獄政改革倡議者、畫家、臺灣獄政工會常務監事

在資訊爆炸的今天，每晚隨著電子媒體的嗜血報導，網路群眾對著酒駕致死的肇事者激情高呼引入鞭刑或「唯一死刑」。《被誤解的犯罪學》在此際出版，毋寧是沉重的暮鼓晨鐘，敲醒許多人長期以來對「犯罪」的迷思。單是加重刑度能否有效嚇阻犯罪，作者就廣徵博引、清晰指出犯罪者未必會認真將行為代價納入考量，反而事後是否被逮捕或受到制裁才會影響犯罪動機。書中亦可見其他深層議題，例如人為何甘冒風險犯罪？何以出獄後會再犯？國家如何面對犯罪率提升的問題？這本書，正是引導我們在思索所有與犯罪有關的社會議題時，必須具備的態度：挑戰既有迷思，帶入深度思辨。

——翁國彥，執業律師

湯姆．蓋許在《被誤解的犯罪學》中，大量引用各種研究、理論和分析，討論了十一種我們對於犯罪常見的迷思，並且一項項解釋為什麼這些都是迷思。這本書不見得符合你過去對於犯罪的想法，甚至還會持續挑戰你深信不疑，來自於有名的書或教授——理論家的見解分析。閱讀本書不見得會讓你舒服或愉快，但它絕對可以刺激你思考，非常有意思。

——楊士範Mario，關鍵評論網媒體集團共同創辦人

導讀　調查現實世界的犯罪

賴擁連　中央警察大學犯罪防治學系教授兼所長／系主任

當關鍵字遮蔽了犯罪事實

首先，讓我們來看以下臺灣晚近三起社會大眾矚目的犯罪事件：

二〇一四年五月，大學生鄭捷在臺北捷運車廂內犯下隨機殺人事件，造成四死二十四傷的悲劇，震驚中外。根據報導，鄭捷家中，經濟優渥，父母以進口百萬名車代步……他就是一般的孩子，有笑容，會快樂，喜歡玩，有榮譽感，有上進心，求學階段，人緣還不錯，還當過班長與班代表等……（維基百科－鄭捷）。

二〇一四年九月，小開曾威豪在臺北市松壽路一家夜店與安管人員發生衝突，事後糾眾前往尋釁鬥毆；員警薛貞國得知後到場處理，遭曾男等「中山好青年」群組成員圍毆致死，二審判處曾嫌十年有期徒刑。據報導，曾威豪家境富裕，曾父是某一燈具實業董事長，經營燈具加工，外傳家產逾兩佰億元……（蘋果日報2016/4/20）。

二〇一六年十二月，W飯店發生女模參加毒趴致死案，二〇一七年二月二十三日郭姓小模的父親在立法委員的陪同下，召開記者會，直指飯店業者對於類似的集體開毒趴事件，應該負起企業責任，及早辨識與通報，將可減少悲劇發生……（自由時報2017/2/24）。

這三則重大犯罪事件，均顛覆了吾人傳統以來對於犯罪人或犯罪行為所持的一些既定看法，或者說是迷思，因而引起了社會的熱烈討論。捷運隨機殺人犯鄭捷，來自父母婚姻正常的中產階級家庭，大大顛覆吾人傳統認為殺人犯是來自弱勢家庭、下階層家庭、父母不和睦家庭或是離婚家庭；傳統上大家認為，黑道或幫派組織才會殺人，但殺警案主嫌曾威豪的案例，也顛覆我們的想法，原來有錢人的子弟也會加入幫派、吸收黑二代，糾眾殺人。最後，毒趴事件導致女模死亡，與飯店何干？飯店又不是毒趴的始作俑者，為何要善盡社會責任？原來犯罪學者不只關注犯罪者，也看到犯罪行為模式和環境之間的關係，比如環境犯罪學者就曾主張，場所管理者要善盡犯罪預防的責任，以減少犯罪的發生。而本書就是要在眾說紛紜的犯罪時事中，從犯罪現場的環境開始分析，並重新詮釋犯罪的現象與原因。

從犯罪學讀懂社會的黑暗面

本書作者湯姆．蓋許（Tom Gash），是一位英國政府官員，也是倫敦政經學院的曼海姆犯罪學學院（Mannheim School of Criminology）的高級研究員。令人驚訝的是，他的背景是現代歷史，並非犯罪學。這本書以庶民筆觸描寫當代犯罪研究的樣貌和重要議題，是一本非常不錯的大眾讀物。

首先，他提出的英雄－壞人視角（Heroes and Villains），其實指的是犯罪學中主要研究犯罪行為的古典犯罪學派（Classical School），該學派強調人類的犯罪是一種滿足私欲、理性選擇的結果，刑罰的功能就是要嚇阻潛在犯罪人從事犯罪的一種主要手段；另一學派他稱為受害者－生存者視角（Victims and Survivors），其實就是對立於古典學派的實證學派（Positivism），強調犯罪人的犯罪是生、心理與外在環境因素所導致其犯罪（例如思覺失調者或飢寒起盜心），因此，刑罰的手段以治療、改造犯罪人為目的，而犯罪預防要從改變社會結構做起（例如強化特殊教育與改善貧富差距）。書中大量使用淺顯易懂的字詞與案例，描述此兩大對立的犯罪學理論，如此便大大降低了讀者對於艱深理論的排斥。其次，蓋許還提到影響上述兩理論的三個要素，這其實也是上世紀七〇、八〇年代以來影響犯罪學發展的要點：

1. 機會的力量。強調當下犯罪事件的發生，不見得是潛在犯罪人的意圖，而是標的物的浮現（例如機車鑰匙沒有拔下），才讓犯罪人有機可趁。
2. 理性的限制。指犯罪人在選擇標的物時，就像是一般民眾在百貨公司選擇商品，在有限的條件下（例如就幾種商品、價格的高低），理性地選擇自己想要的商品，犯罪人也是衡量自己的能力、需求與條件，選擇標的物（例如珠寶或皮包）。
3. 小細節很重要，係指犯罪預防應從小處著手。這是源自於一九七〇年代的破窗理論（Broken Windows Theory），社區的失序小事（例如青少年結幫），可能會引發社區的大事（幫派火拼），因此當青少年一有結幫時，社會控制力量（例如警察）就應該介入！

此外，作者提到的西德摩托車失竊案件的下降案例，在臺灣一九九七年實施強制配戴安全帽政策時，機車的失竊數也有顯著下降，此乃因為強制配戴安全帽政策，讓宵小竊取機車的困難程度增加（例如要鎖定有安全帽的機車或自行攜帶安全帽行竊），導致失竊案件減少，與內文所提到西德機車失竊率下降的情況類似[1]。

以世界作為臺灣借鏡

作者提出十一點迷思，並一一予以扭轉，我覺得讀來非常有說服力，畢竟學者論述時可能會有過多的專有名詞，無法吸引民眾閱讀，但本文作者用庶民筆觸，應該會引起市民的高度興趣。例如一般民眾經常受到重大新聞事件的影響，就認為犯罪率攀高，事實則不然。

在過去十年，北歐五國、紐澳與英美國家的犯罪率（特別是殺人犯罪）都呈現下滑趨勢，其實臺灣也是如此。在反駁迷思二有關犯罪者的生活方面，作者在內文中帶出年齡犯罪曲線（age-crime curve）以及相關的故事案例告訴大眾，犯罪似乎是年輕人的專利，但過了二十歲後，其實犯罪數量是減少的，並非如外界預期作案數會不斷增加。

當作者提到犯罪不可能停止的既定印象時，在迷思三中引用相關實例，說明犯罪人具有較低的自我控制能力（low self-control，例如難以延後實現自己的欲望）與犯罪的潛在特性，但不是所有具有這種能力的人，都一定會將犯罪視為生活的一部分。從一些與竊盜常業犯晤談的研究中發現，許多竊盜常業犯之所以會犯罪，是因為目標物的浮現後，才讓他的犯罪意圖轉變為犯罪，這是機會的問題。

迷思九，很多人認為刑罰的威嚇性（deterrence）是嚇阻犯罪的良方，但作者引用了他國案例，說明無論是一般性威嚇（general deterrence）或特別性威嚇（specific deterrence），其實都不能嚇阻一般社會大眾或犯罪人從事或再從事犯罪行為。因此，只要一個人的犯罪惡性仍然存在（例如性侵犯的性趨力），再加上標的物的浮現（例如穿著清涼的辣妹），又沒有抑制力量的產生（例如路人、路燈、監視器或警察），犯罪依舊會發生。

最後，人們總認為犯罪人是「本性難移」的（迷思十），但作者運用一位美國神父的生活經驗說明當代犯罪學的生命史理論（life course theory），認為當犯罪人遇到他生命的轉捩點（例如工作、婚姻與宗教信念）時，就會啟動他的復原力（resilience），犯罪生涯是有機會終止的。

綜上所述，作者想表達的是，其實犯罪的解釋，不應該是某一種理論即可解釋，英雄-壞人視角與受害者-生存者視角其實應該混合互搭；其次，犯罪人的犯罪手法愈趨向理性選擇時，外在機會的降低或監控就愈加重要，例如在安全帽與機車失竊的案例上，安全帽就是一種干預，能夠降低犯罪人行竊機車的機會。最後，作者對於十一個民眾對於犯罪現象與問題的迷思，運用數據、實際案例與實證研究，逐一導正與駁斥，以呈現較為正確的犯罪現象或犯罪發展，讓一般市民周知，貢獻良多，樂

1 許春金、宋睿祺，2000，〈騎乘機車強制戴安全帽與機車竊案關聯性之研究〉。《中央警察大學學報》37：191-220。

為推薦。

賴擁連

現職：中央警察大學犯罪防治學系教授兼所長／系主任

學歷：美國德州山姆休士頓州立大學（SHSU）刑事司法博士

研究著作：致力於臺灣地區犯罪學、犯罪矯治與警民關係等議題之研究，並將研究成果發表於國際知名期刊，例如*Journal of Criminal Justice*（SSCI）, *The Prison Journal*（SSCI）, *Justice Quarterly*（SSCI）, *Journal of Offender Therapy and Comparative Criminology*（SSCI）, *Policing: An International Journal of Police Strategies and Management*（SSCI）和*International Journal of Comparative and Applied Criminal Justice*。並著有《監獄學》一書。

目錄

圖片列表

獻給我的家人

前言　虛構的世界

「這很奇怪，卻千真萬確；真實通常都很奇怪，比小說更奇怪。」

——英國浪漫主義詩人拜倫（George Gordon Byron），出自《唐璜》（*Don Juan*）[1]

「一旦我們想要相信一件事，我們就會突然看到所有支持它的論點，再也看不到任何反對它的事實。」

——英國及愛爾蘭劇作家蕭伯納（George Bernard Shaw）[2]

一個真實的故事

在一九八〇年代的西德，機車竊案是一大謎團。當西德在一九八〇年贏得歐洲足球錦標賽（European Football Championship，簡稱UEFA）冠軍時，機車的失竊紀錄也接近新高。當時每年有超過十五萬輛車被偷，於是機車竊盜便成為警方和政客高度且優先關注的事務。西德當然還有其他問題：一九七〇年代的暴力事件日益增加，汽車竊案的件數也同時登上新高。不過機車竊盜案卻特別嚴重。這讓德國公民必須支出大筆金錢（相當於今天的上億歐元），而且竊盜案受害者也愈來愈擔心他們的人身安全。

接著事情卻有了改變。在一九八〇年到一九八三年之間，機車竊盜案減少了四分之一。減少的速度還愈來愈快，在接下來的三年間，又減少了百分之五十。到了一九八六年，只有五萬四千輛機車被偷；數量僅是六年前的三分之一。[3]

為什麼會有如此重大的轉變呢？這不會有簡單的答案。一九八六年西德路上的機車數量和一九八〇年相當。[4]騎著（偷來的）車兜風充滿了樂趣，贓車還可以拿到黑市去賣。[5]偷車賊依然可以用電線短路的方式發動引擎，然後輕易把車偷走。這六年來跟機車相關的事件也可能改變狀況，比如機車保險費用大幅降低，每年約十萬機車車主因而免於機車竊盜所招致的財務損失。

在這個驚人的犯罪率下降的背後，其實隱藏著十分重要的祕密。它有助於揭露許多犯罪背後不為人知的事實。它可以告訴我們減少犯罪的方法，透露為什麼有些國家可以善用納稅人的錢成功減少犯罪；但是有些國家即使浪費了數十億元，卻還是讓他的人民隨時暴露在被謀殺、被強暴和遭盜的危險之中。而且它彰顯出我們對於犯罪、人性和社會許多根深柢固的信念，根本毫無依據。

※

二〇〇五年的時候我還不知道德國犯罪率驟減，更不用說知悉它背後的成因了。當年我只是一個年輕的大學畢業生，受雇於一家顧問公司，我的工作是要幫公司創造更多的利潤。不過在那一年，我被英國首相東尼．布萊爾（Tony Blair）的戰略小組聘任為「民政事務」（home affairs）的顧問，這倒不是因為我有多麼傑出的資歷，而是因為當時的行政部門和政治人物剛好都很重視私人部門的經驗。我在辭呈上寫說：「我之所以離職，是為了與首相共商防治毒品、犯罪與酒精性飲料之事宜」，這讓我感到很開心。雖然向寬鬆的報帳條件說再見讓我有些掙扎，不過很快就被幫助國家減少犯罪的興奮感撫平了（即使我在其中只是個小角色）。

我的辦公室位於水師提督門（Admiralty Arch），在上班第一天，我就因為它宏偉的外觀和老舊內部之間的對比而深受衝擊。我就是在一間破舊的房間裡，用兩台電腦螢幕，找出像是德國的機車竊盜案這類的數據。不過也就是在那裡，我開始了解到，我的工作有著十分混亂的全景：犯罪的本質和成因究竟為何，在多方的激烈辯論之下尚未有定論，但這些意見主導了政府對犯罪的看法及處理方式。我幾乎沒有什麼機會見到東尼・布萊爾首相本人，而在與首相最親近的顧問舉行會議時，兩個互斥、但是同樣令人信服的犯罪理論總是會以某種形式同時出現。當我和朋友談起我的工作、而他們也願意發表自己認為「是什麼造成了犯罪」或是「政府到底應該做些什麼」的時候，他們所說的話，其實也會透露出他們究竟忠於兩個對立陣營中的哪一個。

我在戰略小組和日後的工作中，一直在質疑這些互相衝突的觀點和各自的根據是否屬實。兩者都十分具有說服力，也都常以各種不同的形式出現在生活中，不過它們對於人性、政府和社會的態度，基本上可以說是完全相反的。

兩種持久不衰的觀點

對於犯罪，有兩種觀點非常常見，而在大部分犯罪案件的後續討論中，這兩種觀點也都會出現。下文的例子，便是二〇一一年暴動之後發生的論爭（該次暴動起於倫敦，再擴散到其他主要的英格蘭城市）。

（當時的）英國首相大衛．卡麥隆（David Cameron）說這次暴動是「不負責任的。自私而利己。就好像你不必為自己的選擇負責。沒有家教的孩子。不守紀律的學生。只想要不勞而獲……犯了罪卻不必受到懲罰。享受權利卻不必負責。集結成群而失去控制。堪稱人性能夠容忍和遷就的極限」。[6]對卡麥隆來說，這是一個道德議題，而且他和刑事司法體系必須嚴懲這些無視於社會道德規範的暴徒。行動必須要有結果，一方面是為了符合正義，另一方面，也是為了預防將來的犯行。因此，他立即宣布展開鎮壓行動，確保法官的判決可以樹立「警戒之效」。[7]為了放眼未來，他也宣布將投入經費，推動新的國家公民服務（national citizen service）*[1]以重新灌輸（他認為）這個社會所缺乏的道德觀。[8]

不過，有些政治左派分子做出了不同的反應。在鎮壓暴民時，他們卻對嚴刑峻法的好處和公平性持較為懷疑的態度，他們認為大部分處境堪憐的暴徒來自弱勢族群，在某種意義上，其實是環境讓他們走向暴動一途的。他們認為要預防未來發生暴動，最好的方法是要處理犯罪根本的原因，也就是貧窮以及窮人支持體系不足的問題，這同時也是對付犯罪行為最好的一般性作法。工黨（Labour Party）

的國會議員（MP）和媒體評論家黛安娜．艾勃特（Diane Abbott）就曾經指出：「例如最初發生在一九八〇年代的暴動，就是因為社會本身的某些部分像是一觸即發的引爆物。該次暴動核心地區托特納姆（Tottenham）的主管機關哈林區地方議會（Haringey Council），有四千一百萬英鎊的預算遭削減，所以他們決定刪減百分之七十五青少年服務的經費。取消教育維持津貼對哈林區造成了極大的衝擊，有數千名年輕學子是必須依靠津貼上大學的……發生了類似這樣的事，再加上其他工作機會和福利的縮減，我們很難想像托特納姆這樣的地區，怎麼可能不在短時間內開始動盪不安。」[9]

強調暴動是社會所造成的人（例如黛安娜．艾勃特），同時也指出警察作為是有問題的。畢竟，當時暴動的直接導火線是一名黑人遭到槍殺。雖然開槍此一舉動事後判為合法，但是托特納姆的人們一直以來，都認為黑人社群受到過度的監管，但是保護則不足。許多統計都顯示倫敦的黑人不因任何「合理懷疑」在街上被攔下來臨檢的機率，至少是白人的六倍。[10]卡麥隆和其他許多人一再強調暴動是個人的選擇，但是這群人認為暴動是社會集體的責任。相較於卡麥隆等人聚焦於嚴厲治安和懲處方式，這群人則強調社會支援體系的重要性。相較於卡麥隆認為問題必須由司法體系來解決，這群人則傾向於把司法體系看作問題源之一。

我以這兩種犯罪模式為基礎，發展出一個簡明的表達方式。第一種觀點可稱為「**英雄與壞人**」（Heroes and Villains），它強調道德觀，認為犯了罪的人必須由司法體系全力制裁，才能夠防止社會的

---

*1 譯註：指由國家提供資金，讓十五歲到十七歲的青少年參訪社福機構，或是參與社區服務。

墮落。第二種觀點為「**受害者與生存者**」（Victims and Survivors），認為犯罪不只是出於自私自利的選擇，其實更常受不利的環境所迫。

當我在首相的戰略小組工作時，周圍的氣氛傾向要依據「英雄與壞人」觀點制定政策，這是英國幾十年來的主流想法，而其實在許多已開發國家也是如此。從一九八〇年代開始，所有主要的英語系國家都開始將藐視法律的人判罪，讓（被視為無可救藥的）犯罪者有很長的一段時間不能自由行動，以確保他們「多行不義必自斃」。保守黨的英國內政大臣（British Home Secretary）麥克・霍華德（Michael Howard，於一九九三年至一九九七年擔任內政大臣）便認為「監牢有其作用」，在接下來的二十年間，英格蘭的囚犯人數也成長了一倍。[11] 美國前總統隆納・雷根（Ronald Reagan）也說：「我們必須『對毒品宣戰』」，接著他就提高了毒品犯罪的罰金，並簽署了管制毒品的法案，該法案編列了十七億美金的預算，要徹底掃除毒品所帶來的威脅。[12]

這些政策通常也削減了求職者補助金，而且可能持續擴大收入不均現象。畢竟，「英雄與壞人」觀點反映出（及影響到）的，是人們認為國家應該扮演什麼樣的角色，以及個人權利及責任為何。如同雷根在一九八三年所說的，「今天我們試著對權力過度膨脹的聯邦政府所做的事，（便是）不要再讓它干預非其所屬的地區事務，但是在同時，也要強化其執行合憲和合法職責的能力……例如在公共秩序和執法領域的能力。」

不過也曾經有一段時間，我們處理犯罪的方式比較容易受到「受害者與生存者」觀點的影響，比如與我共事的某些公務員，的確比較偏向這個觀點。一九六〇年代犯罪的解決方式，有部分是要以國家支出確保完全就業，近幾年來，也有一些跡象，顯示我們愈來愈認為犯罪問題是一種對經濟需求的回應。美國前總統巴拉克・歐巴馬（Barack Obama）在上任之前，就曾經說過：「我們有理由相信，如果可以找到合法的工作……任何團體中的犯罪都會減少」，接著他在任期內也採取了一連串製造就業機會的措施。[13]近幾年來，大多數已開發國家的入監人數都已經減緩或是停止大幅增加的趨勢了，雖然這有部分也是因為在金融危機和全球性經濟衰退之後，政府被迫在各個領域減少支出。

在政治辯論中獨領風騷的這兩種觀點，其實也主宰了我們的電視、報紙和雜誌的內容。

近幾十年來，警察、監獄官員和其他社會秩序維護者的實境秀變得大受歡迎（這也有部分原因是拍攝的成本並不高）。這些「真實犯罪」劇場中所呈現的事件，讓人們大力支持「英雄與壞人」觀點，因為會有勇敢的英雄／英雌保護我們免於受到自私、決心為惡的犯罪者所害。《英國警察》（*Brit Cops*）真人實境秀的每一集，開頭場景都是一次犯罪和警察行動，再配上旁白說明。節目主持人理查・培根（Richard Bacon）會說：「二十一世紀的警察所面對的，是一場與暴力、毒品、搶劫和組織性犯罪的無止盡戰爭。而我們的貧民區警力，就位在這場戰爭的火線上。」[14]真人實境秀《條子》（*COPS*）是美國最長壽的電視劇集，它也描繪了同一幅圖像，甚至更為生動。例如在某一集中，我們與整潔體面的堪薩斯城（Kansas City）警官迦勒・倫茲（Caleb Lenz）一起出勤。[15]有一名男子試圖射擊倫茲正在值勤的同事，在逮捕這名男子之後，我們聽到倫茲述說警察對於人民的安全來說有多麼重要，他說：「你知道的，我們每天做的都是這些工作，要駕車追逐壞人，而且我們追的那些人可能有槍。你知道，有時候他們還會拿槍射你。當你從對講機裡聽到『有警察遭槍擊！有警察遭槍擊！』

那種感覺令人非常不安。不過還好，他好像沒什麼大礙，而且我們也逮捕了那個嫌犯，你可以知道他沒辦法再做同樣的事了。」[16]

只有少數的紀錄片會反映出「受害者與生存者」的世界，或許這是因為取得犯罪者的信任並不容易。《我當黑幫老大的一天》（*Gang Leader for a Day*）便是一例。這個讀起來令人津津有味的故事，記錄了它的作者蘇西耶・凡卡德希（Sudhir Venkatesh）在芝加哥最貧困的地區所經歷到的一切。書的第一章寫到「身為貧窮黑人，感覺如何？」，當時還是個學生的凡卡德希（現在已經是哈佛大學的社會學學者了）碰到了幫派大哥J.T.，據他所言，他甚至能夠主宰一個地區的毒品貿易。在互動中，J.T.說他其實就是一個住在美國的黑人，而且他立刻說，他的職業是受糟糕的環境所迫。J.T.說：「我是個黑鬼，不是住在郊區的非裔美國人。非裔美國人打著領帶去工作。但是黑鬼找不到工作。」[17]英國新聞記者尼克・戴維斯（Nick Davies）也寫了另一本同樣傑出的紀實小說《黑暗之心》（*Dark Heart*）。戴維斯在第一章就描述了兒童被迫在英國街頭賣淫的狀況，接著他也告訴讀者，他看到了許多被迫犯罪的事例，以及國家幾十年來對貧困問題的忽視，是如何造成眼前悲慘境況。

我發現如果要把虛構的犯罪情節套進主要的兩種犯罪模式裡（二擇一），也是很容易的一件事。我們一直在到處尋找「英雄與壞人」觀點，而或許在偵探小說或是犯罪影集中，就可以找到它最純粹的表現形式。比如我們會跟著大偵探福爾摩斯、白羅（Poirot）和瑪波小姐（Miss Marple）*2一路抽絲剝繭、扳倒對手。全世界最多人收看的影集《CSI犯罪現場》（*CSI: Crime Scene Investigation*）靠現代科學的力量破案，而不是偵探聰明的腦袋，不過它們的情節大致上還是一樣的。[18]我們總是會碰到一個無惡不作的大壞蛋，他會不斷犯案，直到終於被逮捕，我們也喜歡把感情投射到一個無私的英雄身上，他／她必須盡力運用他／她的足智多謀，確保道德秩序得以回到正軌。英國情報員007詹姆士・龐德的行動範圍已經從鄉間宅邸轉移到全世界了，不過他還是在保衛國家，其實主要是讓西方世界遠離永無止盡的邪惡勢力。超人和蜘蛛人也是為了同樣的目標奮鬥，不過他們的衣服炫得多了。

在虛構作品中也同樣可以找到和「受害者與生存者」觀點契合的作品。講述犯罪和社會的HBO影集《火線重案組》（*The Wire*）就堪稱其中的代表，許多人在提到《火線重案組》的時候，都是為了用影集的故事來證明自己的信念。在大部分的影集中（像是《莫爾思探長》〔*Inspector Morse*〕和《CSI犯罪現場》），犯罪者大多是藏在暗處，但是《火線重案組》不一樣，我們很清楚犯人是誰，所以就比較容易同情他們。這些角色有時候會犯下嚴重的罪行，包括謀殺。不過我們可以了解他們行動背後的原因，也知道他們身陷在不公平的體制中，沒有太多選擇。就像是一個年輕的毒犯普雷斯頓（Preston）所說的：「老兄，這場遊戲根本就不公平。我們在棋局裡根本什麼都不是。」警察有他們的任務，不過他們不是故事的核心。我們看到的是，就算一個年輕的黑人小夥子被抓了，還是會有另外一個人補上來做他的事，直到人們找出造成犯罪的根本原因為止。

這種觀點在小說中也常可以看到。例如作家會描述社會底層的人做錯了事，但他們的理由卻是正

*2 譯註：白羅和瑪波小姐皆為阿嘉莎・克莉絲蒂筆下的偵探。

確的，或至少是可以理解的。法國自然主義作家埃米爾·左拉（Emile Zola）在小說《萌芽》（*Germinal*）裡描述一個法國的礦工社群因為生活困難而發起暴動。而如果是美國小說，時代背景通常會是經濟大蕭條，例如約翰·史坦貝克（John Steinbeck）的《人鼠之間》（*Mice and Men*）。在犯罪次文化的文本中也可以看到這種觀點，例如關於黑手黨的電影，像是《教父》（*The Godfather*）。它帶我們看到隱藏在犯罪背後的社會因素，例如戰前美國的移民社群會在經濟和社會上都受到孤立。我們也會看到犯罪者有和我們一樣的道德準則，例如想要保護自己家庭的心。在這個世界中，犯罪行為也可能很崇高，就像是羅賓漢劫富濟貧，他對社會結構的不公義提出了很大的挑戰。

對於犯罪的態度以及所有類型的虛構犯罪故事竟然都可以歸類成兩種類型，這勢必令人感到十分驚訝。不過，試著選一個你喜歡的電視劇，然後用下面這個表看看它會落在哪一區。為什麼你會這麼喜歡這齣劇？然後再試著想想你對於犯罪的親身經驗，哪一種觀點是你最能夠投射自己情感的？

	英雄與壞人	**受害者與生存者**
範例	《莫爾思探長》、《CSI犯罪現場》、《福爾摩斯》、《超人》	《火線重案組》、《教父》、《萌芽》、《羅賓漢》
對於人性的觀點	與生俱來，甚少改變。	深受社會結構和個人經驗的影響。
對於社會的觀點	本質上是好的，需要強者的守護。	本質上不公正且需要改革。

對於犯罪的觀點	通常是出於自由意志的選擇。	通常是迫於無奈的選擇。
對於犯罪者的觀點	出於貪婪和自私的動機；「他們與我們不同」。	出於需要和環境所迫；「他們和我們大家都是一樣的」。
對於刑事司法體系的觀點	是必要之物，就算偶有不適當之處也仍是維持社會秩序的工具。	事後為社會問題貼上的ＯＫ繃，為權勢者服務。
對於道德的觀點	非黑即白。	有灰色地帶。

關於犯罪的兩派理論

雖然這些犯罪觀點在小說、實境秀和政治辯論中如此常見，但這也不表示我們就能以此制定政府政策。這兩種互不相容的犯罪理論不可能同時成立，例如：犯罪要不是深受經濟和社會環境的影響，要不然就不是。犯罪者之所以會犯罪，要不是別無選擇，不然就是因為貪念。

其實我們也有好理由可以懷疑，對犯罪的事實陳述是不是公平，或說它們到底是不是單純的事實。例如：美國實境秀《條子》所描述的雖然是真實發生的事件，不過節目製作人其實是從上百個故事中挑出你所看到的這一集，而且剪掉了超過四百個小時的鏡頭，才製作成每一集二十二分鐘的節目。《條子》的製作人約翰·蘭利（John Langley）也說過，該節目其實有一個明確的公式：「我們知道動作場景總是比較吸引觀眾，不過我們也試著平衡觀點。在動作場景之後，我們會安插一個比較動人或是會帶動情緒的畫面，讓你看到真實的人性和真實發生的故事。」[19]也就是說，它會經過某種程度的審查。此外，被拍攝的警察知道有人在拍他們，也有權利事先看過或拒絕某些畫面的播出。警方也會安排行程以支援拍攝工作。警方相信《條子》是一個很有用的宣傳工具，可以幫助他們招募新血，而且讓警察工作的重要性和刺激度深植人心。[20]

凡卡德希的《我當黑幫老大的一天》也一樣是為了營造特定的效果。我們不難注意到，凡卡德希一再強調J.T.最暴力的行為都是受外在環境所迫，他也不曾質疑過J.T.為自己的行為所作的辯解。凡卡德希說在某一次襲擊中，「J.T.痛打了他們一頓；BK那群人（J.T.的幫派）也拿走了他們的槍和錢。J.T.事後告訴我，這群年輕的對手『完全沒有生意頭腦』，所以和他們協商是完全不可能的。除了直接報復之外，別無他法」。[21]

媒體也一樣會篩選他們要的故事，好吸引更多觀眾，或是對現有的讀者投其所好。有些報紙明確的擁護——或是相對親近——「英雄與壞人」觀點。十惡不赦的故事比較容易吸引讀者，極度暴力和性犯罪的報導也占了很大的篇幅。[22]如果受害者絕對的無辜，而加害者無可救藥，更是值得大書特書的事。[23]如果受害者是年輕的白人女性中產階級，則會吸引到最多（不合比例的）目光。在二〇〇二年發生了一起失蹤事件，有兩名十歲的女孩霍莉．威爾斯（Holly Wells）和潔西卡．查普曼（Jessica Chapman）在前往附近商店的路上失蹤了。事後發現她們是遭人謀殺，不過在查明為謀殺之前，她們的事情已在國際間引起了重大關注。[24]在一九九六年的聖誕節隔天，兩個差不多年紀的男孩十一歲的派屈克．華倫（Patrick Warren）和十三歲的大衛．斯賓塞（David Spencer）也失蹤了。最後一次有人看到他們，是在淩晨一點左右，有人看到他們在加油站裡面和人要糖果，派屈克的聖誕節禮物（一輛新的腳踏車）也被人發現丟在那裡。但是他們的案子卻幾乎沒有引起（除了當地報導之外的）其他關注。[25]還有許多選擇性報導的例子。舉例來說，美國有半數的失蹤兒童是白人，但是在CNN的失蹤人口報導中，有四分之三篇幅都是在報導白人小孩的失蹤。[26]幫派謀殺絕大部分沒有被報出來。當發生這類謀殺案時，媒體重點通常不是放在被害者身上，而是想要告訴我們：幫派勢力在城市邊緣地帶造成了多大的威脅。下頁《每日鏡報》（*Daily Mirror*）的頭版照片就提供了一個清楚明瞭的範例，讓我們知道媒體最喜歡哪一類型的受害者。它給我們看的那張受傷的臉，通常都是女性或是老人。但是在英國，其實大多數的暴力事件受害者都是青少年男性或是年輕男子。而儘管媒體選擇把受害者和加害者描述成兩種截然不同的類型，但是，其實犯罪的行為人和被害者之間通常有很大的共通點。[27]

雖然犯罪事件新聞和虛構犯罪故事好像大多是採用「英雄與壞人」觀點，但也不是每家報紙都是如此。我們可以發現自由左派的媒體通常比較專注於個案故事，然後針對犯罪整體現象再提出一些問題。例如：應該是同意「受害者與生存者」觀點的《衛報》，就投入大量資源製作了一個叫作〈讀懂暴動〉（**Reading The Riots**）的專題，探索社會因素和警務的運作是否及如何導致了二〇一一年的倫敦暴動。類似立場的報紙比較傾向去質疑國家的公權力和道德觀，例如揭露警察的不當執法和審判不公。

種種明顯的偏見跡象著實令人感到擔心，尤其媒體這麼普遍地在談論犯罪：一項一九九〇年代的研究發現英國大約有三分之一的報紙內容都在談論犯罪，加拿大的分析也顯示有一半到四分之三的新聞和廣播報導，都會提到某種形式的異常行為。[29] 很多人都不會質疑他們看到、聽到和讀到的內容，所以就吸收了這些敘述背後所隱含的、對於犯罪和社會的基本觀點。二〇〇三年在英國所進行的一項民意調查，在十位受訪者中，有九位表示他們「信任媒體處理犯罪新聞的方式，也相信新聞報紙上寫的都是真的」。[30]

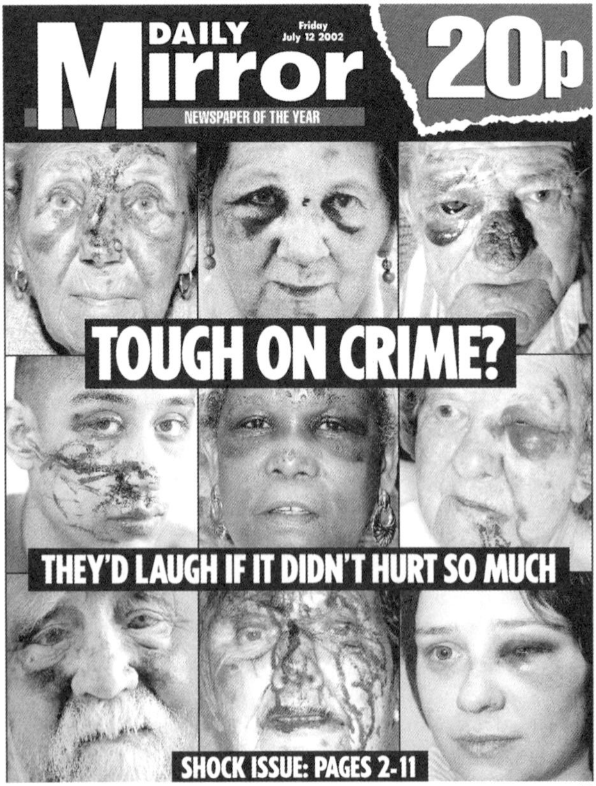
DAILY Mirror
Friday July 12 2002
20p
NEWSPAPER OF THE YEAR
TOUGH ON CRIME?
THEY'D LAUGH IF IT DIDN'T HURT SO MUCH
SHOCK ISSUE: PAGES 2-11

圖一：《每日鏡報》上的受害者群像，2002年7月12日。[28]

顯然，我們在此面臨了一個問題。我們常聽到的這些犯罪故事，其實都是經過篩選的，其敘述觀點也搖擺於人們看待事情的幾種不同的基本方式之間。如果真實和虛構之間的界線如此模糊，我們又如何能夠發現真實呢？又有什麼其他的資訊來源會是比較可靠的呢？

奇怪的真實

自從加入首相的戰略小組之後，我發現我大部分時間都用在有時候看來很枯燥乏味的學術研究中，這些通常是政治人物、新聞記者或是紀錄片製作人不會去接觸的東西，更不要說是一般社會大眾了。

佩特．梅休（Pat Mayhew）和她長期以來的合作夥伴羅恩．克拉克（Ron Clarke）把人生都投注在犯罪研究上。由於對犯罪方面的貢獻，他們在二〇一五年獲頒斯德哥爾摩獎（Stockholm Prize）的犯罪學獎。當時我與佩特．梅休隔著一張桌子對坐，我問她如何與羅恩．克拉克一起發現了德國機車竊案的數量驟減。這問題有一部分就是在問她到底關注些什麼。她說：「我們在一九八〇年代晚期最常談論的，就是入室竊盜的案件和車輛的犯罪……因為車輛犯罪案件備受矚目，以至於我們必須隨時關注車輛犯罪的狀況。」[31]

但是，有這項發現也是因為她一直相信統計的力量（更甚基於印象而作的推測）。梅休在英國內政部服務的三十年期間，花費了大部分精力在改善和監測犯罪模式，好讓英國和世界各地的政策制定者能對犯罪行為有更深入的理解。她在一九八一年與麥克．霍夫（Mike Hough，現為倫敦大學伯貝克學院[Birkbeck College, University Of London]的犯罪學教授）一起進行英國犯罪調查，該次調查引進了一個計算英國犯罪趨勢的新方式，不再根據警方所蒐集的數據（警方的數據有很大的程度取決於人民是否願意報案），而是出自一群數量龐大、經過仔細採樣的英國人口，由這群人回報意見（不對外公開）。在那前後，她也一直在整理犯罪資料，並定期檢討，上述資料除了英國之外，也包括全世界的。比如她便完成了對德國機車竊盜案的資料匯編。

她說：「我們與德國聯邦刑事警察局（Bundeskriminalamt）一個叫作埃德溫・庫別（Edwin Kube）的人聯絡上，我們發現德國人（不愧是德國人）手上有非常非常好的犯罪數據。」這對於梅休和其他參與共同研究的人來說至關重要，因為許多國家並沒有區分機車、汽車或是腳踏車的竊盜案數據。而且這個細部資料也顯示出，德國的機車竊盜案減少，跟德國整體犯罪趨勢不合。從一九八〇年開始，有六年期間機車竊盜案掉了三分之二，不過汽車竊盜案的數量大致還是一樣的，甚至還略為上升，從一九八〇年的六萬四千件，增加為一九八三年的八萬兩千件，而在一九八六年又跌回七萬件。[32]腳踏車竊盜案的數量大致穩定，也是類似的模式。德國人沒有突然變得比較守法，只是有些事就是不一樣了。

梅休說：「這還挺明顯的，不是嗎？」

我想：「或許對妳而言是吧。」

梅休還知道英國的機車竊盜案也在一九七三年突然銳減。荷蘭在一九七五年時也有類似情形。不過當我在戰略單位小組初次得知這個研究結果的時候，並無法對此現象有明確的解釋，而且它也大大挑戰了我對於犯罪的成因和解決方式的某些偏見。

改變是起於歐洲國家意識到了道路交通的危險性。交通意外死亡率過高，主要歸因於車禍，同時人們也愈來愈同意要有預防措施，一方面保護自己的安全，一方面也要調控節節上升的意外相關醫療支出。英國在一九七三年規定騎乘機車必須要戴安全帽；接著在翌年，倫敦的機車竊盜案就減少了四分之一。荷蘭也在一九七五年規定騎乘機車要戴安全帽；於是說自己曾經在過去一年碰到機車竊盜案的人，突然從百分之十掉到約百分之六。德國的情況還更戲劇性。德國在不同階段引進了不同的法律，造成竊盜案減少三分之二。一九七八年七月開始強制規定所有騎乘機車的人都要戴安全帽，幾乎就在同時，竊盜案的數量就慢慢在減少，在一九八〇年則是急遽減少，因為政府規定（這項規定從該年開始實施）如果騎機車沒有戴安全帽，被抓到的話會當場罰款。[33]

在這些統計數據的背後，代表的是數千人各自做出了不同的道德選擇，儘管改變的原意並不是為了影響犯罪之類的。以前會偷機車的人現在不偷了，因為他們知道如果沒有安全帽，他們被抓的機率將會大幅提高。有趣的是，根據比較仔細的德國資料顯示，這些人也沒有因此就決定去偷其他類型的車輛，藉以維持他們的興奮感，或是賺點外快。

為什麼我認為這個案例如此重要而它又如何引發了我的想像呢？因為顯然它和上述兩種犯罪觀點都不相符，即便那兩種觀點主導了小說、新聞報導和政界再現犯罪的方式。它看起來與「英雄與壞人」觀點完全不符合，而這些現實生活中的罪犯到底又有多大的行惡決心呢？其實不需要多大的動員，就可以讓你在物色一輛無人看管的機車時，記得帶上一頂安全帽，不過看起來很多想要偷車的人都做不到。從這個案例中我們得以問：我們需要竭盡全力將違法者定罪、施以處罰，才能夠減少犯罪嗎？機車竊賊所受到的處罰並沒有改變，犯罪率下降並不是因為他們現在要被關的時間比較久了。真的需要全能英雄和十惡不赦的壞人對抗嗎？警察在犯罪事件的減少上的確扮演了很重要的角色，不過有趣的是，他們通常不是透過戲劇性的追緝才達到這個目的，反而是因為日常執行一些「真正的」警務工作中所謂的「苦差事」，如此每天取締交通違規才達到的。

「受害者與生存者」觀點又如何呢？有人會假設，若社會條件沒有什麼巨大的改變，犯罪就不可能減少，但這個想法已經被推翻了。這幾年來，德國在福利制度或是財富分配上並沒有重大改變，然而我們卻不能忽略這段期間機車竊盜案減少了三分之二這個事實。即使這些犯罪者「是為了維持生計而被迫犯罪的」，但是他們也沒有增加其他型態的犯罪數，以彌補失去的犯罪所得。

以全球為實驗室

我在二〇〇〇年代發現了一些更不為人知的資料，一切讓我開始質疑，並且改變了我自己對於犯罪的觀點。隨著我在戰略小組待的時間比較久了，我的見解也變得比較有憑有據，但是我也愈來愈感到洩氣，因為我發現政治上的決策通常都是基於一些沒有事實根據的迷思，而非事實。

就在這個時候，我第一次有了寫這本書的想法。我想要分享一些我所發現的事實，幫助別人重新檢討他們對於犯罪先入為主的想法，並據以改進一般社會大眾對於人性和社會的理解。如果人們知道隱藏在我們的觀點後面真正的想法，或許可以幫助他們分辨出哪些政府政策應該真的有用，而哪些則不可能，這也將促使政治人物作出更好的決策。我希望人們了解到，兩個主流犯罪理論都有其局限性，而我們每天被灌輸的犯罪真相，其實更近於虛構。

我們過去對於犯罪那堅信不疑的信念，應該多得足以跟現有資訊相互抵銷了。在一九八九年之前，研究者沒有什麼機會比較兩個不同國家之間的犯罪率，不過，現在有了國際受害者調查資料，可以讓我們較為客觀的知道哪些國家的犯罪率比較高，而哪些國家則比較低。現在各國警方所收集的犯罪率和受害者資料也比以往更為齊全了。對於更廣泛的社會趨勢的資料分析方法，也不斷改良中，這都讓我們可以將全球當作實驗室，更加理解犯罪的原因和可能的解決方法。

新資訊現在也有了更有效的分析方法。我們有了新的統計技術，可以進一步了解高犯罪率和低犯罪率地區之間的差異。即使是發展程度最高的西方，國與國之間的經濟、社會和文化特徵的差距還是極大，而我們現在可以用數學模型，把與高、低犯罪率最相關的變數獨立出來。使用統計工具時必須非常小心（這將在後文討論），不過這些新方法的確能夠讓我們快速回應目前犯罪的通說。

或許更重要的是，我們今天能夠得到更多關於違法者的資訊。許多大型研究都仔細追蹤了大量犯罪者（以及非犯罪者）的一生，檢視他們的犯罪模式，找出有什麼因素會增加（或是減少）他們的犯罪行為。這些研究讓我們現在可以更合理的預測哪些人最有可能犯罪，也可以預估他們什麼時候可能收手。

我們現在既能夠接觸到犯罪者，也能夠接觸到想要制止犯罪的人（這在過去是不曾有過的機會），這都有助於學術上的研究。對於貪污和不法行為的明確指控，讓政治家極力促成了一個更為透明的司法體系，這也使得研究者的確比較容易理解警察、律師和監獄官員每天面對的現實。我在戰略小組中的角色、以及我在工作時所締結的人際關係，都讓我有足夠的幸運和在司法體系中工作以及走動的人們有所接觸。

感謝這個開放的時代風氣，讓我有機會接觸到各種類型和規模的監獄、各種類型的警力（他們主要的處理對象從反社會行為到幫派犯罪都有）、地方政府、社會福利和青少年組織（其工作為盡力解決社區中看起來層出不窮的搗亂行為）。第一線工作者的故事的確可能有過度詮釋的問題，但是他們也確實擁有力量。就是這些真實世界中的相遇和連結，可以用以檢驗那些看起來很吸引人的理論到底符不符合常識，或是合不合理。我很感謝那些對我坦誠以告的人（不論是獄警或是囚犯），他們讓我接觸到真實。我也很欽佩新聞記者和廣播從業人員，他們利用這次資訊公開的機會提出某些觀察，用來對抗陳舊的想法。

要理解犯罪，有一個最實用、同時也是最少被使用的工具。隨機對照試驗（Randomized Controlled Trial，簡稱RCT）會對一群人或是一些地方施以一個特定的「治療法」，再看看他／它們（相較於沒有進行治療的個人或是地區）會發生什麼事。在犯罪相關研究中，RCT最常被拿來看看什麼可以減少再犯。例如：嚴峻的管理有助於嚇阻潛在的犯罪者嗎？我們是不是應該付錢讓違法者去上憤怒管理的課程呢？所謂的「自然實驗法」也一樣有用。舉例來說，如果我們研究一下丹麥在第二次世界大戰期間是如何在沒有警力的狀況下運作，或是再加上倫敦在二〇〇五年七月七日的恐怖攻擊之後那段時期的狀況，我們就應該會對警力運作有更深的認識。

當然，我們在使用證據的時候，不可以毫不存疑。有一些研究被吹捧得過頭了，被作者、媒體及政治人物（他們會選擇性挑選資料，用來證明自己立場和行動的合理性）。這也就是為什麼我在這整本書中，會一直提及證據是如何被扭曲的，而我們又如何區分事實和虛構。證據也可能有觀點過於狹隘的問題。心理學家、生物學家、經濟學家和社會學家都會研究犯罪行為，但是如果過於堅持特定學科的見解，就可能忽略了其他面向對此的理解。經濟學家會注意到經濟方面的因素和理性動機；社會學家會支持社會和文化面的論述；心理學家則會尋求心理上的理由。我之所以展開這個研究，是出於一個極為實用主義的理由——我們必須為犯罪的相關問題找到答案，才能夠預防犯罪，或是採取更有效的對應方式。而我相信，最好的方式便是從各個領域中取經。把最明顯和最好的證據都拿來檢驗，讓我們理解攤在面前的明確事實，同時也要提出質疑。

本書的每一個章節都會討論一個跟犯罪有關的迷思。讀到本書的最後，我希望讀者們確實了解犯罪和它們的成因，我們過去習以為常的觀點可能都受到天大的誤導而不自知。「英雄與壞人」觀點將面臨很大的挑戰。很有可能在讀完本書之後，你不會再相信有什麼老是要找你麻煩的壞蛋（迷思三），如果有人告訴你一定要嚴刑峻法才能夠維持社會安全，你也可能不會再相信了（迷思九）。你還會知道，當警察，比蓋房子或是拾荒安全得多了，這與犯罪實境秀想要我們相信的正好相反，而警察的男子氣概，正是減少犯罪的最大阻力之一（迷思八）。

「受害者與生存者」觀點也禁不起檢驗。希望你會開始懷疑，犯罪者到底是不是真的因為貧窮才犯罪的（迷思六）。你也將會知道，只要社會不發生重大的變化，我們會比現在安全得多（迷思十一）。我也希望你會看到我們的刑事司法體系對於我們的安全具有十足的重要性，即使它並不完美。

你將有機會探索生命中某些最大的疑問。例如：我們會討論人類為什麼會想要違反法律？這有多大的程度是受到生物方面的影響（迷思五）。我們會對童年時期純真無邪的假設提出質疑（迷思二）。我們也要檢驗一下社會秩序的建設基石何在（迷思八）。你對於犯罪的個人判斷可能也會跟著改變。這不是一本按文索驥就會跳出答案的書籍，但是我們希望能夠解答以下問題：如何保護自己和家人免於受到犯罪之害、如何養育我們的孩子、我們又應該支持哪一類型的慈善機構或是政黨。

本書的結論之一是不太可能有什麼普世的真實。或許令人感到有點意外的是，詐騙和謀殺可能有共通點，但是在另一方面，即使是同一類型的不同犯罪行為，彼此之間還是會有著極大的不同。比如兩個謀殺犯之間可能很類似，但是鮮少完全一樣。所以對於犯罪最好的回應，應該要由事件發生的前後脈絡來決定（迷思十一）。我們對犯罪成因應該要有「全面性的論述」這點過於執著，讓我們忽略了上述的事實，以至於最後制定了大膽又服眾望、但是亟具破壞性的政策。甚至制定政策的人，還可能用個案來證明普世的準則。美國的加州在一九九四年引進「三振出局」法（Three Strikes Law），其中的部分原因就是為了懲處殺害十二歲女童波莉・克拉斯（Polly Klaas）的暴力累犯理查德・艾倫・戴維斯（Richard Allen Davis），結果這個法律所影響的男女不下數千人，他們的情況與謀殺波莉的理查德・艾倫・戴維斯可說是非常不同。在迷思九中檢視嚴刑峻法的有限影響時，我們會發現這點。

一個沒有明確答案的世界會讓我們感覺不太自在，當然也是因為如此，我們才會覺得對於犯罪的觀點應該要放諸四海皆準。我們對於確定性的渴求，或許也足以說明為什麼有些犯罪的理論講得如此大膽，但卻享有令人憂心、而且沒什麼理由的極高聲望。我們會在迷思一中，檢討某些廣為流傳的主張是如何誤導了我們，例如墮胎率對於犯罪有重大的影響（如杜伯納〔Dubner〕和李維特〔Levitt〕在其暢銷書《蘋果橘子經濟學》〔*Freakonomics*〕中是這麼主張的），或說合法持有槍械如何「真的」

降低了犯罪（美國時事評論家和學者約翰．洛特〔John Lott〕極力宣導的觀念）。都是因為我們渴望有一個簡明易懂的道理，讓萬事萬物都有一個獨立的存在理由。

回想一下你自己跟犯罪有關的經驗及體會。你很快就會知道：支持犯罪有單一理由這種說法根本站不住腳。想想你最近一次犯下的罪（這和「英雄與壞人」觀點完全不同——我們大部人都會犯罪），或者如果你屬於那些（不會犯罪的）少數人，想想你最近知道的一個關於犯罪的例子。然後再想一下，是什麼力量影響了你的行為。我很確定你一定會發現可能的影響因素層層相疊，就是因為其中有許多想法以複雜的方式交互影響，最後才促成了一樁犯罪。

這並不是說沒有某些特別重要的因素，可以幫我們理解犯罪的行為，也不是說我們無法從犯罪中找出模式，再用來減少犯罪。雖然真實的世界複雜無比，但我們還是可以、也確實必須發展出新的思考方式，才能幫助我們理解人類行為中最糟糕的面向。所以我會利用本書，希望能夠說服你相信三個重要的事實。

1. 機會具有的力量

首先，光是思考人類的動機，其實不足以理解犯罪。你可能也發現了上述兩種關於犯罪的主要描述，都不脫這種嘗試。「英雄與壞人」觀點就只想要靠著加重刑罰，以威懾制止潛在的可能犯罪者。而「受害者與生存者」觀點則想要藉著改善大多數弱勢者的經濟和社會條件，例如提供工作或是更多福利就能消除他們違法的動機。

如果能夠理解到底是什麼在驅使我們行動，這當然很重要，而且很令人心動。不過在現實世界中的我們，通常就是直接受到身邊環境的影響。二〇一一年倫敦發生暴動的時候，我住在倫敦東區一個靠近沙德韋爾（Shadwell）的地方。沙德韋爾是整個城市裡最貧困的地區之一，它安靜的座落在城市邊緣，有許多中層的建築物散立於各處，其中的居民就是這次二〇一一年倫敦暴動中的核心年輕族群。但是這裡沒有暴動。並不是所有貧窮、憤怒的年輕人都會發起暴動。幾乎所有受創嚴重的地區都有一些很有吸引力的商業區，這讓我在暴動當晚感到十分惱火，因為沙德韋爾幾乎完全沒有這些。或許是有些沙德韋爾人跑到別的地方去製造了事端，不過大部分沙德韋爾人並沒有額外去做這些，或說他們甚至不曾參與其中。

這就是我所謂機會的力量。我們一定都有一個所謂的臨界點，過了這個臨界點之後，我們就無法阻止自己做出一些不被允許的行為。也就是說，我們所面臨的誘惑和挑釁，通常也和我們天生對守法的渴望一樣重要。其實，幾乎所有人都很容易墮落，我們尤其可以從倫敦暴動中看到很多這類的例子，在當時，一般正常守法的公民也跟著幫派分子一起搶劫，還有更令人煩惱的，是在歷史中某些醜陋的時刻，甚至還可能所有人聯手大屠殺。不過，比較正面的來看，即使是最反社會性格的人，也可能因為他們碰到的環境而完全被壓抑下去。單獨一人住在沙漠裡的殺人魔，不可能會犯下連續殺人案，就像是沒有車的鄉下盜賊，犯案次數一定比同樣住在城市裡的盜賊少。如果犯案的機會看起來很不顯著、或是很不吸引人，這極可能影響重大，上文的機車安全帽便是如此。

考慮機會的力量同時透露出另一種可能性，那也是我們很少考慮的。我們知道貧窮不一定會增加人們偷竊的動機（並因此導致犯罪），反而可能會因為值得偷的高價物品比較少，造成比較低的犯罪率。所以我們也可以試著想想看：如果把兒童留在學校裡會減少他們觸法的機會，或許不只是因為他們受了教育之後有比較好的工作前景，也可能是因為他們不受監督的時間減少了，比較難惹出麻煩。

我認為二十和二十一世紀所發生的犯罪率變化，最合理的解釋包括特定的經濟、社會和科技的變遷，這些都足以徹底改變我們每天在日常生活中會碰到的犯罪機會。我其實認為婦女解放一事，對搶劫的發生率不減反增；科技變遷是行凶搶劫增加的背後原因；而電動遊戲並沒有讓兒童沉迷於暴力，說不定還減少了青少年暴力。我也必須指出我們（為了保護人身和財產）的個人行徑，對於犯罪率的影響力之巨大，並不亞於任何政府政策。

2. 理性的限制

第二點我想要說的是，在談到犯罪的時候，我們不應該過分高估邏輯的支配力。我們對於犯罪的兩種主要態度，背後都有一個共通的假設：人們會計算有多少誘因，並且會很快反應。「英雄與壞人」觀點認為只要我們讓犯罪無利可圖，就沒有人會犯罪了。而「受害者與生存者」觀點則主張只要我們讓多數人擁有穩定、有足夠吸引力的工作，就沒有什麼人會想要、或是需要犯罪了。兩者都借用了經濟學那看起來很吸引人的理性邏輯。

蓋瑞．貝克（Gary Becker）教授在一九九二年獲得諾貝爾經濟學獎，得獎理由是他「將微觀經濟學的分析視野，拓展到非市場經濟領域的人類行為之中」。貝克領獎時，談到了他開始研究犯罪行為的決定性時刻：「我在一九六〇年代開始思考犯罪的問題，開端是我有一次開車去哥倫比亞大學，為一名作經濟理論的學生口試。當時我遲到了，所以我必須很快的決定是要把車停進停車場，還是冒著被開罰單的危險，違規的把車停在路邊。我衡量了一下被開罰單的機率、罰金的金額，以及把車停進停車場的支出。最後，我覺得值得冒點險，於是就把車停在路邊了。（我沒有被開罰單。）[34]因此我發現這真的是一個很值得研究的問題，所以我開始比較有計畫性的投入這個領域。」[35]

貝克最後達成的結論，在一九六八年首次出版，他認為犯罪者在本質上很像他。或者說——他在稍後又指出：「經濟學的方法認為人的行為都是出自理性，利益和成本決定了他們的行為，他們會衡量所有倫理和心靈等各個方面，再決定要採取什麼行動」。[36]貝克發表的論文和他的其他許多描述中都有一個潛在的假設，認為犯罪其實就是其他形式的工作的替代選項。貝克認為許多人之所以「成為犯罪者，是因為考量到犯罪（和合法工作相比）能夠獲得的金錢報償——他們也要考慮可能被逮捕和被判罪，以及刑罰的嚴厲程度」。他切中要點的同時採用了「英雄與壞人」和「受害者與生存者」觀點，因為「可以找到哪一種合法工作，以及法律、命令和刑罰，當然都是犯罪時要作的經濟考量的一部分」。他也同時採用了左翼和右翼的政治方案，雖然相形之下比較強調後者。例如：他認為對初犯的寬大量刑，是在「鼓勵」青少年犯罪。

關於犯罪的成本和利益還有許多可以再商議的部分（尤其是對某些特定類型的犯罪），不過我認為如此關注動機，是過分誇大了我們能夠作出好選擇的能力。經濟學家的經驗法則是人們都會做出「有效的」決定，不過在此我想說的是，大部分犯罪的重要特徵之一，就是它們不管從哪一個面向來看，都稱不上是理性的。

如果我們從倫敦暴動中挑一些個案來看，儘管理性決定之下的搶劫是存在的，不過更多的情況則是不那麼理性的例子。有一個青少年把他自己的照片貼在社交網站上，慶祝他第一次在特易購（Tesco）偷了一大袋印度香米。有無數暴民攻擊警察，也有數不清的人冒著被關的危險，偷了一些經濟價值極低的東西。二十三歲的尼可拉斯．羅賓森（Nicholas Robinson）從一家被洗劫一空的利多超市（Lidl）偷了六瓶礦泉水，這讓他聲名大噪（但是屬於奇怪的名聲）。他後來被判刑六個月，在宣告之前，他的律師告訴坎伯韋爾治安法院（Camberwell Magistrates Court）他「在當場就被抓了」，而且「羞得根本抬不起頭來」。[37]

不只有犯罪（這種具有破壞性或是自我毀滅性的錯誤）才不總是理性的。在很多時候，犯罪才是「合理的」，但是人們卻選擇守法，這時候也可以看到理性的限制。想想有多少次，你可以神不知鬼不覺的違法。是理性讓你決定放棄這些機會嗎？有沒有可能是因為你根本沒有考慮過違法這個選項，而且，如果你決定做了違法的事，你會覺得這是不道德的行為，還會想自己竟為了利益而做出傷害別人的事？

忽略了犯罪有不理性的面向——守法也是——讓我們過度把重點放在經濟上的利己主義，而忘了人們會選擇犯罪，其實有很大一部分是被周遭的環境決定的，還有到底他們認為什麼是可以接受的行為，而什麼是不能接受的。我們可以先放棄人類是利己而且理性的假設，我們應該做的，是更進一步的釐清各種犯罪中究竟各有多少程度的理性計算。我們將在下文討論到，其實理性的方式可以阻止不理性的行為。我們也將會看到，讓某些族群更有能力抗拒不理性的誘惑，或許是一個有效減少犯罪的方式（迷思三）。

3. 小事情的妙用

第三點，我希望大家注意到小事情的重要性。有兩件事可以說明這是對的。首先，一點小變化就可能有很大的效果。我們已經討論過如何改變一件事的結果，因為像是在西德，光是一個人如何衡量偷機車這件事，就可能對犯罪造成極大的影響。不過類似可以影響的事情還有很多。細節的影響之所以重大，其中也包括去理解人們在什麼時候最願意改變。舉例來說，我們知道當吸毒者的朋友剛發生藥劑過量的問題時，最容易說服他接受治療；或者囚犯剛出獄的第一週則最危險。

有些犯罪就像是會傳染一樣，以像是幾何級數的速度散播開來，直到開始減少，這似乎跟專研病毒爆發的研究會提出的模式很類似。與幫派有關的暴力犯罪最容易出現這種模式，一個非計畫中的意外事件，就可能引發一連串的報復舉動，以牙還牙的行為也會逐漸升級。但是這也表示如果我們可以阻止一件類似的犯罪，就可以預防更多。這甚至可以適用於連續殺人案。雖然人們傾向於（毫無根據的）認為殺人犯「天生就是殺人犯」，不過連續殺人犯幾乎大部分都是由意外事件造成的。像是亨利．李．盧卡斯（**Henry Lee Lucas**）、傑佛瑞．丹墨（**Jeffrey Dahmer**）和愛德蒙．肯培（**Edmund Kemper**）這些連續殺人犯第一次犯下謀殺時，都是因為承受了（各種不同的）極大壓力，然而接著，殺人或是逃過偵查的快感，讓他們在心理上感受到興奮，於是想要尋求下一次，接著就造成了悲劇性的結果。[38]

李察・庫可林斯基（Richard Kuklinski）是一位美國職業殺手和連續殺人犯，被宣判了五起謀殺罪，但是他宣稱自己殺的人不下一百人，他用一種緩慢而平穩的語調，描述了他第一次殺人，聲音裡幾乎不帶任何情感。「我在酒吧裡和人起了爭執，然後就打起來了……我隨手抄起一根撞球桿打他。大概打太多下了。他就死了……不過，連我自己都有點驚訝的是，我先是感到很難過，但是接著過了一會兒，我開始有了其他別的感覺。我不再感到難過了。我是有難過，（但是）多少也有點滿心想著我殺了人……」小事情所誘發的行為，足以影響我們行事的可能性，並且讓我們重新形成自己的個性，在未來增加、或是減少我們犯罪的機會。

另一個說小事情有妙用的理由，是因為大變化可能會造成出乎意料與變化無常的結果。如果要解決的問題極為明確，但是我們的解決方案卻很粗略、只有大方向，那麼我們就必須極度小心。大膽的政策通常起不了什麼作用，這種例子不計其數，如：美國在一九六九年試著檢查所有通過墨西哥邊界的車子（不過這對於毒品交易沒有什麼影響，只是耽擱了合法的貿易活動）；強制判決（Mandatory Sentencing）政策（這讓監獄中塞滿了低犯罪風險的囚犯）；以及大型的都市再生計畫（這類計畫一直以為金碧輝煌的建築物就比較安全，但其實並不見得）。

重要的永遠是小事情，大型改革很少會達到我們想要的目的，但是我們將會發現：其實大部分政府都很不理解、不知道怎麼處理這樣的世界。在過去的七年間，我在英國政府研究所工作，主持一些研究計畫，考察政府到底是如何運作的；我理解到在最佳的情況下，政府其實可以做得很好。不過我的研究成果也告訴我，如果我們是真心想要解決犯罪和其他複雜的社會問題，現在的政策制定和公共部門的管理方式都需要做一些改變。

本書有部分是想要解決我個人的無力感。每當我看到發生了備受矚目的事件時，政府便急急忙忙的根據一般人的迷思，做出一些倉促的決定。每當有大型計畫在未經證實可行之前，或是甚至不曾與將要負責執行的人、將要承受後果的人仔細對話之前就逕自進入執行階段，這總是讓我十分惱怒。而政府的解決方式就是不斷的重複改組一些看不出來有什麼好處的單位，對我更是火上澆油，讓我益發失望。我們將在最後一章討論到底應該做些什麼改變，才能夠將根據迷思所制定的政策封存在歷史之中，讓新成立的機構能夠驗證並學習到更多減少犯罪的做法。

白板（Tabula rasa）*3

以上的三個想法，來自於許多人的研究成果，他們畢生致力於仔細驗證犯罪的真實狀況，本書後文也將陸續提到他們。但是，他們的研究成果卻很少被提及，也不太為我們所知悉。我們太常聽到一些主流的、小說裡寫的、經過政治化的犯罪描述，以至於這些看法已經在我們的腦子裡根深柢固了。而當我們在廣播裡聽到或是在報紙上讀到最新的犯罪新聞時，會第一個跳出來的也是這些反應。我們必須一個一個除掉沒有根據的陳述，重新建立一個可以了解犯罪心理狀態的資料庫，這將包括真實的故事、有趣的事實和新的思考方式，但是要有比較穩固、而且根據事實的基礎。我們應該停止認為犯罪是一種可以控制的風險、或是應該受到譴責的錯誤。

本書的每一章都會討論一種不同的犯罪迷思，並且提出另一種看待世界的方式。在前幾章，我們會先揭露一些關於犯罪和犯罪者的基本錯誤觀念。接著，我們會檢測一些關於犯罪最廣為人接受的說法，看看它們是不是對我們有什麼幫助，或是有哪些部分基本上是錯的。在最後幾章，我們會討論一些對犯罪的補救辦法。

貫穿本書的主要焦點，是發生在已開發國家的犯罪。這有部分也是條件所迫。因為已開發國家對他們的犯罪問題會提供許多有用而且可靠的證據，其中尤以北美洲、斯堪地那維亞（Scandinavian，即北歐）、德國、荷蘭和英國最多。不過這也是我經過考慮之後做出的選擇。發生在已開發國家和發展中國家的犯罪，通常看起來和感覺起來都是不同的，因為發展中國家還不存在社會安全網，國家機器的發展程度也無法和已開發國家相提並論。我也不討論恐怖主義，恐怖行動和犯罪的確有共通點，但是在重點上又不太一樣。讀者可能會注意到我常引用美國的例子。這部分也是因為在美國的努力之下，他們產出了許多最高品質的研究，堪為模範。不過還有另一個原因，是考慮美國的研究方法和媒體的規模，和它們對於全球的影響。美國提供的範例可供政策制定者效法，例如採用了「預測性警政」法（predictive policing）*4（迷思八）。不過美國毫不懷疑「英雄與壞人」觀點，而且極力推廣，

*3 譯註：一個認知論的主題，認為人的個體生來沒有內在或與生俱來的心智，即是一塊白板，所有的知識都是逐漸從他們的感官和經驗而來。

*4 譯註：指在執法領域中使用數學、預測、分析等方法，事前界定潛在的犯罪族群和可能的犯罪行為。

也讓這個世界做了不少蠢事，例如浪費了大筆鈔票，蓋了全世界人均監獄人口最高的監獄（迷思九）*5。

閱讀本書並沒有一個標準的方法。如果你希望，每個章節都可以分開來閱讀。但是也可以依序解讀這些迷思。畢竟，每一章都是根據前一章而來的，而如果我們能夠先了解成因，要了解犯罪的對策應該也是比較容易的。不管你怎麼閱讀本書，我都希望你能夠欣賞這些論點，並善加利用。不過我也確實有一個比較大的夢想——如果我問了對的問題，成功的挑戰了過去的主流假設，或許我們會有更多關於犯罪的公共和政治討論，並據以帶來更為理智的思考和行動。

如果你閱讀之後，卻不贊同本書中的任何論點，我要給予你更高的評價。因為，我的主要目的便是要讓大家開始提出質疑。

*5 譯註：指受刑人與全國人口的比例是最高的，即監獄關進許多囚犯。

迷思一　犯罪事件日益增加？

「每一個複雜的問題都有一個清楚、簡單而且錯誤的答案。」

——美國記者、諷刺作家亨利．曼肯（Henry Mencken）[1]

起大浪的水域

有六名警察（彼此之間隔著兩公尺的距離）以小跑步向十字路口移動。他們揮舞著警棍，拿著透明的圓形盾保護自己的身體。他們表現得堅定、訓練有素、勢不可擋。

一群十幾個穿著帽T、戴著帽子或是裹著頭巾的年輕人，看到這個陣仗，轉身開始逃跑，四散而去。一個騎著腳踏車的青少年踩得飛快。有一個人喊道：「噢，天哪！」

警察靠近十字路口，就慢了下來，錯開之後，就定位把街道封鎖起來，經過這一番費勁之後，我們可以看到他們的胸口起伏著。

但是這只維持了一秒。幾乎就在他們站定之前，其中一位警察踩到了玻璃，並且向後退了一步，以避免再踩到碎玻璃，但是這個舉動就像是暗號一樣。所有警察都跟著照做了，接著他們便撤退了，反而是一群二十幾個人跑向了他們。有些年輕人抄起了金屬報架跑過去；其中一個人手裡抓著像是店裡的掛衣桿之類的東西，其他人則繼續丟了許多瓶子。

「噢！」現在變成旁觀的群眾被嚇到了——他們驚訝於一方這麼果斷的反擊，而且警察竟然毫無抵抗能力。

至少有些旁觀者是被嚇到了。其他人則顯得很興奮。有一群年輕人若無其事地穿過了德本漢姆（Debenhams）百貨公司那滿地的碎玻璃，很快的，他們就有了一群追隨者。男男女女（包括小孩）兩手空空的蜂擁而入——貨比三家之後——大家都滿載而歸。如果不是那些碎玻璃，對旁觀者來說，這可能只不過是比較晚的傍晚逛街行程罷了。大部分人都找了名牌包來裝他們的戰利品，不過有個年輕人一直在液晶電視前猶豫，因為覺得它太重、太大了，似乎不是他拿得動的。夜幕低垂，掠奪仍未停止，警察也不見蹤影。

這是二〇一一年八月八日（倫敦暴動的第三天）發生在英格蘭的克拉珀姆（Clapham）的事。克拉珀姆是城市周圍的郊區，這裡的居民平素總是彬彬有禮的。當時旁觀者用手機拍下了前述畫面，並且透過社交和主流媒體散布開來。當天暴力便擴張到倫敦以外的地區，英國的其他許多城市也突然爆發了搶劫行為。伯明罕（Birmingham）、利物浦（Liverpool）和曼徹斯特（Manchester）都難逃此劫——直到兩天之後才完全恢復秩序。有幾天的時間，甚至可以說是完全鬧翻天了。其中一個暴徒說：「通常是警察在控制我們。不過（在暴動的那幾天）是法律聽我們的。」[2]

這是個特例。有數百家商店遭到打劫，最後大約有四千人被逮捕。[3]也有人死亡——為數雖然不多，但都是寶貴的生命。國家為損害所支出的成本、遭竊的物品、商店損失的收入和額外的維安支出，預估高達上億英鎊。[4]

也有人認為從這件事中，可以看出英國並沒有能力處理社會問題和日益普遍的犯罪。政治人物認為該是得說「夠了」的時候了。英國首相大衛．卡麥隆問道：「我們是否有足夠的決心面對道德的逐漸淪喪？──這在過去的幾代以來，就發生在我們國家的某些地方。」[5]卡麥隆一再重申的路線對他的選舉是有益的。他說英國已經「崩壞」了，急需修復。

工黨領袖艾德．米勒班（Ed Miliband）也提到了道德的沉淪，不過是在更廣義的層面。「我們（最近）看到這種『以我為尊，多多益善』的文化，已經不是第一次出現了。銀行業者會挖空人們的儲蓄，盜取上百萬元：他們貪婪、自私而且不道德；國會議員一直自肥：貪婪、自私而且不道德；詐騙集團也都在犧牲受害者：貪婪、自私而且不道德。」[6]

這種崩壞的論調在世界各地都引起共鳴，顯示出全世界對於犯罪失序和道德淪喪的焦慮。在二〇一二年的美國總統選舉中，這種對於道德常規的悲觀主義在政治論述中找到了舞台。參議員瑞克．桑托榮（Rick Santorum）在爭取成為共和黨的二〇一二年總統提名人時，提到了「撒旦的目光已瞄準美國」。[7]許多美國人也同意桑托榮這種悲觀主義（就算不同意他的表達用詞），有將近四分之三的美國人認為整體而言，這個國家的道德觀已經愈來愈糟了。[8]犯罪的核心在於道德判斷，所以難怪美國人覺得犯罪已經失控：有超過三分之二的人認為犯罪與日俱增，也並不是只有他們這麼想。[9]大部分英語國家的人幾十年來都是這麼想的。[10]我們一般都認為犯罪數量一直在穩定增加，完全沒有減少。

當然其實有許多理由，可以說明為什麼有些人希望我們相信犯罪不斷增加、甚至已經失控。支持

「英雄與壞人」觀點的人，相信犯罪是一種出於自私的選擇，社會過度的寬容就是在默許這種自私心態。也有些人憂慮的是其他領域（例如與性相關）的社會自由主義日益高漲，因此他們覺得犯罪日增，正好證明了這類寬容心態會導致社會崩解。而傾向「受害者與生存者」觀點的陣營，則認為犯罪是社會不公不義所造成的結果。或許他們也認為犯罪的增加正好證明了社會只站在少數人的一邊，動亂則正表示社會需要改革。

高犯罪率會對執政者帶來很大的影響，這也很值得注意。因此如果要抨擊現任政府，強調犯罪案件增加便是一個很有效的策略，特別是凸顯某些犯罪成因的時候。在二〇一〇年一月，就在大衛・卡麥隆為保守黨贏回政權的不久之前，他便提出了「我們的暴力犯罪一直在增加，而且這些事件中的每一件事都不是突然發生的，它們和我們的社會中其他出錯的部分絕不是毫無連結。」[11]

這類觀點會引起大家的共鳴，有部分原因是我們總是可以在周遭環境中找到值得我們害怕的理由。像是倫敦暴動時所發生的各種事件，就會動搖我們對於人性以及國家有能力維持秩序的信心。其他到處發生動亂的例子也不計其數。例如就在倫敦暴動的幾週之前，加拿大的社會也發生了動盪。二〇一一年六月十五日，冰上曲棍球波士頓棕熊隊（Boston Bruins）在七場對戰的最後一場比賽中擊敗溫哥華加人隊（Vancouver Canucks），贏得了史坦利盃（Stanley Cup）總冠軍。該場比賽是在溫哥華進行的，溫哥華的居民因為這場競賽而騷動了起來。就連前四分之一局的比賽都還沒有結束，就有人說他看到一群人嚷著「讓我們去大鬧一場吧」。[12]在地主隊輸球之後，他們當真這麼做了。他們先是對著轉播球賽的大螢幕丟瓶子，接著又砸破了玻璃，群眾中也出現趁火打劫的暴民。一個年輕人臨時起意，跟著打破了一扇窗戶，一名顯然很惱怒的婦女則似乎對她的城市的沉淪感到很絕望：「這是我們的城市。你們這些他X的人是有什麼問題嗎？」[13]

在損失了上百萬加幣、九名警員受傷以及超過一百人遭到逮捕之後，秩序才終於回復。不過悲觀主義並沒有消散。有一位感到絕望的店老闆做了一個結論：

「想要好好生活的人，比起那些一心想做壞事、而且滿不在乎的人，真的是少得太多了。」[14]

是這樣嗎？犯罪真的一直在增加嗎？出於兩個理由，我們必須回答這個問題。首先，我們所聽到的許多關於犯罪的論點，都是支持這個看法的，而且它也關係到我們如何找到線索，探知犯罪的真正原因。如果犯罪真的一直都在增加，那麼許多關於犯罪成因的理論應該都錯得離譜。例如：既然多數國家都變得愈來愈富有了（然而犯罪還一直在增加），那我們就不太可能認為貧窮是造成犯罪的主要原因。但是也可能有其他理論出線。在過去二十年來，許多國家都經歷了極端不平等的社經情況，最富有的一群人收入（相較於其他人）也增長得最快。一直成長的犯罪是否有可能是這項轉變的結果呢？

全球的犯罪浪潮

經濟學家史蒂芬．摩爾（Stephen Moore）和朱利安．西門（Julian Simon）合著了《一直變得更好》（*It's Getting Better All the Time*）這本書，描述美國在二十世紀的進步，但是很明顯忽略了犯罪這個主題。書中各章節提到了健康、財富、教育、科技、環境、文化和娛樂，但是卻幾乎沒有提到犯罪。最接近這個主題的應該是「安全」這一章節，但是它也只是提到家庭和工作上發生的意外死亡事故大量減少，還認為恐怖活動也正在減少（這可以說是九一一事件前某一個時期才會有的樂觀主義）。

這個忽略也沒有錯。在二十世紀的大部分時間，犯罪的數量真的一直在增加。如果用最極端的呈現形式來看，的確會看到一幅令人沮喪的圖象。在一九〇一年，大約每十萬名美國人民中，會有一人遭到謀殺，而到了二〇〇〇年，謀殺率比原先高出五倍不只。[15]在該年，幾乎有一萬九千人在美國遭到殺害，有高達一百八十萬人因為遭到暴力攻擊而被送往急診室。[16]受害者當然為此付出了慘重的代價，納稅人也不遑多讓。到了二十世紀末期，美國政府每年都要為刑事司法體系花超過一千億美元，而美國經濟為了犯罪所付出的全部成本，據估計竟多達一兆美元。[17]

認為只要改善經濟和社會條件就會降低犯罪率的主張，也因為類似這樣的行為崩壞，而面臨了根本的挑戰。令人費解的是，當美國一邊成長，一邊站穩了世界上最富有和最「先進」國家之位時，它的犯罪率也在同一時期達到高峰。在犯罪率不斷增加的同時，其國內生產毛額（GDP）、識字率和教育成就也一直攀向新高。[18]

值得注意的是，即使經濟改善了，治安依然會惡化，這個令人憂心的狀況在西方的民主國家到處可見。在上個世紀，人類在大部分地區的生活都獲得了很大的改善。直到二〇〇〇年，人均國內生產毛額（人均GDP）已經實際增長了約五倍，在六歲之前死亡的人數減少了十二倍，而且西歐國家的識字率大幅增長（至將近百分之九十九），甚至大部分國家已經覺得沒有統計的必要了。[19]不過到了二十世紀末期，雖然人們已經比較富有、比較健康、比較有餘裕受教育了，但是他們還是和二十世紀初期一樣，或甚至更常成為重大暴力事件的受害者。英格蘭和威爾斯在一九九〇年代的謀殺率是一九一〇年代的兩倍以上。[20]雖然歐洲的謀殺率有些許調降，但這其實只是因為在二十世紀前半葉先有大幅滑落，接著之後就反彈回來了。歐洲的謀殺率在一九六〇年代和一九九〇年代之間也有上升。[21]同樣的，加拿大的謀殺率在一九六〇年代也增加了，從一九六一年到一九七五年幾乎成長為三倍，接著才緩慢下降。[22]

戰後謀殺率如此這般戲劇性的增長，其實倒不像我們第一眼所看到的那麼糟。它們還更糟得多。通訊設備、交通和醫療的進步，讓數千件意圖謀殺案變成只是謀殺未遂，或是傷害。民主黨的女性眾議員嘉貝麗．吉佛斯（Gabrielle Giffords）在二〇一一年一月遭人暗殺——這件事如果發生在五十（更不要說一百）年前的話，她就不可能像二〇一一年那樣大難不死、逃過一劫了。[23]一顆子彈穿過她的頭蓋骨，從左後方射進去，再從前方穿出。不過八個月之後，她就已經重返眾議院了。

醫藥雖然進步了，但理論上還是可能被愈來愈致命的武器抵銷。不過，比較具有毀滅性的武器十有八九只會對謀殺率帶來有限的影響。不一定只有槍才能殺人，在許多國家，只有一小群人會做這種事，然而誰都可以用得上的殺人技巧，在世界各地都沒有進步得像醫療技術那麼快（幸好是如此）。衡量過等式的兩邊之後，專家估計，如果醫療技術還停留在一九六〇年的水準，美國在一九九〇年代後期的謀殺率其實可能比現在高上三倍，或是為一九〇〇年的十八倍。[24]

在整個戰後的西方世界，致死暴力行為明顯地愈來愈多，這不只是一個統計上的高峰。謀殺案的紀錄算是很可靠的，因為屍體其實不容易隱藏，而且如果發現了屍體，大部分人都會報案。不過要統計整體犯罪率就不是那麼容易了。除了謀殺之外，有些犯罪紀錄也被好好保存下來。例如：英國有大約百分之九十的車輛竊盜案都有報案，但這最大的原因是申請保險理賠時，失主必須要有警局的「犯罪號碼」。[25]但是許多類型的犯罪都無人通報，或許是人民認為，報案與否不會有太大的不同，或是不想讓人知道。為了不要讓性侵案的受害者被污名化，整個社會努力了很久，性侵害案件的報案數量才有增加，不過在美國仍然只有大約三分之一的強暴案會通報。[26]甚至各國警方的紀錄實務其實差異非常大，又常常改變，還常聽聞警察迫於壓力，會「吃案」以求完成指標，不得不防。

但還好，至少從我們的觀點來說是如此，政府在戰後投入了數百萬英鎊進行（不公開的）調查，詢問人們對於犯罪的經驗。調查雖未涵蓋所有的犯罪類型，也不及於所有國家，不過還是為一九六〇年代之後的犯罪率提供了一些資訊。這個資訊的效果影響至為深遠。最重要的是，它立刻讓大家關注到過去「見不得光」的犯罪（例如性侵）。但或許最重要的是，這些調查所得到的證據讓我們可以合理的相信：戰後的犯罪率激增適用於許多類型的犯罪，而不只是謀殺。

在（相對而言只占少數）有定期調查的國家之中，像是美國、加拿大、英格蘭和威爾斯、澳洲等等，財產犯罪在一九六〇年代和一九九〇年代之間都呈現激增的趨勢。[27]它的走勢並不像謀殺案那麼清楚，不同的犯罪增加時，也是一個時期一個時期的，速度也不太相同。不過就戰後長期而言，財產犯罪事件一直在增加，這點倒是沒什麼例外，這個現象可以說是強化了我們的核心論點：戰後的財產增加和生活水準的改善，並沒有讓犯罪和失序的行為減少。

退潮

到了一九九〇年代，社會恐懼的程度已經無法忽視了。美國司法部長（US Attorney General）在一九九五年委託學術機構針對犯罪趨勢做了一份調查，這份報告的主要作者東北大學（Northeastern University）的詹姆斯・艾倫・福克斯（James Alan Fox）教授提出了一個嚴厲的警告。他認為：犯罪數量勢必穩定地增加，而在接下來的十年，青少年犯罪大概會增長到兩倍以上。[28]當時在普林斯頓大學（Princeton University）任教的約翰・迪尤利奧（John DiIulio）教授也在一九九六年提出了類似的悲觀警告：「在二〇一〇年的街頭，大概會比一九九〇年多出二十七萬肆意劫奪的青少年。」[29]

但接著卻發生了某件事。犯罪減少了。起初大家都覺得這項改變只是一個暫時的現象。但是它卻繼續下去了。到了二〇一〇年，在多數我們可以取得可靠資料的國家中，可見到許多類型的犯罪都降到一半。據估計，從一九九五年開始，英格蘭和威爾斯的竊盜案減少了三分之二，暴力犯罪也差不多減少了這麼多。[30]美國的犯罪也在減少，而且有幾個犯罪「熱點」還被清除了。紐約市的謀殺案掉到一九九〇年年初的四分之一。想想在一九九三年，紐約市的謀殺案還占了全美總案件的百分之十，到了二〇〇八年卻只剩下百分之四。[31]

犯罪數量的減少（就像是之前犯罪數量的增加一樣）幾乎發生在所有已開發國家，只是程度不同。[32]例如：有的歐洲國家從一九六〇年代至一九九〇年代之間沒有經歷過巨幅的犯罪事件增加，所以現在經歷的犯罪事件減少，相比之下也就沒有那麼明顯。美國和加拿大是犯罪率最先大幅下降的國家，比歐洲、澳洲和紐西蘭都早。我們也可以在犯罪類型之間找到一些有趣的差異。例如：搶劫率的減少就比竊盜案慢得多，甚至有些國家還上升了。這大概要歸因於現在的攜帶式電子產品比較值錢，但是居家保安卻比過去強化得多，這讓當街搶劫變成了一個比較吸引人的選項。[33]

犯罪事件的下降甚至比之前的上升還更明顯。但很奇怪的是，卻沒有什麼人注意到這件事。五個美國人或是英國人之中，只有一個人相信犯罪正在減少。即使是在犯罪率已經穩定下降了二十年之後。[34]全世界都抱持著類似的懷疑態度。日本的犯罪率巨幅減少，但是只有百分之四的日本人覺得公共安全正在改善，也只有百分之三十五的人對國家的公共安全有信心，即便日本堪稱是世界上最安全的國家。[35]

其實有許多原因讓我們無法察覺真正的犯罪率變化。媒體表述大概是最重要的原因。當人們被詢問為什麼會覺得犯罪一直增加時，他們最常說的理由是電視（百分之五十七）和報紙（百分之四十八）都這樣說。[36]甚至接觸媒體的時間長短，和人們對於犯罪的觀點兩者之間是有關係的。在英格蘭和威爾斯，每天看電視超過三小時的人之中，有百分之八十五覺得整個國家的犯罪率正在升高，而不看電視的人之中，只有三分之一比例的人這麼想。[37]

快速掃過報紙的頭版，也不會為人們帶來什麼樂觀的想法。當我在寫作本章時，一份讀者眾多的愛爾蘭報紙《愛爾蘭鏡報》（*Irish Mirror*）其接連五天的頭版標題是：

九月九日：「令人毛骨悚然的衣櫃陳屍。為了三百鎊被刺四十刀」——這是在報導一名五十三歲的男性因為欠債而被殺。

九月十日：「高山上的屠殺：我被嚇壞了」——詳述一位英國年輕女性目擊她的父親、母親和妹妹在法國度假時被買凶殺害的恐懼。

九月十一日：「哭泣的眼睛。獲釋的柯林斯（Collins）遭男友拋棄，開始找工作」——這個故事在說一名女性因為富翁男友的蓄意謀殺之舉而遭拘留，之後獲釋。

九月十二日：「希爾斯堡（Hillsborough）：二十三年的誹謗與謊言之後……的真實」——這是在揭露警察的腐敗（在一次造成悲劇的社運事故之後）。

九月十三日：「黑人寡婦試著大賺一筆：重啟審判，盼獲得丈夫的一百萬英鎊財產」——這又重回了柯林斯的故事，報導她試著扭轉自己的有罪判決。

或許其他報紙並沒有這麼嗜血，不過每一份英國和愛爾蘭的報紙在過去五天的頭版，都是一個又一個的犯罪故事，電視的新聞報導也常充斥著犯罪事件。

如同我們在上文所看到的，媒體總是特別喜歡駭人聽聞的案件。最好要有無辜的受害者，再加上邪惡的犯罪者。但是這會使我們失去對犯罪趨勢的真實判斷，對於犯罪者和犯罪的觀感也判斷失準。保羅・斯洛維克（Paul Slovic）和多年以來合作的薩拉・里奇登史坦（Sarah Lichtenstein）兩人，從一九七〇年代開始研究人們對於不同事件的發生可能性到底有多強的預估能力。[38]他們發現如果是關於身體健康和快樂方面的事，可以看出我們對於每天的風險是很有概念的，但是我們完全不擅長評估很少發生的事，以及其中到底有多少可能性。有趣的是，保羅和薩拉發現：我們特別不懂得評估戲劇性事件發生的可能性，尤其是如果與暴力犯罪（例如謀殺）相關的話。參與他們研究的人，認為比起胃癌或是糖尿病，人們還更容易死於謀殺。雖然事實證明胃癌或糖尿病的發生機率絕對是大得多。[39]

會誤判戲劇性事件的發生可能性，這現象被心理學家稱為「可得性偏誤」（availability bias）。我們的大腦顯然會把我們有多容易記住一件事——也就是它有多「可能」出現在我們的記憶中和那件事發生的頻率搞混。研究顯示這使得媒體的盛行率可能影響我們對於不同風險的評估（包括暴力犯罪）。保羅．斯洛維克教授和他的另一位同事芭芭拉．庫姆斯（Barbara Combs）就發現：如果一件戲劇性的事件隨著地方報紙散播得愈廣，人們就愈有可能會過度高估它發生的可能性。[40]這是否可以解釋為什麼在二〇一〇年，大約有百分之十五的英國人認為他們很有可能在下一年度成為竊盜案的受害者，即便竊盜案的實際發生率只有百分之二左右？[41]以及為什麼有百分之十五的人覺得他們會是暴力事件的受害者，雖然暴力的實際發生數字也只有百分之三？[42]

有趣的是，研究顯示在我們評估風險時，就連虛擬的描述也會有很大的影響，這又再次證明了虛構的故事也會影響到我們對於現實的認識。電影《大白鯊》（*Jaws*）在一九七五年首度放映，接著，加州海岸邊的游泳人數就立刻暴跌。[43]鯊魚攻擊人的事件並沒有增加，水域的安全也沒有問題，但就是有數千人不願意去游泳了——明明他們在前一年還會去的。還是有許多人鼓起勇氣去海邊，但是卻不敢下水了，或許是因為他們耳邊會響起《大白鯊》那非常不祥的主題曲。但是他們卻沒有想到：到海邊的這段旅程，其實比他們避而不做的游泳還危險得多。[44]就我所知，還沒有任何研究，是在探討犯罪的虛構描述會不會有類似的影響，不過我認為既然我們對虛構的犯罪故事如此著迷，如果說因此而誇大了我們認為的犯罪發生率，應該也不無可能。

也就是說，我們容易記得的事件會影響我們的觀感，所以我們才會誤認犯罪正在增加，其中可能有部分原因是我們比較容易記得最近的犯罪事件。而犯罪的故事是怎麼被述說的，這又是另一個偏誤因素了。編輯會用戲劇性的情節來吸引我們的注意，所以問題會被描述成「不斷增加中、事件已失控」的樣子，而且還會報導後續的影響。兒童「變成凶猛的野獸」了，這在暗示任何一次事件都只是連續事件中的第一件。編輯所選的照片要可以很快的和報導的主題產生連結，首選通常是凶刀、槍、面罩和警察。照片也可以增強報導的故事性，看是要表達出一位母親的悲痛、審判的控訴或者是受害者的苦難。雖然作者其實也想要跳脫框架，但是近在眼前的截稿時間讓故事看起來千篇一律。[45]因為電視台和報社都在縮減預算，製作新聞報導的時間現在大幅縮短了，但是同時高層或民眾又要求要有更多的新聞報導，因為現在新聞台和免費的線上新聞平台都是二十四小時播放的。[46]

心理學實驗再次證明了煽情的語言和影像比較有用。如果沒有效果的話，公司是不會花數十億萬元，為他們的品牌找到精準形象的。視覺影像會影響我們的行為。例如：如果看到癌症帶來的痛苦，人們就比較願意投資癌症的研究，而如果提到恐怖主義、或是最近剛好發生了一起恐怖攻擊，人們就比較願意投保飛航險。[47]

當然，會讓我們高估犯罪率的還有另一個原因，就是單純的不實扭曲。犯罪的統計可以是政治的利器之一，所以就算它常被誤用，應該也不是什麼不可思議的事。二〇一〇年的英國影子內閣內政大臣（Shadow UK Home Secretary）*1克里斯．格雷林（Chris Grayling）就曾經在廣播節目上，聲稱暴力犯罪在工黨執政期間已經上升為兩倍，他完全不理會可靠的統計顯示暴力犯罪其實是大幅下降的。格雷林也曾經在前一年把曼徹斯特的莫斯賽德（Moss Side）地區的生活，拿來和美國的犯罪影集《火線重案組》互相比較。事實上，發生在曼徹斯特的致命槍擊案比巴爾的摩（Baltimore，《火線重案組》設定的場景）發生的案件幾乎少了一百倍，而且巴爾的摩比曼徹斯特小得多了。整個大曼徹斯特郡（Greater Manchester）的人口超過兩百五十萬，在二〇〇九年僅發生兩件槍擊致死案，但是巴爾的摩（人口為六十三萬七千人）在該年卻有一百九十六件。[48]格雷林提到了「巷戰」，但是統計顯示：與槍枝有關的犯罪不僅在數量上很少，也正在減少。

報紙也常成為這類抨擊的共犯，它們會選擇性強調壞消息，挑出比較符合它們目的的統計數字，還選擇一些會誤導人心的影像。《太陽報》（*The Sun*）在二〇〇六年的一則故事（圖二）便顯然沒有事實根據。它的標題是「警察在暴力犯罪的戰場上節節退敗」，這與英國統計學家所下的結論完全相反，英國的統計學家是說「成年人所經歷的暴力犯罪，在二〇〇五至二〇〇六年、二〇〇六至二〇〇七年之間的數量，在統計學上並無太大不同」，這個結論與前一年的結論是一樣的。[49]報紙也沒有指出犯罪長期以來的趨勢是下滑的。圖片中強調的是負面的印象，「暴力犯罪」和「搶劫」字樣的旁邊，是一個拿著槍的人，隱隱暗示這幅圖片代表了暴力犯罪的一般狀況（但是這個暗示卻完全是錯誤的）。我們也必須注意到它所使用的字彙，其背後有著大量的假設。說「警察」在暴力犯罪的戰場上節節退敗，就暗示了是警察的行為在大幅主導犯罪率（參照迷思八）。說有一個「戰場」，就等於在暗示我們必須對犯罪採取好戰的、實際的回應。

我們之中的許多人都忘記了犯罪正在減少，而且我們還被鼓勵這麼想。但這有重要的意義，因為犯罪的減少跟之前犯罪的增加一樣，都提供更進一步的線索給我們探索犯罪的原因。像是戰後犯罪的增加，告訴我們即使國家變得富裕了、教育水準提高了、健康也獲得改善了，犯罪率也不會自動下降，而一九九〇年代之後犯罪率的急降，也透露出某些極重要的事。到了一九九〇年代，有些人開始提出犯罪和暴力是現代化必然要付出的代價，但是事實並不一定是如此。犯罪並沒有失控地

*1 譯註：影子內閣是指在某些實行內閣制的民主國家裡，在野黨會為上台執政而預備內閣班底，並按內閣形式派任官員。

THE SUN, Friday, January 27, 2006 33

COPS LOSING FIGHT ON VIOLENT CRIME

VIOLENT CRIME UP 4% from 304,300 to 315,800 offences

ROBBERY UP 11% from 21,200 to 23,500 offences

DRUGS UP 19% from 34,600 to 41,100 offences

BURGLARY DOWN 7% from 80,600 to 75,300 offences

VEHICLE CRIME DOWN 4% from 183,300 to 176,100 offences

SEX CRIME DOWN 3% from 17,000 to 16,500 offences

FAILED 1

By DAVID WOODING
Whitehall Editor

POLICE are losing the fight against street crime, Home Secretary Charles Clarke admitted yesterday.

Violence, muggings and gun offences are all **UP** – and Mr Clarke warned it would get even **WORSE**.

Shocking new police figures show robberies soared by 11 per cent between July and September last year.

Violent crime jumped by four per cent, with almost 316,000 incidents in the same three-month period.

Last night the statistics sparked angry demands for more cops and prisons.

Victims of Crime Trust leader Norman Brennan claimed Britain was now in the grip of "criminal untouchables".

Buzz

Most of the attacks were committed by drunken louts or thrill-seeking teenagers.

Half of all violent offences were drink-fuelled, official figures show.

A third of 16- and 17-year-old boys admit to committing an assault in the last year. And one in five violent teenagers say they beat up victims for the "buzz".

Overall crime dropped by one per cent in the three months to September against the same quarter in 2004.

But this was down to a huge drop in burglary, car theft and credit card fraud.

Mr Clarke admitted recorded street crime had soared following the ending of a government scheme to target the problem.

He said: "We are winning the war against crime. But I can point to battles, and street crime is an example, where we are not doing as well as we need to."

Mr Clarke warned recorded street crime would continue to rise over the next two years.

He said: "When we get to our 2008 ambition of neighbourhood policing teams, recorded crime will rise. If there's a Sergeant Jones in a particular area who people can phone or email, more crime will be recorded."

Yesterday's figures showed almost 1.38 million crimes committed during the three-month spell.

Robberies leaped to 23,500 – up 11 per cent on the same quarter the previous year. Violence against the person surged four per cent to 275,800 – most of it by drunks, "happy slapper" yobs or muggers after iPods.

Drug offences rose by 19 per cent to 41,000 in the same quarter.

Burglary fell seven per cent to 75,000 in the quarter to September and car crime dropped four per cent to 176,000. Sex crimes were down three per cent from 17,000 to 16,500.

In separate figures, gun crime rose one per cent to 11,110 incidents in the year to the end of September, compared with 10,950 in the previous 12 months. The number of serious injuries from firearms rose 18 per cent to 470 and slight injuries 35 per cent to 3,600.

But the number of gun deaths fell from 80 to 50 – a drop of 35 per cent.

Mr Clarke ordered a review of the way crime figures are compiled after admitting it was confusing. He set up a team of experts including US economics guru Dr Irwin Stelzer.

● **COMMUNITY** support officers have failed to dent rising crime, officials admitted last night.

The Sun Says – Page Six

School plans . . . Kelly

Kids are 'getting dimmer'

FAILED 2

By ANDREW PORTER
Deputy Political Editor

CHILDREN at 12 are **THREE YEARS** behind in their educational development compared to kids 15 years ago, a damning report shows.

Prof Michael Shayer, who measured pupils' intellectual ability, called the findings "a staggering result".

His survey was yesterday's second policy blow to the Government, which has spent billions of pounds on schools – and plans further reforms.

Prof Shayer, of the University of London, used psychology tests on 10,000 youngsters.

He found that 11 and 12-year-olds in Year 7 were "between two and three years behind where they were 15 years ago".

The findings come as the Commons education select committee today publishes its report backing plans to turn schools into self-governing trusts.

They will have the power to control pupil admissions and even teachers' pay.

Education Secretary Ruth Kelly faces a Labour backbench rebellion over the reforms.

But shadow education secretary David Willetts said: "We want to see reform giving more power to schools. If the Bill offers that we will back it."

圖二：「警察在暴力犯罪的戰場上節節退敗」，出自《太陽報》，二〇〇六年一月二十七日。

不斷增加，有些人一直鼓吹要採取某些特定的措施來確認犯罪數量的「成長」，這些人也常要我們相信犯罪已經失控了。犯罪數量的下降（雖然常被忽略）也帶給我們一些希望：我們還是有可以樂觀的理由，因為，至少我們已經學到了一些控制犯罪的方式。

不過，如果想了解到底是什麼導致犯罪率下降，我們還需要比現在更完善的資訊。我們還不知道有什麼奧祕能夠解釋犯罪率在過去一世紀的起落。到底是什麼神奇的月亮，影響著整個西方世界犯罪潮的漲落呢？

未知的趨勢

有許多人都會告訴你，他們可以說明是什麼造成了二十世紀的犯罪率高峰和之後的急速滑落。也有許多書宣稱解決了大眾對於犯罪和其原因的爭論，而其中最暢銷的，總是那些武斷作出

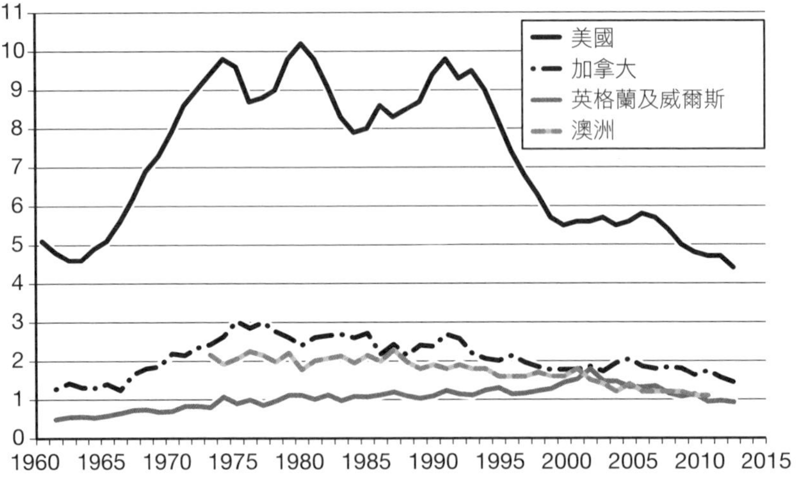

圖三：何時會是下一波的犯罪潮？美國、加拿大、英格蘭及威爾斯和澳洲每十萬人口的謀殺案件數。[50]

結論的書。哈佛的經濟學家史帝文・李維特（Steven Levitt）在其廣受好評的暢銷書《蘋果橘子經濟學》中，與新聞工作者史帝芬・杜伯納（Stephen Dubner）一起合作，分享了李維特在二〇〇一年論文中的發現，李維特的該篇論文是與約翰・多納休（John Donahue）合著的，文中主張墮胎合法化是促成犯罪率下降的主要因素之一。[51]李維特認為一九七〇年代的墮胎合法化讓許多不在期望中的小孩沒有出生，於是減少了二十年後的犯罪。他說：這是因為不曾出生的小孩是比較容易犯罪的那一群。

其他研究的結論也一樣武斷。至少有幾位美國的學者主張犯罪率的下降，有很大一部分原因是監獄增加了。律師與社會學家托馬斯・馬維爾（Thomas Marvell）的一項研究聲稱：如果不是因為美國在二十世紀中期投入大量的金錢，讓入監人數增長為四倍，「現在的犯罪率還可能是實際數字的大約六到九倍」。[52]約翰・洛特（John Lott）在他的暢銷書《槍枝多則犯罪少》（*More Guns, Less Crime*）中，也認為犯罪減少有部分（他認為是大約百分之三點五）是肇因於某些州的新法律允許人民持有槍枝。[53]洛特認為他的主張並不違背一般人的直覺，因為通常只有守法的人才會申請核准擁有武器，而犯罪者也和其他人一樣，都很害怕別人手握槍枝。

雖然這些研究的結論大相逕庭，但它們至少還是有兩件事是共通的：它們都足以占據頭條的位置，而它們的分析方式「計量經濟學」聽起來很嚇人。論文中充滿了數學公式、數據圖表以及由強大的電腦程式跑出來的各種「測試」成果，甚至就連有數學頭腦的人，可能都覺得無法完全掌握。

當然，其實這些論文只是想以足夠的聰明才智來操作一大串驚人的工具，並不是真的想要理解它們。不過計量經濟學的基礎法則其實很容易掌握。基本上，計量經濟學的研究會關注許多不同的趨勢或是事件，然後試著理解它們之間的關聯。如果要用一個數學模型來說明犯罪時局的轉變，這些客觀公正的科學家應該要先找出可能影響犯罪的主要因子。接下來，他們應該找到數據來量化這些因子。接著則要找出所有因子之間有怎樣的相互關聯，把他們的問題轉換成數學公式，接著再把他們的公式套用到整齊分列的數據中。結果會告訴研究者犯罪和他們發現的因子之間有沒有關聯、研究者對那個關聯到底可以有多少「確信」、關聯的強度為何。像是李維特和多納休這樣的作者如果要聲稱「最近的犯罪率下降，墮胎合法化占了其中高達百分之五十的原因」，這就是他們必須經過的過程。54

這類方法和用這種方法產生的論點表面上看起來都很有道理。不過若經深入檢視，馬上就會發現看起來公正客觀的科學，其實都無異於雜亂的藝術。雖然計量經濟學或許是真心的想要發現真實，但是它的模型通常只是靠著各式各樣的假設在背後支撐。它只是採用了人們覺得可能會影響犯罪的因子。不同模型決定的因子會非常不同。李維特在結論中放進了墮胎相關法律；但是其他的大部分理論則沒有。約翰．洛特採納了有槍枝規定的法律作為結論；其他的大部分理論也沒有。李維特、洛特和馬維爾不太關注像是藥物消耗、社會價值或是婚姻這類的因子，但是其他研究則會進一步檢驗。幾乎所有研究都會把警察人數當作一個變數，不過卻沒有人檢查有多少人在私人保全公司工作（即使在美國，保全人員的人數其實大大超過了警察的人數）。55

人們先是找出有什麼因子可能影響犯罪之後，接著，就需要找到方法來量化這些因子。當然，他們也要選擇將犯罪本身量化的方法。例如：可能要選擇究竟是要用警方的犯罪紀錄圖表（數量比較多），還是受害者的調查資料（通常會比較有意義）。在這時候，許多我們確定會對犯罪率造成影響的因子，反而會因為沒有可靠的資訊，而被排除在統計的研究之外。舉例來說，警察到底在做什麼，其重要性至少一定等同於警察的人數（參見迷思八）；但是大部分研究只會選擇把最能夠量化的統計數字（警察人數）放進模型裡。同樣的，我也沒有看過一個計量經濟學的模型，會把「位置適當的路燈數量」、或是「除市中心之外的其他地區在夜間的良好交通狀況」當作變數。雖然已經有些小型的研究告訴我們上面這些因素也會影響犯罪率。

決定要使用什麼數據（也就是到底要檢驗什麼）的過程，也需要高度的精確性。許多人認為在評估犯罪率時，不平等是一個很重要的因素，不過如果要為這種關聯建立模型，就必須決定要把哪一種不平等包括在內，例如：收入的差異、財富的差異，或是人們到底覺得社會有多麼不公平？如果是後者，有沒有什麼調查報告中所提出的問題可以直指核心？我們又再一次面臨了選擇，這次的選擇受到了能力的限制，我們是否有能力在複雜的世界中評估複雜的現象？

即使我們挑好了數據，還是要繼續做出許多判斷，才能夠決定要產生結果的長串方程式。其中一個重要的問題，是如果一個模型中有太多變數，就會造成數學的複雜性和混亂，想要發展模型的人會透過一個程序，把變數限縮在看起來是有「相關性的」。如果某些因子在檢驗期間與犯罪的關聯性顯然「不足」，這些因子就會被排除，隨著某些因子被排除，犯罪和其他還保留的因子之間的數學關聯就會增強。我們的計量經濟學家也會用一些技術來評估某些因子是否具有因果關係，或是只是彼此之間有關聯。舉例來說，他們可能會問以下的問題：當我們增加警力時，犯罪是否下降？警力是根據犯罪率的變化而增減的嗎？他們也可能發展出一些新的公式，去「矯正」警力多寡對於犯罪造成的影

響。❶

在建立模型的過程中，我們可能會很驚訝地發現，人類其實很容易說服自己相信眼下這麼多的疏漏和假設都不重要，而根據它們所達成的結論卻依然很有意義。有一個經濟學的老笑話是這麼說的：「計量經濟學家就像藝術家一樣，常會愛上他們的模型。」經濟學家路斯·羅伯茲（Russ Roberts）的工作也包括訪問其他著名的經濟學家。他也說研究的結果常被「呈現為客觀的科學，但它們……其實不是。你不能只是坐下來，說：我覺得這些和這些是有意義的變數，它們之間的統計關聯是什麼，我會去做一些分析，然後把結果發表出來。如果你當真這麼做了，最後卻沒有得到什麼有意義的結論（這事經常發生），你會很容易說服自己，相信一定是中間什麼地方錯了，一定是你漏了一個變數、或是加進了一個不應該加的變數、或是你應該加一個平方項，讓它不是線性關係，最後，你完成了，塑造出了一個成品」，他頓了一下，接著說「一個叫做結論的成品，於是你便發表了，告訴大家 a 和 b、x 和 y 之間有關聯」。[56]

這些研究結果告訴我們，使用統計工具，其假設有多麼容易影響它們的結論。有一項研究探討了上千篇使用這些統計工具的出版論文（其徹底程度令人嘆為觀止），這些論文都是要檢驗警察維安和監獄對犯罪的影響，但是最後卻發現它們的結果不一致。[57]例如在檢驗嚴厲的刑罰有何效果的研究中，有百分之二十的研究結論說它們的計量經濟學模型讓它們相信，嚴厲的刑罰會減少犯罪，但是也有幾乎同樣比例的研究結論，說它們的數據明確推翻了嚴厲的刑罰會減少犯罪的主張。

加州大學洛杉磯分校（University of California, Los Angeles）的統計學權威愛德·里默（Ed

Leamer）教授之所以在計量經濟學家中有其獨特之處，是他對於統計學分析到底可不可以得到客觀的事實，抱持著高度懷疑的態度。他在一篇一九八三年的論文中，展示了就算使用一模一樣的數據，也還是可以因為不同的方法論假設，就在最後導出非常不同的研究結果。他也使用了一些不同傾向的數據，估算死刑對於謀殺案發生率的影響，但同時他也用了不同的統計方法，來反映他認為不同政治觀點的人各自會有的「合理假設」。結果十分引人注目。就算是使用完全相同的數據，「右翼分子」的估算是每執行死刑一次，就可以阻止二十三件謀殺案（大概是因為對潛在的殺人犯有威嚇的效果），但是「同情弱勢的人」則認為每次執行死刑，都可能造成十三條人命的喪生（或許是因為死刑樹立了暴力的先例）。[58]里默的結論是：「自然科學有一個迷思，認為科學的推論必然是客觀的，而且不帶個人偏見，經濟學家也從自然科學傳承了這個迷思。但這根本就是胡說。」[59]

里默力陳學者應該承認他們的結論具有不確定性，也應該將相同數據用其他分析方式而得到的結果一併發表，這樣才能夠顯示出用特定方法論得到的結果，其實是有局限性的。不過，雖然里默的論文寫於一九八三年，但在那之後事情也一直都沒有什麼進展，而且學者發表研究結果時，還是繼續宣稱根本不存在的確定性。[60]自我欺騙也可能是原因之一，但是個人和制度的自我本位，也的確有損於

❶典型的問題包括內因性（endogeneity），指在檢驗兩個因子時（例如犯罪和量刑實務）兩者可能同時受到第三個一般因子（例如不平等）所影響；同時性（simultaneity），指兩個因子以不同的方式彼此影響，例如：領導者和追隨者會根據彼此的行為而調整作法；測量誤差（measurement error）和共同方法變異（common-method variance）。

理性的完備。里默也說：「你的發現愈奇特、愈是戲劇性，你就愈有可能在《紐約時報》（*The New York Times*）上得到一篇特別報導。大學喜歡這樣的事，所以愈是駭人聽聞、愈是讓人意想不到的主張，就愈容易受到偏愛。」

新聞記者、政策制定者和政治人物通常很容易被這些研究說服。相關性其實沒有辦法證明因果關係（如圖四所示）。而且我們會很怕那些我們不太懂的技巧。研究顯示如果有相關背景的人卻把完全不可靠、或是不相關的數學公式放進內文中，那麼沒有數學或是科學背景的人，所做的研究其實還更可信得多。[61]不過到底是什麼因素在起作用，仍然常只是出於個人的決定。制定政策的人也和其他人一樣，只關注那些（經確認）可以證實他們的觀點的研究，媒體只根據他們自己的立場選擇稿件，這也不是什麼檯面下的事了。提出「槍枝多則犯

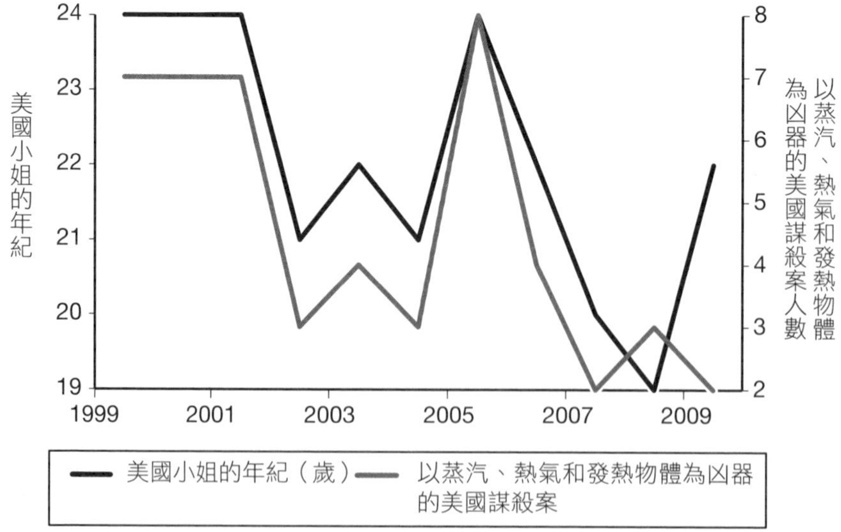

圖四：過度解釋數據的風險。美國小姐的年輕程度跟蒸汽、熱氣和發熱物體凶器謀殺的相關性？（相關係數＝0.87）[62]

罪少」理論的約翰・洛特就常出現在福斯新聞頻道（Fox News）中，他也是FoxNews.Com的專欄作家，最近還寫了一本書，書名叫作《全面潰敗：歐巴馬對工作及成長的作戰——我們現在能做什麼，才能奪回屬於我們的未來》（*Debacle: Obama's War on Jobs and Growth and What We Can Do Now to Regain Our Future*）。

學術當然無法脫離政治，所以，如果說所有聲稱要解釋二十世紀犯罪趨勢的研究，都在甫出版就受到挑戰，這也就不是什麼出人意表的事了。通常會有其他作者使用類似的統計工具，「舉反證」駁斥它們。李維特（墮胎愈多，犯罪愈少）、洛特（槍枝愈多，犯罪愈少）和馬維爾（監獄愈多，犯罪愈少）都曾經反擊批評他們的人，雖然李維特曾經因為批評而將他認為的墮胎影響力大幅下修（他的這個作法十分值得讚賞），該項批評認為他在研究中犯了基本的編碼錯誤，他也承認「他個人為此感到十分尷尬」。❷與此同時，洛特則在竭盡全力維護他「槍枝愈多，犯罪愈少」的主張，雖然只要稍微換一下研究的時期、方法和使用的資料組合，他的結論就會完全不同。[63]他甚至把史帝文・李維特告上法庭，因為這位哈佛教授寫說「雖然有其他研究想要複製他（洛特）的研究成果，但是他們卻發現以立法方式保障持有（槍枝）的權利，並不能夠減少犯罪」，李維特還指控洛特付錢給一家期刊，讓它刊登洛特本人、與支持他觀點的文章。[64]李維特最後被迫要撤回後項指控（但是前者則不必）。

❷不過，對於一些我認為很難理解的方法論，李維特並沒有辯解，例如為何要聚焦在某十二年間的犯罪率變化，但是卻忽略了該段時間內的變動。

這些都只強化了一件事。這類分析的結果仍然都只是意見，而不是單純的事實。而且它提醒了我們，對於二十世紀的犯罪為何增加或是減少的任何「解釋」，都應該抱持高度懷疑的態度。只靠這些方法，我們不可能做出強而有力的結論，我們也不能夠僅憑這些結論的表象，就信以為真。

這並不是說統計研究做不出有價值的結論。的確，我認為許多研究的結論雖然南轅北轍，但其實都告訴了我們一件重要的事實：若把犯罪的增加或減少只歸因於一或兩個可以輕易衡量的原因，這一定是錯的。如果世界當真如此簡單，我們的行為只由少許因素就決定了，這些模型應該可以產生一個更為一致的結果。例如：如果犯罪就只是貧窮或是嚴刑造成的結果，那模型應該更常出現符合的結果。不過事實並非如此。犯罪並不只與貧窮或是不平等相關。即使是在第一眼的印象中，這些因素和二十世紀犯罪之間的關係也並不總是那麼明確（參見迷思六）。犯罪和警力或是監獄的數量，也一樣不是絕對相關的（參見迷思八、九）。這大概會令我們之中的多數人大感失望，大多數人對於這類比較細微的問題，只想要一個清楚而且簡單的答案。

計量經濟學研究的另一個價值，是為統計學方法的發展做出了貢獻，讓它們可以用作更精確的分析。如同上文所說的，小規模的實驗比較能夠找出犯罪的真正原因，因為我們可以單獨討論特定變化對於犯罪率的影響，並與其他沒有這種變化的類似區域互相比較。我們之後會經常進行這類實驗的討論，它可以確實告訴我們在眾多原因中，是什麼（通常是小規模的）因素會影響犯罪。

不過，如果我們從小規模轉向較大規模的干預，確定性通常也就跟著降低了。這有部分是因為如果想要設計出真正的實驗來測試某些因素（像是警力的多寡或是貧窮）的影響，會有實際和政治上的困難。所以我們只能夠靠著小規模研究的成果，再加上對於已經犯罪（或是沒有犯罪）的眾多私人資料，用判斷力小心檢測我們的理論。有時候，所謂的「自然實驗」（natural experiment）也會幫到我們。例如：芬蘭減少了監獄的受刑人人數，但是鄰近的斯堪的納維亞國家卻增加了，這就有助於我們了解嚴刑對於犯罪率的影響（參見迷思八）。

最關鍵的是，我們只能夠靠著證據的拼湊，發展出對於二十世紀犯罪增減的（看似有理的）解釋。根據這些多元的資訊來源，我自己的理論認為其實犯罪和「道德淪喪」、貧窮或是不平等並沒有太大的關係。相反的，在一九六〇年代開始的經濟擴張期間，反而可以看到犯罪機會大幅增加。對於竊賊而言，高價位的消耗品散發著無盡的誘惑，同時，社會價值的轉變，讓更多人陷入有暴力風險的情境中，例如城市中性別混合的居住環境，誘使男人酒醉後想要藉著暴力來表現自己的男子氣概。唯有當社會適應了這些改變，警察的維安和居家安全都已經加強，社會空間也受到較為有效的管理，犯罪才會下降。或許我們也受惠於科技的進步，電腦遊戲比以前好玩了，所以有更多青少年留在家裡，不會出外惹事。同時高度成癮性的藥物（像是海洛因和快克古柯鹼〔crack cocaine〕）的使用比以前減少了，畢竟跟一九九〇年代相比，這些藥物沒有那麼時髦了。

不過如果就這樣做出結論，其實還是有那麼點不誠實的感覺。在解釋犯罪的增減時，這些的確可能是最合理的理由，但是它們也沒有比計量經濟學所提出的大膽理論更能夠證明什麼。如同我們將在後文討論的，我們很確定有些東西的確會影響犯罪率，但是要解釋過去的複雜趨勢，其實還是非常困難的。

我們常聽到人們用一些十分簡化的觀點，來解釋犯罪率的變化，而我們現在只滿足於知道這些簡化的論點是有缺點的。看著犯罪在過去幾年、或是幾十年來的增減，我們可以知道犯罪絕對不是社會和經濟進步的代價，它們和經濟與社會的發展也沒有密不可分的關係。不論是「英雄與壞人」觀點、或是「受害者與生存者」觀點，都太過於二分法了，這並不可靠。犯罪絕對不會只有單一的原因。看起來完美的模型有時候只是表面上的。

記住這一點——因為你會一直被要求遺忘它。例如每次經濟衰退的時候，人們就會依據各種程度的科研努力，自信滿滿地預測犯罪的波動。在二〇〇八年的金融危機之後，英格蘭和威爾斯的警察聯合會（Police Federation of England and Wales）要求研究者討論一下財產犯罪在經濟衰退期間會發生什麼變化。他們用了計量經濟學的分析（警鈴大作！）之後，得到的結論是「在目前的經濟氛圍之下……模型的結果

圖五：警察聯合會簡報中的插圖。[65]
來源：*D. van Mechelen and R. Jethwa,* Recession crime wave, *June 2009.* 參見http://www.polfed.org/16_Recession_crime_wave_June_09.pdf／由拉斯．特林多（*Russ Trindo*）繪圖。

顯示財產犯罪可能會激增。我們的計算結果顯示在二〇〇九年至二〇一〇年之間，犯罪的成長率可能介於6.1%到15.7%之間」。[66] 警察聯合會於是說：政府怎麼可能在這種時候縮減警力呢？

不出所料的是，這些預測最後並沒有成真。在英格蘭和威爾斯，二〇〇〇年代晚期的搶劫案持續微幅減少，而竊盜件數則差不多持平，只有在二〇一〇年至二〇一一年之間略為彈升，但是也很快就回復了。美國的犯罪率也差不多，一樣沒有受到經濟衰退的影響。《紐約時報》在二〇一一年五月（帶著驚訝的）報導：「國家經歷了一場災難性的經濟危機，但是搶劫率卻——繼前年降了百分之八之後——在去年掉了9.5%。」[67]

這次我們也必須質疑那些人的動機為何？他們為什麼要傳遞如此強烈的訊息與聽起來很科學的預測？❸畢竟，警察聯合會除了自信滿滿的宣告災難降臨之外，他們還想告訴我們罪犯就是長什麼樣子（圖五）。這也帶來了一個問題。如果我們所知的犯罪程度和犯罪率的變化都已經遭到誤導，那麼，我們對於犯罪者的認識，會不會也是被誤導的呢？

---

❸ 警察聯合會只檢驗了最近三次的經濟衰退，看看那些期間的犯罪率有沒有發生什麼變化，然後就據此預測其他次經濟衰退也會有類似的變化。但是這幾次經濟衰退都發生在犯罪率上升的時期，不只是在英格蘭，全世界都是如此。他們的「模型」也只包括某幾種可能與犯罪率相關的經濟和社會趨勢。

迷思二　人是如何走向墮落之途？

「他抑制不住內心對於重返純真少年時代的渴望……他知道自己現在已經滿身污穢了，他現在滿腦子所想的，都是墮落和假象所帶來的恐懼。」

——愛爾蘭作家奧斯卡·王爾德（Oscar Wilde），出自《道林·格雷的畫像》（*The Picture of Dorian Gray*）。[1]

人生的選擇

李·基爾達爾（Lee Kildare）覺得人生能做的選擇很少。他在學校的表現不好，還患有侏儒症，不滿四呎（約一百二十二公分）高。在二〇〇八年（他二十二歲的時候），他被控在新堡（Newcastle）犯下一連串竊盜案。問他為什麼要偷東西，得到的理由很明確：「為了錢，我必須這麼做，因為我找不到工作。工作是給高個子的。」[2]

基爾達爾有特殊才能，他有信心自己能夠把這件事做好。他說：「人們來找我幫忙偷東西，因為我個子小，可以鑽過一些小洞。」「但是他們不會占我便宜。大家都知道我，也都喜歡我，沒有人會故意找我碴。」在他被定罪之後，也明確表示他不會放棄繼續犯罪。我們可以注意到他的陳述都用現在式：「我以前會在商店裡行竊，這很容易，因為沒有人會懷疑我。我通常都不會被抓到，因為我的身高……現在我會進去沒有人的房子裡偷一些金屬製品，再轉手賣出去。」[3]

基爾達爾把犯罪當作職業，這乍看之下也不是件不尋常的事。貪心或是有需要的人，也常說這是他們的優先選項。一個二〇〇六年的報導標題便是「犯罪是城市邊緣人的『生涯』選項」。[4]在二〇一〇年十二月（這是我隨機挑的一個月分）的剪報中，也顯示不論技巧高超或專業與否的罪犯，都會堅守崗位：「DNA顯示七十二歲的慣犯弗蘭克・伯梅（Frank Boehme，暱稱為弗蘭基・博恩斯〔Frankie Bones〕）與二〇〇八年的闖入銀行案有關」是其一；「慣犯在犯下竊盜罪後重返牢獄」是其二；「紐約市黑幫大哥抵達蒙特婁（Montreal），街上開始出現一具具屍體」則是第三個例子。[5]

我們也常在電影裡看到大量的職業罪犯。很難說服罪犯放棄犯罪生涯，除非他們到了自然該退休的年齡（賺得也夠了，已經沒有必要再犯罪），或者是因為入獄或死亡，而無法再犯罪。例如在一九四五年的電影《迪林傑》（*Dillinger*）中，勞倫斯・蒂爾尼（Lawrence Tierney）扮演的是銀行搶匪約翰・赫伯特・迪林傑（John Herbert Dillinger），他的故事其後又於二〇〇九年以電影《頭號公敵》（*Public Enemies*）搬上大螢幕，並由強尼・戴普（Jonny Depp）飾演迪林傑。迪林傑對於金錢（稍後則是名聲）的追求，使得他走上了犯罪之路，並且不曾回頭。他以犯罪為業的人生，最後是因遭人出賣，並被警方擊斃，才不得已畫上了句點。再以一九九五年的電影《烈火悍將》（*Heat*）中的神偷尼爾・麥考利（Neil McCauley，由勞勃・狄尼洛〔Robert De Niro〕飾演）為例。他雖有退休之意，但還是被人說動了（部分也是因為他對於這個職業很是自豪）最後再幹一票。或是二〇〇七年的《美國黑幫》（*American Gangster*）這部電影中的主要角色法蘭克．盧卡斯（Frank Lucas，由丹佐．華盛頓〔Denzel Washington〕飾演），他的成功也只是受有期徒刑所阻。上述電影的主人翁中，其中的盧卡斯和迪林傑是以現實生活中的犯罪者為藍本，這更顯示出犯罪被大眾看作生涯選項之一。

大部分的媒體陳述中都強調隨著年齡增長，一個人違法犯紀的程度也會變本加厲。連續殺人犯就是一個極端的例子：大部分FBI犯罪剖繪專家都認為，犯罪和異常行為的模式在第一次殺人之前就已經逐步升級了。而在第一次殺人之後，殺手的欲望漸漸控制不住，於是出現的屍體愈來愈多，直到他們被捕。連續殺人犯的動機可能彼此之間有些許細微的差別，但是著名的犯罪剖繪系統還是強調可以分成四種「類型」：「幻想」殺人者（visionary killers，通常是被某種出於妄想的任務逼迫去殺人）；「任務取向」殺人者（mission-oriented killers，他們想要讓某類人從世界上消失，例如娼妓、同性戀）；享樂殺人者（hedonistic killers，為了追求興奮感而殺人）；以及「權力取向」殺人者（power/control killers，他們會因為對被害者擁有完全的控制權而得到滿足）。[6]這些動機都不認為殺人者的犯行會有停止的一天。

不論是暴力或是非暴力的犯罪，都很有可能成為一種習癖（habit-forming）。這也是為什麼父母和宗教導師經常提出「滑坡」（slippery slope）的警告，他們認為犯罪最後都可能變成長期的墮落。在《聖經》中，耶穌也告誡我們必須要保持警惕，即使只是在腦海中，都不可以存在犯罪的想法，因為邪惡極可能成為一種習慣：「如果你的右眼使你犯罪，就把它挖出來丟掉；寧可失去身體的一部分，勝過全身被丟進地獄裡。」（《馬太福音5：29》）[7]

認為犯罪行為一旦習得便難以擺脫，這個想法既支持「英雄與壞人」觀點，也可以支持「受害者與生存者」觀點。如果認為職業罪犯無可救藥、連續殺人犯也絕無悔意，我們就會贊成「英雄與壞人」觀點中應該使出渾身解數防堵犯罪的想法，既是為了確保多行不義必自斃，也要保護大眾不至於遭犯罪者的魔掌（這些犯罪者只為了追求自己的快樂，卻不管別人要付出什麼代價）。而從「受害者與生存者」觀點來看，則是認為有些人被勞動市場排除在外，因此才被迫選擇以犯罪作為他／她的職業。如同日後成為林登・貝恩斯・詹森（Lyndon B. Johnson）總統顧問的哥倫比亞大學（Columbia University）犯罪學家羅伯特・莫頓（Robert Merton）曾在一九四〇年代末期所寫的：「要成功執行道德的指令，在可能的範圍內應使用公平的手段，而在必要的範圍內須使用不正當的手段。」[8]

認為犯罪會是一生之選，這個觀念也影響了政策的制定。舉例來說：立法者曾有好幾十年的時間特別關注青少年動向，根據他們的推想，這個年紀正是犯罪習癖慢慢扎根的時候。有許多計畫都在努力防止青少年犯罪，不論是在他們初次犯罪的之前或是之後。對於初犯者施行的「恐嚇從善」（scared straight）[*1]和「軍事訓練營」（boot camps）方案（我們將會在迷思九進一步討論），便是明顯的例子。

對於犯罪行為會持續終生的憂慮，還帶來了更多的改變。大部分英語系國家在一九六〇年代之後的趨勢顯示，要對付那些已經墮落的危險分子，我們會認為比較長的刑期是合理的。也有許多國家引進的立法不只是為了懲罰違法者已經犯下的罪行，還要防範他們可能為他人帶來的風險，這大概是因為懼怕人一墮落便無可救藥。英國內政大臣大衛・布蘭基特（David Blunkett）在二〇〇三年推動以保護公眾為目的的不定期刑判決（Indeterminate Sentence for Public Protection），這是指如果有人犯下可以被判兩年以上徒刑的罪，而且認為他非常危險，政府便可以將其終身監禁。

但是，認為犯罪是長期生涯選擇的想法到底有多正確呢？就算不是因為錢而犯罪，犯罪習癖真的很難改變嗎？我們把減少犯罪的一切措施都集中在青少年正要選擇職涯的那幾年，這種作法是對的嗎？

一種奇特的生涯

大概除了運動員生涯之外，不論人們選擇哪一種職業，都會被預期要認真工作，然後在中年時達到某種程度的成功。已開發國家的人大多是在二十歲前後開始全職工作，並接著展開他們的人生。除了社會階層最頂端的人之外，一般來說二十歲時的平均時薪大約是四十歲時的一半，而到了五十幾歲或是六十幾歲，時薪則是繼續往上調，或是停滯不前。[9]

但是，出於某種原因，犯罪者的「生涯」則不太一樣。首先我們會注意到的第一件事，是選擇犯罪的人，通常都開始得比較早。其中一個著名的例子是「赤腳大盜」（Barefoot Bandit）科爾頓・哈里斯-摩爾（Colton Harris-Moore）。他在十六歲時被捕，判處三年監禁，但是在這時，他已經犯下不

*1 譯註：其內容為帶領少年犯參觀監獄，由受刑人親身講述在監獄中的生活是多麼恐怖、不堪忍受，以此警惕青少年，預防他們再犯。

計其數的偷盜和竊案了。不久之後，他就從連頓（Renton，美國華盛頓州的一個小城）的中途之家逃了出來，並在犯罪之路上變本加厲。在逃亡途中，他愈來愈肆無忌憚。除了偷東西和偷車之外，還偷了好幾台小飛機，讓他更加惡名遠播，他的渾名也是在這時候得來的，因為他有一次在犯罪現場留下了腳印。

「赤腳大盜」在許多方面都不是特例。警方的統計和匿名調查都顯示大部分犯罪者的第一次犯案時間，都比一般人就職的年紀來得輕。[10]調查也顯示，犯下最多案子的人年紀往往介於十四歲和十七歲之間。[11]當我們聽到「竊賊」這個詞時，（不知為何）首先會跳進腦海裡的，大概都是一個留著鬍渣的小偷形象，但是這絲毫沒有幫助。令人感到難以置信的是，在英格蘭的許多地區，竊盜案的普遍犯案年紀大多只有十四歲。[12]

這還點出了犯罪者生涯中另一件奇特的事。為什麼是青少年犯罪最多？因為隨著年齡漸長，「工作」會變少，而不是增多（這又與主流的職涯情況不同）。不論是什麼形式的犯罪，犯罪的生涯幾乎都結束得很早。平均來說，青少年或是二十幾歲前半的人，遠比三十幾歲或是四十幾歲的人更容易犯罪，即使是重大犯罪也是如此。在美國，謀殺案的嫌犯通常是介於十八歲到二十四歲之間的人機率最高，而在歐洲，也是二十幾歲的人所犯的謀殺案最多。[13]這個模式也適用於其他類型的犯罪，包括銀行搶案和行凶搶劫。[14]

只有很小一部分人，會長期持續犯罪。英國人理查德・布萊洛克（Richard Blaylock）在二〇〇八年他七十六歲的時候被判刑入監，這是他這一生中第六十八次被定罪。[15]但是他可以說是一個特例，絕大多數人在年輕時做的案就已經大量減少了，他們甚至是完全放棄犯罪。每一個人犯罪生涯的長短不大相同，但是根據一項研究顯示：在十八歲因重大犯罪而被判刑的人，平均會在六年後放棄繼續犯罪。[16]因此下面這項數據便顯得很驚人：四十幾歲的英格蘭和威爾斯男性被判刑的次數，比十八歲的少年少十二倍。[17]而英國每年遭到警告或是被判決有罪的十一歲男孩，則比四十五歲的人還要多。[18]

這並不單純是因為年紀大的犯罪者手法比較好，所以比較不容易被抓到，或是因為他們被判了終身監禁，已經無法在外繼續犯罪。年紀比較大的人如果還繼續犯罪，的確會比較知道怎麼不被抓。[19]但還是有不少可靠的不具名調查確認了大部分人的確會在四十歲時金盆洗手、脫離經常犯罪的行列。[20]也就是說，犯罪的墮落不會長期延續下去，而且大部分人會在人生前期就停止犯罪。

犯罪者生涯這種奇特的模式，同時適用於男性和女性。不過很顯然的，犯罪主要還是年輕男性的活動。你可能已經開始懷疑犯罪到底能不能看作一種職涯選擇，不過如果它是一種職業，的確就是由男性主導的，顯然較不開放給女性，或者說對女性而言比較沒有吸引力，甚至比警察工作更甚。二十一世紀頭幾年的英格蘭和威爾斯，十幾歲女性所犯的罪幾乎比同年齡的男性少六倍，而全世界也差不多是如此。[21]

犯罪奇才

在監視器錄像片段中，可以看到兩個男孩安靜的走出布特爾（Bootle，位於利物浦附近）的購物中心，這是一九九三年的事件畫面開頭。年紀比較小的孩子還只是學步中的年紀，緊緊抓著另一個男孩的手。他們兩個牢牢的跟在第三個年輕男孩的後面，一起走出了購物中心。這個畫面看起來沒什麼特別的。但是如果你知道隨後發生了什麼事，這個畫面就很難忘記了。兩個較年長的男孩是十歲的喬恩．維納布爾斯（Jon Venables）和羅伯特．湯普遜（Robert Thompson），而學步中的男童是兩歲的詹姆斯．巴爾傑（James Bulger），家人叫他傑米（Jamie）。當天傑米的母親帶他到購物中心例行採購，但是傑米被喬恩．維納布爾斯和羅伯特．湯普遜誘拐到附近的火車站。兩個大男孩拿磚頭和其他東西朝傑米丟，最後還殺了他。這是一場有計畫的攻擊行動，兩個人在接受警方偵詢時所錄下的畫面，進一步揭露了犯罪的細節。

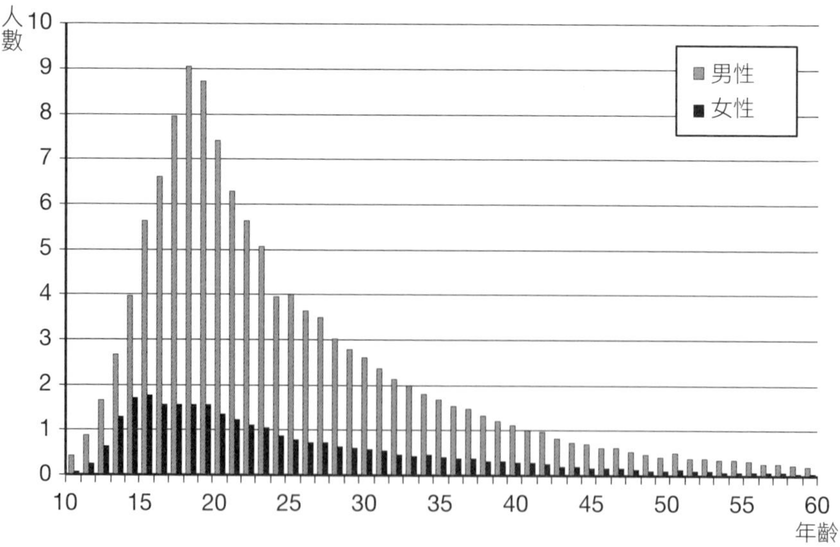

圖六：犯罪是年輕人的活動：英格蘭和威爾斯人在各年齡被判有罪、或因犯罪行為而遭到警告的比例。[22]

資料來源：內政部（*Home Office*）*2000*。

聽取謀殺者說的證詞時，往往會激起聽眾內心最深處的反應。一個不帶滄桑、近乎稚氣的聲音，輕聲的回答著警察的質問：

警察說：「你剛才告訴了我們什麼？」

喬恩．維納布爾斯回答：「我殺了詹姆斯。」

「就是這個。我知道你有做很多事……」

維納布爾斯苦惱的打斷他說：「我沒有辦法告訴你其他的事。」

「為什麼？」

「因為那是最糟糕的部分，」維納布爾斯說。

「我知道那是最糟的部分，」警察繼續說，「但是你知道你自己做了什麼。想一下，然後告訴我們到底發生了什麼事。」

「我們把他帶到鐵道的鐵軌上，然後開始拿磚頭丟他……」

想當然耳，這個案子震驚了全國。這只是兩個孩子，不是青少年或是惡行不改的職業慣犯，單純的孩子卻犯下了一樁駭人聽聞的罪行。當然大家對這個悲劇最自然的當下反應就是震驚和憤怒。當兩個孩子被判有罪時，媒體很顯然地感到慰藉與滿足了，因為「邪惡、殘忍而且狡猾的」小孩要被關起來了。《明星日報》（*Daily Star*）的頭版寫著：「現在覺得怎麼樣了，你們這些死屁孩？」23

其他犯了謀殺罪的兒童也一樣臭名遠播。早在一九六八年，就有來自新堡的十一歲英國女孩瑪麗．貝爾（Mary Bell）因為勒死兩名男孩——一名三歲，另一名四歲——而被判有罪。在巴爾傑案發生的隔年（一九九四年），北海（North Sea）對岸也有模仿犯出現，在挪威有三名男孩（一名五歲，兩名六歲）朝一名五歲的女孩拳打腳踢、丟石頭，女孩最後傷重不治。每隔幾年就會發生另一件悲劇。在二〇〇〇年，一名密西根州的男童用一把半自動的手槍殺死了他幼稚園的同學（女孩）。在二〇〇六年，有一對加拿大的夫妻和他們的八歲兒子遭到謀殺，而他們十二歲的女兒（那個男孩的姐姐）是有力的共犯。❶

我們會受到這些案件的吸引，有一部分原因是它們並不尋常。但是它們之所以能夠完全抓住眾人的目光，也是因為一般人都認為兒童必然是天真無邪的，這些案件在一方面否定了這種普遍的想法，但是又透過描繪其他完全無助的兒童受害者，證實了這個想法。也就是說，殺人犯通常被寫成心理異常，而被害者才是整體兒童的代表。如同《每日郵報》（*Daily Mail*）的標題所說的，巴爾傑謀殺案是「魔鬼對上無辜的受害者」。[24]

如果要說在大眾印象中誰對兒童天真無邪的形象著力最深，那一定是英國文豪查爾斯・狄更斯（Charles Dickens）了。他每一本小說都在描寫兒童對抗外在世界的腐敗力量，只有偶爾會在持續壓力之下屈服。像是《孤雛淚》中的主人翁奧利佛・崔斯特（Oliver Twist）得知兩個粗暴的惡棍比爾・賽克斯（Bill Sikes）和托比・格拉基特（Toby Crackit）計畫要讓他參與犯罪時的態度；儘管奧利佛的大部分人生中始終充滿了殘酷、暴力和偷竊，但是他從未屈從於這種邪惡：

> 奧利佛哭喊道：「噢！看在上帝的分上，讓我走吧！讓我逃跑，讓我死在原野中……求祢憐

憫我，不要讓我走上偷竊之路。我要祈求天堂中所有光明天使的愛，求祢們憐憫我！」

對於純真無邪的年輕人來說，要犯罪他寧可選擇死亡，即使長期接觸其他人的邪惡行徑，最終可能還是會導致他們的墮落。費金（Fagin）是一群小孩扒手的頭頭，他就一直想接近奧利佛、進而污染他的思想，就像他對小扒手道奇（Artful Dodger）、南茜（Nancy）和其他人所做的那樣。就像狄更斯筆下所寫的：「讓他（奧利佛）的腦中充滿孤獨和憂鬱，讓他在這樣一個令人生厭的地方，想要尋找依靠，陪伴他跨越腦中悲傷的想法，他（費金）就是這樣，慢慢的把有毒的想法灌進奧利佛的靈魂，希望可以使奧利佛永遠墮落下去、永遠改變他的樣子。」

小孩子就會犯下謀殺罪了，這顯示人其實可以在很小的年紀就開始墮落。但是它其實還提示了另一個可能性，只是狄更斯和其他人都沒有鼓勵我們去思考。有沒有可能是犯罪的人天生就不排斥違反法律？相較於慢慢學會犯罪的各種技能、成為一個罪犯，有沒有可能有些人天生下來就有反社會的天性，他們反而是必須要學會抗拒這種本能？

拜許多研究之賜，我們現在知道了這個問題的答案——認為兒童必然純潔的想法要先擱一邊了。在一九八〇年代和一九九〇年代，一個由心理學家理查德・特倫布萊（Richard Tremblay）領軍的加

❶ 十二歲的潔絲米妮・理查德森（Jasmine Richardson）承認她掐住了弟弟的喉嚨，直到他失去意識，而她的男朋友傑瑞米・斯坦克（Jeremy Steinke）則在同時刺了她的父母好幾刀，最後還割斷了她弟弟的喉嚨。

拿大研究團隊，以蒙特婁貧民區的男孩為對象，調查他們幾歲時行為最具侵略性。[25]研究期間超過十年，他們學校的老師報告這些男孩在學校裡有沒有什麼攻擊行為。結果或許有點出人意料，他們發現兒童最常使用肢體攻擊的年紀，是在五歲到六歲之間（幼稚園時），調查對象中年紀最大的一群是十五歲，肢體攻擊的次數最少。這群總是處於焦慮的青少年並沒有變得愈來愈暴力，相反的，當他們逐漸升上高年級，他們的攻擊性也愈來愈低，而且幾乎是舉世皆然。在五個受教育的男孩中，有四名會隨著年紀增長而愈來愈不具攻擊性，另外一名則通常是一開始就沒有顯露出攻擊性。在一百名男童中，只有四名在求學生涯中會始終有高度的攻擊性，而且這些男孩通常也有比較多的行為問題。最引人注意的是，受觀察的兒童如果第一年在學校裡沒有出現攻擊傾向，那麼他在後來的學校生涯中，也不會變得暴力。

接著，特倫布萊和他的團隊轉而研究學齡前的孩子，想要找出兒童到底是什麼時候會有暴力肢體行為，而他們發現，進入教育體制前的兒童，暴力行為甚至更嚴重。來自北美、斯堪的那維亞半島和英國研究顯示：所謂的「兩歲貓狗嫌」真的是名副其實，這個年紀的小孩通常是最暴力的（參照圖七）。就連兩歲以下的小孩也具有相當的攻擊性。一項研究顯示，有近乎十分之九的媽媽，說她們十七個月大的孩子有時候會攻擊其他人。

這些對於兒童攻擊性的研究，也透露出一些與父母記憶有關的有趣事實。例如研究者就發現，當他們在詢問父母時，一定要先問他們孩子最近的行為，然後再記錄父母對於孩子成長的反應，而不要問孩子過去的行為。這主要是因為研究者發現，父母竟然會記不得他們的子女以前做過不對的事。類似的情況也出現在父母對年紀較長、具有攻擊性的孩子的描述上，大部分父母都說這些青少年只在過去幾年內很具攻擊性，不過如果深入研究，總會發現其實問題早就在那裡了。[27]是不是因為對於兒童的理想化想像，讓我們忘記孩子的反社會行為通常在家裡就已經開始了，而不是接觸到外界之後才被污染的？

這些研究成果乍看之下會讓人感到很驚訝，不過習慣了之後，它們就漸漸變得符合直覺了。我之前做過一件事，如果你找一些年輕的父母，問一下他們孩子學步期發生過什麼事情，你很可能會發現有意圖的謀殺（尤其是對於他們的兄弟姐妹）其實很常見，常見到令人吃驚的程度。拳打腳踢（不是在玩）都很常見，而且他們事後似乎也沒什麼罪惡感。相對而言，年紀小的孩子經常

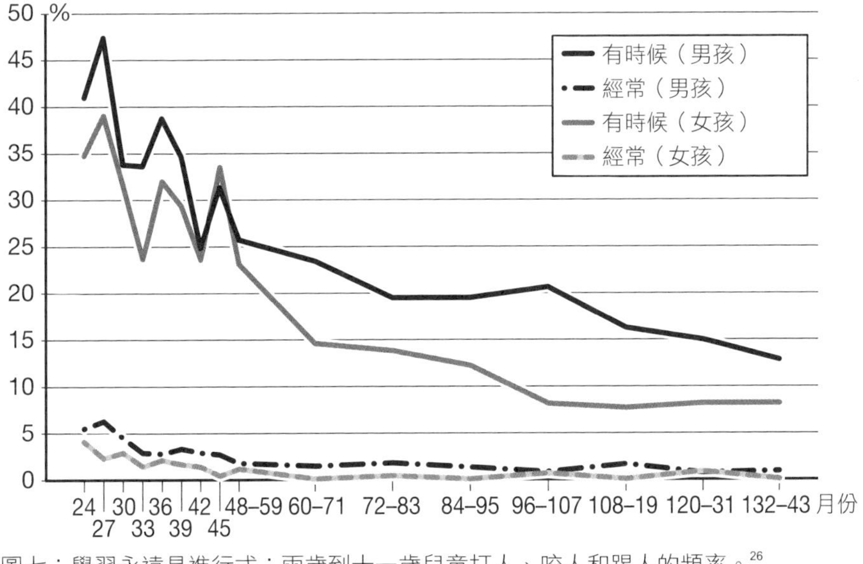

圖七：學習永遠是進行式：兩歲到十一歲兒童打人、咬人和踢人的頻率。[26]
資料來源：特倫布萊等人，根據加拿大對199兒童及青少年所做的縱貫性研究（*Canadian Longitudinal Survey of Children and Youth*，*NLSCY 2010*）之數據。

有在店裡偷東西和騙人的舉動，尤其是會把他們想要、但是父母不准買的東西全都放進超市的購物推車裡。

當然，他們大部分都會受到原諒，因為我們一般都認為年幼的孩子不知道他們會造成什麼損害，也比較不會控制他們的衝動，或是說不知道社會可以接受到什麼程度。但是也不應該因為這樣，就認為青少年時期才是犯罪高峰，比較小的孩子雖然有（較多的）反社會行為，但是在他們的理解下，都不算是犯罪行為。在嬰兒圍欄裡把另一個也在蹣跚學步的幼童撞倒，通常不會是什麼要叫警察的事，而偷了另一個小學生的午餐錢也不是。很小的孩子也不太有機會做出什麼較高層次和有害的犯罪行為：他們總是有人在旁邊看著，通常也沒什麼力氣或是認知能力，無法犯下嚴重的犯罪。即使父母難得准許八歲的孩子單獨外出，他們也沒什麼能力爬過圍牆，或是撬開一棟建築物的鎖。這一切如同四世紀的哲學家聖奧斯汀（Saint Augustine）所說的：「嬰孩那虛弱無力的四肢是純潔的，雖然他們的心靈不是。」[28]

當我在電話中與特倫布萊教授交談時，他很清楚他的研究是要鼓勵我們多去發現不同的問題，而不是只專注在目前關注的問題。「包括兒童發展學的專家在內的許多人，似乎都（像哲學家尚-雅克．盧梭〔Jean-Jacques Rousseau〕一樣）認為人性本善，是後來才學到有害的行為。但是，所有證據都顯示並非如此。」[29]我們傾向去認定外在的影響（例如壞朋友或是電視）會鼓勵人們犯罪。其實我們不必專注於為什麼人們開始犯罪，而是為什麼有些兒童從來不曾學到我們認為無用或是不恰當的行為。[30]

被隱藏的童年

到底是什麼害得我們把焦點放在錯誤的問題上呢？其中一個原因是我們在描述兒童和成人的反社會行為時，創造了兩種完全不同的語言。比如認為成人是行為自主的，我們甚至認為成人的行為是出於道德的選擇或是以法律認可為基礎。相反的，兒童的行為只是對環境有所反應，他們的行為只是學習和實驗過程中的一環，並且還在生活中探索如何成功。

整個社會對於同樣的行為有著上述兩種截然不同態度，但是界線在哪裡？這條界線又有多明確？這其中的差異非常大。根據聯合國兒童權利委員會（United Nations Committee on the Rights of the Child）的總結：「本委員會依據國際可接受的標準，認為須負刑事責任的最小年齡不應低於十二歲」，不過他們的建議也不是舉世共通的。在一九六三年之前，英國規定應負刑事責任的年紀是八歲；現在則是十歲。在埃及和黎巴嫩（Lebanon）則是七歲。[31]其他國家對於兒童的定義也有很大的差異。在俄國，應負刑事責任的年紀為十四歲，而巴西則是十八歲。[32]在美國，光是國內的差異就很大，從最小的七歲（俄克拉荷馬州〔Oklahoma〕），到最大的十五歲（新墨西哥州〔New Mexico〕）都有。[33]

光看最低年齡限制，其實無法知道這些國家到底會對他們的年輕人施以多苛刻的懲罰，因為這個年齡以下的兒童，在出現了反社會行為時，仍然會有替代的矯正機制。但是它們的設立仍有一定的意義可循，並足以反映出各種不同的觀點，到底兒童到幾歲時就應該對他們的行為負責，並受到與大人一樣的懲罰（因為我們管理的重心是在成人）？而這些機制也依然會影響——而且某程度扭曲了——

真實的犯罪統計數字。例如在英國，就算是最暴力而且失控的兒童，也不會被以刑案起訴（除非他已經十歲了），所以，如果說警察、父母和社工發現初犯行為「愈來愈恐怖」，這應該也不是什麼令人驚訝的事。

本章一開始有個例子你應該還記憶鮮明，先想一下一個人近來要是犯了罪，可能就會讓我們覺得他的犯罪程度益發嚴重了（但是事實上並沒有），這也會誤導我們去猜想他第一次犯罪行為的發生時間。舉例來說，對於「赤腳大盜」的外在描述，會讓我們覺得他在青少年時期的顛狂行為是一種浮誇的反抗舉動，因為他想要開創一種更絢爛、更吸引人的個人生活方式。不過隨著這個案例愈來愈受到矚目，新聞記者就有時間做進一步的調查了。他們發現「赤腳大盜」的犯罪行為不是在青少年時期才開始的，這個年輕小夥子早在兒童時期就有行為問題了。科爾頓．哈里斯的媽媽說他從小的時候就展現了「某種斷裂」，而且據說我們的這位「赤腳大盜」從七歲開始，就常不回家，還跑進那一帶的度假屋裡偷東西。他十二歲時第一次被告上法院，但這絕對不是他的第一次犯罪。[34]

法律上對於兒童的定義不只誤導了我們對反社會行為起始年齡的理解，也無法反映出真實的社會學習過程。這過程是漸進性的，而且很複雜，貫穿整個兒童和青少年時期，甚至還延續到成人時期。大部分人會在刑事司法體系對他們的行為感興趣之前，就學會社會化。孩子們會學到如何得到想要的東西而不要靠暴力或是用偷的，要靠著和其他人的合作（例如分享玩具），或是善用口頭技巧，以達到勸說或者協商的效果。不過有些孩子會學得比其他人慢，一直到了十幾歲，還會出現令人頭痛（和構成犯罪）的行為，他們還在探索，想知道用什麼方法才是與他們周遭不斷變動的世界最好的互動方式。如同我們在前文討論過的，比起長期不斷的犯罪，其實人在年輕時犯罪的情形是比較常見的。大約有三分之一的人會在一生中的某個時點受到刑事制裁，而在十到二十五歲的英國男性中，有七分之一的人每年都會有暴力的情形。[35]不過統計顯示：這些人之中絕大部分最後都會覺得不值得再繼續犯罪，所以只有一小部分的人在接下來的幾十年繼續犯罪。在特倫布萊對於繼續惹麻煩的兒童研究中，或許比例少於百分之四。

我們會在下一個章節討論，為什麼有些人就是比其他人學得慢？不過在這裡想先指出的是：反社會行為是有可能慢慢消失的，即使對做過極端暴力行為的人來說也是。在一九六八年殺了兩個年幼孩子的瑪麗・貝爾（當時她十歲），她青少年時期大部分都輾轉於不同的矯治機構，但是也受到了諮商的幫助。瑪麗在青少年時期也犯過許多不同類型的輕罪（例如到商店行竊），但是她的行為最後還是被矯正過來了，據她的傳記作者基塔・瑟倫利（Gitta Sereny）說：瑪麗的孩子在她二十歲後段出生，這是一個重要的轉捩點，讓瑪麗的生活趨向穩定。[36]

其他在兒童時期犯下謀殺案的人也都改正了，儘管雖然有些人還是嚴重違法。殺害詹姆斯・巴爾傑的兩名兇手喬恩・維納布爾斯和羅伯特・湯普遜都依成人身分（雖然他們年紀都還小）受審，兩人原本被判了至少八年監禁，再「等候英皇發落」*2。一份由英國八卦報刊《太陽報》發起、多達二十

---

*2 譯註：是英國及大英國協的法律制度之一，法官對於所有未成年的青年謀殺犯都不能判處死刑或是終身監禁，只能夠判決「等候英皇發落」，讓他們在多年的牢獄生涯中痛定思痛，最後由英女皇視其表現予以特赦，讓他們重新做人。

八萬人簽名的請願書，要求加重兩人的刑期，當時的英國內政大臣麥克・霍華德也連署支持，但這次請願卻遭歐洲人權法院（European Court of Human Rights）判決為違法，之後歐洲人權法院准許兩名男孩取得全新的身分，關押不到十年就獲釋出獄。喬恩・維納布爾斯出獄後開始染上酒精及毒品。還在二〇一〇年被控持有兒童色情影像，在許多方面也顯示他並沒有努力擺脫犯罪，反而還加入了反社會的小團體。不過，儘管小時候犯過那麼嚴重的罪行，另一人羅伯特・湯普遜看起來就很符合社會規範。他之前的社工形容他現在是個適應良好、人見人愛的年輕人，最近還有工作，在公開活動中擔任接待人員。「我不認為他出獄之後還有犯罪，這是非常難以想像的……他一定很恨和維納布爾斯一起做的那些事，因為那會讓一切又回來，讓他又重新成為輿論的焦點。」[37]

人們終會學著脫離犯罪，當然，這不是他們行為的藉口，也不可以因此就認為他們在道德或是法律上無罪。不過這的確有助於我們確認，長期犯罪生涯只是少數例外，而不是常態。而且這又再次點出，許多被視為犯罪的行為往往會出現在人生早期，通常也是在那個時候比較嚴重。研究再次發現，大部分人在兒童時期都是愈變愈好，只有很少數的人會違背這趨勢。[38]假如我們看到青少年因為比較自由或是機會增加了，就跟著增加犯罪，這些青少年通常在過去就有行為上的問題。例如：加入幫派會造成更多青少年犯罪，那些過去有不良行為的人，一開始就比較容易加入幫派（而且是容易得多）。[39]與此類似，那些（為數甚少）靠著犯罪賺錢的人，有時候的確可能是靠著建立連結和學習，從小咖變成大尾的；不過大部分反覆作案的罪犯，確實是從很小的年紀就開始了小偷小盜的舉動。像是殺害詹姆斯・巴爾傑的凶手這樣發展失能、殘酷成性的人，如果說他小時候從來沒有過重大的反社會行為，這是很難以想像的。這提醒我們去注意一些重要的問題，例如生物學或是早期教養對於未來犯罪性的影響（我們將在迷思五詳細討論）。

處理犯罪的源頭

如果人可以靠著學習擺脫犯罪和反社會的行為，這將是一個很有力、而且令人感到鼓舞的想法。不過，我們發現的事實還揭示了更多問題。除了關注人們為什麼會走上犯罪這條路之外，我們還應該問的是：為什麼大部分兒童在早期會停止不好的行為？而為什麼有些人看起來並不想學習如何不犯罪？我們也應該問：為什麼我們在看待大人和兒童的行為時，會有如此不同的標準？哪一種方式才會帶來最好的結果？

這些想法也帶領我們接近犯罪的本質和預防犯罪的方法。我們被引導著相信某些因素會對犯罪行為造成重大的影響，但是上述發現也告訴我們，這些因素或許並不是最重要的。畢竟，大多數人並沒有接觸過刑事司法體系，或是成為警方嚴厲執法的對象，但還是學會了不要犯罪。也有許多原因不禁讓我們懷疑，犯罪是一種生涯選擇。我們必須夠小心，不要認為改善就業前景就能減少犯罪，其必然可以回收龐大的效益。仔細想想，犯罪的生涯看起來也不是太吸引人，否則大部分在青少年時期或是成年之初曾經犯過罪的人，也不會這麼快就放棄再犯了。

我們現在注重的不只是犯罪的法律定義，還要一併關注那些我們認為不被允許的行為，這將帶來了一項重大的轉變。畢竟，到底什麼行為「算是」犯罪，有時候重要的是看社會如何理解某一連串的行為，甚至看得和它們背後的動機或是性格一樣重要。如果類似的行為發生在不同地方、或是由不同年齡的人所做，就會有不一樣的看待方式，那麼改變觀點便顯得至關重要。我們顯然必須看清楚，在「犯罪」一詞背後的分類基準，它如何定義社會欲加以抑止和鼓勵的行為模式。我們也必須承認犯罪機會（criminal opportunity）的重要性，如果賦予兒童和青少年更多的自主權，讓他們去探索成人世界，犯罪勢必會增加。

不過，真正要問的問題是，為什麼會有一小群人一直到了十幾歲或甚至年紀更大之後，還持續犯罪？會不會是因為他們覺得自己很擅長（犯罪）這件事，如果要追求他們所嚮往的財富或是地位，犯罪為他們提供了最好的機會？或是還有其他理由嗎？我們發現不論是「英雄與壞人」觀點或是「受害者與生存者」觀點，都過度看重犯罪是有意義的生涯選擇這一論點。現在是時候檢討為什麼會有一小部分人持續犯罪了。

迷思三　犯罪欲望無法抑制？

「無法控制事件，那就控制自己。」

——法國思想家蒙田（Montaigne），一五九〇年。1

堅持不懈

所有人都以為安特衛普鑽石中心（Antwerp Diamond Centre）堅不可摧。只有鑽石主人碰得到自己的資產，而且保管鑽石的金庫也是滴水不漏。中心總共有十種防護設備，包括監視錄影機、紅外線熱探測裝置、都卜勒雷達（Doppler Radar）、磁場感應器、震動感應器密碼，以及組合高達一億種的密碼鎖。大約相當於金庫中每一歐元價值的鑽石，就有一組密碼。

不過在二〇〇三年二月十九日（星期一），那個地區的鑽石商人還是很驚訝的發現：金庫在週末遭人闖入。有一百二十三個保險箱被洗劫一空，劫匪還有三十七個箱子來不及打開，不然他們應該可以帶走超過市值一億美元的鑽石。紙張甚至還有鑽石四處散落在金庫的地板上，這顯示劫匪當時大概是急著逃走。其中一名受害者鑽石商人馬塞爾．菲雷爾（Marcel Fuehrer）說：「這根本就是不可能的事，但是它卻發生了。」2

一開始，警方對於劫匪的行蹤毫無頭緒。不久之後，警察接到一通熟人的電話。奧古斯特·芬·凱普（August Van Camp）把退休之後的大部分時間都花在當地動物棲息地的保育上，他也常通報一些在森林裡隨意傾倒或是丟棄廢棄物、然後沿著E19公路逃跑的案件（E19公路連接了北方的安特衛普和南方的布魯塞爾〔Brussels〕兩地）。他的通報通常都不會被認真看待，不過這次不同了。他又發現垃圾了！不過裡面的東西可不太尋常，尤其是裡面竟然有不少鑽石，還有幾疊以色列和印度的紙幣。

在幾小時之內，就有一大群警察到現場蒐集證據。收據、吃了一半的食物（上面有DNA證據）和監視器的錄影畫面，都指向李奧納多·諾塔巴羅（Leonardo Notarbartolo）和其他三名共犯涉嫌重大。諾塔巴羅是一名竊盜慣犯和詐欺犯。這一行人每一個人都有專長。在他們遭到逮捕、被判有罪之後，諾塔巴羅接受了採訪，透露他們每一個人有各自適合的綽號，分別是天才（Genius）、怪獸（Monster）和閃電（Speedy），他也提到了可能從來沒被抓到的第五個共犯的存在——這人名叫鑰匙之王（King of Keys）。

要不是發現了被丟掉的垃圾，竊賊的確可能就逍遙法外了。這起犯罪經過十八個月以上的精心策畫。諾塔巴羅說有一位鑽石經銷商是幕後支持者，他不僅提議了這次偷竊，還提供金援，甚至還仿製了一個一模一樣的金庫，讓他們這幾個同夥可以練習。[3]每一項維安設施都被精密設計的詐術騙過去了。錄影證據顯示諾塔巴羅在犯罪的前一天先走訪了金庫，用髮膠癱瘓了金庫的熱感測器。那把一英尺長的鑰匙，據說也是照著錄影畫面複製出來的。髮膠裡的聚苯乙烯暫時阻隔住了熱感測器，為他們爭取了一些時間。[4]

這類有能力、有決心的職業罪犯的存在，勢必會引起人們的關注。不過，如果他們的動機是貪婪（比起報復或是病態），就不會引起太多擔憂了。美國堪薩斯州詹森郡（Johnson County）的一名人士印第安那（Indiana）出席了七個月大的泰勒・沙那巴爾格（Tyler Shanabarger）的喪禮，設身處地想著泰勒悲劇性的死亡，會讓他的父母羅納德（Ronald）和艾咪（Amy）感到多麼痛悔。驗屍報告顯示泰勒的死因是嬰兒猝死症（Sudden Infant Death Syndrome），一般也稱作童床死亡（cot death）*1，他的母親艾咪在某個早上突然發現兒子已經死了，因而感到驚恐不已。

但是就在幾天之後，這樁苦難甚至有了更令人痛心疾首的發展。羅納德突然對艾咪自白，說兒子是他殺的，當她離開孩子去工作時，他把孩子悶死了。羅納德說他殺害孩子，是計畫性的報復，因為三年前羅納德的父親過世時，艾咪不願意縮短度假行程回來陪伴、安慰他。起訴書中寫到：「羅納德說他計畫要讓艾咪嘗到他在父親死時所受到的同樣痛苦。所以他就和她結婚了，還讓她懷孕，等艾咪對孩子產生感情之後，就取了他（孩子）的性命。」[5]

這類經過嚴密策畫的案件之所以會吸引我們，是因為它包含了經深思熟慮的狡滑和殘酷，這是我們一般人很難理解的。像是諾塔巴羅和羅納德這樣的人會讓我們害怕，是因為他們看似堅不可擋，而且還用一種冷酷而工於計算的方式犯罪。我們對於天才搶匪會有點欽佩，但是對於存心報復和肢體虐

*1 譯註：指嬰兒在一歲前突然死亡，且在死後進行驗屍與詳細現場調查後，仍然找不出死因。

待的人，就只剩鄙視了。我們會用像是「掠奪者」（predator）這類的字眼來形容他們，這類詞背後的意思，是指受到指責的對象不具有人性，而且有從別人那裡奪取什麼的欲望。這兩種罪犯都不在乎用什麼方法達到目的，他們在傷害或是欺騙別人的過程中，都會得到滿足。

我們已經在前文討論過，一般人常誤以為犯罪是一種終身的生活方式選擇，而且大概是在青少年時期或是剛成年的時候就決定的，甚至會說，大部分會犯罪的人在嬰兒和兒童時期就會表現出不好的傾向。但是上文的例子又讓我們產生一種不安的想法，可能還有一種人的犯罪是出於自然選擇。說不定那些過了青少年時期還繼續犯罪的人，是因為真的有製造麻煩的本領，如果是外行人，就會在激烈的競爭過程中漸漸被淘汰。李奧納多・諾塔巴羅對新聞記者約書亞・戴維斯（Joshua Davis）說：他還記得第一次偷東西的種種細節。那時他只有六歲，媽媽讓他去買了牛奶，而他回來的時候，身上帶了比出門時還多很多的錢。那是諾塔巴羅趁著賣牛奶的人睡著時偷的，然後一偷完他便趕快逃走。諾塔巴羅的媽媽把他痛揍了一頓，根據戴維斯的觀察，「他找到了他適合做的事」。[6]

犯罪者通常都被形容得既堅決又勇往直前。不論是「英雄與壞人」觀點或是「受害者與生存者」觀點，都不否認犯罪者有其堅定的一面。「受害者與生存者」觀點認為犯罪者必須去犯罪，才能夠彌補他們因為貧窮或是社會上的不公平而無法得到的薪資。「英雄與壞人」觀點更是以犯罪者的堅強意志為核心，通常確信此觀點的政治人物，都會認為如果要解決犯罪，我們勢必需要嚴刑峻法。反對槍枝管制的人所抱持的主要論點之一，就是認為如果提高合法擁有槍枝的難度，只會阻礙到守法的公民，而無法阻止下決心犯罪的人。如同美國茶黨運動（Tea Party movement）標語所說的：「罪犯不會搭理槍枝管制。嚴格的槍枝法阻止不了那些蓄意的人。」[7]

相信犯罪者必定對犯罪抱持強大的信念，這尤其反應在執法者所用的語言中。如同聯合國區域間犯罪和司法研究所（United Nations Interregional Crime and Justice Research Institute）的報告中所寫的：「現代的犯罪愈來愈具有組織性、愈來愈嚴密，而且能夠滲透我們的日常生活，因此，我們都有責任開發新型態的干預方式，才能夠解決新穎的、複雜的犯罪問題。」[8]因此，犯罪者被描繪成堅定不移的形象，也是要用來正當化某些解決犯罪的特定方式：必須增加執法的經費，處罰也必須更嚴厲，才足以對付精於世故的罪犯。

缺乏耐心

研究者在史丹佛大學（Stanford University）附設的賓恩幼稚園（Bing Nursery School）找了一間小房間，在裡面放了一張桌子、一張椅子和一個小鈴噹。幼稚園的孩子（四到六歲）會依序進入房間（一次一個人），心理學家沃爾特．米歇爾（Walter Mischel）會坐在裡面，他是一個和善的人，帶著布魯克林口音。他會要孩子們玩一個遊戲，遊戲規則很簡單。孩子們可以吃米歇爾博士給他們的棉花糖、奧利奧餅乾或是蝴蝶脆餅（只能選一個），但是如果他們抵抗得了誘惑（先不要吃），等到米歇爾博士在十五分鐘後又回到房間裡，就會多給他們一個禮物作為獎賞。如果他們決定要吃了，只需要搖鈴噹就好，米歇爾博士會記錄下他們投降的時間。

米歇爾是心理系教授，他觀察到自己的小孩長大之後改變甚大，所以設計了這個測驗。近來他接受了媒體的訪問，用他那溫暖、略帶沙啞的聲音解釋道：「我……發現他們在三、四、五歲的這個階段會發生重大的轉變，他們會從原本的衝動、不理性、只注重當下，變得終於能夠控制住自己的想法、意圖、計畫等。我很想知道『他們是怎麼做到的』，（那就）變成了我的提問。」[9]

大家現在所熟知的「棉花糖實驗」，其實是從米歇爾家的餐桌上發展出來的，然後才引介到米歇爾的孩子所就讀的賓恩幼稚園。這項設計的確揭露了兒童有各種不同程度的缺乏耐心（就像是他自己的孩子所表現出來的那樣），後來心理學家也發展出更難的實驗，來評估較大的孩子和成人延宕滿足的能力。[10]

重複進行實驗時，我們發現即使到了今天，兒童對於甜食的喜愛，與米歇爾首次進行這個實驗時的一九六八年並無不同。兒童對抗誘惑的策略各自不同。有些人會敲自己的頭；有些人會踢桌子下面；也有一些（比較不聰明的）人，會一直盯著他們想要的東西看。隨著時間的過去，人會變得愈來愈難以抗拒誘惑，孩子會開始觸摸或是聞他們的棉花糖，甚至咬一小口，又耍賴說這不算。大部分人就此投降。在米歇爾最初的實驗裡，勉強只有三分之一的小孩可以撐過十五分鐘，而且許多人甚至是馬上就吃了。

不過這個研究最令人注目的，是這些兒童的行為與在校時其他問題相關。很快就吃掉棉花糖的人，似乎上課時也無法靜靜坐著、專心聽講，他們也是那些最容易違反規則、與人打架的人。一般來說，年紀比較大的孩子在這個實驗中的確會表現得比較好。但是那些以他們的年齡來說表現比較差的人，在紀律或是學校表現上也比較常出現問題。

研究的結果令米歇爾覺得很有趣，也使他決定專注於研究為什麼有些孩子的表現會比其他人好？除了天生抵抗誘惑的能力的確有差之外，米歇爾注意到表現比較好的孩子，都會採取不同的策略。他甚至發現如果讓孩子把棉花糖蓋住，或是告訴他們可以把棉花糖想像成（例如）「一朵蓬鬆的雲」，都有助於沒耐心的孩子忍耐久一點。隨著孩子長大，策略也會不太一樣。如同米歇爾所說的：「如果對象是六歲的孩子，已經有點不一樣了。但如果是九歲的孩子，那就非常不一樣了。以此類推。不過，在他們第一次開始做這件事的年紀（三或四歲時），對於孩子來說，如果真的要讓事情比較容易，他們要知道可以讓自己把注意力轉移到別的事情上……」[11]

幾年之後，米歇爾才想到這個測驗可以更往下延伸。他很好奇那些參加測驗的兒童現在怎麼樣了，於是便問了他的孩子，並把他們的發展記錄下來。於是一個行為模式就出現了。在測驗中掙扎著要吃棉花糖的小孩，後來在學校中的表現似乎也比較不好，或是有其他方面的問題。

於是米歇爾感到好奇，也決定再做進一步的探索。針對原始的研究，他製定了後續行動，把問卷寄給原本研究對象（超過三百人）的父母、老師和學業上的導師。結果證實了他的直覺。當初最快屈服於誘惑的人，後來成長的環境也最充滿壓力，在人際關係（交友）上也有問題。為了要取得更多證據以證實這個發現，他得到了一筆更大的研究資金，與更大量、而且更具代表性的兒童樣本，他一樣測試這些兒童，而且每隔十年就追蹤一次。隨著時間過去，米歇爾發現這些兒童的問題有增無減。在他的報告中指出：「我們最大的發現，就是（兒童吃棉花糖之前的）延宕時間可以拿來預測其他的事情，像是在青少年時期（和之後）是否吸食古柯鹼；像是身體質量指數（Body mass index，簡稱

ＢＭＩ）、受教育的年限。」[12]後來重複操作這個實驗時，甚至得到了一些更有趣的結果——狼吞虎嚥吃掉棉花糖的人，最後還可能比較容易坐牢。

正是在許多關於兒童發展行為的新實驗紛紛出現的時候，大家開始知道棉花糖實驗和結果。在紐西蘭但尼丁（Dunedin），研究者成功拿到政府的經費和許多資源，要追蹤一九七二年四月一日和一九七三年三月三十一日之間出生在瑪麗女皇產科醫院（Queen Mary Maternity Hospital）的一千零三十七名嬰兒。早期的實驗是要評估他們的身體和心理健康狀況，但是也會追蹤他們的心理幸福感（psychological well-being），同時因為受到米歇爾等人的研究啟發，也要追蹤他們的自我控制能力。隨著嬰兒漸漸長大，其所蒐集的資料也愈來愈多了，舉凡就業紀錄、收入和教育程度，同時還有他們的反社會行為和違法紀錄。等這個研究進行得夠久了之後，倫敦大學（University of London）的心理學者阿夫沙洛姆．卡斯皮（Avshalom Caspi）檢查了研究數據，看看米歇爾對於加州兒童的研究是否從反面來看也說得通。是的。卡斯皮發現低度控制（undercontrolled，常常靜不下來、容易衝動、注意力持久度很低）的孩子比較具有攻擊性，而且比較容易出現犯罪行為。[13]

這類的檢驗愈來愈多，所以可以證明的證據也愈來愈多了。一項對匹茲堡（Pitsburgh）青年所做的研究，發現那些說自己「沒有辦法延宕滿足」的孩子，老師也說他們的「行動比較不經思考」，那些在錄影觀察中顯得靜不下來、很容易分心的孩子，（與沒有那麼衝動的同齡孩子相比，）也比較會在青少年時期或是成年的前幾年出現犯罪行為。[14]自我控制能力不佳可以準確預測這個孩子在實驗當時和其後幾年的行為問題和犯罪性。其實，大部分的實驗也都發現兒童早期的衝動，很能夠預測他在未來的犯罪可能性。

但尼丁研究顯示出無法延宕滿足的孩子，似乎也有比較大的健康問題，這當中包括（但是這應該也不難想像）肥胖和藥物成癮。他們也比較容易在青少年時懷孕或是當爸爸，在學校或是工作上的表現，也比較沒有可圈可點之處。[15]會造成這些結果的似乎還有其他兩個因素。首先，研究顯示低智商（IQ）也與未來的犯罪性有關。❶再者也與社會階層有關。自我控制能力低、智商低又來自貧窮家庭背景的孩子，最容易出現反社會行為，而且成年後也最容易犯罪。

自我控制能力的缺乏竟與犯罪性如此相關，這就讓我們必須想一下了。因為看起來犯罪者並不堅定，事實完全相反，犯罪者的特徵通常就是缺乏決心，而且不願意為了長遠的收穫，放棄眼前的享樂。會犯罪的人似乎也沒有特別聰明，甚至（雖然並非一定）他們智商比起平均而言，還是偏低的。

挫折

當我們看到犯罪的事實時，總會又一次的強化了這樣的想法：大部分事件其實缺乏理性的計算。雖然你會以為這已經經過某人審慎評估過風險和報酬。不計其數的陳述都表明犯罪是違法者在一連串挫折之後的「突發舉動」，他們在犯罪之後，通常也真的很懊悔。會引發犯罪的挫折，小自日常生活

❶ 一項瑞典研究測量了兒童在三歲時的智商，並終其一生都追蹤這些兒童。研究者發現最常犯罪的人的平均智商是八十八，而從未犯過罪的人，平均智商是一百零一。密西根、費城、哥本哈根和英國劍橋也進行過類似的研究，結果也是類似的。

中令人掃興的事（例如錯過了公車），大至不常發生的重大危機（例如從某人家裡被趕出來）。即使是相對而言看起來沒什麼的不如意，也可能會引發嚴重的後果。例如在美國，每當自己支持的球隊輸了足球比賽，就會出現家庭暴力事件。[16]所以，每當英格蘭隊輸了大型的足球比賽，英格蘭也會出現家暴案件。研究者甚至發現在大熱天裡，駕駛按喇叭會比較有侵略性（不過這在光譜中應該屬於比較無害的一端）。❷[17]

我們沒有辦法看穿人的內心，了解他們犯下嚴重罪行時心裡在想什麼。不過，極少謀殺是經冷靜和仔細的構想才執行，這點應該是毋庸置疑的。記錄在案的美國謀殺案中，幾乎有半數都是爭吵後的結果，還有四分之一是在另一件犯罪的途中發生的，通常是搶劫者面臨受害者抵抗時而驚慌犯下的。[18]許多剛面臨挫折或是災難的人並無法抵抗那股想立即採取行動的

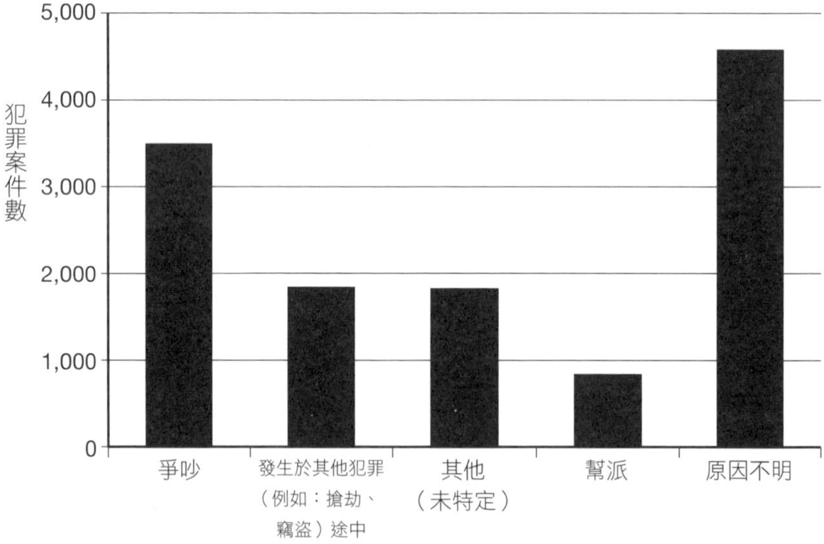

圖八：二〇一二年的美國謀殺案起因，依類型區分。[19]

渴望，儘管這個反應並無意義。以幫派的暴力為例，幫派間的殘殺常被想像成為了保護「地盤」的理性行為。有些真的是，不過大部分嚴謹的研究都認為：絕大多數以牙還牙的幫派謀殺，大概都是因為朋友死亡而做出的過激反應。[20]

殺人可能會得到一些好處，不過我們其實很難了解計畫性謀殺的邏輯，就算看了其中一部分也一樣。在二〇〇九年，夏奇魯斯．湯森（Shakilus Townsend）遭人毆打及刺傷後死亡，打傷及刺死他的是幾個倫敦街頭的幫派分子，有些人叫他們「閃耀到最高點」（Shine My Nine）一幫。據說被害者也有涉入幫派，媒體推測這起謀殺案與毒品交易有關，但事實遠不只是單純的利益關係這麼簡單。其實被害者是因為受到女友薩曼莎．約瑟夫（Samantha Joseph）的誘惑，才步向死亡的，薩曼莎是一名煩惱的十五歲少女，她想要和一名「閃耀到最高點」的成員重修舊好（這名成員在發現薩曼莎背著他和夏奇魯斯出軌時，就把薩曼莎給甩了）。這齣草率、沒有經過什麼計畫的犯罪，看不出來對參與的七名青少年有什麼好處，他們不意外的都進了監牢。

如果他們想過自己有多少勝算，或許就可以避免這個悲劇了。若是犯下非暴力的犯罪，或許可以另當別論，不過謀殺犯應該知道他們極有可能被抓到，而且受到嚴厲的處罰，就我在所有已開發國家看到的統計資料，的確有超過半數的謀殺案是如此的。在英國百分之九十的謀殺案都會破案，而德國謀殺案的破案率更高達百分之九十五。[21]在開發程度較低的國家，犯罪黑數的確比較多，尤其是如果

❷ 如果有人感到奇怪的話，容我在此說明。在白天不當使用汽車喇叭，這在大部分國家的確是犯罪行為，雖然這項規定應該很少被執行。

違法行為太多，警力不敷使用時更是如此，而且如果謀殺案的受害者屬於某些特定的群體（例如娼妓），也的確比較少被偵破。不過一般而言，重大暴力犯罪的加害者還是要為他們的罪行付出代價，可能是終身監禁，或甚至是死刑，這看起來並不像是一個聰明的選擇。

機會主義

就算是非暴力的犯罪，好像對短期利益的追求還是凌駕於長期考量之上。我們很少看到凶手像諾塔巴羅這樣在仔細計畫後才行動的，比較多是出於衝動，才很快屈服於犯罪的誘惑。

吸引我們的總是最驚人的案子，但是其實就連有基本計畫的搶匪都很少。[22]在與英國竊賊所作的訪談中，發現只有不到三分之一的竊賊說他們在最後一次犯案時，前往作案的地區時是帶著犯罪意圖，而且他們選擇最後一次犯案目標的主要理由是「偶然」，或是「剛好經過，覺得那個目標看起來很容易得手」。[23]另一個英國研究也顯示在重複犯案的竊賊中（重複犯案讓人感覺他們好像很專業），只有不到五分之一的人說他們上次犯案是事先計畫好的，也差不多有同樣比例的人說他們選擇目標多半靠別人的通風報信。[24]

這並不是說他們的行動完全沒有理性。竊賊會對街角的房子下手，因為比較容易進去；有人在家或是有警察在附近的物件是絕對不受歡迎的。不過大部分犯罪即使經過盤算，大概也只是匆匆想過一遍便算了事。犯罪當然不是「意外發生的」：即使所犯的罪沒有經過計畫，人們還是下了決定之後才去犯罪的。只是這些決定通常下得很快，不太會去考量長期的後果。

非暴力的犯罪很少像我們以為的那麼有利可圖。舉例來說，竊賊不太常發現屋主家裡真正高價的東西，反而會瞄準一些他們很熟悉、可以很快用掉或是處理得掉的東西，例如酒。一名慕尼黑竊賊把他偷到的一把價值數萬歐元的小提琴還給了它的主人，還附上一張紙條，說那把琴的音跑掉了。許多偷車賊其實沒有得到物質上的報酬，這有部分是因為贓車的買家不容易找，也有部分是因為兜風的人會覺得開快車的瞬間快感就已經夠吸引人了，足以讓人忘記可能會長期坐牢的風險。

就算是我們以為最有組織的犯罪（例如偷盜藝術品）也不是特別有利可圖。前ＦＢＩ調查員羅伯特．惠特曼（Robert Whitman）終其一生在調查藝術品竊盜案。他看過許多手法拙劣的搶劫，但他也說，其實很少有盜賊能夠賺到（就算只是）贓物百分之十的價值，據他指出：「沒有地方可以銷贓（高價藝術品）。這真的不是什麼智慧型犯罪。」「人們還覺得這些（小偷）都像湯瑪士．克勞（Thomas Crown）。*2 其實這完全沒有事實根據，我想人們只是覺得這很……有趣。」[25]

類似的錯誤也發生在對毒品貿易的想像，有愈來愈多證據顯示大部分毒販賺的錢相對而言算少的。我們已經讀過了蘇西耶．凡卡德希的《我當黑幫老大的一天》，這本報導文學把犯罪描述得像是對於社會不公平情境的理性回應。但是在這本書裡，我們還是可以發現一些有趣的事實，例如低階毒販賺的錢，其實還不到聯邦最低工資的水準；[26] 許多毒販甚至有合法的工作，好來補貼他們的收入。犯罪的人也是在合法和不合法的事業之間進進出出，這證實了我們在迷思二中的發現：對於大部分人

*2 譯註：一九九九年的電影《天羅地網》的主人公，是一名身為富翁的名畫小偷，由皮爾斯．布洛斯南飾演。

來說，犯罪比較像是副業，而不是專門職業。

其他研究也支持這個觀點：犯罪並不是一個全職工作，這甚至對重大犯罪者也是適用的。研究者在二〇〇〇年發現：加拿大魁北克有一半受刑人的犯罪所得年平均收入少於2,619加幣（合1,176英鎊），而另外四分之一的人，也少於7,291加幣（合3,273英鎊）。[27]只有前百分之二十五的犯罪者能夠過上好日子。第一次調查的時候，這些賺得比較多的犯罪者誇大了他們的收入，說他們靠著犯罪，每年的平均所得有55,322加幣（合24,841英鎊）。不過接著研究者便要求他們詳細列出所有的犯罪以及每次犯罪的估計獲利，於是他們也承認自己靠犯罪所得的利益雖然夠可觀，但是的確少得多，一年約為32,000加幣（合14,000英鎊）。夠幸運或是技巧純熟的少數罪犯還是可以賺得比較多（我們將在後文討論），但是將犯罪當成職業其實並不是常態。即使對於慣犯而言，也是如此。

犯罪的專門分工其實也不常見（這也和我們所想的相反）。以下兩種犯罪類型並沒有明顯的區別方式，一種是不曾經過算計，只因「一時的激憤」而犯下的暴力罪行，另一種（就像是諾塔巴羅這種）則是會避免暴力，除非它有明確的商業利益。在加拿大的慣犯中，只有很小的比例（大約百分之五）會只因為財產犯罪就被起訴，大部分被判入獄的理由既包括暴力犯罪，也有非暴力的犯行。[28]還有英國和美國的研究也顯示出，一個人如果犯下某個特定類型的犯罪，他（或她）通常會繼續做出不同類型的犯罪，而不是重複相同的行為。[29]也就是說，今天如果一個人偷了東西，他／她改天可能還會有暴力行為，而下禮拜又搶了別人的皮包。當然，犯罪的人還是會有自己不願意超過的「紅色警戒線」：如果我們看到一個人想要在店裡偷東西，就說他／她日後一定會犯下謀殺罪，這還是太荒唐了。但即使是惡行重大的人也極少走向專門化，許多犯罪行為的本質就是機會主義，而且是未經計畫的。

所謂的違法行為，通常就是有犯罪傾向的人在日常生活中碰到了誘惑，於是就發生了違法的結果，有這樣的認識，對於我們理解已開發國家中大多數的犯罪是很重要的一件事。在加拿大蒙特婁所進行的一項研究顯示：竊賊犯案後平均移動的距離，只比一英里（一點六一公里）略多一點，英國數據也顯示在英國，半數犯罪發生在犯案者所住的地方一英里以內，而澳洲的墨爾本，也有一半的竊案發生在竊賊住家方圓一又四分之一英里的範圍內。[30]英國的研究者保羅・威利斯（Paul Wiles）和安德魯・科斯特洛（Andrew Costello）也發現犯案地點即使不在住家附近，也通常是犯罪者固定會經過的地方，像是學校或購物中心。[31]根據這些，我們就不難想像為什麼絕大多數吸食海洛因的人如果犯下竊案，都只會在兩種地方——要不就是靠近他們的家，要不就是靠近他們買毒品的地方。[32]

犯案時間模式其實也反映出日常生活的常規。在所有已開發國家，暑假都是犯罪高峰期，因為愛冒險的青少年在那時候比較不受監督，而且有比較多的時間出門在外。暴動也是夏季特有的產物：在北半球最近的暴動中，只有很少一部分發生在冬天，而且幾乎全都與某種公眾節慶有關，例如二〇〇一年發生在費城和西雅圖的懺悔星期二（Mardi Gras）*3的暴動。發薪日過後是暴力犯罪的高峰期，因為年輕人那時候都會聚集在酒吧和夜店裡，喝上一杯。當兒童從學校回家之後，通常竊盜和犯罪的

*3 譯註：基督教的四旬期開始的前一天，有許多地方會透過狂歡節、化妝舞會和扮裝遊行的方式來慶祝這個節日。

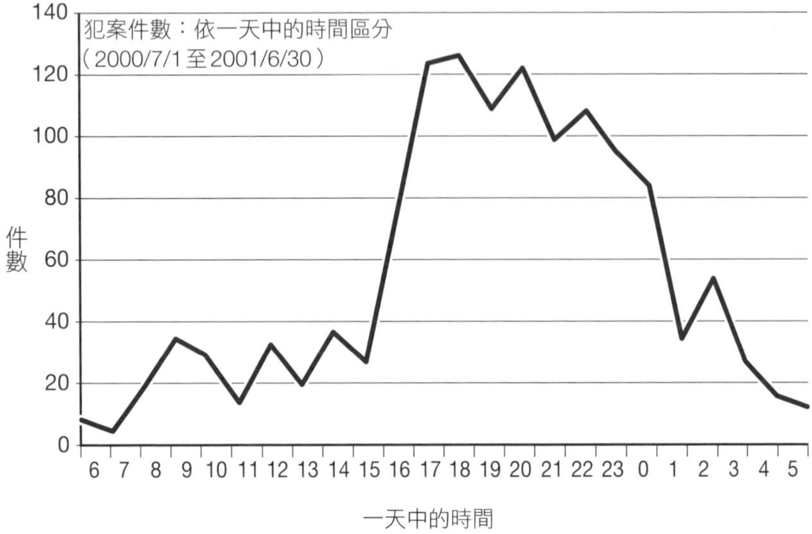

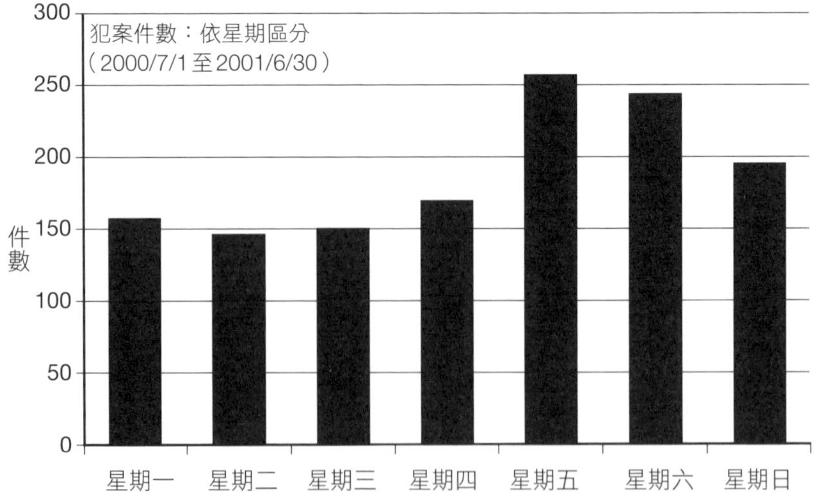

圖九：犯罪機會：類農村地區科普蘭（Copeland）的犯罪損害情形（二〇〇〇年至二〇〇一年）。[33]

資料來源：科普蘭／二〇〇二年。

件數也都會突增（如圖九所示）。把犯罪看成受到日常生活的影響，有助於解釋年齡分布或是不同類型的犯罪。例如：犯詐欺罪的人通常年齡比較大，因為鮮少青少年會有機會犯下這類罪行。而且在受害者和犯罪者的關係中，機會也明顯具有一定的重要性。「危險陌生人」（Stranger danger）是個迷思，因為重大犯罪的威脅其實很少來自於與我們有接觸（或是衝突）的「他者」。在加拿大，每十件破案的謀殺案中，有九件是被害人認識的人做的。[34]在英國，幾乎有一半的女性謀殺案被害人是被她的同居人或是前同居人殺的，而遭到嚴重性侵的女性受害人，作案人有三分之二是她的現任、前任同居人（百分之五十二）或是家庭成員（百分之十）。[35]搶劫和竊盜比較無關乎人際關係，但是也至少有三分之一的美國竊盜案（可能還多達一半）是認識被害者的人所做的。[36]

犯案的方式一樣受到環境的影響。例如：因槍枝而造成的死亡事故，當然和取得槍枝難易度有關。到目前為止，美國是槍枝持有率最高的國家，而瑞士則居第二：這兩國也是已開發國家中與槍枝有關的死亡事故數一和數二的國家，雖然大部分的死亡其實是自殺，而不是謀殺。在美國，大概每十件謀殺案中就有七件和槍枝有關，這與其他對槍枝管制較嚴格的國家相比則高出許多，例如：英格蘭和威爾斯是十件中有一件，加拿大則大約是五件中有一件。國內禁止持有手槍或是有其他限制的國家像是英國，暴力或是犯罪事件並不會比美國少（因為槍枝而造成的死亡事故除外）。❸如果美國擁有

❸ 附帶一提，在英國要有槍非常困難，所以大部分的槍枝犯罪都是持改造複製品作案的。就算是擁有槍枝，也很難得到彈藥，我還知道幾則軼事都是因為面臨這樣的困難，而阻止了犯罪的發生。

槍枝的人數大量減少，到底會有多少謀殺案也跟著減少？這是很難估算的。而且美國境內持槍數約三億把，這個數字有沒有可能快速減少也很難說。不過對我來說，以上這些數字還是足以告訴我們，持有槍枝的難度提高，的確會有明顯的好處。

大部分犯罪都沒有經過仔細的計畫，並不表示它們就不必受到責難。這只是說我們要很提防「犯罪者一定意志堅定」這個想法，而且我們應該要注意的，是不符合日常生活規律的犯罪，而不是經常存在的風險（它的起落會符合日常生活的規律）。我們可以承認犯罪有一定程度的理性，但是又不可能完全合乎理性。犯罪也經常是衝動行為造成的結果，也許是某人只想要追求短期的滿足，就忽略了長期可能帶來的苦難。

推力

傑佛瑞・希爾（Jeffrey Hill）是一名體格壯碩的非裔美國人。

「要吸毒的話，我會選強效的純可卡因。」希爾放慢速度、小心翼翼的說著，每說完一句話都停一下。「剛開始時，它幫我度過了我碰上的事（父親的死）。而且好像我吸得愈多，感覺就愈好。它幫我逃避自己的感覺。」

一位女性的聲音插了進來，試探性的問道：「說一說……嗯……以前的事吧。是什麼讓你決定殺了你母親？」

這個訪談對象是近期將執行死刑的死刑犯，希爾坦承他刺死了自己的母親。事情發生在他試圖從她家偷走一百元美金的時候。

「前面的那幾個小時，」希爾停了一下，「嗯，我不知道前面那幾個小時我做了什麼」，他又停了下來。「很多人跟我說了很多不同的事，你知道的，像是我看起來怎樣、我在哪裡、我做了什麼、這個那個……幾個月過去了，我還是不記得我做了什麼。我不想要記得那件事。嗯，你知道的。我強迫自己不要想起來。就是那一天，如果時間倒流，我希望能夠回去的那一天。」

「我不會為我自己的行為找藉口。你知道的，從事情發生的第一天開始，我就一直試著要負起責任，因為那才是對的事。嗯……當然一開始就不應該是這樣的。我一直想要負起責任，噢，還有讓別人知道我很在乎這件事，也很愛我媽媽。我有想要跑到那個地方去、害得她死掉嗎？沒有。是因為毒品的關係嗎？是的。但是我不會把什麼都推給毒品。我其實可以說『我那時候發瘋了』。我可以，你知道的。我不知道。我不知道為什麼那時候我突然發瘋了。我不知道今天為什麼我們會在這裡。我只知道我沒有媽媽了。我的孩子沒有阿嬤了。我的舅舅失去了他的姐妹。還有別人也是。你知道的，那就是我所知道的——我每天都在想。」

希爾曾經問過他的家人，他應不應該反抗這個判決。

他說：「如果他們說我應該死，我就會去死；如果他們希望我抗爭，我就會反抗到底。」他幾乎快哭了。「因為我不想要（停頓）再傷害任何人了。所以不管他們希望我怎樣，我都會照做……我不希望他們再受到傷害。」

同情弒母的凶手好像會讓我們本能感覺到不舒服。我們會覺得不管在什麼情況下，都絕不可能犯下這種罪。但是，我們也很難說我們感受不到希爾的懊悔，而且不覺得他真的做了一個很糟糕的選擇。事實上，他不只是作了一個很糟糕的選擇，他的生活本身就是一連串草率做成的錯誤選擇，才會讓他現在得在俄亥俄州的一座監獄裡，等待死刑的執行。

米歇爾的棉花糖實驗之所以重要，不只是因為它顯示出行事衝動的人可能會犯下衝動型的犯罪。米歇爾和其他人的實驗還顯示出：自我控制能力會影響人生中所有的決定，而且這些決定也會影響到人是否會犯罪。舉例來說，自我控制能力不佳的人比較容易陷入財務危機，或是染上毒癮、酒精中毒。自我控制能力欠佳有時候還會直接導向犯罪，可能是攻擊別人，或是不經過思考就直接行動，但是這兩者之間還有更微妙的連結。

我們很容易注意到大部分慣犯也會有其他具風險的舉動，他們比較容易濫用藥物、酒精中毒，或是有不安全的性行為。在所有已開發國家被逮捕的人之中，有大約三分之二都受到了藥物的影響，通常是大麻或是安非他命。[37]許多國家大約半數的暴力事件受害者，都認為加害者有受酒精影響。[38]

毒癮當然會增加吸毒者的犯罪機率，這點毫無疑問，畢竟許多癮君子每天要花超過一百英鎊買毒品。[39]不過沒有什麼證據指出毒品常會引誘原本守法的公民轉趨犯罪。當有毒癮的人犯罪時，通常還是出於他們的犯罪性（優先於吸毒的影響）。有兩篇澳洲的研究（分別是在一九八〇年代和一九九〇年代進行的）發現吸食海洛因的人第一次犯罪有幾乎四分之三都是發生在吸食海洛因之前。[40]有幾位學者用這個證據，表明其實是犯罪造成了毒品問題（而非毒品造成了犯罪）。因為犯罪後的人比較買得起毒品，而且犯罪會把人帶進一個比較多人吸毒的環境。但是事實通常又比這複雜得多了。與其說是吸毒造成了犯罪，或是犯罪造成吸毒，應該說這些行為就是對某些類型的人特別有吸引力。犯罪、藥物濫用和高風險的性行為有許多共通性。它們都可以帶來眼前的愉悅，但是以長期來說，又通常都不是什麼好選擇，都會犧牲掉健康、財富和快樂。它們都是生活中的陷阱——有些人逃得掉，有些人則會掉進去，只看他們是否能夠好好想過之後再做決定。

其實能不能夠避開這些圈套，既取決於我們的人格特質，也要看我們接觸到多少誘惑。如果短期的享樂很難抵抗，我們大概都還是會有一個引爆點，但是如果抵抗誘惑的好處明顯夠多，大部分人就可以抵抗得住誘惑。在設計棉花糖實驗時，米歇爾也有設計獎品較好的長期報酬。他發現如果告訴那些孩子，只要他們等得了十五分鐘，就可以得到另一整袋棉花糖，而不只是另一個小甜點，幾乎所有人都可以抗拒得了眼前的誘惑。眼前的獎賞有多大、等待的時間有多長也都會有所影響，如果眼前提供的東西就很吸引人了，抵抗它就變得極端困難。

當我走訪英國監獄時，有多次機會能察覺到，要抵抗某些圈套會有多麼困難。我最喜歡提的問題之一，是問人們獲釋之後要做什麼？不只是說長期規畫，也會問他們獲釋之後的第一件事要做什麼。我特別記得一段二〇〇六年在西南英格蘭一座監獄所進行的對話。一個身形極瘦、剃了光頭的年輕人很坦率、不加掩飾地回答我的問題。

「你知道的，我是因為在開車之前吸了古柯鹼，所以才進來的。還有一些其他東西。我和我的兄弟，我們一夥人惹出了一些麻煩。我們和人打架了。我不想再回來這裡。」

「等你出去之後，你想做什麼呢？」

「你是指出去之後的第一件事嗎？嗯，首先，我會去找我的兄弟們，大幹一場。我們大概會進城吧。」

為什麼有些人會比其他人更能夠控制想吃棉花糖的衝動呢？米歐爾藉著對於賓恩幼稚園兒童的觀察，提出了自己的觀點。米歐爾說：「我對於抗拒誘惑的實際過程很有興趣。」「不只是決定要抗拒誘惑，而是當你處於這個為難的處境中時，會發生什麼事？」提出這個問題的時候，米歐爾也透露了一個重要的觀察——行為不完全是由意願決定的。反而是我們既要確定意願（決定不立刻吃掉棉花糖），接著還要找到方法，確定我們是根據自己的意願在行動。米歐爾提到了「熱切的狀態」（hot states）和「冷靜策略」（cooling strategy），這可以幫助我們在壓力之下仍然根據長期利益來行動。雖然他和其他人的研究都顯示出，幼年時期自我控制能力不佳的人，通常後來的人生也不太順利，但是他也指出人是可以改變的，他也相信自我控制能力是可以養成的。如同他所說的：「不只是生命會決定我們，當然它會，但是我們也會決定生命。」他又繼續說：「父母們絕對不要誤會這個（棉花糖實驗）就像是幸運餅乾*4一樣，可以真實預測一個小孩在日後是否會出現行為問題。我們在談的是根據分組資料所做的預測……我最有興趣的是開低走高或是開高走低的人生。」

現實生活中的罪犯

李奧納多．諾塔巴羅認為他被自己的同情心壞了事。所有同謀的人都反對閃電加入安特衛普鑽石中心的行竊計畫，但是他獨排眾議。[41]是沒錯啦，他也知道閃電的行為可能不太穩定，但是閃電是老朋友了，諾塔巴羅不可能把他排除在這件大事之外。諾塔巴羅向其他人保證閃電在面對壓力的時候，一定可以保持鎮靜。而且閃電也真的把自己的任務做得很好。當他們駛上離開安特衛普的高速公路時，諾塔巴羅開始覺得可以放鬆了。他和閃電這兩天來都沒怎麼睡，不過寶石現在已經上了另一輛車，在運往米蘭的路上了，他們僅剩的任務很簡單：要燒掉可以證明他們有罪的證據、把鑽石藏起來，等風頭過了之後，再前往米蘭和大家一起分贓。

但是根據諾塔巴羅的說法，閃電卻開始焦躁不安，而且冷汗直流。當他們下車要燒掉廢棄物時，閃電變得什麼都聽不進去。他開始發瘋似的要把那些東西丟進森林裡，諾塔巴羅形容他像是完全陷入了恐慌一樣。在晦暗的光線下，他們沒有時間可以好好藏起那些會證明他們有罪的證據。但是總之，這裡只是森林裡沒什麼人煙的一小塊地，相信那些碎紙片也不會很快就被發現。他們萬萬沒有想到竟然有奧古斯特．芬．凱普這號人物如此盡心守護當地的環境。幾個月來煞費苦心的籌畫，最後就敗在一時間的失去理智。

如果我們檢查一些看起來像是有經過仔細計畫的犯罪案件，就會發現它們還是很難說是完全理性的。例如：如果看了羅納德的案件紀錄，就一定很難認為他的犯罪是一個對自己有好處的行為。羅納德承認了犯行，而且還在牢裡，但是他在殺死兒子時的精神狀態、和他能夠事先做考慮的程度都是有

＊4 譯註：一種脆餅，裡面會包類似箴言或預言的字條，在美國、加拿大或是其他的西方國家，常被當作中餐廳裡的一道餐後甜點。但是實際上在中國或是其他華人聚居的東亞地區，卻反而沒有這種食物。

問題的。雖然檢察官一再強調他的犯罪經過仔細的計畫，因此求處無期徒刑不得假釋，但是法官最後還是判羅納德四十九年有期徒刑，這表示在他有可能在二十三年之後獲得假釋。對於羅納德有利的因素包括「他的心智能力缺乏」，而且如果不是因為他的自白，檢察官或許根本沒有辦法證明他的謀殺罪行。[42]

即使是明顯經過仔細策畫的犯罪，依然會包含不理性和衝動的元素在裡面，在我們觀察過最有可能犯這些罪的人之後，應該也不會覺得這是難以理解的事了。認為犯罪者都具有傳奇性、意志都很堅定的的迷思，只要就近觀察，很快就可以破解了，這也是頗引人注目的事。或許全世界最著名的銀行搶匪邦妮和克萊德，他們現在被公認是專家，還代表了一種強烈的偷盜倫理。不過當他們初次相遇的時候，十九歲的邦妮．派克（Bonnie Parker）是一名正在服刑的謀殺犯的妻子，而二十一歲的克萊德．巴羅（Clyde Barrow）則是個小賊和無業遊民。常看電影的人大概比他們的傳記作者還對他們更有印象*5。如同傑夫．吉恩（Jeff Guinn）*6所說的：「克萊德和邦妮從來就不是犯罪界的大師，甚至也不是能力特別出眾的小偷。」[43]他們的「結夥」是一個鬆散而且流動性高的組織，憑衝動而偷，偶爾會做出一些暴力舉動，除了搶銀行之外，也經常搶搶小酒店。

另一個著名的銀行搶匪約翰．迪林傑（John Dillinger，他的故事也被拍成電影，並因此而使得他千古留名）也沒有專業到哪裡去。他出身於一個破碎的家庭，在學校裡橫行霸道，在工作和監獄之間輾轉流連。[44]他也常常衝動作案，做些小偷小盜的事。他不是只有搶銀行，不過最後是因為搶銀行而讓他在一九三〇年代聲名大噪。而且雖然他有時候會離開家鄉（印地安那州），但是他大部分的犯案還是在印地安那州境內做的。迪林傑在衝動之下所做的危險行為也不限於犯罪。他第一次入獄時就被診斷出患了淋病。的確，他對嫖妓的喜好最後造成了他的垮台，他在一九三四年遭到聯邦探員射殺身亡，就是因為一名羅馬尼亞老鴇向聯邦調查局通風報信，這才洩露了他的行蹤。

處理不曾經過組織的犯罪

其實犯罪者很少仔細計算他們的行為會帶來什麼風險和報償，這個想法既令人鼓舞，又有讓人不安的一面。令人鼓舞的，是犯罪可能比我們原本所想的更容易預防：如果人們不太會策畫犯罪，我們就比較能夠操縱人們遠離犯罪行為。我們已經看到，只是要戴安全帽，就足以造成機車竊盜案大幅減少了。接下來，我們會再看看其他光只是小變化便可以預防犯罪的例子。英國警方告訴我一個有趣的例子，是關於倫敦東區沃平（Wapping）一群反社會青少年的問題。他們會吆喝一小群朋友坐在候車亭的屋頂上，從那個高度對著經過的路人大叫、恐嚇他們，尤其會一直騷擾居民和要搭巴士的人。他們可以從巴士站旁邊的牆上輕易爬上候車亭，於是警察就聯絡地方政府進行了一個小實驗：如果把巴士站遷到一個比較難爬上去的地方，這個行為還會繼續嗎？答案是：不會。他們找到了另外一個消磨時間的地點，於是這個麻煩就解決了。

*5 譯註：因為邦妮和克萊德的故事曾被搬上大螢幕，由導演亞瑟・潘拍成電影《我倆沒有明天》。
*6 譯註：即邦妮和克萊德的傳記作者。

但是從另一方面來說，如果只是確保犯罪行為沒有辦法得到相對應的報償，這還不足以預防衝動的違法行為。就算長期來說沒什麼好處，但是人們看起來還是很願意、也能夠犯罪，即使犯罪必須要面臨嚴厲的後果，但嚴刑峻法到底是不是個有效的方法，其實還很值得存疑（迷思九）。同樣的，即使改善了人們的經濟環境，也絕對無法根絕犯罪：大量的暴力犯罪事件背後找不到經濟動機，即使他們有工作，好像也沒有妨礙繼續犯罪，我們會在迷思六中再詳細討論這個問題。

如果我們能夠找出什麼原因誘發了犯罪，反而比較能夠有效減少犯罪。人們一定會對刺激作出反應，但是這是不完全的，這還比較像是他們對當前的環境變遷做出反應。平均來說，並非大多數的犯罪者都會慎重打算長期利益。

我們的確承認，如果認識了真實的世界，會讓有罪判決不是那麼容易判得下去。美國前總統喬治·布希（George Bush）還有其他許多人相信一個「簡單的事實」。照他所說的：「我們每個人本來都會面臨到邪惡的誘惑，但也總是有選擇為善的自由。」[45]這個想法很動人，也令人放心。但是它忽略了一個事實：有些人的確是要面對（但是又比較無法處理）比其他人更有壓力的環境，而且更重要的是，他們也比大部分人更難深思熟慮之後再做出選擇。許多犯罪者其實就只是像沃爾特·米歇爾實驗中的小孩子一樣——他們想要等到兩個棉花糖，但是卻沒有辦法。

迷思四　組織性犯罪龐大無比、本質邪惡，而且一直在壯大？

「並非權力令人腐化，而是恐懼。……因為害怕失去權力而腐敗。」

——美國作家約翰．史坦貝克（John Ernst Steinbeck, Jr.）1

第一次揭露

約瑟夫．瓦拉奇（Joe Valachi）*1在一九六三年十月參演了一齣會吸引全國人民注意的年度大戲。美國參議院的常設調查委員會（Permanent Subcommittee on Investigations）對「組織性犯罪和非法販運麻醉品」（Organized Crime and Illicit Traffic in Narcotics）展開調查，這起事件在全國電視台放送了將近一個月。聽證會讓大眾對組織性犯罪產生了前所未有的關切。他們引用了聯邦調查局（ＦＢＩ）和司法部（Justice Department）調查報告中的許多重要內容，司法部長羅伯特．「博比」．甘迺迪（Robert 'Bobby' Kennedy，小甘迺迪）也在電視上做出十分矚目的聲明（小甘迺迪在一九六一年接受任命，他在上任之後就火力全開，打擊義大利裔美國人的組織性犯罪）。❶

*1 譯註：第一個公開承認黑手黨存在的黑手黨成員。

❶ 一九五一年的凱弗維爾委員會（Kefauver Committee）要向美國大眾強調黑手黨在「全世界」都存在，但是因為從來沒有內部成員出來證實這件事，所以好像也削弱了這件事的衝擊力。至少這裡有一個重量級的證人。

不過瓦拉奇當然被放在重要的位置上。新聞影片中的他健壯而結實，一根接著一根的抽著菸，他身穿西裝，打著領帶，平靜坐著。他的行為舉止透露出一些線索，可以看出他的確如他自己所聲稱的，是黑手黨成員。他的過去讓他成為舉國矚目的焦點，包括承認自己非法買賣海洛因；與紐約的黑手黨頭子（同時也是他的老闆和在亞特蘭大監獄的獄友）維多・吉諾維斯（Vito Genovese）不和；以及瓦拉奇正因監獄謀殺案面臨兩個死刑（罪名分別為謀殺和聚眾暴亂）。

鏡頭中的瓦拉奇對於委員會主席約翰・麥克萊倫（John McClellan）參議員和其他委員會成員的提問，均直言不諱。[2]

麥克萊倫問道：「你是何時成為這個組織的一員的？」

瓦拉奇回答（身體稍微向前傾）：「一九三〇年。」

麥克萊倫重複他的話：「嗯，一九三〇年。」

麥克萊倫繼續問到：「它叫什麼名字？」

「Cosa Nostra，這是義大利文……」

麥克萊倫又重複了一次：「嗯，義大利文是Cosa Nostra。」

瓦拉奇解釋：「翻譯成英文就是『我們的事』和『我們的家庭』的意思。」

瓦拉奇證實了小組委員會和美國人民最大的恐懼。他所揭露的真相遠不只是證實有一個強大而且祕密的黑手黨組織存在。瓦拉奇還詳細說明了這個組織的內部運作方式，他說此舉是為了報復一個命令他去死的人。他談到了緘默法則（Omerta）*2，或者被稱作「保持沉默的誓約」（這個法則現在已經眾所周知）；加入了這個「大家庭」的儀式內容；他與他的教父和導師喬．博納諾（Joe Bonanno）之間的關係；以及黑手黨成員涉入的買賣，包括賭博、賣淫、高利貸、毒品等等，此外他們還滲入合法生意。最重要的是，他甚至直指黑手黨人物其名：先是紐約五大「家族」的首腦維多．吉諾維斯、卡羅．甘比諾（Carlo Gambino）、朱塞佩．麥格羅科（Giuseppe Magliocco）、喬．博納諾、蓋塔諾．盧切斯（Gaetano Lucchese）；還有他所屬的吉諾維斯犯罪家族中超過一百三十名的成員，以及來自其他家族的黑手黨成員。

他畫的圖表被釘在參議院委員會的大會議室的柱子上。這些圖表透露出五大家族各自嚴守的階級組織，一定會有一個老闆（boss）、一位「顧問」（consigliere）或是高級顧問（senior adviser）、一個小老闆（under-boss）、首領（captain）或是「頭目」（capo）、「副領導」（lieutenant），接著則是下面的「士兵」（soldier）。

一位委員（參議員）問：「一個『老闆』底下通常會有大概多少名士兵？」[3]

「嗯，維多．吉諾維斯大約有四百五十名。差不多是這個數量。大概四百五十人。甚至可能再多到五百人。」

瓦拉奇侃侃而談那些幫派領導人所擁有的力量，尤其是他的前老闆。他說：「參議員閣下，我其

---

*2 譯註：黑手黨的最高法則。第一條：當任何意外發生於黑手黨成員身上時，不可以通知警方，對政府組織必須保持緘默。第二條：在不侵犯第一條的情況下，仇殺只能追究本人，不得對其家人下手。

實知道維多的權力到哪裡。他不只掌控我們這個家族。他的勢力也及於甘比諾家族和盧切斯家族。」

瓦拉奇無法估算組織的全國規模，因為他的年資還不夠。但是他指出黑手黨在美國各地是如何經營的，他也對組織的勢力範圍和複雜度沒有絲毫懷疑。他說：「這個黑手黨就像是第二個政府。它太龐大了。」[4]

在司法部對黑手黨做了好幾年的調查之後，司法部長小甘迺迪表示他也同意這個說法。他的結論是：「這是一幅醜陋的圖象。當真說得上是一個組織性犯罪的私人政府，這個政府每年有數十億的收入，但是建立在人民的痛苦和道德的淪亡之上。」[5]

由於這件事得到全國的關注，所以小甘迺迪也詮釋了瓦拉奇證言的意義。他表示過去是因為司法部的堅持不懈，才確實取得了成功，但是他也強調組織性犯罪十分頑強，因此往後也需要繼續保持警戒。如同小甘迺迪所說的：「我們過去所做的，的確破壞了組織性犯罪的階級、人員和運作。但我們還是不能夠高估聯邦和地方執法所取得的進展。約瑟夫・瓦拉奇和其他線民揭發的事告訴了我們重要的一課：未來的工作依然艱辛，而且百廢待興。」

小甘迺迪繼續說到：「組織性犯罪的活動已經愈來愈嚴密了，而且還會利用現代交通和通訊設備的發展，讓它們一步一步變得愈來愈豐富和強大，也比較容易逃過執法的努力。」小甘迺迪認為犯罪組織帶來的威脅是日趨嚴重的全國性問題，可能會動搖美國社會的基本結構。如同他所說的：「詐取不義之財的人披著合法生意的外衣」、「癱瘓了執法」，這是一個「具急迫性的國家問題」。[6]

小甘迺迪認為如果要處理組織性犯罪，第一步是要更進一步的掌握它的範圍和規模。他解釋：

「假使說……發生的案件都沒什麼人關心，組織性犯罪的收銀機必然會嗒嗒嗒的響個不停。但是如果公眾意識被喚醒了，而且一直保持高度關注，那這些詐財的人就要破產，或是被關進牢裡了。」

第二步是要加強國家的監督以及執法的努力。小甘迺迪放棄了競逐參議員之位，從一九六一年到一九六四年之間出任司法部長，於是當時華盛頓特區的聯邦調查局辦公室內，專職偵辦組織性犯罪的探員數立刻大幅增長。

第三步是要建設好將對抗組織性犯罪的競技場。小甘迺迪認為犯罪集團使用了精密得多的「技術在阻撓調查人員，因為調查人員必須用合法的方式取得犯罪證據」，所以必須要給調查人員新的權力，以克服這個困境。小甘迺迪對小組委員會慷慨陳詞，做出了熱切的請求。[7]「雖然國會給了我們一些新的法律上的武器，這已經十分有效了，但是我先前也曾經指出過，我出現在這裡的一個主要理由，就是要請國會用立法的方式再給我們一些幫助——讓詐財調查中的證人可以享有豁免權；以及改革、重新審視竊聽電話法。」如果要起訴黑手黨的高層人物，絕對必須要有蒐集情報的能力。用小甘迺迪的說法就是「我們最主要的問題就是都離得太遠了。那些非法勾當中的核心人物，也就是我們的主要打擊對象常常表面上都和他們的非法活動完全沾不上邊。」[8]

瓦拉奇和小甘迺迪對於黑手黨（和他們的活動）的描述，形塑了大眾對於組織性犯罪的看法，以及官方態度，並且這意識形態維持了好幾十年，不只存在於美國，而是橫跨了整個英語世界。在政治人物和執法單位的長官口中，都會提到我們必須向已經高度組織化、暴力、奢侈、擴張主義及情勢複雜的同業聯盟（cartel）宣戰。當我們面對這些威脅時，最主要仍仰賴日益高漲的社會群體意識、強硬的執法、對組織性犯罪首腦的嚴厲制裁和新的法律權力。

接下來的發展似乎證明了組織性犯罪的恢復力和靈活度。根據《時代》雜誌封面故事的報導，黑手黨在一九七七年時還很「龐大、邪惡而且興盛」，但是到了一九八〇年代和一九九〇年代，機車幫會（biker gangs）*3、非洲裔美國人集團和持擴張主義的南美同業聯盟則跑到黑手黨前面去了。執法官員認為這部分是因為黑手黨把愈來愈多的髒活都「外包」了，但也是因為許多成員遭到定罪，他們的勢力遭抑制，為新的犯罪集團讓出了發展空間。在這段時間內，愈來愈多的吸毒者為走私毒品帶來了巨大的利益，並且似乎促成了組織性犯罪的急速擴張。到了二〇〇九年，聯邦調查局的「全美幫派活動分析報告」（National Gang Threat Assessment）指出美國有大約兩萬個暴力幫派在活動，成員將近一百萬名。該報告中指出：「許多幫派都有嚴密的上下結構，也已經高度組織化；他們都會使用暴力控制鄰近地區，以此推動自己非法的賺錢活動，包括搶劫、販賣毒品和槍枝、詐財、恐嚇和賣淫。」「根據國家各地的執法人員指出：許多社會中已有多達百分之八十的犯罪，是由幫派犯下的。」[9]

一般認為是全球化為幫派組織提供了新的收入來源和逃過執法的機會。柯林頓（前）總統在一九九六年對聯合國大會所做的演講中，主張組織性犯罪集團會危及國家安全，因此國際間需要合作，共同反擊洗錢、販毒和恐怖主義所帶來的威脅。[10]巴拉克．歐巴馬（前）總統在二〇一一年也沒少擔心。他說：「犯罪網絡運作的範圍不但持續擴大，他們還試著從事各種不同的經營，這使得跨國的威脅愈演愈烈，變得更複雜、一觸即發，還造成了社會的動盪。」[11]

犯罪集團甚至有能力回應新的國安戰略，這證實了小甘迺迪的擔憂，也讓他們更難受到控制。澳洲犯罪委員會（Australian Crime Commission）的首席執行官約翰・勞勒（John Lawler）在二〇一二年指出：組織性犯罪其實已經成了「第五階級（the fifth estate）……堪與制度化的權力相抗衡，甚至是其中最有勢力的一種階級力量」。*4 [12]「我們都看到了組織性犯罪踩著權力的大道，在癱瘓我們的國家。而在澳洲，我們也看到了組織性犯罪透過合法企業的包裝，漸漸藏起了他們那些見不得人的活動。」

所以，今天的國際組織會把令人擔憂的威脅掛在嘴邊，也愈來愈積極打擊全球組織性犯罪，這也就沒什麼好令人感到意外的了。聯合國毒品和犯罪問題辦公室（United Nations Office on Drugs and Crime）成立於一九九七年，成立後不久，它就指出，光是毒品市場就占了全部國際貿易的百分之八，而且據估計，跨國的組織性犯罪現在「每年也有八千七百億美金的生意往來」。[13]

小甘迺迪預測組織性犯罪可以適應環境的變遷，這件事看起來得到了確認，而他打擊組織性犯罪的三個步驟，現在也成了新的執法標準。政治人物一直在提醒社會大眾正視我們面臨的威脅，新聞記者也偏好令人心驚肉跳的曲折犯罪故事，剛好助長了這種意識的萌芽。

各國政府也繼續把持維安工作。世界各地都出現了類似聯邦調查局的新型官方單位，最近的例子

*3 譯註：即機車族的幫會，尤其是哈雷機車或是其他美式機車，他們是自由、忠誠和反社會的象徵，通常不受美國機車騎士協會（American Motorcyclist Association）的監管，會有自己的一套價值觀和法則。

*4 譯註：這裡指的是封建時代三大階級（貴族、僧侶、平民）之外，發展出制衡的第四階級（the fourth estate，又稱第四權即媒體、大眾輿論），再加上第五階級（幫派）。

是二〇一三年英國的國家打擊犯罪調查局（National Crime Agency），跨國打擊犯罪組織例如歐洲刑警組織（Europol）、國際刑警組織（Interpol）和一九八九年成立的金融行動小組（Financial Action Task Force），它們的規模和業務範圍都在日益增長。

除此之外，各國也陸續制定以瓦解組織性犯罪集團為目的的新法，刑罰也愈來愈嚴厲。許多新法都是以一九七〇年的美國《反勒索及受賄組織法》（Racketeer Influenced and Corrupt Organizations，簡稱RICO）為藍本而制定的。該法的制定就是為了特別處理黑手黨所帶來的威脅，並將加入犯罪集團及與犯罪集團結盟都視為犯罪行為；強化量刑；增立沒收犯罪資產的新法條，例如允許民事訴訟只要「基於機率的衡量」（on the balance of probabilities）——並不一定要「排除合理的懷疑」（beyond reasonable doubt）就可以懲罰犯罪集團。❷許多已開發國家的政治人物一直認為應該強制規定最低刑期（尤其是針對販毒），而他們主要瞄準的目標則是「犯罪所得」（proceeds of crime）。❸打擊犯罪愈來愈是一場跨國戰爭。自二〇〇〇年以來的數十年間，美國政府每年會為哥倫比亞計畫（Plan Colombia）花上數億美元，該計畫的目標是要保持哥倫比亞境內的安定，減少該國對古柯鹼種植的依賴，藉以中斷毒品的供應鏈。[14]

這些方式都很符合犯罪學上「英雄與壞人」觀點，就是認為我們應該竭盡全力對抗檯面下強大的勢力。它們也的確帶來了重大的影響。一方面是我們必須確保法律的執行，二方面要收容受刑人的時間也增長了許多，這都需要花掉納稅人的大筆銀子。光是在美國，因為毒品相關犯罪而被關押的受刑人人數，就從一九八〇年的四萬一千人，巨幅成長為二〇一〇年的五十萬七千人。相關法規也改變了公司經營事業的方式，因為對於法人財務責任的要求可謂前所未有的嚴格。甚至是國家之間也有新形式的關聯。例如：金融行動小組會定期以羞辱性言詞公布「高風險、配合度低的管轄區域」，目的就是為了減少它們對於投資者的吸引力，以促成外交協商。

但是這些措施招致了群體明顯的疑問。組織性犯罪真的都很龐大、邪惡，而且一直在成長嗎？這些龐大、複雜又階級化的組織性犯罪集團，真的都在做一些賺大錢的非法行業，又都不會被抓到嗎？而政府端出的解決方案，實際上又有多少用處呢？

---

❷ 任何「企業體」只要與兩樁以上涉及勒索的重大犯罪有關聯，RICO就允許政府可以起訴該企業體的成員，即使該成員與犯罪並沒有直接的連結。目前RICO可以起訴的特定罪名超過三十個。上自謀殺、綁架、勒索和縱火，下至非法賭博、妨礙司法公正（obstruction of justice）、盜用公款和證券欺詐（securities fraud）。它為勒索規定的刑罰也十分嚴厲。法院可以將犯罪企業體的成員判處二十年以下徒刑，及美金兩萬五千元以下的罰金。根據RICO的規定，如果人民認為他們因從事勒索的企業體而受到損害，可以提起民事訴訟。也就是說，如果陪審團認為組織性的犯罪集團成員有罪，他們也會受到財產方面的處罰。原告可以獲得「三倍的損害賠償金」（treble damages），即相當於因勒索而受到的損害三倍之賠償。

❸ 英語世界對組織性犯罪的處罰都有加重的趨勢。英國在一九九七年規定若是販毒第三次被判刑，最低刑期為七年，而加拿大針對與組織性犯罪有關的犯行，也制定了類似的強制刑期（最近又因史蒂芬·哈珀總理所提出的綜合犯罪法案〔Omnibus Crime Bill〕而得以從重量刑），澳洲也是如此（最近是針對人口販賣）。

犯罪的生意

彼得．路透（Peter Reuter）在耶魯大學經濟學系的博士班註冊就讀時，其實還沒有決定自己要專攻什麼領域。事實上，他已經在新南威爾斯大學（University of New South Wales）教授經濟學了，也發展出一套解決問題的分析方法，還有一個愛提問的頭腦。但是當時他也不知道，他會一頭栽進關於非法賭博、毒品和組織性犯罪的黑暗世界。

在從路透家開車前往馬里蘭大學（University of Maryland）的路上（他現在是那兒的教授），他告訴我是賭博讓他著迷於這個黑暗領域的。[15]在開始攻讀博士之後，他受託幫一個朋友（一位歷史學家）研究非法賭博，展開研究之後不久，他便開始進行一個由美國司法部研究部門委託的計畫。那是一個令人感到十分興奮的新任務。由於聯邦調查局在一九七〇年代中期把目標瞄準黑手黨的首腦，所以路透也要仔細審視那些已知由黑手黨掌控的非法商業領域，如彩票賭博❹、賽馬賭博和放高利貸，尤其是在他們活動的心臟地帶（即紐約市）。路透說：「我發現自己被迷住了。」

吸引人的並不只有這個題目。路透對於研究後漸漸揭示出來的真相感到很興奮——還有點意外。政府報告和電影裡所演的都是非法商業，基本上已經被組織性犯罪集團控制住了，而他們都是用暴力和賄賂來消弭競爭勢力的。人們都認為這些組織很龐大，而且階級嚴明，命令會透過一層一層的管理階層向下發布，再經由基層的運作賺取獲益。但是路透卻發現了「相對而言，許多是規模較小、存續期間通常也不久的企業」，而且它們大多只涉及少數個人。沒有任何證據顯示是黑手黨獨占了高利貸、賽馬賭博或是非法的彩票賭博，或是有任何犯罪組織畫地為王，在一個地理區域內取得完全控制。[16]任何人只要能夠爭取到客戶、掌握到一些連結並具備做生意的基本條件（例如：販賣非法彩券所需要的資金），都可以建立自己的事業。路透也發現當他們建立事業時，通常也不必面對暴力的威脅。

路透發現，非法生意其實並不乏競爭對手（並沒有地理上的獨占這種事）。許多人都靠不法交易賺錢，但其實利益通常也並不高，多數人都還是有其他工作。價格很競爭，如果想要控制非法的交易，通常也都會落得失敗的下場。例如曾經有人試著操縱體育彩券的價格，但是最後以失敗告終，因為在注入許多資源之後，他們最終還是無法強迫或是要求，各種類型不一、為數眾多的賭博業者以及顧客與他們合作。[17]

黑手黨也出現在路透的研究之中，但是他們的情況很特殊，而且實際情形還與瓦拉奇聽證會所帶給人們的想像非常不同。路透的解釋是「黑手黨的確有涉足賭博，但卻不是開賭局的莊家。當然他們還是有做——但是比較像是在解決紛爭。他們為賭博業者擔任像是保證人的角色（因為與賭博業者打交道的賭客，有時候可能會想欺騙這些業者），成了實際上的契約執行者（因為這些契約無法透過一般的法律管道得到保障）。

這些出乎人意料之外的結果，讓路透決定去調查這是否也適用於其他非法市場？尤其是急速發展

❹「彩票賭博」（numbers games或是numbers rackets）是非法彩券最常用的詞，通常是用發布的數字下注，例如由簽賭的人在某個特定欄位填的數字的末三碼來決定結果。

的非法毒品貿易，是否也能適用類似原則？有一種想法，認為全方位的犯罪集團會掌控所有非法貿易，但是他所發現的模式卻顛覆了這種想法。路透說：「非法市場裡的公司規模其實都很小，這也讓我感到很驚訝，這就是違法商品的結構性後果（structural consequence）。如果你有一個違法的產品要賣，那麼合法市場中所有會在公司內部做的事情，你都可能想在外部完成，因為你的主要成本，至少如果有任何執行成本，就是與該活動有關的風險成本。如果公司的規模擴大了，那麼可能告發你的人就增加了。所以你會希望把公司維持在很小的規模。毒品組織通常規模都很小。」

路透現在火力全開了。在前往馬里蘭大學的路上，他急著要用幾分鐘的時間說明他這三十年來的研究成果。他繼續說：「商品如果違法，另一個後果是資訊完全無法散布。你不能夠做廣告。你的產品不能夠獲得保護。所以，每個市場（意指美國的每個地區）都有標示為777的海洛因（因為7是幸運數字），但是沒有資訊告訴我們底特律的777和舊金山的是一樣的，因為你沒有方法可以保護這個品牌。對於一個咖啡公司來說，規模大是一件好事，比如品牌可以得到保障、品牌知名度會提升，做廣告也有規模經濟效應。但是這些好處都不適用於毒品市場。除此之外，員工的掌控難易度也是一大問題。在這個見不得光的世界裡，人們相信的是人，而不是品牌，既然員工可以接觸到生意的其他環節（例如毒品的上游），中間人如果選擇成為大型事業體的一部分，賺到的利潤通常是最少的。這樣的營運者大可以自行獨立作業。」

路透繼續舉出另一個理由，說明非法貿易為什麼不同。「不會有很多高級知識分子想要投入非法市場，而且它們通常也和暴力有關聯，通常是比較能夠容忍（暴力）的人……才比較願意投入這個市場。但這並不是說所有的非法市場一定和暴力有著密不可分的關係……但是在決定要不要選擇這個職業時，你勢必得考慮暴力所帶來的威脅。」

對於許多投入違法貿易的人而言，組織能力並不是一定必要的。路透描述他曾與一位調查員的對話，那位調查員曾經有一年的時間在彩票的賭博活動中臥底，並且只花了短短十二個月的時間，就被提拔為大名鼎鼎的犯罪人物吉米・麥可（Jimmy Mac）的左右手。

路透說：「過了一段時間之後，我（對那名調查員）說：『你怎麼能夠摸懂這些？我是說，這個體系就是要靠信任。你是個外來者，但是卻這麼快就爬上來了。』

那位調查員說：「記住，在這個世界中，如果你能夠在特定的地方、特定的時間展現你的能力，你就可以成為明星。」

在理解毒品「大頭們」的組織和複雜程度時，我們應該隨時想起這段簡潔有力的說明。有許多事例可以證明：成為「核心成員」其實比我們以為的還要容易。路透舉了洛杉磯一名勢力龐大的海洛因毒販作為例子，他在前十二個月才賣出價值好幾捆錢的毒品。一個偶然的機會就可以完全改變一樁交易的規模和本質，只要知道有誰可以買進並且提供給你大量的毒品，就可以讓你立刻成為核心人物。

當然，如果你的交易對象是你可以信任的人，這一定會有所幫助。這個現實狀況不僅解釋了為什麼犯罪集團的規模都很小，也解釋了為什麼特定的非法貿易中，總是會有某些族群人數多到不成比例。例如在英國的進口海洛因市場中，土耳其人和阿爾巴尼亞人總是占據了重要的戰略位置，但這並不是因為他們特別「精通此道」，或是隸屬於某個幫派；而是因為想要販賣毒品的土耳其和阿爾巴尼亞移民，可以很容易的在毒品氾濫或是隨時可以取得的地方找到一些親戚或是朋友，與他們搭上線。在移民社會中，願意成為線民的守法移民，與警方或是其他政府單位之間的聯繫很有限，這也大大降低了開發其他線民的可能性。

這個充滿機遇和人際連結的世界，和傳統上對於犯罪組織「吸納新人」的看法成了明顯對比，傳統上認為犯罪組織會利用外來者，一開始先讓他們做一些「髒活」，接著在犯罪組織裡慢慢晉升上去。❺[18]我們也發現把非法市場和大型、高度發展的犯罪集團混為一談，其實是一大誤解。路透認為「非法市場」和「組織性犯罪」這兩個概念其實是——也應該是——完全不同的。總結來說，他讓我們看到非法市場其實並不需要大型、高度發展的組織性犯罪集團，就可以肆無忌憚的蓬勃發展，而且通常也真的是如此。非法貿易其實在很多方面都不歡迎階層式組織。如果組織規模太大，反而對發展很不利，這幾乎適用於路透所分析的每一種非法貿易，他們很難找到足夠適任的員工長期維持小規模的營運，也幾乎不可能取得獨占的市場地位——這主要是因為客源和貨源都不穩定，所以不獨占，才能夠獲得比較便宜和優質的商品。只有在貪汙成風或是與國家有勾結的地方（那裡的犯罪者可以完全逃過司法調查），組織的規模才是愈大愈好。路透認為邁阿密在一九四〇年代和一九五〇年代的博彩生意是個好例子，當時的警方有能力掌控非法產業，還用了黑手黨黨員去收租。但是在一般的情況下，小而美是比較好的——或至少是必要的。

路透的分析讓我們對於非法市場和組織性犯罪集團在其中的角色，有了新的理解。世界各地的其他學者專家對於非法產業所做的研究中，類似的論點也一再重複出現。華人從事的人口販賣、阿爾巴尼亞人的海洛因銷售和美國的大麻交易，都呈現出類似的特徵。[19]雖然非法市場其實不是由大型、階級化的集團所把持的，暴力並不普遍，要成為毒販也沒有想像中難，但是出於某種原因，這些實情很少進入主流論述中。

生意上的犯罪

戴維・斯維諾（David Sweanor）是渥太華大學（University of Ottawa）法律學院的兼任教授（Adjunct Professor），但是你幾乎完全無法把他和這件事聯想在一起。他花很多時間在參加戶外自行車運動，還和他的兒子一起參加仰臥推舉競賽。他的講話方式也離法庭語言很遠。他花在宣導活動的時間和鑽研公義的時間一樣多，他的宣導主要是想減少菸草消費所帶來的傷害。他也很喜歡故事，而且很懂得如何引導人信心滿滿說出故事。

在政府研究所寬敞的辦公室，斯維諾教授坐在我旁邊，娓娓道出他發現這些骯髒祕密的過程。「過去，我曾經與一些中央情報局（CIA）和美國緝毒局（DEA）的前探員共事，中央情報局的人實在很可怕。他們會說：『你大概聽過我們中央情報局可以做到的事。你知道的，我們可以從

❺如同荷蘭教授與組織性犯罪專家愛德華・克利曼（Edward Kleemans）所寫的：「人們是透過他們的社會關係才與組織性犯罪有所接觸；隨著時間過去，他們對於其他人所擁有的資源（例如金錢、知識和聯繫）的依賴日漸減少；最後他們就可以生產出新的犯罪連結（criminal association），並重新吸引他們周遭的人加入。我們認為這種「雪球效應」比起傳統對於犯罪組織『吸納新人』的看法，更能夠描述個案的發展樣貌。」

一條街之外聽到你在窗戶後面講些什麼。我們也可以神不知鬼不覺地跟蹤你的車』，還有你想得到的所有高科技的東西。這些都是真的。不過，其實你知道嗎，如果要獲得情報，最有效的方法就是和一個人上酒吧喝酒。」

斯維諾繼續說：「你必須找到兩個連接得上的點，與某人的兩個共同點。例如我會說：『噢，湯姆，你也對犯罪有興趣啊。那是我最感興趣的領域之一。』然後要——你知道的——找到另一件我們兩個都喜歡的事（例如某種運動）。我們現在就有兩個共同點了。接著，你只需要喝點東西、看起來很友善的樣子，每個人都會把自己的故事告訴你……就算是不應該這麼做的人。」[20]

有一天，斯維諾在酒吧裡與一位菸草商隔鄰而坐。那位菸草商知道斯維諾是積極的反菸主義者，但他還是向斯維諾透露了一樁由他自己公司金援的非法投機活動。他說最初決定投入這個具有一定風險的事業，是因為公司感到他們的市場占有率日益低落：不是指香菸的合法市場，而是成長中的走私香菸黑市。想付少一點錢抽菸的人，會買非法私運的品牌——而不是正牌的公司貨。

在一開始，賣菸給非法市場相對而言還比較簡單。該公司找到了一名當地的黑幫分子，他願意買進未完稅的香菸（理論上這是要外銷到英國以外國家的），再引進到英國的黑市。第一批貨成功了。但是在重新議價的時候就發生了問題。依照斯維諾酒伴的解釋：「我是很習慣會有個人來，想要壓低你的價碼……但是我不習慣會有個人來告訴你說：他知道你女兒每天上學的路線，而你應該不希望她發生什麼意外。」如同斯維諾所說的：「公司用的是商業上的邏輯，但這又是完全不同的思維方式了。」這使得公司必須要放棄這種安排，並理解到直接與黑道交涉對於一個平穩而且有利可圖的合作關係而言，或許不是最好的途徑。

不過，斯維諾還是可以舉出其他許多大型菸草公司金援黑市交易的例子。通常他們會與實際在走私香菸的人保持某個程度的距離，這樣他們反而可以成功打下興盛的國際黑市，並且帶來驚人的龐大利益。

斯維諾第一次發現這件事是在加拿大。在一九九〇年代早期，他為非吸菸者權利協會（Non-Smokers' Rights Association）提供法律諮詢服務，他們的訴求是要提高稅率以減少香菸消費，並藉以改善公眾的健康。他所反對的菸草公司提出了一連串相反的論點，其中也指出了如果提高稅率，勢必會增加黑市的交易。斯維諾認為這只是危言聳聽，但是，雖然他這邊的人贏得爭論並提高了稅率，非法交易也真的增加了。

斯維諾當真錯了。便宜的走私香菸很快便如涓涓細流一般，穩定而源源不絕地流進了市場。斯維諾必須記錄當下發生的事。他發現的第一件事便是流進加拿大市場裡的香菸包括所有的加拿大品牌，而且幾乎都來自美國。但是奇怪的事發生在加拿大對美國的出口量。這件事讓人覺得匪夷所思，因為一般來說，美國人不太喜歡加拿大的品牌，這主要是因為兩國人的喜好不太一樣，同時也有品牌忠誠度的問題。但是當加拿大的稅率上升之後，美國人像是突然愛上了加拿大的出口品牌。如同斯維諾所說的：「在一九九三年，有大約三分之一加拿大生產的香菸都出口到了美國，但是在這之前，美國根本沒有加拿大香菸的市場。」

斯維諾關注的是愈來愈多的香菸走私。大部分的加拿大品牌都會出口香菸給美國子公司，再由這些子公司賣給大盤和下游，然後這些人會把香菸私運回美加邊境，或是賣給做走私生意的人。加拿大公司會運送非常大量的香菸到美國（表面上看起來是合法的），但是他們也知道這些香菸最後都會通過邊境再回來。

這類走私不會遇到什麼阻礙，因為美加邊界有一種不太尋常、在政治上也很有問題的真空狀態。第一民族（First Nations）[*5]的保留地康沃爾（Akwesasne）跨在邊界之上。香菸可以先送進康沃爾的南端（屬於美國），但是這不算是離開美國的國境。接著，只要它離開了保留地的北緣，就算是在加拿大了。「走私的人可以說：『不是的，我們是第一民族的人民，所以只要我們想，當然可以把東西送經我們的土地。如果它最後上了開往蒙特婁或是多倫多的貨車，那也不關我們的事。』」如同斯維諾所說的：「在某個臨界點之前，都算是合法的，除非你真的就是有陰謀。每個人其實也都知道會發生什麼事。」

加拿大菸草公司對於他們幫助了香菸走私這件事，至少是有意裝聾作啞，這點應該不用懷疑。曾經有一度，一個保留區一年收到了五十億支香菸，這夠居住在其中的兩千八百名美國原住民每天吸上將近五千支菸了。

視而不見對加拿大和全世界的菸草公司都造成了影響。由加拿大等國的政府採取法律行動，逼使公司必須公開文件。許多菸草公司想妨礙檢察官的調查，他們提供了龐大到難以處理的資料給檢方，還把足以表明他們有罪的大量證據提供給調查人員和新聞記者。

英美菸草公司（British American Tobacco，簡稱ＢＡＴ）的文件現存於英國小鎮基爾福

（Guildford），其中顯示公司的高級主管曾多次用委婉的特別說法來指稱走私的貨品——尤其像是「未稅」或是「一般貿易」（general trade）這類的詞出現了好幾次。例如在一九九〇年代早期，當越南還拒絕進口外國菸草時，BAT的營銷部門就已經對越南的「一般貿易」前景做了分析。他們找上了地區經銷商新加坡聯合菸草有限公司（Singapura United Tobacco Limited，即SUTL）一起合作，這表示BAT對市場是當真有管道的。他們寫到：「SUTL在（鄰近的）柬埔寨擁有強大的顧客網絡，因而能夠突破禁令，從越南顧客的需求中獲利。」[21]

BAT當然會強調他們從來沒有直接參與走私、或是積極提供幫助，但是當我們讀到某些文件時，實在沒有辦法不質疑這件事。而且不管是BAT或是其他大型的菸草公司，都有不少啟人疑竇的策略。許多菸草公司都花了大錢作行銷，但是卻在禁止他們販售菸草的國家播放廣告，這件事最讓懷疑。為了規避封閉型市場對廣告的限制，這些公司還會把他們的品牌商標用於香菸之外的商品上（例如衣服）。

菸草公司做這些事是為了在合法進軍某個國家之前，先建立起品牌的知名度。不過這個方法也可以直接提升銷量和利潤。如同BAT的前任財務總監（Finance Director）基斯・董特（Keith Dunt）所說的：「『未稅』品也是我們市場的一部分，如果被別人奪去了，那真是不能忍受的。」[22]

*5 譯註：數個加拿大境內民族的通稱，約略等同於加拿大的原住民，指的是在現今加拿大境內的北美洲原住民及其子孫。

這個方法也可以影響公共政策。根據斯維諾的解釋：「公司可以用走私作為打開市場的方法——把香菸帶進一個還不開放他們的品牌的國家，然後他們就可以說：『看吧！你們真的應該讓我們進來的，讓我們在這裡蓋工廠、為當地帶來工作機會……那你們就可以得到稅金了。』」有趣的是，有幾份研究的確顯示，非法的香菸會影響稅收政策。公司可以用非法貿易作例子，說明提高稅率只會造成更多走私，而且的確有好幾次（包括在加拿大）稅率改變之後，非法交易量就馬上竄上了新高。[23]

公司會透過子公司和經銷商讓自己和直接犯罪保持距離，但是斯維諾的評論看起來也沒有錯。「我甚至不認為公司有這麼小心謹慎。這看起來只是生意的一部分：不過是另外一種運送產品的方式啊。當然如果有一天保護牆倒下了，他們就會面臨嚴重的威脅，他們得想出方法解決，通常就是找個替罪羊。」

這個替死鬼就是李．湯普遜（Les Thompson），他是美國雷諾菸草公司（R.J. Reynolds）的加拿大公司業務員，他在一九九二年前往公司位於北卡羅萊納（North Carolina）溫斯頓-塞勒姆（Winston-Salem）的總公司，並在那裡設立了子公司，名為北方品牌國際公司（Northern Brands International）。子公司的經營一鳴驚人，幾乎取得了獨占的市場地位，獲利上百萬，他們的作法是把香菸賣給經銷商，再由經銷商把這些未稅的香菸往回運到美加邊界。

但是，隨著邊境貿易所受到的監督愈來愈嚴格，北方品牌和湯普遜也難逃此命運。他們面臨了調查和隨之而來的起訴，但是最主要的究責還是針對湯普遜。北方品牌要支付一千五百萬美元的罰款，這只占了它們帳面預估利潤的一小部分，然而湯普遜因為聽從雷諾公司聘雇律師的話簽了一份聲明，卻被判了將近六年的有期徒刑。[24]真正的控股公司（holding company）雷諾公司也同意採取某些步驟，預防在未來發生類似的事。[25]

斯維諾提出了——而且一直保持著——懷疑。「看著這個案子，我會說：如果是他一個人幹的，那他鐵定擁有史上最厲害的犯罪頭腦，而且還是超人，因為這表示他一個人就掌控了那些公司超過百分之四十的銷售額，而且還沒有人發現；他擬定了具有約束力的法律契約，還賣給新經銷商，這些都要經過經銷商律師的檢查，李本人並不是律師，但是卻沒有人注意到，設備還都要從蒙特婁運到波多黎各（Puerto Rico，美國屬地，位於西印度群島東部的島嶼），他把數千萬的錢存進公司的銀行戶頭裡，公司也都沒有發現。他做這一切都是通過北方品牌的總公司做的，而那剛好就是雷諾公司在北卡羅萊納州的總公司。」

湯普遜本人現在提供的證詞，表明雷諾公司的確支持這個行動。「我們在副總裁的辦公室開會的時候，一位公司董事會的律師告訴我：『這個事業合乎法律。是法律有漏洞。沒有人喜歡，但是我們那麼做了。』」[26]湯普遜說：「公司叫我們不要留下這個事業單位的文件資料。我被控的罪名是洗錢七千兩百萬元，我沒有七千兩百萬元。我被判要在很短的時間內付出十萬元罰款。我還得拿出我在美國的補助金才付得出這筆罰款。雷諾公司才有這筆錢。我沒有那麼多錢。」[27]

不過，斯維諾等人也沒有就此打住。在二〇〇八年，加拿大的前幾大菸草製造商都承認他們的確幫助及教唆了菸草的走私，也同意他們詐騙了加拿大政府，所以得補繳超過加幣十億元的逃漏稅。雷諾公司在二〇一〇年支付了加幣三億兩千五百萬元，北方品牌也支付了加幣七千五百萬元。[28]除此之外，菲利普莫里斯國際公司（Philip Morris International）和日本菸草國際公司（Japan Tobacco International）也同意支付加起來共十億六千五百萬加幣的補稅金，這金額是至今為止最高的。[29]

斯維諾認為錢比不上公司承諾會在未來防制走私來得重要。「協議中至少要包括公司的保證，他們會怎麼協助在未來預防繼續發生走私：他們決定如何監控產品，而如果他們的產品非法出現在某個國家，他們會如何負責（及罰款的金額是多少）。這才是我一開始做這個工作所想訂下來的政策目標。如果公司認為幫助走私有利可圖，那麼公司就有可能成為你最大的敵人。如果走私對他們而言只會造成損失，他們就會退出這個市場，那麼，任何販賣違法香菸的人都是在和他們爭利，他們就會從你最糟的敵人，搖身一變成你最好的戰友，因為他們的既得利益來源現在完全變了。」

進展的速度也很快。在二〇〇〇年至二〇〇一年的高峰之後，非法貿易也急速沒落了，根據英國稅務海關總署（Her Majesty's Revenue and Customs）的估計，英國的非法市場萎縮了超過百分之五十以上。[30]當然其中有些公司的根基比較穩，還可以復原。根據斯維諾的解釋：「公司創造了走私商品的市場……他們現在切斷了這條路線，但是還會有其他人踏進來，想要滿足人們對於便宜香菸的需求……供應線一旦建立了之後，就會有別人插進來填補。」像是要證明這件事似的，許多橫跨美加邊界的美國原住民保留區現在都開始自己種植及經營香菸事業，也出現了愈來愈多的非法品牌（而不只是非法販售的品牌）。

香菸走私的例子說明了「組織性犯罪」並不總是外來的威脅。因為小甘迺迪和其他許多人一直說犯罪集團會「滲透進合法的經濟市場」。事實上，我們可以看到來自「合法」領域內部的威脅一樣會成為問題。因為在商業上追求的目標受挫，所以菸草公司就投入了犯罪活動，也起用犯罪者來達到他們的目的。因為他們已經習於高度分工的商業經營，也擁有合法生意所需的高級技能，所以在非法事業中也能得到極高的效益，舉凡複雜的定價策略、非正當的行銷手法和能夠發揮政治影響力的戰略，都派上了用場。

香菸當然不是單一個案。在二十世紀早期到中期的禁酒令期間，義大利裔美國人犯罪集團的規模在美國大幅擴張。接著，找不到買主的海外酒類生產商也結盟要銷售產品，當時酒精被認為是「無害」的，所以雖然有些警察收取回扣、對非法交易睜一隻眼閉一隻眼，但還是認為這相對而言並不違反他們的良心。非法賭博也因為類似的機制而蓬勃發展，實際上會有貪汙的警察向非法交易收取保護費，並雇用檯面下他們可以找到的可靠人士來收黑錢。[31]

在今天，公司要嘗試進入新市場時，常會與定位有點曖昧的經營者作生意。瑞典的研究者尼爾斯・巴吉柳斯（Nils Bagelius）觀察了十三個在一九九〇年代前進波羅的海國家和俄羅斯的瑞典公司。其中的八家是雇用「機靈的」當地人居中斡旋，而另外五家則用了警察和保全。[32]這類灰色地帶也帶來了複雜的商業倫理問題，不過對於組織性犯罪集團與「合法社會」勢必截然二分的想法，也的確提出了挑戰。

而且，我們認為某個企業受到組織性犯罪集團的把持，通常就只是因為它們給人邪惡的印象，而且可能又採用了一些有害的作法。根據義大利議會委員會（Italian Commissione Parlamentare d'Inchiesta）的報告中指出，他們觀察義大利黑手黨涉入廢棄物的管理情形，並在二〇〇〇年提出

「本委員會於聽證會中蒐集到的資料，清楚顯示出如果認為廢棄物處理產業中所有的違法活動都與所謂的『環境黑手黨』（ecomafia）有關，這其實是天大的錯誤。雖然有些公司與組織性犯罪並無任何相關，但是它們所有的活動仍然可以歸類於不正確的廢棄物管理。」[33]

一般人認為和社會有著明顯區隔的「黑社會」中，少不了對犯罪生涯階梯的想像，但我們還是必須重申：就算是最大尾的犯罪人物，也很少是順著「犯罪階層」一路上來的。成功可能很快就降臨了，而且成功的人說不定之前根本沒有犯罪過。在一九九〇年代末期義大利的最大宗古柯鹼走私案，是經由一位來自那不勒斯（Naples）的前銀行經理之手，但是他之前並不是黑手黨員。[34]與此類似，可以對非法活動提供幫助的人（包括地下銀行家和貨幣兌換商），也可以從事合法的活動。一次又一次的調查也證實：「組織性犯罪」中最複雜的運作都有賴於貪污、或是疏忽的商業操作。[35]

國家自己的角色也存在著灰色地帶。許多西方國家的外交政策都支持與非法貿易有著清楚連結的個人和政權，例如美國曾協助曼紐．諾瑞嘉（Manuel Noriega）取得巴拿馬的政權，雖然明知道他曾參與過大量古柯鹼的販運。國民的角色也存在著類似的模糊地帶。雖然我們以為非法市場都是在進行「組織性犯罪」，但其實追根究柢，非法市場是靠著國民故意視而不見才得以存在的。我們之中的許多人都完全不在乎抽上一根逃稅的香菸或是吸毒——雖然明知道這兩者都是違法的。

犯罪的估計值

有些跡象顯示組織性犯罪的威脅其實並不像媒體、政治和執法機構告訴我們的那麼無所不在。媒體、政治和執法機構通常認為大／多就是好。緝獲大量的毒品會令人印象深刻，找到大型犯罪組織的證據也是如此，這些都會為媒體集團帶來利潤；也正當化了警察的支出；為政策變革創造了正當性，不論是強化刑罰的政策，或是讓賣淫和販毒得以合法化的政策。

但是，報告中所引用的數字卻常不經嚴密的檢視。我們以加拿大廣播新聞（Canadian Broadcasting News）最近所下的一則新聞標題為例：「加拿大海軍搜獲價值一億五千萬元的毒品，過程並無發生衝突。」或是《每日郵報》的這一則：「現在的毒梟也走向綠化，警方破獲太陽能大麻工廠，其栽種價值為五十萬英鎊。」[36]兩篇報導都暗示毒販可以從他們的買賣中獲取非常大的利潤。但事實上，卻是就連這些交易的頭頭，都沒有得到像賣出的毒品金額那麼多的錢。扣押毒品時所作的估價大概都被「街頭黑市價格」（street value）這個靠不住的簡單概念給膨脹了。街頭黑市價格是指在遭到扣押的該國，吸食者願意支付的毒品價格，再乘以扣押的總重。假設平均來說，美國的癮君子願意花每公克一百美元的價格購買古柯鹼，那麼如果扣押了十公斤古柯鹼（這樣的量剛好可以放進一個帆布背包），它們的「價值」就是一百萬美元。有時候警察還估得更多。眾所周知，街頭毒品的純度差異頗大，在估價時為了考慮到這點，通常還會把價格再提高一些。例如假定純度是百分之五十，那麼扣押物的估計價值就會加倍，即兩百萬美元。

這乍聽起來似乎也很合理，而且當然會導出一個讓人很難忽視的總數。不過，街頭的黑市價格是多少，並不代表生產或是搬運它們而被捕的人，就可以賣出這個價格。比起生產量有限的國家，生產國的毒品便宜了許多。而大盤價又比末端價格少得多。即使在毒品運抵銷售國之後，中間也常經過好幾層，例如它們要分裝成小包裝出售，所以每一層的毒販都還要抽走一些利潤，以作為他們付出時間和承擔風險的回報（參見圖十）。

不消說，各個階段的毒品價格其實就是某人在考慮毒品當時的狀況和數量之後，願意付出的購買金額。在「加拿大海軍搜獲價值一億五千萬元」毒品的案件中，扣押毒品的價格事實上應該介於一千萬到兩千萬加幣之間。❻這當然也是一筆很大的錢了，但是和標題中宣稱的一億五千萬加幣比起來，還只不過是十分之一；聲稱扣押品的價值高達一億五千萬加幣，差不多就等於是只扣押了咖啡粉，但是卻用咖啡廳裡賣的義式濃縮咖啡的價格來計算商品總值。

在太陽能大麻工廠中，作物的實際價值應該也不到現行宣稱的五十萬英鎊。這裡除了「街頭黑市價格」的問題之外，還有估價時常把大麻的整棵植物都算進去了，這包括莖和種子的重量，但是莖和種

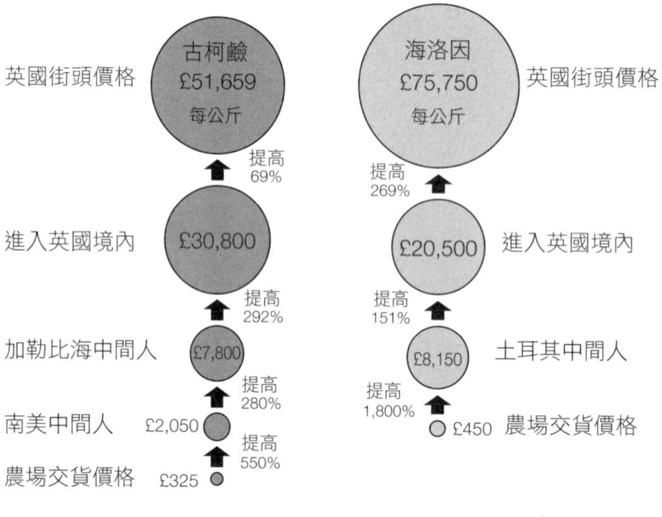

圖十：英國古柯鹼（左）和海洛因（右）供應鏈的各階段估計成交價格。[37]

資源來源：英國內政部／內閣辦公室，二〇〇九年。

備註：係根據二〇〇一年和二〇〇七年的資料及分析，僅可指出走向；純度假設不明。

子只占大麻的主要毒性致幻成分（四氫大麻酚〔tetrahydrocannabinol，或稱ＴＨＣ〕）的極小一部分。這些毒品被扣押後估價遭到灌水的例子並不是特例：這其實是常態。彼得・路透說：「如果想要知道毒品販售在這一次（任何一次）的扣押品價格，其答案大概是末端（價格）的四分之一。」估計街頭的黑市價格又是「另外一回事，我不覺得這兩者之間有什麼相關」。[38] 當然，「我們完全可以理解他們為什麼要這麼做……這讓他們（那些扣押毒品的人）看起來夠重要」。[39]

這類系統性的錯誤表達會扭曲公眾的認知，讓大家以為組織性的毒品生產和銷售的經濟規模都很龐大。不過，個人的誤認也可能造成更立即的影響。例如：法官有時候會用這種計算方式來決定正義的價碼，確定其中的犯罪者可以適用強制最短刑期。幸好，這類弊病中的某些極端情況現在已經獲得了改善。但是，舉例來說在一九九三年之前，美國法院在量刑時還是會把吸墨紙的重量算進去（賣迷幻藥ＬＳＤ時，通常會放在吸墨紙上）。最高法院曾經發生過把僅擁有0.005公克ＬＳＤ（價值不超過一百美元）的人，認定為擁有5.7公克ＬＳＤ（即包括吸墨紙在內），因而判處了他三十年法定刑期。[40]

在某些情況下，這種灌水值會寫進法律條文裡。反對禁毒的社會運動家理查德・米勒（Richard Miller）強調美國對於大麻的量刑準則用了一種堪稱古怪的方式來計算重量，並用這當作與大麻相關

❻ 這個估計值是根據每公斤的大盤價大約為兩萬六千元加幣估算出來的（C$26,000 x 500kg = C$13,000,000），加拿大在二〇〇五年每公斤的大盤價則是由二〇〇六年的世界毒品報告（World Drug Report）推算出來的。請參：http://www.unodc.org/pdf/WDR_2006/wdr2006_chap5_cocaine.pdf。

犯罪的量刑依據。該準則表示：「關於與大麻相關的犯罪，若該犯行涉及（A）五十株以上之大麻植株，每株視為一公斤大麻；（B）若少於一百株，則每株視為一百克大麻。然而若是大麻的實際重量高於此，則使用其實際數量。」[41]

也就是說，除非毒品的數量高於依經驗法則的估計值（但這都已經被灌水了），否則法官不必管毒品實際數量有多少。或許這說明了為什麼向毒品宣戰後，受刑人的人數大受影響，遠高於對毒品取得難易度（以及價格）的影響。如同圖十一中的圖表所示（這是二〇〇九年路透在回覆政府對於毒品提出的詢問時所作），舉例來說，美國的海洛因和古柯鹼的末端價格在一九八〇年之後大約掉到五分之一，但是因為毒品的相關犯罪而入獄的人數，卻成長了五倍。[42]

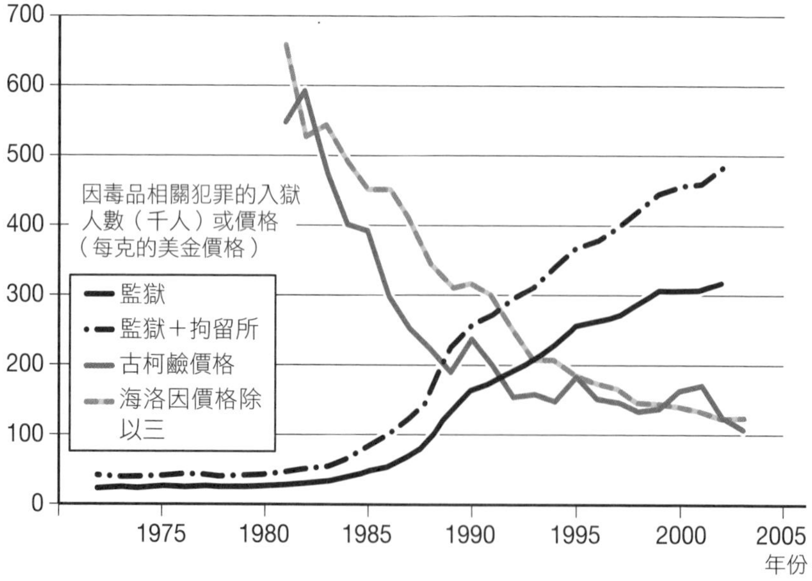

圖十一：美國毒品相關犯罪的關押人數與海洛因、古柯鹼的末端價格對照圖。

真實世界中的「老大」

我們對於犯罪者的財產情形通常也有所誤解。與法定最低工資相比，犯罪的收益有可能很豐厚。但是犯罪者通常會與執法者、媒體人和劇作家同路，誇大他們所享有的權力和可運用的手段。

好萊塢大片《美國黑幫》中的主要角色法蘭克・盧卡斯被形容為「一位無比成功的商人。他的事業就是經營美國最大的海洛因帝國之一」。[43]盧卡斯在青少年時期搬到哈林區，在那裡為著名的毒梟埃爾斯沃思・約翰遜（Bumpy Johnson）當了十五年的司機，約翰遜於一九六八年死亡之後，盧卡斯就「接管」了他的「毒品帝國」。盧卡斯告訴我們，他在那之後如何靠著賣海洛因每天賺進一百萬美元，因此「擁有了哈林區」，有時候為了能夠更有效監督整個運作，他會偽裝身分，坐在一台不怎麼起眼的車裡。[44]盧卡斯認為他成功的關鍵是取消了中間人。當大家都以為哈林區的大部分毒販是從黑手黨的手中購買毒品時，他自稱建立了一條自己的供應線——也就是惡名昭彰的「屍體運輸」（Cadaver Connection），這個聳動的名稱是新聞記者取的，他就靠著這種大膽的方式，把海洛因藏在裝了美國軍人屍體的棺材中，從東南亞運到美國。[45]

盧卡斯在二〇〇〇年接受《紐約時報》的訪問，當時，他說他估計自己的資產曾經有「大概五千兩百萬美元」之數，絕大部分放在開曼群島的銀行裡。除了這些之外，他還說自己「手上有差不多一千劑毒品」，也是「法蘭克・盧卡斯世外桃源」（Frank Lucas's Paradise Valley）的主人，那塊地廣及「數千英畝，綿延在北卡羅來納州的土地上，其上徜徉著三百頭黑安格斯牛（Black Angus），還有一隻『身價高貴』的種牛，價值十二萬五千美元」。[46]《紐約時報》對盧卡斯的專訪（《美國黑幫》的大部分資料來源也是源自這篇專訪）都令人深信其事，因此我們沒有想到要再去確認事實——尤其是故事本身還推翻了非裔美國人無法發展出像黑手黨那麼複雜的犯罪組織的迷思。❼不過，只要檢查一下這些「憑感覺」的事，馬上就會發現許多問題。對於盧卡斯這位毒販可以短時間內就賺到一大筆錢，我們似乎一點都不感到懷疑。但是自由撰稿人兼製片人羅恩・切佩斯基（**Ron Chepesiuk**）就試著想要發掘真相，最後他也發現其實我們不確定的事比起確知的事，還多得多了：「法蘭克・盧卡斯這位自稱的美國黑幫老大，吹噓說他在一九七〇年代早期靠著違法販賣海洛因，一天之內可以在哈林區賺上一百萬美元。首先，你可以想像每天車裡裝著一百萬美金在街上交易嗎？而且，當《紐約客》（*New Yorker*）刊登的文章吸引了好萊塢注意時，盧卡斯甚至還要靠救濟金過活。他不是每天有一百萬美元嗎？我有消息來源指出盧卡斯和黑手黨一直有紛爭（因為他欠黑手黨錢）。你知道當時一公斤的海洛因可以賣多少錢嗎？大約是兩萬五千元。這個價格有可能讓每天在街頭販售海洛因的人，一天賺到一百萬元嗎？」[47]

我們對於盧卡斯的大部分資訊來自於他自己的說法，但是如果完整讀過訪談，我們很難不察覺盧卡斯比較像是一個幻想家，他會刻意營造自己的形象，而不是一個鎮靜、懂得算計、不講情面的生意人。證據也的確顯示不符合丹佐・華盛頓在電影中刻畫出的那個圓滑、權謀的人物。一位紐約的法官史特林・約翰遜（**Sterling Johnson**）指出：「法蘭克沒有受過什麼教育，他邪惡而且兇暴。法蘭克有著丹佐・華盛頓沒有的每一面。」也的確是如此。[48]「法蘭克在受到刺激的當下就會立刻行動。他的脾氣十分暴躁。」[49]

雖然盧卡斯的形象就是一個十分老練的犯罪者，但是他遭到逮捕和定罪的紀錄卻挑戰了他的形象。當盧卡斯第一次因為比較嚴重的罪名被定罪時，該次的警方搜查紀錄卻顯示他把毒品和販毒得來的錢都放在家裡，這不像是專業犯罪者會做的事。其實當盧卡斯第一次因為販毒而被判刑時，他只坐了五年牢（這與好萊塢給我們的版本不同），但是他出獄之後才過了沒幾年，就又被捕，還因為另一宗毒品犯罪而被判有罪，這次是因為警方的設局，用錢再加上一點海洛因和他交易一公斤的古柯鹼。在二〇一一年十二月，雖然當時盧卡斯（因為他的故事被好萊塢拍成電影）已經享有一定的名聲和收入了，但是他又因為另一宗犯罪而遭到指控，這次是未經同意而兌現了他兒子的救濟金支票。

盧卡斯的許多故事都沒有經過驗證。例如：他根本不可能和埃爾斯沃思．約翰遜共事十五年，因為埃爾斯沃思從牢裡放出來五年之後就過世了。埃爾斯沃思的太太表示盧卡斯在任何方面都不能算是她先生的門徒。盧卡斯說他是在艾克．阿特金森（Ike Atkinson）的幫助下，把海洛因從泰國運到美國，但是阿特金森甚至否認「屍體運輸」計畫的存在。[50]阿特金森最後也因為策畫走私而被判有罪，但是他說在把毒品從曼谷運送到美國時，他的作法只是把貨物標示為家具。阿特金森還指責盧卡斯造訪他時，在酒吧房間裡偷聽了他的對話，然後就把它修飾一番，編造成這個故事。就算我們不在乎盧

❼如同下面這則盧卡斯對於一部線上紀錄片所作的評論：「白人能做的事，黑人都可以做得更好。黑人什麼事都做得比白人好。」

卡斯負債的證據，但是說他擁有兩億五千萬美元的資產依然是天方夜譚，因為美國聯邦一年所扣押的資產也差不多就這個數額。

不過，會質疑法蘭克・盧卡斯的人依然只是少數，我們很少聽過，或甚至幾乎不曾發現過。這是為什麼呢？最著名的法蘭克・盧卡斯的傳記作者馬克・雅各布森（Marc Jacobson）為我們提供了一個線索。雅各布森在《紐約時報》的文章中（這篇文章現在已廣為人知），花了好幾頁的篇幅把盧卡斯所說的話，像是信條般的記錄了下來，接著他又寫到：「但是我怎麼看呢？……法蘭克是個騙子，技術十分高超的一位。他告訴了白人——不論是警察或是其他人——他們幾十年來一直想聽到的話，所以我又怎麼可能特別不同呢？是沒錯：我喜歡他。我喜歡他這個傢伙。尤其是當他稱呼一位九十歲高齡、在教會中擔任神職的女士是（職業摔角手）霍克・霍肯（Hulk Hogan）的大媽粉絲時，他一天中大概會有五次這樣叫她。但是這些並不重要。」

「雖然盧卡斯是個老愛吹牛的騙子，對什麼事都愛撒點小謊，但他還活著、是個仍然在呼吸的歷史人物，他知道許多專業的祕密知識，這點和我們不一樣，而且他也不像是《教父》裡的維托・柯里昂（Don Corleone），是個什麼萬中挑一的人物。他自己就是一整季的《黑道家族》（*The Black Sopranos*）[*6]——老派的那一支。一個鄉下男孩可以設法讓自己爬到某個位置、說出至少像是合理的謊話（在前任美國國務卿亨利・季辛吉的飛機上藏了一百二十五公斤的毒品），雖然實際上不怎麼可能，但我認為這其實減輕了他的許多罪孽。」[51]

我們至少應該肯定雅各布森願意承認他對於某些部分，是故意選擇視而不見的，這點不像其他許多撰寫犯罪者傳記的作者。忠於事件的紀錄者很少能夠寫出一篇好故事，持懷疑態度而進行的分析通常也無法取得商業上的成功。當然也有特例，像是羅伯特・萊西（Robert Lacey）的《小人物：邁爾・蘭斯基與其幫派生涯》（*Little Man: Meyer Lansky and the Gangster Life*）就是極為少見的例子。[52]蘭斯基於一九八三年死於美國，當時還上了頭版新聞，也讓整個國家重新溫習了一下他的故事。他是黑道的銀行家，個人積聚了三億美元的財富，而且聲稱「我們的規模比美國鋼鐵（US Steel）還大」。但是，萊西的調查顯示蘭斯基只是一名自我本位的三流騙子，也不是什麼成功的生意人，他的人生並不愉快，死時也一無所有，他那有殘疾的兒子還要靠救濟金過活。

犯罪者其實名下並沒有大筆的財產，他們的有罪判決也都無法說服那些相信犯罪組織一定既龐大又複雜的人，他們幕後的犯罪策畫其實並沒有那麼複雜，或說那麼具有犯罪性。的確，大部分人都會根據小甘迺迪的邏輯，認為找不到證據就表示犯罪極為複雜。如同小甘迺迪所說的：「如果我們發現某個關注的對象變得比較功能性，我們就知道他不再是重要人物了」。[53]這種論點很聰明，因為它們是循環論證——也因此無法被推翻。但是一旦舉證責任被轉移到那些想要證明犯罪的複雜性和組織化的人身上，我們就會發現許多關於犯罪陰謀的論述根本就具有高度的推測性。

事實經過了誇張的詮釋，才好符合好萊塢所散布的「組織性犯罪」的主流形象。如果一個被懷疑捲入犯罪的人，認識另一個已知犯了罪或是有嫌疑的人，他們就成了「犯罪同夥」，會因為夥伴關係

*6 譯註：描寫美國紐澤西州北部黑手黨的虛構電視影集。

而入罪；如果有人被殺了，我們會認為那八成是起於「商業糾紛」的「行刑」手段；如果某人不再交易毒品而另一人取而代之，我們就會認為是他「接管」或是「繼承」了生意。

這類扭曲的程度非常嚴重。我們摘錄維基百科的「維多．吉諾維斯」這個詞條的一些內容為例，吉諾維斯是黑手黨成員，約瑟夫．瓦拉奇形容他有無上的權力：「在一九六四年八月二十四日，歐內斯特．魯波羅的屍體於皇后區（Queens）的牙買加灣（Jamaica Bay）被人發現，……人們都認為是吉諾維斯命人殺了魯波羅，因為他在一九四四年的博奇亞（Boccia）謀殺案的審判中，作出對吉諾維斯不利的證詞。吉諾維斯並沒有因為魯波羅的攻擊而立刻派人殺了他，反而決定讓他人生中的最後二十年都活在恐懼中。」[54]這類假設不僅未經證實，而且根本就不具有真實性，尤其是它要我們相信一個冷酷且強大的暴徒維持聲望的最好方式，竟然是在等候大約二十年之後才復仇。不過這種虛構的謊言還是歷久不衰，因為它符合一個至高無上的罪犯頭子給人的印象。而且只要寫下來之後，虛構就會變成真實了——不管是否有消息來源，或是來源是否可信。

規模的問題

因為犯罪活動、財產和複雜度實在充滿了太多虛構和誇大，所以，如果說我們對於「組織性犯罪」的整體規模、損害和成本的評估都過於誇大了，這應該也沒什麼好令人感到驚訝的。違法行為讓我們幾乎不可能清楚估計人們從犯罪行為中可以得到多少錢，要計算組織性犯罪所造成的損害以及社會因此而作的支出也一樣困難。不過還是出現了許多不實的估計值，其中充滿了不合理的確信，而且通常是既誇張又無意義。

聯合國國際麻醉品管制署（United Nations International Drug Control Program）在一九九七年出版了第一份聯合國世界毒品問題報告（UN World Drugs Report），其中指出「對於禁藥生意的總收益曾經出現多個不同的估計數字——大部分是介於三千億至五千億美元之間。不過，有愈來愈多的證據顯示真實的數字大約是四千億美元。四千億美元的交易額已是相當於國際貿易總額的大約百分之八。」這個數字被用作各種用途。聯合國本身將這視為必須在該年成立聯合國毒品和犯罪問題辦公室（UN Office on Drugs and Crime）的原因；世界各地的執法單位視此為增加經費的理由；而在南美洲，甚至有為工人爭取權利的運動家引用了這個數字，說明花在毒品上的錢只有極小一部分進入了生產者的口袋。

這個草率得到的估計值當然完全不可信。已有許多學者都提出了批評，最後也終於使得聯合國的金融行動小組（FATF）聘僱彼得・路透去查核這個估計值。他的評估堪稱至今為止最周密的評估之一，他認為二〇〇一年的世界毒品市場總值並不是四千億美元，而大概是介於四百五十億到兩千八百億美元之間。這麼寬的範圍是反映估計大數時的需要，不過FATF並不喜歡聽到這個結果。路透告訴我：「他們最後根本沒有發表。原因有兩個。一是我指出這類估計值必須有一個很寬的範圍……（但他們想要一個數字）。還有第二點，是我得出的數字比他們想要的低得太多。」[55]路透對於違法藥品的「市值」計算可以說是廣受爭議，因為（路透自己也承認）這類藥品的市場價值有很大一部分是因為這些藥品是非法的。[56]像是大麻、古柯鹼和海洛因這類藥品其實都不是複雜的農作物，它們在種植和處理上都很簡單，不過就是因為販賣的高風險，就使得輸入價格水漲船高。在一九九七年，哥倫比亞古柯鹼的輸出價格是每噸$1,050（美元），而美國的輸入價格是$23,000（美元）：中間增加的價值竟然高達百分之二千一百九十。我們可以拿這個數字和課稅的合法商品（例如咖啡或糖）比較一下，課稅合法商品的輸出價格和輸入價格之間，平均會有百分之十二的差異，如果毒品合法的話，世界毒品市場的「價值」就會大幅降低。❽或許我們真的可以靠課稅和需求的程度，讓海洛因或古柯鹼比起其他加工農產品只稍微貴一些，讓世界毒品市場的「價值」隨之下降。

雖然不相同，但是同樣嚴重的問題也發生在「洗錢」。畢竟政府對於什麼行為可以算作洗錢有著嚴密的規定。許多國家的政府現在認為如果把大筆的銀行存款分成多筆小額的存款以逃避額外的申報義務，這也算是洗錢。不管該筆錢是否為非法取得，或者分項目的是否只為了逃漏稅。

不過，最有問題的，或許是我們對於組織性犯罪總成本的估計。雖然一樣把各式各樣的金額都算進去了，但是其中有一些措施其實並不是真的在防治犯罪活動。例如：美國的估計一向比其他國家都高，但這並不是因為美國的問題一定比較嚴重，而是因為美國對於擁有和販賣毒品的刑罰比其他國家嚴厲許多，而這點通常也反映在估計值中。❾警察的維安支出、醫療保健支出和其他政府政策的所有項目都常被算在裡面。估計值中也可能包括一些不是那麼明確的概念，例如「損失的稅收收入」。如果是被拿到黑市去賣的合法商品，這當然是一筆損失，但是對於非法活動來說，這好像是說政府希望毒販付比較多的稅金，而不是希望他們停止販毒。

除此之外，對於組織性犯罪的成本估計還忽略了某些會同時存在的利益。許多非法活動也是個人的收入來源，並且會增加整體的消費支出。因為某些犯罪者會將犯罪收益洗成合法的，比如讓它們透過合法的管道取得商品，所以他們會繳稅。某些非法企業有很大比例的收入其實是有被課稅的。例如：性交易就有很大一部分是在合法的「按摩室」中進行的，他們還收支票和信用卡。

或許估計值灌水的根本原因，是出自於對組織性犯罪的定義。在一九六〇年代，這個詞大概就是用於指稱像是黑手黨這類的團體，正式的定義還包括獨占性的控制、組織內部有階級和連動性。[57]但是隨著執法的焦點擴張到其他領域，組織性犯罪的定義也變得愈來愈模糊了，比較一般性的概念例如「非法企業」、「違法活動」，最近則是會造成「危害」的「網絡」都被包括進來了。[58]到了今天，一門非法事業要被歸類到「組織性犯罪」是很容易的。如同聯合國毒品和犯罪問題辦公室所說的：

> 在聯合國打擊跨國組織性犯罪公約（UN Convention on Transnational Organized Crime，UNTOC）中，並未對「跨國組織性犯罪」作出明確的定義。也未列出可能構成該要件的犯罪種類。
>
> 不加以定義，是為了讓組織性犯罪公約（Organized Crime Convention）可以被更廣泛對應於新型態犯罪的防治上，因為全球或是地區和各地的情況一直在改變，新型態的犯罪也層出不

---

❽ 毒品如果合法的話，需求或許會增加一些，但是大概還是無法想像有任何地方的收益會增加到原先的百分之二千。

❾ 值得注意的是，這也表示美國的更生計畫會比歐洲國家更重視成本效益。因為美國的刑期平均而言比較久，所以只要美國的再犯率有任何減少，都可以省下錢。

窮……

> 公約中並未包括對於「組織性犯罪集團」的定義。第二條（a）項的規定為：
>
> 三人以上、非隨機形成的團體；
>
> 存續一段時間；
>
> 為了相同目的而共同合作，其目的則為犯下至少一件刑責為四年以上有期徒刑之罪行；
>
> 為了（直接或間接的）獲得財務或是其他物質上的利益。[59]

這個分類讓「組織性犯罪」的威脅程度大增，不過說也奇怪，對於某些人來說，這個分類的定義依然過於狹隘。舉例來說，英國的政策制定者和警察喜歡在成本和損害的評估中，把一些嚴重的個人犯罪也包括進去，這使得事情更陷入了困境。

對於虛幻的想法作何反應

不明確的定義不只會造成誤解。隱隱約約但又揮之不去的社會威脅，常被用來為計畫不周的行動作辯護，而且，這些行動往往附帶相當大的損害。

以威懾阻止人販毒或是涉入非法交易，有期徒刑的刑期往往會判得很長（而且代價高昂），很多人認為這並不符合比例原則。大部分受此波及的人並不是組織性暴力犯罪的帶頭者，如同我們在前文所討論的，非法貿易通常既不暴力，也不一定透過組織。想要不計一切代價與「組織性犯罪」對抗的人，會把小額毒品交易人也看作威脅，還認為他們給人的道德觀感就和暴力的黑幫老大一樣令人嫌惡。如同加拿大皇家騎警（Royal Canadian Mounted Police）所說的：「如果你認為大麻（比起其他毒品）算是很無害的，那麼你應該先想想這件事：在大麻生產的每一個步驟中，都有組織性犯罪的影子，他們是因為大麻的高額收益而決定販賣和出口的，而這些利潤，之後都會花在犯罪上。」[60]

事實上，進行非法交易的部分爭議，是源自它們的道德模糊問題。例如：大部分的毒品交易基本上會是一樁買賣雙方都開心的交易。這和「傳統的」犯罪有著極大的不同，傳統犯罪並不是互蒙其利的，只是一方（通常是憑借暴力手段）從另一方那裡奪取有價值的東西比如現金、財產或是地位。

毒品交易也和我們所稱的「商業犯罪」（commercial crime）不同，商業犯罪中交易的商品（例如香菸）是合法的，只是它們的生產或是銷售手法違反了國家規定。這樣的區分是很重要的，因為不同種類的犯罪也會有不同程度的道德疑義。這說明了為什麼有些社區會容忍、偶爾還會支持當地的毒販，尤其是如果他們不在社區內使用暴力，甚至還會保護（或通常是聲稱要保護）社區免於受到「傳統」犯罪的威脅，或是願意對當地社區的基礎建設作出貢獻。不過這些區分之所以重要，另外也是因為不同種類的犯罪會造成不同的損害，背後也有著不同的動態。它們應該另立各自適用的處罰規則，而不是一起放進「組織性犯罪」這個大分類裡一視同仁。

諷刺的是，嚴厲的刑罰對於見多識廣、比較精於算計的理性行為人（像是數十年來一直非法私運香菸、但也始終逃得過刑罰的跨國公司）比較有效。有些行為人的交易不那麼固定，也比較沒有系統，但是他們反而對變得嚴厲的量刑沒有太大反應——這點我們將在迷思九中再作討論。更重要的是，實際上對涉入非法市場者的有效起訴已經大幅減少了，因為總是很快就會有新人進入市場來取代他們的位置。我們常會忘記這點，因為我們總是以為他們必須花上很長的時間、有著高度技能，才能夠爬上「國際藥頭」之位，但事實上這種交易只要有一些人脈就夠了。我們也會發現，即使大量逮捕毒販，影響也很有限，因為加重刑罰並不會讓取得毒品變得更加困難，也不會讓毒品的價格提升（通常我們預期當供應減少時，價格就會上升）。

「組織性犯罪集團」的定義愈來愈廣泛了，但是因為這類「組織性犯罪集團」如此常見，所以是否應該把焦點放在「組織」和它們的帶頭者，也很難說得清楚。其實官方主要想針對的對象可以說是黑手黨，但是這個集團的例子實在是太過極端了，它發展出一套標準的作法、相對強固的幹部階級，也有能力挑戰某些國家權力。但是我們其實沒什麼道理要強調「集團」。非法交易中的大部分結夥都是「便宜行事之下的結合」，也只會短暫存在一段時間，「是誰做的？」這個問題在競爭市場中其實沒有那麼重要。同時，街頭幫派也有他們自己的動態，把幫派視為單一的實體到底是抹殺了個別成員，還是有助於團體認同，這也都還存在著爭議。的確，在處理幫派的犯罪時，有些大案之所以成功是因為對個別成員強調他們還可以選擇其他的身分。[61]

不惜一切代價防治組織性犯罪，其實還造成了其他錯誤的結果。其法律適用的手段欠缺應有和合理的監督，這使得公民的自由遭到侵蝕。新的法律權力在某些人手中可能會成為殘害某些團體的工具，比如他們的生活方式中包含當權者並不同意、而且可能與犯罪產生連結的部分。組織中的成員包含犯罪者、和為了犯罪而存在的組織，這兩者並不相同，但是當政府官員在對個人起訴的過程並不順利時，團體通常就成了下一個目標。這個動態可以說明為什麼政府曾經這麼多次耗費大筆金錢，嘗試根據《反勒索及受賄組織法》（RICO）和民事上關於沒收的法律，追捕機車幫會（例如「地獄天使摩托車俱樂部」〔Hell's Angels Motorcycle Club〕）——但是後來也不成功。

現行法律實務並不一定會照著一開始制度目的走去。RICO的制定是為了處理特定的問題（黑手黨），但是它不僅加重了刑罰，還降低了檢方的舉證負擔，因此更適合用於其他領域。現在反而是公司之間的法律糾紛常常會引用這個法條（包括蒙特婁博覽會〔Montreal Expos〕棒球隊在最近控告美國職業棒球大聯盟〔Major League Baseball〕）。RICO也被用於對付貪污，基韋斯特警察署（Key West Police Department）就在一九八四年依RICO被成功起訴。

美國現在的資產扣押相關法律，可以不管是否有非法活動的證據就加以扣押。在一九七〇年代有一個著名的案例，是波多黎各的官員在一艘美國的出租遊艇上發現了為數不多的大麻，於是就扣押了這艘遊艇，雖然該租賃公司「絲毫未……涉及承租人所從事的犯罪行為」，也「未顯示其財產被用於相關事項，或是違反（波多黎各法律）」。[62]但是最高法院也異常支持這個扣押的決定，於是也為其他類似案例開了先例。

追究「使用器具」和「實收款項」（而不是獲益）會使得問題更加複雜。每當小型毒販當場交易的現款不足（他們經常如此！），法院就會追查他們所擁有的量，但或許是因為他們持有的量也無法令人滿意，於是法院就會拉無辜的市民來充數。不論數以千計的車輛和房舍是否屬於毒販，都以用於毒品交易的名義扣押。莎拉・斯蒂爾曼（Sarah Stillman）曾經在《紐約客》上報導過一個案子，是一對年老的夫婦瑪麗（Mary）和萊昂・亞當斯（Leon Adams）的房子幾乎遭到扣押的故事，起因是一名臥底警員誘使這對老夫婦的兒子販賣了少量大麻，而這筆交易碰巧是在他們屋前的門廊上進行的。[63]最後是因為萊昂的健康狀況不佳，使他們展延了強制搬遷的日期，這才讓他們有時間尋求法律意見，並提出異議。其他人就沒有這麼幸運了。根據斯蒂爾曼的調查，光只是在費城，就有上百間房屋與販毒的有罪判決並沒有直接關聯，但是依然遭到扣押。[64]

世界各地的警察看到美國許多警察局都在追求獲利，他們甚至會主動向政府遊說，要求比照辦理。他們還主張，即使發生了一些連帶損害，這依然是值得的。他們指出組織性犯罪具有極大的威脅性，因此警察權必不可缺，但是，他們總是剛好會忘記，不論是扣押毒品或是挪用資產，對於毒品市場的影響有限，毒品市場主要還是由使用者的需求決定的。某些類型的資產占用的確是不同的。例如：某些地區的街頭幫派會使用無主的汽車，以避免和犯罪產生連結，那麼扣押這些車就是有意義的。不過，重點就在於判斷應該扣押什麼，對於因為占用了這些東西而在職業和財務上獲得強大既得利益的那群人，也不應該對他們保有餘地。

傾全力對組織性犯罪「宣戰」也帶來了監控上的負擔。起初有幾個堪稱災難的作法很快就被推翻了。一九六九年的「攔截作戰」（Operation Intercept）對於每一輛由美國國民駕駛、駛過墨西哥邊境的汽車都要進行三分鐘的盤查，但是這個計畫只進行兩週就喊停了，因為它所造成的時間延誤，對於跨越邊界的合法貿易影響太大了。而且我們也發現受到處罰的或許不是那些與非法活動最相關的團體，而是那些最沒有勢力作有效抗議的人。例如：其實沒有證據顯示被金融行動小組點名為洗錢「天堂」的國家，真的有比較多以非法手段賺得的貨幣會從他們的金融部門流通到其他地方。事實上，根據不多的證據顯示，他們的這類金錢流動甚至還比在西方國家銀行的要少。畢竟西方國家的消費支出比較高，而且大多數非法收入都是在西方國家創造出來的，絕大部分的犯罪者要不就是留著現款在身邊，要不就是換成房子或地，或是存在當地的銀行帳戶裡。65

換句話說，每當政府要打擊組織性犯罪時，通常都是根據有缺陷的理論，而且也沒有什麼證據支持它們。在對付組織性犯罪的標準作法中，只有「集中由中央執法」這一種作法，似乎對於減少地方警察的貪污的確有正面的影響。美國警察現在要接受新的國家機構的檢查，所以他們比較不想要幫助犯罪活動了（因為可能要付出行動中斷的代價），犯罪者願意提供好處、利誘當地貪污執法人員的動力也大幅降低了，因為他們知道這無法保護他們免於究責。這樣的成功，讓我們知道有效的檢查制度和國家的權力平衡有多麼重要，也說明了獨立的司法制度、政府與國會的的透明度以及公共課責（public accountability）為何如此重要。但是能夠作出這個結論，也是因為我們已經知道其他的手段均不起效用，而且規畫不周的政府行動甚至會對社會帶來嚴重的傷害。

重現：我們可有堅實的根據？

約瑟夫．瓦拉奇在一九六六年被人發現在他的牢房裡上吊自殺。還好獄警發現得早，才救了他一命。既然他逃過了死刑的判決，還關押在一間相對而言比較舒適的囚室，也不必再擔心會有黑道找他報復，他的行動可以說是令人匪夷所思。

但是從另一層意義上來說，嘗試自殺倒是很符合瓦拉奇一路發展下來的行為模式。瓦拉奇沒有被發到一手好牌，也沒能用他手上的牌打上一局好牌。如果在今天，他在學校裡的行為可能被診斷為多重行為障礙，他人生中大部分的時間都在與沮喪奮鬥。了解他的人都注意到他的脾氣不太穩定，反覆無常，也很容易爆發暴力的舉動。在一九六三年聽證會之前，瓦拉奇受到聯邦調查局探員詹姆斯·P·弗林（**James P. Flynn**）的訊問，他在訊問中常顯得惱怒、很有攻擊性，甚至數度使訊問必須中斷。66

光只是這樣的行為，就足以讓人懷疑瓦拉奇作為一個證人的可信度。對於他的訊問過程的描述，甚至帶給人更多疑問。瓦拉奇當時可能面臨著判死刑的威脅，他的審問總共歷經了三個月，一週有四天，一天平均為三小時。他的證詞會不斷經過交叉確認，還要接受反訊問，看看有什麼前後矛盾的地方。這個設計的意圖或許是良善的，但是我們也可以看到，為了找出聯邦調查局所期待的證據，這方式如何影響了瓦拉奇後來的證詞。

《五大家族：黑手黨帝國的興衰史》（*Five Families: The Rise, Decline, and Resurgence of America's Most Powerful Mafia Empires*）的作者塞爾溫·賴布（**Selwyn Raab**）說出了詳情，還對弗林探員的機敏大大讚賞了一番。賴布說：「他（弗林）很不好對付。他告訴瓦拉奇：『聽著，要不就是你告訴我們一些我們要知道的事，不然你對我們而言就沒價值了，沒得商量。』」賴布繼續說：「弗林虛張聲勢地唬弄瓦拉奇。他說：『你知道的，我們知道所有關於黑手黨的事。』這讓瓦拉奇以為聯邦調查局知道（比他們實際上知道的）更多的事，於是他便開始招供了。」67

大家都知道引導式的詢問技巧極具威力。為了逃避具有攻擊性的詢問在心理上帶來的創傷，人們甚至會承認他們沒有犯下的罪行。西北大學法律學院的冤案中心（Northwestern University School of Law Center on Wrongful Convictions）在二〇〇四年發現：一九七三年之後的一百一十一件由死囚名單中除名的美國案件中，有十六件與不實自白的有罪判決有關。同時期的冰島受刑人中，也有百分之十一說他們曾經不實的承認過犯罪。但是，線民的證詞問題甚至還更大。如果他們可以因此而大大得利，檢調單位使用證詞時就必須更加小心。西北大學研究的一百一十一件從死囚名單中除名的案件中，有五十一件是出於線民的虛偽證詞，這是造成錯誤判決最主要的理由。[68]

而最大的問題也的確出現在訊問時間拉長之後，訊問者會有很強的先入為主觀念，而根據心理測驗顯示的結果，提供情報的人要不就是很容易受到暗示的影響，要不就是在他們的證詞中又加油添醋一番。[69]法院也知道這個情況，所以在冷靜思考之後，法院一般都會放棄某些類型的證據。瓦拉奇的訊問和聽證會，恰巧就符合所有這些會製造「風險」的標準，更值得注意的是，瓦拉奇還不只一次被要求在法庭上作出對他的黑手黨同伴不利的證言。

當然，我們也不能據此就說瓦拉奇的證言一定是不實的，或是其他讓委員會在一九六三年的聽證會之後作出結論（和後續的政治決策）的各種證據，都是不實的。但是的確有許多部分是不確定的。有幾位專家指出瓦拉奇的證言從來不曾被法院採用，而且瓦拉奇絕對不可能知道黑手黨在紐約之外的其他地方是如何運作的。如同前紐約州地方檢察官（New York District Attorney）羅伯特・摩根索（Robert Morgenthau）所說的：「是有人指導他（瓦拉奇）成為對底特律、克里夫蘭、芝加哥、拉斯

維加斯等地的組織性犯罪專家——其實他什麼都不知道。」[70] ❿

不過，瓦拉奇和其他黑手黨線民的證言，人們還是照其字面意義接受了，而且更糟的是，還被無限上綱。的確如彼得・路透對我說的：「我認為黑手黨應該被視為特例，而不是常態。」[71] 但是從很多方面來說，這幾十年來與組織性犯罪的「作戰」，大部分都是根據與黑手黨對抗的經驗。我們都以為對手就一定是固定的大規模團體，而不是流動的市場；我們通常都太以為犯罪和合法的世界之間一定有著截然二分的界線；我們也太過於誇大了威脅，所以都以為那些太不成比例、具有不良後果的作法是正當的，而由此推論國家擴權也是必要的。我們很難不認為「組織性犯罪」這個詞其實並沒有特定的內容，它讓許多罪惡都可以藏身其下。

---

❿ 美國參議院的委員會之前就做錯了。舉辦瓦拉奇聽證會的參議院政府運作委員會（Senate Government Operations Committee）的常設調查委員會，也就是喬・麥卡錫（Joe McCarthy）參議員在十年前用以宣告美國生活已經被共產黨員大量滲透的同一個委員會（雖然成員不同），而共產黨員滲透一事，現在大家都認為是莫須有的事。麥克萊倫參議員參與聽證會這件事也值得注意，他曾經發動民主黨共同退席，以抗議麥卡錫參議員的行為。

迷思五　犯罪性是由基因決定？

「他出身良好，受過極好的教育，並且有著非凡的數學天賦。他在二十一歲時就寫了一篇關於二項式定理的論文……不管從哪一個方面來看，展開在他面前的可都是一片光明的前途。但是，這個人遺傳了極為凶殘的天性。他的血管裡流著犯罪者的血液，而且，這個天性不但沒有因為他不尋常的天賦而減弱，反而因此大大增強了他的危險性。」

——這是福爾摩斯在亞瑟．柯南．道爾爵士（Sir Arthur Ignatius Conan Doyle）的《最後一案》（*The Final Problem*）中，對大反派莫里亞提教授（Professor Moriarty）的形容。[1]

「打從我一生下來，就有一個魔鬼住在我的身體裡。我無法不讓自己變成一個殺人犯，就像是詩歌無法讓人不歌詠它們……當我被引領到這個世界上時，一位魔鬼（我的教父）就站在我的床邊，從此之後，祂就一直在我身邊。」

——哈里．霍華德．霍姆斯博士（Dr H.H. Holmes，十九世紀最惡名昭彰的連環殺手）在一八九六年對其所犯罪行的自白。[2]

犯罪的心靈

聖誕假期一直都是紐約市家庭暴力的案發顛峰。因為人們總是關在家裡躲避寒冷的天氣，還喝了很多酒，就在這時候家庭間的不和全浮上了檯面，連一向友善的關係都慢慢釀成了衝突。暴力事件（甚至最後導致了死亡）天天上演，所以它們大概只會在《紐約時報》搏得一個字體極小的迷你版面。以下就是我在報紙上找到的故事，它是一篇一九九一年一月八日的報導。赫伯特・溫斯坦（Herbert Weinstein）被控在位於曼哈頓的十二樓公寓中謀殺了他的太太芭芭拉（Barbara）。警察認為這個案件十分單純。紐約市警察局（NYPD）的警官韋爾納（Werner）對此的報告是：「他們夫妻之間很顯然發生了某種糾紛。可能是在芭芭拉的意識不清之後，赫伯特把她從臥室的窗戶丟了下去。」這棟東七十二街公寓地板上的血跡證據，似乎就決定了赫伯特的命運。[3]

但是這個案件中，有件事讓它顯得不那麼簡單：赫伯特・溫斯坦的腦袋。更精確的說，是溫斯坦腦中的蜘蛛膜長了一顆囊腫，這大大影響了他的腦部功能。本案是美國司法史上第一次，法官允許辯護律師在法庭上使用腦部斷層掃描照片，而掃描結果顯示溫斯坦的左額葉異常，神經科醫師認為這個區域具有控制理性思考、計畫和自我控制的功能。[4]

溫斯坦的案子也讓人聯想起其他案件。在一九六六年，一名工程學系的學生（他同時也是美國海軍陸戰隊前隊員）查爾斯・惠特曼（Charles Whitman）先是殺了他的太太和母親，隨後帶著狩獵用的來福槍、一把半自動的卡賓槍和鋸短了槍管的獵槍，走到德州大學（University of Texas）校園裡，爬上主塔。在登上二十九樓的途中，他先是槍殺了三個人。在他終於突破封鎖上了瞭望台之後，又遠距離射殺了十幾個人，最後被一名來自德州首府奧斯汀的警官擊中而伏法。惠特曼的朋友都不了解這位新婚的學生為什麼會做出這種事，不過惠特曼也有他自己的理論。他在大屠殺當天親手寫下的筆記中寫到：「我希望有人剖開我的腦袋，看看我是不是精神有問題。」[5]偵查人員還當真按照他的指示做了（雖然他們事前不認為會找到什麼）。而且解剖結果發現真的有一顆腫瘤，強力的壓迫惠特曼的杏仁核，這點大出偵查人員的意料之外——杏仁核是腦中與憤怒和暴力衝動有關的部分。

連續殺人魔博比．喬．龍（Bobby Joe Long）有個廣為人知的渾名「分類廣告強姦犯」（Classified Ad Rapist），他在一九八一年和一九八四年之間共強暴了五十名女子，還至少殺害了九個人。龍的律師在一九九四年（當時龍已經被列在死囚名單上將近十年了）想到溫斯坦一案中的關鍵，說不定也可以為他的委託人打開一條生路，讓龍免於電椅之刑。他們在法庭上提出的腦部斷層掃描顯示龍的腦部的確有幾個區域受到損害，尤其是杏仁核，這與惠特曼受到影響的大腦部位相同。[6]

這類案件顯示出我們大腦的結構、功能與犯罪風險之間是有關聯的，而這個想法至少可以回溯到十九世紀。比如美國醫師約翰．哈洛（John Harlow）記錄了鐵路工頭費尼斯．蓋吉（Phineas Gage）奇蹟生還的例子，一根金屬釘貫穿了蓋吉的前額葉皮質，他活了下來，但是從此出現「動物的習性」，也變得「反覆無常」、「無禮不遜」，而且「當限制或是建議與他的想法有衝突時，他就變得極為不耐煩」。[7]

當然，只靠當時少數案子不能證明什麼。畢竟案件數量還太少，無法證明腦部損傷和犯罪性之間一定有明確的連結——就算有，也可能只是巧合。也說不定這些案子只能代表一個罕見的病徵出現在極少數人身上，如果我們討論的是一般性的犯罪，就很難說這之間有什麼相關性。

不過，在一九九〇年代早期，情勢大幅改變了。這類案件激起了科學家和犯罪學家的興趣，因此他們展開了許多研究，想要找出犯罪和反社會行為在生物學上的根據。科技的日新月異幫了他們大忙。腦成像掃描的設備在二十世紀後半葉有所精進，因此提高了正確度和安全性，費用也比較便宜了。到了二〇〇三年，人類基因組計畫（human genome project）已經成功定序我們人體的兩萬組基因，正確度也極高，這對檢驗犯罪成因大有幫助。隨著科學家對每個基因的相關功能理解愈深入，DNA檢測的費用也大幅降低了，許多犯罪學除了研究人們的居住環境之外，也開始調查基因。

生物學對於犯罪到底有多大程度的影響呢？新聞報導告訴我們這個謎團其實已經解開了，或者他們也會說「即將要解開」。媒體每年都會報導幾件新發布的「指標性」研究成果。《每日郵報》在二〇一〇年問道：「犯罪生涯會世襲嗎？」而該篇報導的標題是「新研究結果顯示犯罪行為可能『完全取決於基因』」。[8]《紐約時報》在二〇一一年曾刊出一篇報導，標題為「犯罪的生物遺傳基礎」，其報導內容為「一小群核心專家正在探究基因是否會增加犯罪的風險，而此種特徵是否會遺傳。」[9]訂戶眾多的美國時事和文化線上雜誌《石板》（*Slate*）在二〇一二年問了這個問題：「我們是否應該掃描孩子的腦部和基因，好過濾未來的犯罪者？」[10]那篇文章引用了心理學教授阿德里安・雷恩（Adrian Raine）的說法，雷恩說：「如果我告訴你——父母們——你的孩子有百分之七十五的機率會成為犯罪者，難道你不想知道，或甚至掌握機會做點什麼嗎？……我們應該現在就展開這個對話……

那麼，我們才能夠了解其中的風險和好處。要站上關於污名和民權的道德制高點是很容易的，但是你當真想要讓未來的雙手沾滿鮮血嗎？一切只因為你拒絕了拯救生命的方法？」[11]

在看到溫斯坦的判決之後，法律專業人員很快的採納了這些報告。腦部掃描是現在美國的死刑案件會採用的標準形式證據，不過基因證據也漸漸取得了一席之地。在二〇〇七年三月間發生的一場打鬥中，一位住在義大利的阿爾吉利亞籍移民阿卜杜勒馬利克・巴猶特（Abdelmalek Bayout）殺死了另一位移民，哥倫比亞籍的華爾德・費利佩・諾沃亞・裴瑞茲（Walter Felipe Novoa Perez）。巴猶特的供詞是稱因為裴瑞茲嘲笑他化妝，這種眼妝北非男女都會化（但是女性更為常見），這一嘲笑便讓他失去了控制。巴猶特坦承了犯罪，也因此被判了九年徒刑，不過在二〇〇九年時，巴猶特的律師又出現在法庭上，聲稱最初的判決並不公平。律師主張他們的當事人應該受到更寬容的對待，因為他在受到極端挑釁的當下，就是無法保持平靜。他們提出了腦部掃描以支持這個說法，同時也附上基因檢測報告。保羅・阿萊西奧・維尼（Paulo Alessio Verni）法官看起來對這些證據留下了深刻的印象。維尼法官引用這份證據，讓被告的刑期縮短了一年，因為法官認為巴猶特的基因構造「會讓他在有壓力的環境下，變得特別有攻擊性」。[12]

律師、新聞專欄作家和研究者都愈來愈相信在決定一個人的犯罪性時，生物學在其中扮演了重要的角色。假設先天基因對犯罪有重要的影響，就可以推論說「受害者與生存者」觀點，或者支持社會因素（例如貧窮）會影響犯罪率的人很可能真的錯了。而「英雄與壞人」觀點則獲得進一步的強化。畢竟，該觀點認為犯罪者就是與生俱來有著強烈的作案欲望，因此我們應該不擇手段對付犯罪者。

如果我們相信先天基因對犯罪有著重大的影響，這勢必會改變我們預防犯罪的作法。在過去，我們認為犯罪性是會遺傳的，我們的執法也是根據這個概念，但是這些作法到了今天，恐怕是我們大多數人都會覺得很難接受的。在一九〇七年，印第安納州等幾個州首開先例，允許將「已經確認的犯罪者、低智商者、弱智者和強暴犯」強制絕育。[13]但是，難道我們不能至少先不要急著下結論，先用其他方法試試看？例如把那些有嚴重犯罪傾向的人再關久一點（或甚至是終身），並藉此保護其他人嗎？或者說，如果生物學因素的確會對犯罪性有重大的影響，我們難道不能有比較開放的回應方式嗎？舉例來說，我們是否可以用新習得的知識找出那些可能犯罪的人，為他們提供支持，協助他們走出暴力和犯罪的人生？

我們也可以想想，這類知識將如何影響我們對於犯罪責任的態度。從一方面來說，相信某些人有強烈的犯罪傾向，會促使我們採取強硬的態度。但是辯護律師提出的腦部掃描和基因證據，又是在質疑原本就具有生物差異的個人，可以對自己的行為負責到什麼程度？如果我們把犯罪者與我們的差異看作是生物性上的不同，是否其實我們就不會那麼苛刻了？

犯罪的命運

我們的確應該看看這些科學論文標題背後的研究細節。我們也必須知道這些研究並不是空穴來風。《石板》所引用的學者阿德里安．雷恩教授在賓州大學授課，而且他一九九〇年代大部分時間都在南加州大學倡導將腦部掃描的技術用於犯罪行為研究。南加州大學也為雷恩提供了很好的機會，讓他測試那些腦部功能顯示為異常的謀殺犯到底是不是少數的異數？該大學擁有腦部掃描的設備，包括正子電腦斷層造影（Positron Emission Tomography，簡稱PET）和單光子電腦斷層掃描（Single Photon Emission Computed Tomography，簡稱SPECT）。PET和SPECT可以靠測量腦部的血流量、氧氣和葡萄糖代謝，觀測腦部對於不同的刺激有什麼反應，從中找出不尋常的腦部活動模式。

除此之外，南加州大學位於加州，相較於其他州，美國死囚名單上的加州人是最多的。❶[14]囚犯通常沒有什麼動機參加醫學研究，即使他們參加了，付錢給他們也有道德上的疑慮。不過法官在一九九一年對溫斯坦案的判決改變了這一切。法官允許在法庭上提出腦部掃描的證據，還似乎當真會在判決中列入考量，這讓全國各地的辯護律師和加州死囚名單上的受刑人重燃希望，想著他們或許有機會改判無期徒刑。

因此，有四十一名等待執行死刑的謀殺犯以精神問題為由提出抗辯，他們都簽署了同意書，願意參加雷恩的研究，而最初所顧慮的安全問題現在也就不復存在了。雷恩形容他們「戴著手銬和腳鐐，在層層戒護之下，依序進入了正子電腦斷層造影機，他們看起來充滿憂懼、膽怯而且臉帶不祥，但是卻十分配合。」[15]

實驗本身其實很簡單。受試者會先注射限定劑量的放射性同位素，然後得完成一個基本測試。螢

❶ 加州似乎不太願意執行死刑。在一九七六年至二〇一〇年之間，加州僅執行了十三個死刑，而在同一段時間內，德州處決了四百六十人，而維吉尼亞州則是一百零七人。

幕每秒鐘都會隨機出現一個數字，範圍是從零到九，受試者只要在零出現時按下一個按鍵就可以了。如同雷恩所說的：「這會持續三十二分鐘，相信我，這是一件非常無聊的事。需要受試者維持專注和警覺。」[16]同時他們對單調無聊的部分也不能有所反應。基本測試結束之後，依然在戒護之下的受刑人就會平靜躺上PET掃描器，讓機器探測在剛才的測試中，他們腦部的哪一個區域最為活躍。也有另外四十一名一般人（分別與四十一名謀殺犯的年齡和性別對應的對照組）會進行相同的步驟，只是他們當然不用戴手銬和腳鐐。

結果很吸引人。謀殺犯和非謀殺犯在測試中的表現一樣好，但是腦部活動的結果卻有非常大的不同。如圖十二（詳見一八六頁）所示，主要的不同是謀殺犯的前額葉皮質區腦部活動的程度低得多，而前額葉皮質區是負責計畫、推理和解決問題的區塊，溫斯坦的這個區域是有缺陷的。這個區域的活動程度低，可能在控制情緒反應上（尤其是在極端的環境下）會有問題。或是如同雷恩所說的：「前額葉的功能缺陷會造成失控。」[17]

雷恩列舉死囚名單上的謀殺犯，他們當然都是某種特定類型的犯罪者。他們的檢查結果也的確顯示出腦部的功能障礙和脾氣暴躁、極端暴力是有關係的。進一步的研究還帶來了更有趣的發現。即使謀殺犯在負責自我控制的腦部區域並沒有缺陷，在其他與人類的原始衝動相關的區域，尤其是杏仁核、海馬迴和丘腦（thalamus）通常還是跟其他人明顯不同。

有趣的是，在雷恩的研究中，不同的腦部功能失調似乎與不同類型的暴力行為有關。如果沒有計畫便在極度激動之下臨時起意作案殺人（聯邦調查局的犯罪剖繪專家稱這是「情感性行凶者」

（affective murderers），通常會認為其出問題的腦部區域多與自我控制有關。而被犯罪剖繪專家稱為「掠奪性行凶者」（predatory murderers）的這類凶手，他們的謀殺往往都事先計畫，案發現場也看得見控制的痕跡，他們的檢查結果則顯示沒有什麼問題。

這些差異或許不是出自於意外或是疾病，這讓雷恩也感到很意外：他並沒有在不同的大腦活動與腦部受傷、接受藥物治療或是非法用藥的歷史之間，找到任何相關解釋。他認為這表示極端暴力的風險因子可能在出生時就已經在了，但是他沒有辦法進一步取得這類基因檔案，也就無從用自己的方法證明。

但是倫敦國王學院（King's College London）和杜克大學（Duke University）的教授特里．莫菲特（Terrie Moffitt）就沒有這個問題了。前述讓義大利法官保羅．阿萊西奧．維尼印象深刻的那篇基因研究，莫菲特教授就是主要作者之一。莫菲特接受的是臨床心理學家的訓練，而她早年生涯專注於精神分裂症和反社會人格障礙（antisocial personality disorder），但是也漸漸開始關注犯罪和反社會的行為。

莫菲特常與她的先生，同是杜克大學的阿夫沙洛姆．卡斯皮教授一起合作，兩人很快將新技術應用在研究中，在一九九〇年代晚期便開始探索生物因素對於犯罪的可能影響。之前實驗室小鼠和人類的研究中，已有人提出各種神經傳遞介質（例如多巴胺、血清素和去甲腎上腺素〔noradrenaline〕❷）的多寡，可能會對不同層次的反社會行為有部分影響；因此，莫菲特和卡斯皮把研究焦點集中在酶

❷英國的去甲腎上腺素「noradrenaline」這個字在美國是寫為「norepinephrine」。

（單胺氧化酶A〔monoamine oxidase A，或是MAO-A〕）上，因為酶對於影響上述神經傳遞介質的多寡有重大的作用。她們專注於DNA的「啟動子」（promoter）區域，這個區域負責某些基因的轉錄，而其負責的基因與決定MAO-A多寡的程度有關。

要發現這些生物差異和不同類型犯罪行為之間的關係，需要生科技術的協助，而莫菲特和卡斯皮了解這些技術。最關鍵的是他們也能夠接觸到想要接受測試的人。有幾年的時間，他們一直參與但尼丁研究（我們曾經在迷思三中簡單討論過這個研究），這個大型的研究計畫追蹤了超過一千名在一九七二年四月一日和一九七三年三月三十一日之間出生在紐西蘭但尼丁人們的一生。參與這個研究的人都十分盡心盡責，其中也受到財務補助，監督這個計畫進行的人會付費讓離開但尼丁的人再回來接受各種測試。這計畫受惠於世界對遺傳學的關注與日俱增，莫菲特和她的研究團隊很容易就能申請到額外的資金，他們會測試與MAO-A的產生有關的遺傳因素，看它們是否真的和犯罪程度有關。[18]

研究團隊依照下列兩個生物因素，將但尼丁研究中的男性受試者分成兩組：第一點是在童年時是否受到虐待（一個已知的犯罪風險因子），以及第二點是他們的基因檢測，是否顯示他們有啟動子DNA（已知這會造成MAO-A酶的低下）。[19]研究結果確認了兒童時期受到虐待的人比起養育過程中不曾受到虐待的人，有更高的機率具有犯罪行為和反社會行為。但如果是比較同樣受到虐待的受害者們的基因，「低啟動子」（low promoter）模式的人和「高啟動子」（high promoter）模式的人之間有著極大的不同。足足有百分之八十五的低啟動子男性受虐者會反覆出現反社會的行為，但如果是較高啟動子的男性受虐者，就只有百分之四十五。莫菲特認為「這些研究或許部分解釋了為什麼不是所有受虐者長大之後，都會加害其他人——有些基因或許有助於提升他們對於壓力和創傷的抵抗力」。

不確定的連結

把這些研究擺在一起，的確會讓人覺得很有說服力。不過，如果我們仔細看一下細節，就會注意到這些研究的作者都有寫上警語，但是一般媒體報導或是大學新聞室所發的新聞稿中，通常都不會加註警語。舉例來說，阿德里安·雷恩教授除了說明他的研究可以顯示腦部活動和暴力行為之間的關聯外，他還強調「這些資料不能用於論證如果謀殺犯以精神錯亂為由，辯稱自己不必為自己的行為負責，也不能論證腦部掃描做為一門常見的診斷技術，可以解釋犯罪的成因。」[20]這和以下標題要表達的非常不同：「犯罪者的大腦：阿德里安·雷恩認為腦部掃描可以在兒童中找出以後誰將成為殺人犯」。[21]

而特里·莫菲特教授也說她關於MAO-A基因表現的結論只是「暗示性的」，她也強調營養可以決定未來的行為。莫菲特說：「大約有半數受到虐待的兒童最後會出現某種類型的精神障礙，但是有半數的人並非如此。大家都同意這是一個會引起兒童心理健康問題的強烈環境風險因子，但是我們也知道兒童如何反應，其實這其中存在著變數。」[22]她也擔憂她的樣本數不足，無法作出更可信的結論，而她也一直不了解為什麼日後沒有出現更多研究來挑戰她的發現。

當我與莫菲特教授約在倫敦的一家咖啡廳見面時，我能夠立刻感受到她對於研究的熱情，她透過不同的介入方式，全然投入於檢驗有什麼東西能夠幫助改善兒童的自我控制能力。她從來不曾誇大自己的主張。她認為生物性對於兒童日後的行為具有重大影響，但是從未宣稱這足以證明犯罪行為是由基因決定的。[23]

我們在面對這些論點時一定要非常小心。因為這些研究都無法證明犯罪一定來自基因。媒體在報導雷恩的研究時，一向喜歡強調他所調查的暴力謀殺犯中，有很高比例的人都有某些腦部區域與其他人不同。然而這幾份報告都沒有指出，在今天的世界上，其實還有數千人的大腦模式與雷恩所謂的暴力謀殺犯非常類似，但是他們的表現完全正常，當然更沒有殺過人。也就是說，擁有「不正常」大腦的人大多是完全正常的，而擁有明顯「正常」大腦的人，也可能心理不正常，或是具有高度的犯罪性。雷恩本人也試著為我們證明這點。例如：他舉了一個在十二年間殺了六十四個人的謀殺犯當作例子，他注意到該名謀殺犯的掃描與他在檢視自己的腦部掃描時所得到的影像，其實十分類似。一名記者問他對於這個發現有何感想，他說：「如果你自己的腦部掃描看起來跟連續殺人犯的檢查結果很像，這真的會讓你停下來想一下。」[24]

除了犯罪領域之外，如果還有其他領域要以腦部掃描作為預測未來行為的工具，也一樣極不可靠。舉例來說：如果我們隨機從群眾中抽出一萬個人，其中大約會有一百個人正受精神分裂症所苦。[25]而根據最新研究，如果醫生對這一萬人進行腦部掃描，可以檢測出一百名精神分裂症患者中的七十四名，這看起來（至少乍看之下）正確度頗高。但是問題出在那些被診斷為精神分裂症、實際上卻不是的人。這讓事情突然變得複雜起來了。在一萬次的腦部掃描中，診斷錯誤的件數（即把沒有精神分裂症的人誤診為精神分裂症患者），竟然高達一千三百件。[26]因此，陽性的「診斷」其實大約只有百分

之五是正確的。❸

光憑腦部掃描的結果或是基因表現的模式，就想要預測嚴重的犯罪，這種作法甚至更為徒勞。不論是腦部掃描或是基因模式，它們與犯罪之間的關係都不比用腦部掃描或是基因模式來辨識一般的健康問題來得更清楚。舉例來說：莫菲特的實驗認為「低啟動子」MAO-A基因與犯罪有關，但是至少有百分之三十的人口擁有這個基因，而莫菲特也發現在她的研究中，有數百名不曾受到虐待的男性雖然擁有「低啟動子」基因，但是與犯罪之間並沒有相關性，只有曾經受到虐待的男性才有。

不過，問題並不只在於這些研究無法正確的預測犯罪。在研究生物因素對於犯罪性有何影響時，都太常假設犯罪是一個實體，並把它視為一個在醫學上可以定義的症候群。如同我們在前文所討論到的，在理解犯罪時，行為特徵（例如衝動）是很重要的，但是犯罪紀錄或是逮捕率並不是理解個性或是行為特徵的有效方式。一個為了賺錢買毒品才不得已偷了架上商品的竊賊，和因為受到輕視而暴力相向的人，兩者的行為顯然並不相同。「犯罪」所描述的是一些極為不合常理的行為，而實行者的個性和動機也各自不同，促成其行為的脈絡也各自迥異。

媒體報導常常忘了這點，甚至學術研究也會。例如：如果兩個在生物學上很類似的人都犯了罪，我們被教導的是：要問他們在行為上的類似是否與他們在生物學上的類似相關？不過如果我們記得作

❸這種被稱為「假陽性」（false positives）的錯誤診斷在醫學和其他科學文獻中已得到了清楚的認識，但是大部分人（甚至是實際的開業者）卻還並不知悉。研究顯示醫生也和我們其他人一樣，比較會把焦點放在這類測試挑出了多少生病的患者，但是卻低估了被誤診（其實他們完全健康）的人所造成的問題。

更進一步的探究，通常就會發現他們的行為其實並沒有那麼類似。

加州的心理學家傑．約瑟夫（Jay Joseph）對生物學和行為之間連結這方面的方法論問題進行了廣泛研究，他也檢視了一些研究（有些極為少見），其中都揭露了受試者的所有細節。其中一件於一九八〇年代發表的研究，其對象是十二對在童年時期遭到分離的同卵雙胞胎。作者尼爾斯．尤爾-尼爾森（Niels Juel-Nielsen）描述了同卵雙胞胎羅伯特（Robert）和卡伊（Kaj）的故事。[27] 雖然羅伯特和卡伊不是一起長大的，但是尤爾-尼爾森認為兩兄弟都是「精神病患者」，但這不是根據什麼另外進行的精神科檢查，而是因為他們「對於原始、相同的衝動都無法抑制，也缺乏控制」。不過，在尤爾-尼爾森的個案筆記中，我們可以看到在這個評價的背後，這兩人有著明顯不同的個性。羅伯特是一個神經質而內向的人，但卡伊則是一個外向、盛氣凌人、不斷犯錯的人。他們在四十歲時才第一次見到彼此，初見面時，羅伯特甚至對卡伊的行為感到十分驚駭，還說他是「我所見過的人之中，最討人厭的人」。[28]

約瑟夫還找到另外一筆說明詳盡的研究，其對象為兩名一起長大的同卵雙胞胎，他們成長於一個酒精中毒的英格蘭家庭，還遭到虐待。雙胞胎A最後被診斷為「具有攻擊性的精神病患者」，報告中還記載他是雙胞胎中占主導地位的那一個。他也因為竊盜而被判有罪。雙胞胎紀錄如下：

> 病人（雙胞胎A）沒有朋友，他對於很容易交到的同伴也很快就厭倦了；對他的形容是冷酷無情、自私而且無法預測；他從來不聽從建議；到處借錢、不誠實、在工作上毫無進取心；他對

任何人都不帶感情、毫不體貼，即便是他自己的四個孩子，他也沒有負起責任。他的弟弟（雙胞胎B）則可靠、穩重、謙和、沒有那麼易怒，也有上進心。相較於他的哥哥抱持不可知論，B最近加入了天主教會。[29]

從我們的觀點來看，這個案例中有趣的是雙胞胎B。雖然他堪稱是值得尊敬的，個性也比較好——還是有犯罪前科。和B住在不同地方的雙胞胎A要B拿他偷來的珠寶去當，這要求也不足為奇，B往往聽從雙胞胎哥哥的要求，最後B照做了，並因此被判有罪。[30]

可因對待方式而發生改變的生物學

即使新聞報導所引用的研究都主張天性會決定犯罪性，但是也絕對沒有任何一篇研究會認為環境的影響毫不重要。這發現是有學術價值的，有愈來愈多的證據顯示我們的早期經驗都會影響心理和生理發展。

從一九六〇年代開始，我們知道大腦具有高度的「可塑性」，因為研究證明了即使被害者的大腦受了傷，依然可以復元。不過從那時候相繼而出的發現，也證明了我們在過去一直依直覺懷疑的事是真的，大腦的標準活動模式可以、而且也的確在改變。在兒童和青少年時期神經元迴路的發展非常迅速，即使是成人的大腦，也不會只是「僵固的」依特定方式行動。大腦最重要的改變發生在科學家所謂的「突觸修剪」（synaptic pruning），在這個過程中，「有用的」神經連結會被加強，而不是那麼有用的連結，則會選擇性移除。

有用的連結不是只有我們最常使用的連結。有許多研究顯示如果該連結與某些行為有關，在行為獲得回饋時，這些連結也會獲得最多的強化。或者簡單來說，經驗和學習過程會反射在我們的大腦迴路中。行為模式的轉變則反映出我們的行為和學習，如圖十二所示。

科學家現在也知道基因，並不像以前我們所認為的那樣從不改變。過去我們認為，在出生時所有基因就齊備了，終其一生都不曾再變化。但是現在的研究顯示其實基因也會因為許多因素而「開啟」或是「關閉」。基因如何「表達」的過程並不是早就決定好的，相反的，它是一個更混亂而且複雜的過程。如同倫敦國王學院精神病學研究院（Institute of Psychiatry）的社

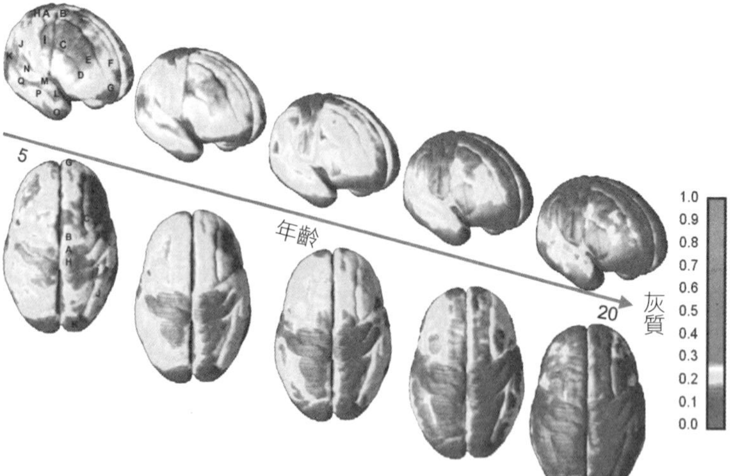

圖十二：人類成熟的緩慢進程：一個健康個體的平均大腦發展水準。

備註：神經科學學會（Society for Neuroscience）的說明是「這些人類大腦的影像顯示出大腦細胞從五歲到二十歲是呈逐漸減少的趨勢（暖色系的顏色表示有較多細胞，而冷色系的顏色表示細胞變少）」。[31]

資料來源：影像擷取自 *Gogtay, N., et al, 2004* [32]

會、遺傳與發育精神病學單位（Social, Genetic and Developmental Psychiatry Unit）的創立者邁克爾·盧特（Michael Rutter）教授所說的，基因表現「極具動態——會受到遺傳背景、際遇和環境特徵（略舉幾個例子，例如飲食、化學藥品和撫育經驗）的影響」。[33]

我們對這個過程的了解不多。不過似乎的確有某些類型的經驗，會對大腦的發展造成明顯可見的影響。在羅馬尼亞的極權共產主義政權，即前總統尼古拉·壽西斯古（Nicolae Ceaușescu）掌權時期，羅馬尼亞國家孤兒院的狀況可謂慘不忍睹，當壽西斯古在一九八九年倒台之後，孤兒們極端惡劣的遭遇才攤開在世人眼前。瘦弱的孩子們被綁在床上，躺在自己的排泄物中，人類免疫缺陷病毒（HIV）盛行，到處可見被放著不管和被虐待的孩子。許多兒童因此而死亡。在其中一間孤兒院中，至少有一百三十七名兒童（大部分小於三歲）都在入院兩年間死亡。[34]這類悲劇讓西方人的同情心大爆發，許多富裕家庭都收養了羅馬尼亞的孩子，尤其是在英國、法國和美國。

但是在有過這種創傷經驗之後，並不是所有被收養的兒童都能夠順利融入新家庭之中。有許多兒童出現了行為問題，有些人還持續了好一陣子。有大約三分之二（在被英國人收養之前）至少在羅馬尼亞國家孤兒院待了六個月的兒童，一直持續出現行為問題，包括反社會行為、學習困難，或是在十一歲時出現自閉症的症狀。[35]而值得注意的是，最近對被收養者所作的腦部掃描中，顯示這些孤兒的大腦和一般人相比有著結構性的差異。虐待和棄養不見得會對身體造成影響，不過極端的剝奪的確可能會帶來生物因素的影響。

如果虐待是在兒童時期發生的，傷害可能還特別大，因為早期的兒童與擔任母職者之間的親密關係和互動十分重要。雖然動物與人類不同，不過牠們因此被拿去做了許多實驗和測試。這類實驗都明確顯示出，早期形成親密關係的經驗十分重要。老鼠也和人類一樣，有「好的」父母和「壞的」父母，有些老鼠媽媽就是比較愛孩子、會保護牠們，這些老鼠媽媽會比較常舔孩子、幫牠們梳毛，在餵食時也有不一樣的方法。牠們的孩子對於壓力比較不會有太大的生理反應，記憶力和學習能力比較好，也較不會無端出現攻擊性。不過，真正讓人印象深刻的是，這個結果也適用於「好的」老鼠媽媽收養「壞的」老鼠媽媽所生下的孩子，也就是說，這明確排除了遺傳的影響。[36]好的育兒作法其實會改變基因活性（但是當然沒有改變DNA的序列），並帶來更多生理上的差異。早期親密關係對生理方面的類似益處，也可以在恆河猴（rhesus monkey）的身上看到。雖然我們希望這實驗別發生在人類身上，但如果我們對人類做類似實驗，很可能人類小孩子的結果也相同。[37]

如果早期環境不佳，也可能會因此帶來長期的影響。如同紐約的兒童創傷中心（Child Trauma Center）的布魯斯·佩里（Bruce Perry）博士所說的：「大腦可以一直發生變化，但是相較於神經系統已經出現問題後再重組大腦，以健康的方式組織大腦會容易得多。」[38]不過我們必須記得，就算是極端的虐待，也不一定會造成身體差異，而事後的仔細看護，還是可能會治癒早期創傷。大部分從壽西斯古那環境惡劣的孤兒院中搬到英國的羅馬尼亞孩童，在長大成人之後就沒有出現嚴重的反社會行為了。而且雖然在十一歲之前遭到身體虐待的兒童發展出反社會人格障礙的機率，是一般兒童的兩倍，但也不是所有受虐者都會因為他們所受的苦難，而蒙受嚴重的長期後果。[39]

雙胞胎的意義

我們可以合理確信，營養和後天經驗具有極大的影響力，但是這又和某些研究的結果相反（這些研究認為我們的遺傳基因也非常重要）。現在我們就來看看，一些研究是如何解釋生物和環境對於犯罪行為的交錯影響。與生物特徵相較，我們的生命經驗到底有多重要呢？

近幾十年來有上百篇研究試著解答這個問題，他們用的通常不外乎就是主要三種技巧。第一種通常也被認為是最有說服力的一種，就是調查兩位在不同家庭和環境中長大的同卵雙胞胎，如同上述尤爾-尼爾森的研究。這裡的想法是如果這類在不同環境中長大的雙胞胎有著很類似的犯罪行為，那就表示基因在決定犯罪時，勢必扮演著非常重要的角色。第二種方法比第一種實際得多，因為被不同家庭撫養的同卵雙胞胎並沒有那麼多，所以研究者轉而去找同卵和異卵雙胞胎之間的差異。同卵雙胞胎的基因幾乎完全相同，但是異卵雙胞胎的基因類似度就只等同於一般兄弟姐妹。也就是說：如果研究發現同卵雙胞胎的行為相似度比異卵雙胞胎高，基因的影響可能就很大。第三種方法是調查被收養的小孩，看他們的行為比較接近收養家庭的父母和兄弟姐妹（這代表環境的影響），還是他們原生家庭的父母，或是在不同家庭中長大的兄弟姐妹（這代表遺傳因素有很大的影響）。

這些研究的結果很有趣，而且足以支持許多強調遺傳基因會決定犯罪的新聞標題。《每日郵報》在二〇一〇年有一篇報導，強調「新研究顯示犯罪的行為可能『完全由基因決定』」，就是根據一篇關於收養的研究。[40]《每日郵報》引用的特定研究是調查一大群樣本（二百五十名被收養的兒童）後做出來的，這群美國兒童第一次接受訪問是在高中時期，在第一次訪問後的十三年間，每隔一段固定的時間又會對他們重做一次訪問。這個實驗是由德州大學的凱文・比弗（Kevin Beaver）教授所主持的，他們發現如果受訪青年男女的原生父母曾經被逮捕過，跟原生父母是守法公民的人相比，這些小孩也被逮捕的機率高達四點五倍。被收養者的原生父母如果曾經坐過牢，他們也比較可能去坐牢，或是進入少年犯的矯正機構。[41]所以比弗便說：「被收養者在生物學上的父親或母親如果曾經被逮捕過，這些小孩被逮捕、被判緩刑、監禁和再犯的機率也是其他人的數倍。」[42]

《電訊報》（*Telegraph*）在二〇一二年對雙胞胎研究做了報導，內容是「根據研究顯示：犯罪生涯取決於基因」。[43]比弗博士在德州大學的同事J・C・巴恩斯（J.C. Barnes）博士分析了四千名得自美國國家青少年健康縱向研究（US National Longitudinal Study of Adolescent Health）的犯罪行為人資料，其中包括同卵雙胞胎、異卵雙胞胎和兄弟姐妹。

巴恩斯的研究結果確認了幾個其他類似的研究發現，同卵雙胞胎比異卵雙胞胎或是兄弟姐妹，更容易出現一致的反社會行為（而且容易得多）。巴恩斯和共同研究者發現：愈是嚴重而且持續的犯罪行為，遺傳因素的影響就愈大。如同《電訊報》的報導所說的：「我們一生的犯罪性有最多百分之七十的機率可能是由遺傳決定的。」[44]或是如同巴恩斯和共同研究者所做的摘要：「如果依據不同的識別策略都會被歸類為終生的犯罪者，其遺傳因素可以解釋百分之五十六到七十。」[45]

這些發現並非特例。絕大多數用雙胞胎和收養方式來探究基因對於犯罪有何影響的研究中，都認為，犯罪和反社會行為高度「取決於遺傳」。例如有一個針對雙胞胎精神病態的研究，「報告指出：

這些特徵（不論是基因或是環境特徵）在本質上，都同樣是可以傳承的，不論男女，這些因素大概都是一半。」[46]阿拉巴馬大學（University of Alabama）的德里爾・梅森（Dehryl Mason）博士和保羅・弗里克（Paul Frick）博士表示：平均上來說，一九七五年之後的研究「大約將反社會行為的百分之五十原因歸責於遺傳的影響。」[47]

但還是有一個主要的問題。研究者的目標可能是最終要確認先天的本質是否比後天的營養更為重要，但我們就跟許多非專業的新聞記者一樣，都可能受到研究語言的愚弄。當你聽到遺傳因素可以「說明」人格特質時，你會想到什麼呢？依你覺得「遺傳可能性」（heritability）是什麼呢？遺傳因素可以「解釋」的行為是什麼意思呢？

至少對我來說，這些字都有很清楚的日常使用脈絡。例如：可以用遺傳因素「解釋」的「精神病態」，會立刻讓我想到基因大致決定了你或我會不會是（或者成為）精神病患者。反社會的行為極可能會「遺傳」，這個概念一開始就暗示了這會由一代傳給另一代——由父母傳給孩子，不論其教育方式如何。遺傳因素可以「說明」某種特定類型的犯罪行為，這對於我來說，就是這類行為很難改變的意思，即使是改善了成長和生活的環境也還是一樣。

但是，這些一般性的假設其實都不正確。所有關於雙胞胎和收養研究的中心概念都是「遺傳可能性」。但這其實是一個高度具有誤導性的詞。它是計算之後的結果，通常會以百分比來表示。遺傳可能性通常是在考量下列因素之後計算出來的：

1. 人們在生物學上的類似程度（例如：他們的「親緣」）。

2.人們在行為上的類似程度（例如：在我們的例子中，是他們在多大程度上會有相同頻率或是類型的犯罪行為）。

研究者會觀察住在類似的環境中、親緣程度不同的人在行為上的差異，並且用這個資料計算「遺傳可能性」。舉例來說：假設我們觀察了一百名出生在巴黎的同卵雙胞胎和一百名異卵雙胞胎。接著，讓我們假設發現了同卵雙胞胎在犯罪的程度上十分類似。例如：或許雙胞胎中的其中一人在刑事上被判有罪，他（或她）的同卵雙胞胎兄弟（或姐妹）同樣受到刑事制裁的機率有百分之八十。接下來，我們再假設，異卵雙胞胎的情況類似，只是程度稍微低一點。例如：假設雙胞胎中的其中一人在刑事上被判有罪，他（或她）的異卵雙胞胎兄弟（或姐妹）同樣犯罪的機率，只有百分之五十。我們用這個假設性的案例來計算遺傳可能性，看看兩者在行為相似度上的差異（百分之八十減百分之五十等於百分之三十），以及基因相似度上的差異（百分之一百除以百分之五十等於二）。我們要把這兩個得到的數字（百分之三十和二）相乘，其結果便是「遺傳可能性」，而在這個範例中，我們會說犯罪有百分之六十的「可遺傳」性——或者用另一個方式來說，是「基因差異可以解釋百分之六十的犯罪行為差異」。

但是這個數字真的可以顯示先天的本質比後天的營養更為重要嗎？有許多理由可以說明並非如此。最明顯的就是從這個數字中，看不出人們的特徵是不是真的會被他們的小孩繼承。奇怪的是，用這個方法認為遺傳可能性是百分之零的特徵，才是在遺傳上具有高度影響力的。例如：如果我們研究一百名同卵雙胞胎和一百名異卵雙胞胎，看看每一位雙胞胎有幾根手指，我們大概會很容易發現所有的雙胞胎（包括同卵雙胞胎和異卵雙胞胎）都有十根手指（2 x（100% − 100%）= 0%）。因此，手指數的遺傳可能性就是百分之零。或者說，百分之一百可遺傳的特徵還是可能受到環境的重大影響。讓我們假設有一項美國研究發現酗酒是百分之九十可遺傳的。但是顯然，這並不表示一個在西藏僧院中長大、沒有機會接觸到酒類的小孩，即使他的父親和母親都酗酒，他還是會有酒精中毒的問題：他不會。如同特里．莫菲特教授在一封寫給《紐約時報》的電子郵件中所指出的：「知道有什麼（以科學詞彙來說）是可以遺傳的，絕對沒有告訴我們環境到底可不可以改變什麼。」[48]

最重要的是，遺傳可能性的估計本來就是假設在基因上比較像的人，出於遺傳可能性，就會有比較接近的犯罪率。但即使是在對雙胞胎的研究中，當然也有許多理由可以說明為什麼不是如此。例如：如果身體外觀會影響人們如何被對待，以及他們的違法行為受到何種處罰，那麼同卵雙胞胎受到的待遇就應該比異卵雙胞胎更為類似。於是在這個例子中，社會中人們如何看待事物的態度，就會使得特徵更加「可以遺傳」。同樣的，身為同卵雙胞胎的這個事實，可能（也有很多人認為就是如此）代表父母和老師對待兩個孩子的態度會更為類似。

在收養的研究中，特別容易看到這種混淆如何讓我們高估了「遺傳可能性」。例如：假設我們進行了一個收養的研究，要用逮捕率來找出某個國家的犯罪遺傳可能性，而那個國家收養的狀況絕大多數是少數民族的小孩被白人家庭收養。我們再假設這個國家有種族隔離制度，所以少數民族無法擔任公職，而且經常不成比例的成為警察取締的對象。於是，這個研究很可能會發現犯罪具有高度的遺傳可能性（而且與種族相關），「遺傳因素」對犯罪率有絕對的影響。從某種意義上來說，這類論點是正確的，但是一般讀者當然不會接受！

那麼，我們現在該怎麼理解這一連串對於「遺傳」如何影響犯罪率的雙胞胎研究呢？認為犯罪大約有百分之五十遺傳可能性的真實性如何呢？其實遺傳可能性少於我們一開始所想的，這應該是確定的。因為這些數值根本沒有告訴我們犯罪行為在多大的程度上，可以透過家庭傳給下一代，我們也無法知道，如果改變一個人的成長和生活的環境，有沒有可能改變他的犯罪性等級？

其實社會因素很明顯的決定了我們對於犯罪的解釋。在過去的幾十年來，許多國家的犯罪減少了百分之五十以上，許多國家之間的犯罪率也差到十倍，其差異之大，讓即使是最堅定的基因決定論者，都很難單憑基因競擇的形式來解釋現今情形。

確信的假象

既然我們無法確定生理遺傳會對行為有什麼影響，我們也確知腦部掃描和基因檢測對於犯罪性並沒有什麼預測能力，但是我們卻如此常被生物證據說服，這件事就很值得憂心了。

確實，科學使我們變得盲目了。我們對於醫生和科學家的信任，遠遠超過其他專業人士。[49]在我們之中，就算是最聰明的非專業人員，也只有有限的時間和能力，無法理解複雜的研究方式缺點何在。在男子布蘭得利．沃爾德羅普（Bradley Waldroup）的審判中，黛比．比蒂（Debbie Beaty）是陪審員之一，沃爾德羅普承認他「開槍亂射」，在盛怒之下殺了和他分居的前妻，隨之又攻擊他現任妻子。[50]辯護律師表示沃爾德羅普擁有的MAO-A基因，經科學家證明的確和暴力風險有關，這讓黛比完全相信沃爾德羅普無法對他的行為負全責。她說：「很明顯的，就只是有哪裡運作得不太好。如果別人沒有這個基因，一定會表現得和他完全不同。」她又說：「診斷就是診斷，它是這麼說的。不好的基因就是不好的基因。」

如果是用圖形呈現腦部的掃描研究，我們就特別容易過度受到它的影響。我們很容易把眼前看到的明顯差異直接當作「證據」。可以在這裡或那裡看到的紅色、藍色色塊，會被當作一個謀殺行為的「理由」，當我們在法庭上拿「正常」和「異常」的掃描比較時，就很難想到法庭外還有上千人都有著「異常」的腦部掃描結果，但是他們卻從來不曾、也從來不想犯什麼嚴重的罪行。我們也不會想到人現在的樣子其實只是一張「快照」，我們看到的影像只不過是某個大腦在某個時點的樣子，同一個人的大腦在五年前，或甚至就在一天之前，只要它的主人正在進行不一樣的活動，說不定看起來還是不同的。

法官似乎也不比我們其他人更有能力抵抗生物證據所帶來的誘惑。三位猶他大學（University of Utah）的研究者在二〇一一年訪問了美國十九個州的一百八十一位州法官[51]。每一位法官都讀了一個假想的「強納森．多納休」（Jonathan Donahue）案例，多納休用槍托把一位餐廳經理打到失去知覺，並因此被判有罪。所有法官都被告知多納休先生經過一個標準化的訪談測試之後，被評估為精神病患者。不過，有一半的法官只接收到這個訊息，而另外半數的法官則獲知更多細節。其他細節是由一位「神經生物學家和著名專家」以證言的形式提供給法官的，這位專家會說被告的有些遺傳基因與暴力行為有關。專家的證言中會提及一些研究（與我們在前文中提到的一些研究非常類似），這些研究證實特定的基因變體會改變我們腦中管理情緒的區域（和其發展）。

犯罪者患有精神疾病的這個事實，會讓最後量刑遠超過全國平均值。只接收到犯罪訊息和犯罪者被診斷為精神疾病的法官，建議的量刑平均為十四年。但是如果有專家證詞大略描述了基因證據，法官就會寬大得多。讀過基因證據的法官平均建議的量刑都少於十三年，與那些只根據犯罪事實和精神疾病診斷來量刑的法官比起來，平均少了一年一個月。

也有其他研究證實，如果我們認為行為和生物性有連結，判斷時就會比較寬大。或許讓我們也想不到的是，有一項實驗顯示如果暴力被描述為與「體內的化學物質失衡」（chemical imbalance）有關，而不是因為「有問題的父母」，大學生也會對前者比較寬容。[52] 即使生物證據與暴力之間只有微弱的關聯，這依然成立。該研究的兩位作者南加州大學的約翰・蒙特羅索（John Monterosso）和貝瑞・施瓦茨（Barry Schwartz）教授解釋：「如果大腦的特徵和暴力有（即使是非常微弱的）關係，人們都會傾向於認為該人不必負責，但如果是心理上的因素與暴力行為直接相關，就不見得是如此了。」[53]

如同蒙特羅索和施瓦茨所指出的，這些結果顯示了我們認為行為的生理原因有別於其他原因。我們會覺得如果是生理上的因素導致一個人的行為，他就不必為自己的行為負全責，但是如果他的行為是受到心理因素的影響，就需要負責。這其實是一件非常奇怪的事。所有的心理狀態當然同時也是生物學上的狀態，所有行為當然也都伴隨著某種形式的大腦活動。因此真正重要的，應該是我們能不能夠確定是某個特定的因素導致了犯罪，而不是我們是不是剛好在行為的原因中找到了可供作解釋的生理指標。換句話說，如果比較能夠證明曾經受虐是造成犯罪的原因（而不是有某種特定的基因），我們就應該把絕大多數的關注放在受虐這件事上，而不像大多數陪審員注意的是基因。

這種思考方式會讓我們懷疑「新科學證據」到底在多大的程度上可以幫我們理解犯罪。科學可以大大提升我們對於生理世界的理解，例如：用指紋和DNA測試可以解答是誰出現在特定的犯罪現場。也有助於我們理解什麼生理上的因素會影響到情緒和決策，例如有些研究告訴我們太熱的時候，人比較容易變得易怒和具有攻擊性。我們的確應該試著更加了解在決策時生理狀態會帶來什麼影響。最近的實驗開始探討飲食對於受刑人的行為會有什麼影響，結果顯示若在食物中補充ε-3（Omega-3）和必需的維生素，暴力行為可能會減少三分之一。未來我們實在應該在這方面做進一步的實驗。[54]

雖然科學成功幫助我們解決犯罪，以及探討我們的行為會受到哪些短期的影響，但還是沒有幫助我們理解犯罪行為的源頭到底何在。我們很難拒絕用生物學上的測試或是指標來理解犯罪，我們未來也不該因此而抗拒更多富有啟發性的研究。但是目前為止的結果的確令人失望，大概都只是換一種說法重新描述一些我們已經知道的事實。例如：難道我們真的需要腦部的掃描研究，來告訴我們極端的虐待和放置不管會讓兒童比較容易出現行為問題嗎？如果知道了兒童時期受到的虐待和忽略可能會帶來生理和心理上的損傷，我們就真的會改變態度和回應的方式嗎？

想要找出我們的性格在生物學上的指標和由來，從許多方面來說都像是在拆解一組俄羅斯套娃。一開始是一群十九世紀的生物學家想要從人類外觀找到答案。之後，研究者的注意力又轉向大腦和荷爾蒙。接著我們注意到了基因的世界。現在的焦點則是表觀遺傳學（epigenetics）。生物學家在每一個階段都承諾我們會找到新的事實，也一直發明新的語言以解釋他們所做的努力。但是在每一個階段，我們都發現人的環境和經驗會以複雜的方式，進而和他們的生物性相互影響，其實很難理得清楚其中脈絡。當我們試圖解開這個交錯的網絡時，其實我們對什麼都不確定。唯一能確定的是我們的經驗、社會脈絡和其間的互動都具有重要性，而且會大大的影響到犯罪率，如果有想法宣稱我們早在一開始註定擁有一個犯罪的人生，它絕對應該被畫上一個大大的問號。

迷思六　貧窮是人們犯罪的真正原因？

「工人過著貧窮困苦的生活，同時看到別人的生活比他好，他想不通，為什麼為社會付出更多勞動的人比有錢懶蟲受了更多的苦難。貧窮戰勝了他對私人財產的尊重，於是他開始偷竊……」

——德國社會主義哲學家斐特烈．恩格斯（Friedrich Engels）[1]

「雖然我們一般都說犯罪是貧窮造成的，但這其實是對窮人的一種詆毀。」[2]

——美國記者、諷刺作家亨利．曼肯（Henry Mencken）

密切的關係

在二〇一三年九月，底特律正在進行一項拆除十四層樓公寓大廈的工程，這可以說是底特律中心的布魯斯特-道格拉斯住宅建築計畫（Brewster-Douglass Housing Project）的核心。龐大的切割機器推倒了許多紅磚牆。機器噴灑了幾加侖的水來減少飛揚的塵土。旁觀者紛紛回想起這個區域的種種。道格拉斯．弗勒（Douglas Fuller）一輩子所住的這個地方，現在附近已經被夷為平地了，他說：「那時候大家的收入都不高，所以——你知道的——我們就會照顧彼此。」[3]新聞報導一直重複提醒我們一些在這棟大樓中成長的底特律名人，包括女歌手及演員黛安娜．羅斯（Diana Ross）。

不過，整體的氣氛其實像是節慶般歡樂。根據底特律市市長（同時也是前籃球明星）戴夫・賓恩（Dave Bing）的說法：這次拆除是一連串重建的開頭。布魯斯特-道格拉斯計畫其實象徵著這個城市的衰敗。從一九九〇年代開始，它就成了城市甚至是整個國家中最貧窮、也最危險的地區之一。根據賓恩市長所說的：「長久以來，這個地區已經成了城市的毒瘤和犯罪的溫床。」[4]弗勒先生也說：「我想是該改變的時候了。」[5]

犯罪和貧窮在布魯斯特-道格拉斯計畫中產生了連結，這也反映在整個城市的治安上。在二〇一三年美國最危險地區排行榜中，底特律三個最貧窮的地區都上榜了。[6]雖然底特律有些近郊住宅區其實相當富裕（而且安全），但是總體來說，許多人還是認為底特律就是犯罪與貧窮共生的代表城市。三分之一以上的底特律居民生活在貧困之中，因此它是全美國最貧窮的大城。它在二〇一三年的所得中位數（median income）僅僅只有每年二萬五千元美金，失業率在全美國城市中也是數一數二，幾乎是全國平均的兩倍。[7]同時犯罪率也居高不下。人們總是說底特律的犯罪率很高，底特律人對此也感到很無奈，因為這好像就抹煞了他們所提供的其他貢獻，又無從否認起。《富比士》（*Forbes*）雜誌根據聯邦調查局的犯罪統計資料，在二〇〇八年到二〇一三年之間連續把底特律列為美國最暴力的城市，而且標題還語意不清，譴責這裡是「美國的謀殺案之都」。[8]在二〇一三年，底特律的致死暴力案件的確是全國平均的十倍。[9]

大家都知道犯罪和貧窮之間的關係，而且這也是「受害者與生存者」觀點的核心概念，這個觀點認為犯罪要不就是對經濟需求的直接反應，要不就是各種不平等的結果。但是，我們發現這個關係或許並不像持有這種觀點的人所想的那樣可以清楚二分。幾乎所有已開發國家在一九六〇年代到一九九〇年代的犯罪率都上升了，即使是在絕對貧窮（absolute poverty）和相對貧窮（relative poverty）❶都有減少，或至少是維持不變的時代裡犯罪率仍居高不下。接著從一九九〇年代開始，犯罪率又迅速的下降，但是當時幾個已開發國家的貧困程度都沒有重大的改變，而且還有一些衡量方式認為其實不平等的狀況大幅提增了，尤其是在美國和英格蘭，但是這兩地的犯罪率反而都明顯下降了。已開發國家雖然變得比較貧窮了，但是犯罪率並沒有跟著提升。

不過，在一個城市或是區域之內，貧窮和犯罪之間的關係的確還是存在的。城鎮中心的犯罪案件會比住宅區多，因為城鎮中心會有許多人經過，而且那裡商店很容易遭逢竊盜，晚上飲酒狂歡的人也會發生衝突。但是所有資料都顯示城市中最貧窮的地區才讓人感到最不安全，如果你本身就很窮，還很可能成為犯罪的受害者。貧窮的英國家庭（收入水準低於一萬英鎊）最容易受到小偷光顧，如果他們有車的話，輪胎被偷的機率也很高。[10]犯罪率高的住宅區通常也是資源較為匱乏的地區。紐約的司法地圖繪製中心（Justice Mapping Center）最近開始把各人口普查區的貧窮和犯罪狀況標示在地圖上。他們用淺顯易懂的圖解方式，標示出人口普查區中的「百萬街區」，即一年要花超過一百萬美元

---

❶ 編註：「絕對貧窮」的定義是收入只能維持生存，和同時期社會發展水平相較仍處於較低的生活水準，貧窮線以計算出基本生活費用為主。但由於貧窮線界定除了要看到人們固定的生理基本需求，也應顧及不同層級的貧窮現象，因此另提出了「相對貧窮」的概念，指收入比一般人少，無法維持一定的生活水平，其所能運用的資源遠少於其他人，容易被排除在一般社會活動之外，個人的物質和精神需求無法被滿足。

在被關押的居民身上的地區。就像司法地圖繪製中心的主任埃里克・卡多拉（Eric Cadora）所指出的：「從來沒有人真的坐下來，仔細看看每個要被關進牢裡的人住在哪裡、他們的年齡和就業狀態等背景資訊。如果你得到了所有資料，其實它們會告訴你這個街區將發生什麼事。」「看看我們在幾乎十年前標出的百萬街區，都是些公共住宅很密集的地區，小小的公寓建築全部都擠在一起。」[11]

極端貧窮和犯罪之間的連結，不同的政治觀點會依此作出不同的解釋。「受害者與生存者」觀點傾向於強調失業和低收入所帶來的直接影響。不過在政治光譜中偏右的人，也很歡迎貧窮會帶來犯罪這個想法。「英雄與壞人」觀點認為貧窮本身不一定是問題。是因為個人和社會迷失了方向，先是容忍某些人沒有工作，接著來的就是邪惡和犯罪了。州救濟金並沒有提升社會福祉，反而還常預伏了未來的問題。就像是前英國首相大衛・卡麥隆在回應政府對於二〇一一年的倫敦暴動做何反應時，他說：「我們的社會對這種暴動要做的最大反擊之一，就是修復我們的福利制度。好幾年來，我們的制度就是在鼓勵最不可取的那群人——我們鼓勵懶惰、原諒偏差的行為、削弱個人的自律，讓努力工作的人感到洩氣。」[12]

也不只有個人會感受到貧窮的影響力。例如：左翼的時事評論家常說極端的貧窮讓整個社區都失去了幫助自己的能力。而右翼則通常認為如果一個社群既不工作，又缺少能起積極作用的榜樣（例如父親），會更進一步加速道德的淪喪。

這些關於犯罪和貧窮的觀點都有了重要的結果。它們引發了對於公共福利制度的全國性辯論。它們影響到我們認為有多少比例的稅收該重新分配。也讓我們嘗試著讓年輕人不至於陷入犯罪，或是讓犯過罪的人不至於再犯。所以我們勢必要挖掘得更深，了解貧窮和犯罪之間的複雜關係。我們必須要知道貧窮如何影響一個人的犯罪行為。我們首先要探討的是像是布魯斯特-道格拉斯計畫這樣貧窮、高犯罪率的地區，還有底特律市整體。

改變的面貌

布魯斯特-道格拉斯計畫其實並不一直是底特律的恥辱。當它在一九五二年完成時，其實為上百個住進那裡的工人家庭帶來了至上的喜悅。如同一位卸任警督所說的：「當我搬進去的時候，我覺得像是死後上了天堂。」[13]這區域像是對底特律貧民窟的救贖，一個帶來希望和樂觀的地方。那時候的底特律前景看好，有將近兩百萬的居民，居民也幾乎都有工作。「三大」汽車公司福特（Ford）、通用汽車（General Motors）和克萊斯勒（Chrysler）都是主要的雇主。當然這個城市也不是沒有社會問題，種族隔離措施便執行得很徹底，不過比起其他的許多城市，歧視可以說是少得多，犯罪也不特別多。舉例來說：當時的謀殺和搶劫率就比二十世紀末時少了七倍。

但是這個城市在一九六〇年代和一九七〇年代開始改變了：它的全球汽車工業龍頭的地位在那時候開始不保。隨著工作機會的消失，底特律的數十萬居民也跟著遷出了。底特律在一九五〇年還是全美國第五大城，有將近兩百萬人口。到了一九九〇年，只有一百萬人還住在那裡。而到了二〇一〇年，底特律的人口只剩下七十一萬三千七百七十七人，只有極盛時期的三分之一。

人們離開城市的理由各異，每個決定都會受到許多因素的影響。經濟在一開始是驅動力。而隨著工作機會消失、隨時要面臨裁員的威脅，有辦法搬家並在其他城市找到工作（或是找到更好工作）的人就會這麼做。擁有技術、可以適應新環境以及管理階層的人，通常是第一批離開的。

接著在一九六〇年代早期，整個動態又變得更複雜了。人口減少造成對房屋的需求下降，住在底特律市中心的有錢黑人家庭發現他們可以搬到相對繁榮的城市近郊，也就是過去通常由白人居住的地區（但是這些白人現在搬走了）。黑人的遷移改變了這些地區的社會和種族結構。許多白人變得不像以前那麼安居樂業了，也或許是在種族隔離的年代中，覺得住在一個種族混合的地區不太自在，或就只是擔心房價會下跌。他們的反應是搬到距離城市更遠的地方，或是一起離開。整個地區從本來幾乎都是白人，在十年內變成幾乎只有黑人。

像布魯斯特-道格拉斯計畫這樣曾經令人滿意、大多數是黑人的地區，也發生了一連串的連鎖反應。過去只讓有工作的家庭可以申請入住。不過現在，比較富有的非洲裔家庭已經負擔得起城市近郊的生活了，他們對於計畫房屋的需求下降，底特律房屋委員會（Detroit Housing Commission）也就沒有那麼多選擇。委員會只好讓沒有工作的家庭也搬進去，甚至有許多住戶已經不再像以前的居民那麼守法了。於是布魯斯特-道格拉斯計畫開始變成極端貧窮和高犯罪率的代名詞。愈來愈多人從這個城市和計畫住宅中搬離，於是公寓中的空屋也愈來愈多。它們都成了無所事事、沒人管的青少年的遊樂場，也成了毒販的交易場所，甚至是破壞公物者和縱火犯的目標。

從一九六〇年代的後期開始，這個不可逆的趨勢更加快了速度。整個美國的種族緊張情勢都在升溫，不過底特律的緊張氣氛更是上升到了臨界點，底特律警察局（Detroit Police Department）以白人警察占絕大多數，他們的歧視作法更使得情勢一再惡化。底特律警察局在一九六七年逮捕了八十二名非洲裔美國人，當時他們正在一個無照酒吧中慶祝兩名越南士兵的歸國，這次逮捕的舉動引發了美國史上最嚴重的暴動之一。七月所發生的事件後來整整延燒了五日，讓當局完全失去控制。最後有四十三人死亡（包括三十三名非洲裔美國人）；超過兩千棟房屋遭到搶劫或是被焚毀；逮捕人數超過七千人（大部分是非洲裔美國人）；因犯罪而遭受的損害據估計為四千萬至八千萬美元之間。[14]

這場暴動無可避免大大影響了企業家和居民對於安全度的觀感。許多受到影響的小型企業選擇不再開業，或是搬到比較安全的地區，這使得底特律市中心成了空城，稅收也是空前的少。「白人群飛」（White flight）*1一發不可收拾，比如在一九六六年（暴動發生之前），便有兩萬兩千人搬離了底特律。[15]但是在暴動發生的隔年，一九六八年，離開人數達到八萬人，直到一九六九年離開人數才減少到四萬人。在一九七〇年，底特律的白人還略多於黑人，但是人口持續移出，到了一九八〇年，白人只占了人口的三分之一。

當然也不只是暴動的影響和持續的經濟問題，才導致人口不斷流失。快速增加的犯罪率也把居民一直往外推。從一九六〇年代開始，底特律的街頭愈來愈常看到幫派分子，他們販賣毒品、恐嚇居民，還製造暴力衝突。這個城市在一九六〇年只有一起謀殺案，但是到了一九七〇年代，每年都發生

*1 譯註：指歐洲裔美國人從種族混雜的城市地區，大規模遷移到郊區或是遠郊地區。

十幾件以上的謀殺案。在一九八〇年代和一九九〇年代，每年都有大約二十人遭到謀殺，這個城市整體犯罪率的上升，遠高於整個美國的平均上升幅度。全國的犯罪率在一九九〇年代是下降的，但是底特律的犯罪率只呈現緩慢下降，最後的數字還是很高。在二〇〇〇年代，這個城市的謀殺率是紐約的五倍以上，而整體犯罪率更是居美國所有的主要城市之首。

白人先離開了，但是有能力搬進去的黑人也一樣想要逃離無工作可做和犯罪充斥的處境。在二〇〇〇年和在二〇一〇年之間，這個城市又搬走了二十五萬居民，其中有四分之三以上是黑人。❶16 因為會繳稅的居民都搬走了，所以這個城市的課稅基礎（tax base）*2 一直在縮小，市政單位也無法提供良好的公共事業服務了（當然也包括警察維安在內），預算也無法收支平衡。底特律市不停向外擴張的地理區使得維護也所費不貲。這個「汽車城市」（Motor City）從來沒有建設過地鐵或是輕軌網絡，而無人居住的空屋不僅成了縱火的目標，就連隔壁鄰居看了也很不順眼。對於公共事業服務的需求日益升高、政府功能不彰或甚至公然貪污，都使得問題益發嚴重。

底特律在二〇一三年宣告破產。有些人冀望破產可以讓這個城市開始重建，但是也有人擔心這只會讓這個城市更難吸引（和留住）擁有技術的勞動力，和製造更多的社會問題，例如犯罪率。

底特律的劇烈變化算是不太尋常。不過這的確就是一般的狀況，城市和鄰近地區並不總是靜態維持不變。就算是磚塊、水泥都一樣在那裡，住在其中的人還是會變的。當底特律在經濟上遭逢問題時，它的社會結構也發生了改變。最富裕和擁有技術的勞動力，以及可以在其他城市看到可能性的人，大概都離開了這個城市。而在這場混亂中還留下來的人，要不然就是對自己的社群擁有熱烈的情感和忠誠度，要不然就是在外面沒有選擇的可能性。留下來的居民包括領養老金的人（他們不需要工作），以及技術有限、在其他城市沒有競爭力的人，或是就業了也沒有什麼好處的人。底特律韋恩州立大學（Wayne State University）的公共政策學教授大衛・馬丁（David Martin）說：「有足夠財力可以離開的人、有工作的人……他們都是有能力用自己的腳投票（出走）的人。」[17]民意調查也支持他的主張，有半數還留在底特律的居民表示如果有能力，他們還是會考慮離開。[18]

底特律的故事帶來了新的可能性，還有體認到人們居住的地方並不會永遠保持不變。例如：我們很快就可以看到不一定是貧窮導致犯罪，在某種意義上，犯罪也會帶來貧窮，因為它趕走了比較富裕、有能力在其他好地方謀生的居民。逃離底特律的人一定會說犯罪是他們離開的主要原因，因為他們成了受害者。如同一位居民在最近說過：「我成了重大犯罪的受害者，之後我就離開了底特律。我以前的鄰居只剩下一個人還留在那裡。我現在住的這個城市近郊的住宅區，幾乎所有鄰居都是因為暴力和犯罪而離開底特律，許多人是在過去十年間離開的，我也是。」[19]

底特律並不是一個特例：不論在全世界的哪裡，安全感一直是影響房價的重要因素。有問題的鄰居絕對是讓潛在買家打退堂鼓的重要原因，也會讓房地產大幅貶值或是沒有銷路。例如有一位想要賣房子的蘇格蘭人說：「我們一直想把房子賣掉，但是因為我們的惡鄰居（他們是找上私人房東承租那

❶二〇〇七年之後的房屋崩盤，可能是壓死駱駝的最後一根稻草：許多地區的房屋幾乎賣不出去（三個臥房的房屋售價只有五百元美金）。

*2 譯註：指確保某種稅制得以實行的稅收經濟基礎。

棟房子的），害得我們每次都被打回票。我們的惡鄰居常常和警察起衝突，多次進出監獄，這在附近十分出名。連他們的房屋外觀都讓人望之卻步，看看他們的花園一團亂，窗戶和門的玻璃也常常是破的。」[20]

的確有許多研究認為住在犯罪者的附近會影響房地產的價格。美國的《梅根法案》（Megan's Law）要求性侵犯登錄住址，因為大眾有知的權利。德州大學的利．林登（Leigh Linden）和在哥倫比亞大學任教的喬納．E．羅克夫（Jonah E. Rockoff）利用這個資料，研究出如果來了一名性侵犯，附近的房價平均會下跌百分之十二，但是超過兩百碼之外的房價就沒有影響了。[21]人們當然會付錢遠離有前科的人，這也不令人意外。猶他州（Utah）的楊百翰大學（Brigham Young University）的亞倫．波普（Jaren Pope）副教授也發現了類似的結論，但是他同時也發現，只要這位前科犯搬離，房價就會回復了。[22]在英國，倫敦政治經濟學院的史蒂夫．吉本斯（Steve Gibbons）博士進行了一個範圍更大的研究，他不只針對性侵犯，也針對整體犯罪率。雖然要把對房價的影響因素完全分開來是不可能的，不過他仔細得出的估計值還是告訴我們：與鄰近地區的平均房價相比，記錄在案的犯罪案件如果減少百分之十，房屋售價就會增加大約百分之一點七。[23]

當然如果可以得到寬敞的房子、短通勤時間或是當地的便利設施，人們還是會願意承擔某些風險。例如：大城市生活帶來的愉悅和收入，有部分就跟汽車或是腳踏車比較容易被偷互相抵銷了。不過如果是最容易發生犯罪的住宅區，會住在裡面的居民大概還是和這個地區有著強烈連結的人，或是對於住在哪裡沒有什麼選擇權的人，通常是因為貧窮才如此。雖然許多搬進貧困地區的人也很守法，但是他們整體的犯罪機率還是比搬進高價地段的人高出一些，特別是街頭犯罪。這些住戶有時候是問題的製造者，市府的單位無法安排他們住到其他地方，或許他們產生太多問題，讓他們現在的鄰居感到無從喘息。也或許，他們只是想努力保有一份固定的工作，因為他們的某些行為特質會讓他們比較容易犯罪，如同我們在迷思三所討論的衝動、與權威者的問題和低教育成就等因素有關。

邁向機會

人的流動性通常很高，而且也不喜歡住在高犯罪率的地區，研究者如果想要知道貧窮和失業對於犯罪的影響，上述都會讓研究變得更加困難。雖然犯罪和貧窮總是分不開，但其實它們的關係也有可能是社會的排序和淘汰造成的附帶結果：愈貧窮的人只能住在犯罪率愈高的地區，但是較富有的人卻可以離開那裡。我們必須釐清財務上的困境（或是新得來的財富），是否會或是如何將人們推向犯罪。我們也必須理解住在極貧窮和高犯罪率的地區是否對居民造成影響。但是我們要怎麼做呢？畢竟，人們當然就是住在他們會住的地方，我們不可能強迫誰搬家，好讓我們觀察結果。

艾尼克（Anique）說：「自從搬來這裡之後，到目前為止，我還沒有聽過槍聲，一次都沒有。我也說不上來——那是我沒辦法理解的一件大事，如果你成長在一個每天都會聽到槍聲的地區，你根本不會知道那其實不該是個常態。」[24]自從她搬到洛杉磯東邊的聖博納迪諾郡（San Bernardino County）之後，艾尼克看起來很滿意她現在的生活。她似乎感到很幸運，因為她覺得自己的女兒克萊拉（Clara）不必和她一樣，過著每天會聽到槍聲的生活。而她也真的夠幸運。她是靠著一個史上最雄心勃勃的社會實驗，才能夠搬到一個比較好的住宅區（全美國有數千個家庭受到這個實驗的幫助）。

沒有太多人知道這個叫作「邁向機會」（Moving to Opportunity，簡稱MTO）的研究，這讓人有點驚訝，它是由美國住房及城市發展部（US Department of Housing and Urban Development）在一九九四年進行的一個計畫。這個耗資八千萬美元的社會實驗記錄了將近五千個非常低收入的家庭，其中大部分是黑人和西語裔的家庭，其中許多人先前住在巴爾的摩、波士頓、芝加哥、洛杉磯和紐約的政府為低收入戶所蓋的國宅中（也就是所謂的貧民窟），靠社會救濟金生活。「邁向機會」計畫是由政府提供房屋津貼給這些家庭，讓他們搬到比較富裕的地區，而許多鄰居（也參與在這個研究之中）則仍留在原來住的地方。當然有些家庭拒絕了，他們選擇與原有的朋友和家庭網絡繼續保持緊密的關係，不過這些留下來的家庭仍持續接受追蹤。研究者會定期訪視所有家庭，看看他們現在的情況如何，也會記錄下他們的健康、就業、財富和犯罪狀況。

推動這個計畫的人很確定他們會看到成果。不過這個計畫也不是沒有遭到反對。澤維爾・德索薩・布里格斯（Xavier de Souza Briggs）、蘇珊・波普金（Susan Popkin）和約翰・戈林（John Goering）為實驗出版了一本書，三個人在書中說：的確曾經遭遇劇烈的反彈聲浪（主要是在巴爾的摩附近），當地的東方政治協會（Eastern Political Association）積極發起反對運動。巴爾的摩郡的艾塞克斯（Essex）鎮上張貼著海報，上面寫著：「聽聽我們的怒吼（HEAR US SHOUT）。充斥著毒品和犯罪的拉斐葉（Lafayette）收容所和摩菲（Murphy）收容所（兩者均位於巴爾的摩）的人，現在可以搬來艾塞克斯了。『邁向機會』計畫會對我們這些鄰近的地區、我們的學校和許多家庭（郡級的社會福利制度下原本的服務對象）造成影響。這不是種族的問題。這事關艾塞克斯居民的安全和素質教育。」[25]當地反對這個計畫的激進分子還提出了另一件令他們大感擔心的事。「這裡的人也是從巴爾的摩市搬來的，他們工作賺錢，然後搬來這裡。但是現在有人可以不必工作就搬來這個街區，他們不但享有全部的房租補貼，還可以把孩子送到和我們的孩子一樣的學校。這並不公平。」[26]最後是柯林頓政權內部的政治人物（這個計畫的幕後支持者）保證在巴爾的摩進行的MTO計畫還是會繼續進行，但最後規模縮小了一些。

其他地方的反對聲浪比較溫和，不過因為擔心激起對立，MTO還是以其他四個城市為主要目標，並且相對而言低調了一些。他們與數千個家庭接觸，大體上都獲得正面的回應：有五千三百個家庭申請了這個計畫。不過和研究者一開始預期的不太一樣，申請者的主要理由並不是為了工作機會。不過如果想想底特律的例子，這應該也不令人感到驚訝，相反的，在五個家庭之中，有四個會說安全是他們主要的動機。[27]

並不是每一位申請人都會被選上：只有其中的三分之一（共一千八百二十人）會被選為實驗組。他們會享有搬家的諮詢服務、搜尋協助，還可以憑收據領取津貼，但是他們搬去的地方貧戶居民必須少於百分之十，才可以得到以上好處。另外三分之一還留在原本政府為低收入戶所建的國宅中，而且沒有獲得任何支援（對照組）。剩下的家庭則會獲得一定限度的支持，包括一般的搬家諮詢服務和可用於私人租屋市場的津貼，但是沒有搜尋協助。對於那些足夠幸運得到支援的家庭，唯一的條件就是他們必須留在低度貧困的地區至少一年，才能夠搬走。

在搬家的人身上發生了非常巨大的效應。MTO所牽涉的家庭（就像是艾尼克和克萊拉）之前都是住在一些最貧困、也最危險的地區，還不是像一九八〇年代的底特律布魯斯特-道格拉斯計畫那樣的地區。在研究開始一年之後，（沒有受到任何支援的）對照組所居住的地區會有大約百分之四十到八十的家庭處於貧窮之中。不過搬家者的新地區是比較富裕而且安全的地區。發生在新社區的犯罪幾乎只有他們逃離的那個地區的三分之一。[28]

有眾多母親都享受到了好處，艾尼克只是其中一位。她覺得新搬去的地方一整天都很安全，有百分之九十二的搬家者也這麼覺得。留在原地區的人只有百分之八十覺得他們在白天是安全的。[29]安全也會帶來其他好處。在五年後，對於參與了這個計畫的部分家庭所做的後續研究中，研究者注意到從他們訪談的母親身上，都可以發現一個變化。平均來說，她們的心理健康都改善了，心理壓力和沮喪感也減少了超過20%以上，其效果堪可比擬某些最能夠見效的藥物治療方式。壓力等級降低的原因之一，是母親比較不必擔心自身和女兒的安全了。幾乎所有留在貧困地區的婦女都提到社區的男人對女人有多壞，而她們指控的行為從侮辱性的言語到強暴都有。布莉安娜（Briana）也和艾尼克一樣，原本住在洛杉磯中部一個很貧窮的國宅區，現在搬了出來，她說：「（在我原本住的地方）他們就是那樣的。他們不喜歡像我這個年紀的婦女。他們會找上十二歲的、十一歲的女孩，給她們吃藥，那不好……我看過這種事發生在很多年輕女孩身上……我不要我的女兒變成那樣。」[30]

安全性提高在心理健康方面所帶來的好處，即使在她們搬家十到十五年後依然感受得到，雖然在那個時候，許多受試者因為個人因素（想要住得離工作近一點，或通常是因為房東提高了租金）又不得不搬到另一個比較貧窮的地區了。另一個長期的收穫是身體健康，搬家的成人患有極度肥胖或是糖尿病的程度都減少了百分之四十到五十。研究者認為這是安全感帶來的另一個好處：當一個人那麼焦慮的時候，就比較會注意照顧自己的身體健康。[31]

與身心獲得健康的好處相比，他們的財富狀況其實改變得並不多：父母親在搬家後還是像以前一樣沒在工作，即使他們有工作，賺的也不比那些仍留在貧困地區的父母多。[32]從很多方面來說，這個結果也算在意料之中：這個計畫並沒有設法解決技術不足的問題，或是其他許多會讓就業充滿困難的因素。不過這還是讓我們了解到許多人都高估了有個正常工作的鄰居所帶來的影響力，以為這樣就會對個人的工作積極度和能力有相當正面的影響。

研究者預期他們會看到搬家兒童的人生獲得改善，還很自信的預測不論是在短程或是長程都會帶來影響。他們還認為一定是男孩的獲益最大，因為這樣一來，男孩就不會加入鄰近地區的幫派，也可以避開加入幫派必須承受的風險。他們也希望學校的成績改善和未來的就業前景，將使得參與計畫的孩子人生獲得改善。

但是結果出來之後其實是令人感到失望的。女孩們的心理健康在搬家後的頭幾年的確略有改善，「危險行為」（例如未成年性行為和未採取預防措施的性行為）也減少了一點點。[33]但是整體的影響算是非常小的。而男孩們甚至還更糟。從很多方面來說，他們的結果還比本來更糟。在搬家十年之後，被學校開除學籍的男孩增加了百分之二十，而且也比留下來、沒有搬家的男孩更常遭到逮捕。所有搬家的兒童都比他們還留在最貧困的社區時來得安全，但是接受他們搬去的新社區卻沒有因為他們而變得安全一些。[34]

這個發現敲響了警鐘。研究者可以理解比較好的地區為什麼沒有帶來太多不同，但是實在很難說明為什麼男孩們的表現甚至變得更糟。在尋找答案時，研究者更進一步挖掘了他們所收集到的資訊。他們發現的第一件事，是搬家的男孩整體而言逮捕率變高了，但是暴力犯罪的逮捕率其實降低了。他們也發現如果男孩又搬回比較窮的社區，暴力犯罪和財產犯罪的犯罪率就都會回到與沒有搬家的男孩差不多的水準。[35]這很有趣。這表示一個人住在什麼地方對於他想要犯罪的意願並沒有太大影響，但是會影響到他的犯罪類型。男孩們在新的地區比較有機會犯下財產犯罪，但是暴力衝突的風險就相對減低了。

搬家會影響一個人「當下」決定要犯什麼罪，這個想法也與我們在前文（迷思三）中觀察到的事實相吻合：當下的環境會對犯罪率具有一定的重要性，有錢的社區會提供更吸引人的搶劫或是偷竊的目標，所以會增加犯罪。但是這也凸顯出一個有趣的點：房屋的類型會影響犯罪的型態。最近在匹茲堡所作的研究顯示，高樓層的國宅區比較容易成為暴力事件的犯罪現場，但是比起低樓層的國宅，它的竊盜案件就少得多。[36]這大概是因為在七樓偷了東西之後很難快速脫身，但是這麼說的話，要從打鬥中逃脫，應該也一樣不容易。

我們無法完全確定為什麼搬到了比較好的地區，對搬家者的整體犯罪程度卻只有這麼小的影響。不過，最有可能的答案應該是犯罪與居住地區的相關性，其實並不像許多人所想得那麼高，家庭的影響才是最重要的。我們已經討論過（在迷思三和迷思五）在兒童時期受到父母的養育和教育，會對犯罪行為有什麼影響，研究者也發現這同樣適用於搬家的兒童。雖然他們搬過去的社區比較富裕，但是許多社區並沒有好的學校。即使有好的學校，名額也有限。或甚至是父母們其實並不（像研究者所想的）那麼在乎為孩子找到好學校。這有時候是因為想要維持安定，可以看到許多家庭即使在搬家之後，還是讓他們的孩子留在原本的學校。不過這似乎也顯示出父母對他們的孩子是否可以在學業上取得成功，抱持的是一種宿命論的態度，他們認為孩子在學業上的成就如何，靠的是孩子的天資，而不是老師的教學品質，而且這些父母的期望也比較低。許多母親的主要目標只是找到一間安全的學校，而不要「太靠近貧民區」。

研究者也注意到家庭和同儕的影響還是很大的，尤其是對於男孩來說。相較於女孩，父母會給男孩比較多的自由，父母比較不會擔心兒子的安全，也比較會縱容他們去做一些危險的行為，而嘴上總是說：「男孩子就是男孩子。」因此，（與女孩們相比，）男孩們會比較常回到他們原本住的地方，和他們原本的朋友玩在一起，因此也和新社區的連結比較少。他們和家族成員之間的關係也依然維持著，因為大部分搬家者都沒有離開他們原本居住的城市。但是和許多人認為的不同，這不一定是件好事。對於這些年輕人來說，父親和男性親戚帶來的影響通常反而是最壞的，尤其是因為他們之中的很大一部分人都有犯罪紀錄。來自洛杉磯、十七歲的克雷格（Craig）就告訴我們他那暴力的父親、和他母親的男朋友對他帶來的負面影響（據稱他母親的男朋友虐待他）。他告訴他的訪視員：「我實在很怕我沒辦法加入軍隊，然後下半輩子都必須待在這裡……還有別的讓我擔心的事，當我離開這裡的時候，我不想再和這裡的任何人保持聯繫了。我不會告訴他們我的電話號碼之類的。我會徹底的離開……我不想再和他們有任何牽扯了……那些親戚們，我大部分的親戚。」[37]

「邁向機會」當然只是一項在全美五個城市所進行的研究，但是它的發現也一樣適用於其他地方。相對而言，對於個人的行為和成就，鄰近社區的影響通常是比較小的。舉例來說：英國的數據顯示住家附近的社區類型，不會對學童成績造成影響，對兒童學校教育、財產使用和反社會行為的普遍態度，也都不受此因素影響。[38]也有研究者在調查了英國的不同城市和不同社區之後，同樣發現會決定平均薪資的因素，有超過百分之八十和住在該地區的居民特質有關，遠遠超過地區本身帶來的影響。[39]人們與生俱來或是從家庭和其他親密關係中發展得來的特質，似乎比住在他們附近的人更重要。

金錢的奇異影響

我們現在知道，即使不是住在那麼貧困的社區，也不一定會改變兒童的行為，那麼為了減少犯罪而建立混合型的社區，這種政策到底是不是那麼有效，就很值得懷疑了。或許社會群體的混合的確有其他好處，但是國宅補助的好處，看起來並不包括減少犯罪，而且它也真的所費不貲。不過，其他直接針對貧窮的政策（其目的是在減少犯罪），成效又如何呢？如果我們改善就業前景，或是增加、重新安排或是重新分配國家利益，是不是就可以減少犯罪呢？

對於犯罪學家來說，如果能夠制定一個計畫，隨機的分配富者和窮者、就業和失業，這當然是最理想的。但是這類實驗當然絕對不會獲得政治人物的支持，因為如果要讓比較貧窮的家庭搬到比較富裕的地區，政治人物會擔心選民的反應。或許彩券提供了一種最自然的方式來研究財富和犯罪，但是它們並不普遍，通常也沒什麼體制可言。

不過，有一些單一的個案還是可以告訴我們，新得到的財富並不總是可以保護人遠離犯罪。愛德華·普特南（Edward Puttnam）是一個有案在身的強暴犯，當他買的英國國家彩票贏得將近五百萬英鎊時，許多人都感到非常憤怒。不過讓大家跌破眼鏡的是，他接著就進了監獄，倒不是因為暴力事件，而是因為他詐領了住房福利和收入保障金，還申請了不是他應得的津貼——這發生在他贏了幾百萬英鎊之後。[40]另外一位維吉尼亞州的彩票得主凱·雷維爾（Kay Revell）最近也因為兩樁販毒案而被逮捕了，他顯然並不需要這筆錢。[41]還有一些人說不定也是因為贏得彩票才被推向犯罪的。查爾斯·里德爾（Charles Riddle）在一九七五年贏得密西根州的彩票（一百萬美元）。他的太太失控得過了頭，而他在十年後也因為販毒被判處三年徒刑。[42]德斯蒙德·諾南（Desmond Noonan）的家族一向以勒索保護費、暴力行為和散播毒品而臭名遠播，德斯蒙德沒有善用家族得到的樂透彩金，反而拿來投資上游的海洛因買賣，日後也因為毒品買賣而被判有罪。[43]

所以，貧窮和犯罪之間其實沒有單純而必然的連結。毋寧說是犯罪和收入之間的關係極為複雜，而且是雙向的，犯罪通常也會造成貧窮。[44]畢竟如果因為犯罪而被抓，你很可能會失去工作，未來也不一定有機會再找到工作，收入的前景堪憂。在大部分國家，即使只是因為一點小事而被判有罪的人，在有罪判決後的五年到十年間，還是必須把他們的犯罪紀錄告知潛在雇主，這對於數千名正處於生命中關鍵時刻的青少年而言（他們正屬於最需要工作經驗和技能，好在未來的就業中取得競爭力的年紀），無疑對他們的就業造成了阻礙。

財富也可能帶來犯罪機會。在人們手握現金、情緒達到最高點的時候犯罪也到高峰，這裡指的也就是發薪日，全世界大部分的國家皆然。尤其是暴力犯罪會一發不可收拾，通常甚至會衝到平日的兩倍，因為領到薪水的人會花錢喝上一杯、嗑藥或是接觸任何他們覺得可以拿來慶祝的東西，但是接著，他們就會因此而發生各類型的社會衝突（參見迷思十一）。除了發薪日會影響社會常規之外，就業模式的大幅改變也會。竊盜率在一九六〇年代之後大幅攀升，部分原因是有愈來愈多的婦女開始外出工作，所以家裡就沒有人顧了。財富在某種意義上也會鼓勵犯罪，想想人們有了錢，通常就會買一些相對而言比較容易偷、也是大家想要的東西。隨著愈來愈多的家庭負擔得起電視和錄影機之後，竊盜案件也跟著增加了。但隨之在一九九〇年代又下降了，因為當時家庭用品變得比較便宜了，而且可攜帶式的新商品（例如手機和筆記型電腦）才是人們比較想要的東西：這也可以說明為什麼行凶搶劫的案件，相較之下減少速度變慢了。

如果研究者有機會追蹤受試者的一生，就可以有效的檢驗特定個人對於財務需求的反應是什麼。其結果確認了大部分人並不會在失業之後立刻轉向犯罪。但如果是有前科的人，在沒有工作之後，的確比較容易開始犯罪：這樣才能夠讓他們勉強糊口，因為人失去工作通常也是在發生了其他會帶來壓力的事件之後，或也可能是因為他們（在失業後）有比較多時間處在一個結構鬆散又不受監督的環境中。[45]人會覺得貧窮和犯罪之間有連結，其實還有另一個明顯的矛盾。在十幾歲和二十幾歲初期就在工作而且賺得最多的人，其實在同儕中是最容易犯罪的。[46]這或許是因為他們有能力不靠父母的照料獨立生活，但是惹上麻煩的風險也更大，不過也可能是因為很早就離開學校的青少年，通常是學業成績不太好或是無法適應學校紀律的人。他們可能會更努力爭取從家庭中獨立、獲得自由，也有些例子是他們與家人處得並不好。沒有賺那麼多錢或是沒有工作的年輕人，通常會選擇住在家裡，犧牲他們短期可以獲得的收入，並受到自由上的束縛，以換取未來更好的前景。

工作是很重要的，但是也不像許多人先前所想的那樣。我們也可以在離開監獄的人身上看到這點。有愈來愈多的研究指出，幫前科犯找到工作，可以減少他們未來再犯的機率，只要犯罪者喜歡他們的工作，覺得工作可以為他們帶來成就感、地位和對未來的希望。[47]只有收入是不夠的。

就算讀了許多新聞報導，你也不會發現犯罪、貧窮和失業之間的關係原來是這麼有限。英國在二〇一一年決定刪減失業救濟金，並將「工作計畫」（Work Programme）*3擴大施行至前科犯，報紙上隨即刊出了一連串故事（用意是為了支持保守黨的政府）。《電訊報》有一則標題是：「三分之一的失業者都是曾受判刑的前科者」，而《每日郵報》則有一則報導是「失業救濟金的三分之一領取者都曾有過犯罪紀錄：給社會底層的二十億英鎊補助首度上路」。[48,49]這些報導根據的資訊的確是正確的。它們只是沒有說根據某些估計，英國有四分之一的人口都有過犯罪紀錄。雖然大部分人都只是受到警告，或是只犯過一次輕罪。[50]

政府同時也引進了「統一福利救濟金」（Universal Credit），好讓「工作更有價值」。這項政策的

*3 譯註：以工代賑計畫，不給長期失業者救濟金，而是分派給他們一些公家或是私人機構的工作。

目標是要增加失業者的責任感和事先擬定預算的技能，方法則是每個月（而不是每週）發放救濟金。為了確保工作可以賺到錢，政府也讓稅制和福利制度相互串連，以免承擔了比較多工作的人，卻不一定賺得比較多。這個改變聽起來很簡單，但是要確保執行，卻是個需要上百萬英鎊的大型計畫。這個計畫在政治圈很受歡迎，但是，即使先不管它根本已經陷入困境這個事實，也有別的原因讓我們必須先喊停。細節還是很重要的。例如：即使只是對福利制度做出一點小變化，還是會影響到犯罪率。一項美國研究對十二個城市進行了調查，看看救濟金發放的時間會不會影響犯罪率。他們發現入室竊盜、偷竊和搶劫率在每個月的救濟金發放之前，都會略微提升，這表示錢快用完了，人就會試著透過犯罪來提高他們的收入。[51]但是在每週發放救濟金的城市，就不會看到這種狀況——這表示失業和犯罪之間的關係其實是因為計畫能力不佳，而不是單純的財務需求。[52]在轉換的時點適時的獲得財務支援也是很重要的。理論上，監獄要確保受刑人在出獄之後能夠很快的獲得救濟金和住房補貼，但是事實上，他們通常都沒有做到。

相關性理論

財務需求的複雜影響也適用於不平等的狀況。我們已經在前文討論過，犯罪趨勢並沒有真實的反映出不平等的走向，而不平等和犯罪之間，其實還有著很有趣的關係。在凱特・皮克特（Kate Pickett）和李察・威爾金森（Richard Wilkinson）合著的暢銷書《精神層面》（*The Spirit Level*）中，指出了不平等情況比較嚴重的國家如美國，謀殺率也比較高。皮克特和威爾金森認為這是因為不平等對於比較貧窮的人造成了心理上的緊張狀態。我認為這有部分是合理的。暴力的確和一般的壓力及挫折感有關，許多爭執也的確是起源於受到輕視後的反應，這可以理解成想要獲得尊敬，但是社會地位的其他來源（金錢）卻很難帶來尊敬。不過，這個連結還沒有成定論。主要是因為不平等和犯罪之間的關係實在太難驗證了。

扭轉形勢

在布魯斯特-道格拉斯計畫中的高樓被拆除之前，那些偷偷進駐空屋的人如果從窗戶中看出去，還可以看到底特律市中心的一些重要景點。穿過費舍爾高速公路（Fisher Freeway），就可以清楚的看到底特律老虎棒球隊（Detroit Tigers）的主場克邁利卡公園（Comerica Park），只隔了幾個街區，又是底特律的歌劇院和十分大型的菲爾莫爾娛樂場（Fillmore Entertainment Venue）。

到了今天，這些街區已經不存在了，但是景點都還在，而且足以象徵底特律的風華不減，甚至可以說是猶勝以往。在二〇一一年，全美國最大的線上放款公司快速貸款公司（Quicken Loans）的創立者、身價上億的丹·吉伯特（Dan Gilbert）在底特律中心進行了一連串投資。吉伯特在這個地區出生，他一手展開了堪稱史上最具雄心壯志的嘗試，即打造一個前所未有的城市。他投入了一場豪賭，花了大約十億美元在不動產上，想要用蓬勃成長的技術產業將市中心改頭換面，轉型成可以居住的地區。他在二〇一一年買下麥迪遜劇院大廈（Madison Theatre Building），並重新裝修，改建成現在的「麥迪遜大廈」（Madison Building），裡面有許多新科技公司進駐，許多還是由吉伯特的底特律創業合夥公司（Detroit Venture Partners）提供資金的。吉伯特也想要招攬其他科技公司進駐，線上巨人推特（Twitter）現在也在這裡設立辦公室了。如果大學畢業生願意到這個城市來工作，吉伯特的公司還會提供租金補貼和房屋貸款補助金。

吉伯特在試著找回這個城市的光榮。他對《紐約時報》科技線記者大衛．西格爾（David Segal）說：「這並不是唯一的解決方法。我們必須要改善教育體制。但是我們在做的依然是解決方案中很重要的一部分。我沒有辦法想像有哪一個偉大的美國城市竟然沒有稱頭的市中心。」[53]吉伯特也很明智的同時把注意力集中在安全性上。他在底特律的另一棟建築物大通大廈（Chase Tower）建立了一個指揮中心，那裡的私人安全警衛會隨時監看市中心的監視錄影系統。

改變已經是進行式了，底特律市中心的混雜程度也在改變。受過教育的年輕勞動力相繼而來，然而吉伯特還希望有更多人前來工作、消費和繳稅。他的目標也和大部分重建計畫一樣，想要建立起良性的循環，讓底特律成為一個提供最多誘因的城市，並帶來稅收，幫助改善城市的基礎建設和公共服務（包括更有效減少犯罪）。之前也有其他地方進行過類似的努力，例如英國的曼徹斯特（以及索爾福德〔Salford〕等地區），這都能夠證明底特律的惡性循環不一定是擺脫不了的。

這並不容易，但是比起其他許多復興的努力，這看起來還是比較明智的。幾年前，我走訪了北約克郡（North Yorkshire）的米德爾斯堡（Middlesbrough），並與該地的市長、議員和警察討論了一下他們的問題。那個城市也經歷了幾十年來居民的流失問題，港口（提斯港〔Teesport〕）的榮景不再，城市最重要的鋼鐵和化學工業也沒落了，這兩項因素都使得工作減少。米德爾斯堡也和底特律一樣，閒置的建築物成為犯罪和故意破壞的目標，所以它們都被圍起來，或是拆除了。但是在米德爾斯堡，還有一些重建經費是浪費掉的。為了要符合國家的獎勵計畫，我們可以說這個城市太注重改善外觀了，反而不在乎留住或是吸引擁有技術的勞動力。官員們帶我去看一個最近新蓋的社會住宅，乍看之下占地廣大，也十分吸引人。在這些房子蓋好之前，居民不時會受到頻繁的犯罪和反社會行為的威脅，而現有的住宅過於破舊是原因之一。但是，花了上百萬英鎊之後，問題依舊存在，同樣的一批住戶還是在製造相同的問題。

從我們前文的討論看來，這樣的結果也是合情合理的。犯罪和貧窮之間的關係十分複雜，而犯罪並沒有什麼快速的解決方案。只是用想當然耳的方法來減少犯罪，比如讓人們換到別的地方去住，或是改變經濟條件，但都失敗了，因為犯罪是來自於人們根深蒂固的行為，並不一定是受到錢的驅使。金錢也會以不同的方式影響不同的人：錢會把人吸引到比較容易誘發犯罪的環境中，而在某些環境中，極端的需求對於處在犯罪邊緣的人來說，也可能是把他們推向犯罪的最後一根稻草。

我們通常都忽略了這些，因為我們都預設犯罪和貧窮之間有著密切的關係。我們會覺得貧窮的社會通常犯罪率都比較高，犯罪者一般也都住在貧困的地區，我們也認定貧窮就是會帶來犯罪。我們會覺得大部分關在牢裡的人都很窮，也預設就是貧窮（而不是其他原因）把他們帶向犯罪的。貧窮是造成犯罪的原因之一，但財富也是。犯罪很少是經濟需求而造成的。

迷思七　移民會增加犯罪率？

「我們的寬容造就了大不列顛，英國。所以請遵守它；要不然就別來。」

——前英國首相東尼．布萊爾，二〇〇六年十一月[1]

他者的犯罪

說到犯罪，人們通常就會想到移民。這兩者都是造成社會大眾焦慮的主要來源，想要賣報紙的報社也特別偏好移民的犯罪故事。移民——尤其是非法移民的犯罪事件會得到大量的關注。例如《電訊報》的報導：「偷偷潛回的非法移民在醉後殺死一對夫妻」。[2]「非法的外國青少年因為犯下殘忍的謀殺罪行而遭起訴」——這是美國的報紙《觀察家報》（*The Examiner*）所下的一個聳人聽聞的標題，報導的內容則是德州的喬希．威爾克森（Josh Wilkerson，十八歲）遭到希爾米羅．莫拉萊斯（Hermilo Moralez，十九歲）殺害。[3]

據說移民和犯罪之間會有系統性的連結，這個觀念也蔚為流行。英國的《每日快報》（*Daily Express*）在二〇一三年這樣告訴讀者：「移民的犯罪攀升伴隨著外國籍的受刑人增加。」[4]政治人物也常會把移民和犯罪連結在一起。（美國總統）唐納．川普（Donald Trump）在二〇一五年爭取成為共和黨的總統候選人時，曾經在談話中提出警告，說那些穿越墨西哥邊境的非法移民是「很有問題的人，他們也會把那些問題帶來給我們。他們帶來毒品。他們帶來犯罪。他們是強暴犯。雖然我想其中還是有些好人。」[5]

人們常常提到移民和組織性犯罪之間的連結（參見迷思四），許多人也相信流動的邊境會為全世界的犯罪集團創造更多機會。歐洲刑警組織的威脅評估（Europol Threat Assessment）就在二〇一三年提出警告：「移民社群會帶來組織性犯罪集團（Organized Crime Groups），並在市場占有一席之地，他們也會利用合法的公司結構（legal business structures）、設施和運輸。」[6]

犯罪和移民的議題制度上也常綁在一起。大部分國家的移民政策和某些犯罪政策都歸屬於同一個政府部門。因此在部長聲明和官方的新聞稿中，這兩個主題常常一起出現。而犯罪政策所使用的語言就無可避免地滲入移民的議題當中，包括官方對於威脅和保護的關注及態度。英國邊境管理局（UK Border Agency）在二〇一〇年二月提出了五年策略，就是聲明要「保障我們的邊境，保護我們的大眾」。[7]美國國土安全部（US Department of Homeland Security）負責大部分的移民和犯罪政策，它有「一個重要的任務，就是要保護國家不要受到我們正面臨的許多威脅。這需要超過二十四萬名雇員在工作崗位上的努力，範圍從飛航安全、邊境安全到緊急應變，從網路安全性分析到化學設備檢驗。我們的責任五花八門、各自不同，但是我們的目標很清楚——就是保護美國的安全。」[8]

不過，犯罪和移民之間是否當真有本質上的連結、連結的程度又如何，到現在還是廣受爭議。少數課題會受到政治指控，呈現在我們眼前的事實也會因為政治傾向、或是原本的成見而出現非常大的不同。而左傾或右傾的報紙也會帶給我們非常不同的「移民和犯罪」的故事。

如果搜尋「移民與犯罪《每日郵報》」（一份右傾的報紙），會找到的文章標題有：「『移民犯罪潮』警告：外國人占了倫敦四分之一的起訴案件」（二〇一二年）、「與英國女性結婚的非法移民因犯罪遭到控告之後，仍可因繼女之故繼續留在英國」（二〇一三年），以及「去年有將近五分之一遭到逮捕的強暴和謀殺嫌疑犯為移民」（二〇一二年）。[9]而如果搜尋「移民與犯罪《衛報》」（一份左傾的報紙），前三個搜尋結果分別是「移民的犯罪潮之謎」（二〇〇八年）、「（內政大臣）德蕾莎·梅伊（Theresa May）拒絕『錯誤的散播』政府聲稱有羅馬尼亞人犯罪潮」（二〇一三年）和「高密度移民區的犯罪並未增加」（二〇一三年）。[10]

我們很難判斷究竟應該相信哪一份報導。不過近幾年來，許多國家的居民的確傾向於認為移民會使犯罪增加。國際社會調查（International Social Survey）結果顯示：在一九九五年，只有百分之二十五的人同意「移民會提高犯罪率」這個論點。然而到了二〇〇三年，已經有百分之四十的人同意此說法。許多人回答他們並不確定。但是只有極少數的人認為移民對於犯罪率「算是個好消息」。二〇〇二年的歐洲社會調查（European Social Survey，另一個跨國的大型問卷調查）顯示：只有百分之八的人認為移民「改善了一個國家的犯罪問題」，但有將近一半的人認為移民「會讓一個國家的犯罪問題更糟」。[11]

如果在報章雜誌上讀了一連串或許是某一個特定國家的移民犯罪故事，這勢必會提升公眾的關注。但就算是個別事件，也可能改變一個人的態度，比如你不湊巧認識被害者時就是如此。如同在那個「非法移民在醉後殺死一對夫妻」的故事中，英國籍被害者的兒子就說：「今天是我們必須為密雷歐拉（Mereohra）的行為承擔後果，如果國家體制沒有失靈到讓密雷歐拉可以自由的在英國境內遊走，我們摯愛的父親和母親現在應該就還活著。」[12]德州那位被害者的母親也說了同樣的話，她說：「喬希又沒有錯，但是他卻被殺了；他只是有一天去學校上課而已。如果那個孩子（莫拉萊斯）沒有在這裡的話，他今天還活著。」[13]

因為悲痛和憤怒而這麼想是可以理解的。但是如果先把這類悲劇的個案放一邊，移民的犯罪案件真的有比本國公民更多嗎？如果當真有的話，管制邊境會不會是一個有效的犯罪防制方法呢？如果不是的話，它為我們提示了什麼反面教材呢？

兩股移民潮

在二〇〇四年，有十個國家加入了歐洲聯盟（European Union，即EU）。其中兩國賽普勒斯（Cyprus）和馬爾他（Malta）原本就是大英國協的會員國，如果這兩個國家的居民想要搬到英國，受到的限制會比其他國家少。但是，如果是其他八個國家捷克共和國、愛沙尼亞、匈牙利、拉脫維亞、立陶宛、波蘭、斯洛伐克和斯洛維尼亞的居民想要在歐盟境內的國家工作，就不是那麼容易了。那一年從這些國家前往英國的人少於二十萬人。這八個國家被稱為「A8」，許多人認為如果取消了對這八個「加盟」國家的限制，應該會發生一些改變。英國政府預計每年要再多接受大約一萬五千名移民，也依此作出了相應的規畫。但是結果與先前的估計值差了十萬八千里。在五年之內，住在英國的

A8國民增加了五十萬人，從大約二十萬人成長為七十萬人以上。[14]到了二〇一三年，這個數字則是將近一百萬，也就是本世紀初的五倍之多。[15]

並不是所有搬過去的人都可以找到工作，或是很快安頓下來。羅伯特・諾瓦克沃斯基（Robert Nowakowski）在波蘭是個銷售員，但是他覺得在英國應該有更多機會，也可以為他帶來新的體驗。不過他後來覺得移民比他預期更加困難，也讓他變得更加迷惘。「我剛搬來這裡的頭兩三個月真的很煎熬，那時候我還沒有任何朋友，當真覺得很孤單。要花些時間才能夠找到工作和住的地方。」[16]

新聞報導中出現的故事開始暗示問題其實愈來愈多了，其中也包括對於犯罪的擔憂。《每日郵報》所提出的警告是「英國最高階的黑人警官表示：『我們正在努力解決移民帶來的犯罪浪潮』。」[17]另一位郡警察局局長朱莉・斯賓塞（Julie Spence）指出了更多問題，[18]她說：「當他們（A8移民）前來的時候，覺得在這裡也可以和在自己的國家做相同的事。」「有很多人……以前會帶刀防身，所以他們覺得在這裡也可以隨身帶刀。他們不是一定會犯罪，但是需要有人告訴他們什麼可以做、什麼不能做，所以我們會與社區合作……我們的確發現酒後駕車事件明顯增加，那是因為移民覺得他們在自己國家可以做的事，到了這裡也還是可以做。」[19]

倫敦政治經濟學院的布萊恩・貝爾（Brian Bell）和史蒂芬・梅欽（Stephen Machin）對此很有興趣。他們發現這個主題的學術研究為數不多，因此開始思考怎樣才能分析出移民來到英國之後，究竟有沒有讓犯罪發生什麼變化。他們找上了另一位學者弗朗切斯科・法薩尼（Francesco Fasani）一起合作，把研究焦點放在接受最多移民的地區，看看那裡（與其他地區相較）犯罪率究竟有沒有上升或是下降。他們找了三百七十一個地方政府，分別觀察當地的暴力犯罪和財產犯罪情形，試著歸納出其中的模式。像是羅伯特．諾瓦克沃斯基這樣的人到來，果真會使得犯罪增加嗎？

許多移民就跟羅伯特一樣正值血氣方剛的年紀，所以的確比較可能出現犯罪行為（參見迷思二）。不過大出許多人的意料之外，研究者發現有比較多移民的地區，並沒有比較多犯罪。它們發生暴力犯罪的頻率與較少移民的地區相差無幾。[20]而且有A8移民大量湧入的地區，財產犯罪甚至還比較少。[21]這是一項驚人的發現，而且和部分媒體提出的警告背道而馳。

研究者也不忘調查A8移民的被逮捕率，也就是除了真正的犯罪之外，也把警察認為的犯罪加進去。調查結果發現其實大體上和本國人差不多，雖然從平均上來說移民的確是窮得多了。[22]他們還會調查入監服刑的移民人數，以檢驗有多少移民被判刑確定、他們被課處的刑期是否嚴重、與本國人相比的程度如何。結果也是一樣的。研究者表示：「的確有比較多來自A8國家的人現在在監獄裡服刑，但這只是因為他們在英國的人數本來就大增，很難拿這來證明關押率提高了。」[23]以上這些，都表示移民或許不只解決了某些特定產業缺乏技術人員的問題，或是提供了廉價的勞力，他們甚至可能還有降低犯罪這個邊際效益。

這對於英國和支持移民的團體來說當然是好消息。不過研究者有興趣的是全體移民，而不只是來自A8國家的移民。他們又再調查了另一波移民，看是不是有類似的結果。從一九九〇年代開始，英國接納了愈來愈多要躲避戰爭或是迫害而尋求庇護的難民。尋求庇護的人數不斷衝破新高，特別是在一九九八年和二〇〇二年之間，當時在伊拉克、阿富汗和索馬利亞等地都有軍事衝突。

個人的處境常可見到和羅伯特類似的融合問題。賈馬爾·奧斯曼（Jamal Osman）是一名來自索馬利亞的移民，他在二十歲出頭（一九九九年）搬到英國。索馬利亞在那時候已經有將近十年處於無政府狀態，有數十萬人已經逃離，其中的大部分人都住在鄰近國家的難民營中。賈馬爾說：「我在二十歲出頭的時候從索馬利亞來到這個國家，沒有家人，也不太會講英語。我花了兩年才比較習慣倫敦的生活。」[24]

不過，研究者注意到這兩種移民團體之間還是有著明顯的差異。尋求政治庇護的難民大部分都是婦女和兒童，這點與A8的移民不同。[25]而且尋求庇護的難民很少會長期一直待在英國：他們大部分會在英國待上一段時間（尤其是他們有提出申請的話），等看看申請的結果如何，但是在全部的申請者中，有大約百分七十會遭到拒絕或是撤回。在他們等待結果的期間，大部分人可以獲得宿舍和生活津貼。所以倫敦政治經濟學院的研究者可以從紀錄中相當正確的掌握他們如何搬遷，甚至包括最後在哪裡定居。

研究者發現暴力犯罪與其他地區相比並沒有什麼不同。不過財產犯罪就不一樣了，而且這次的不一樣對於支持移民的團體並不算是好消息。如果一個地區有比較多尋求庇護的難民，它的犯罪就會有些微的增加。A8移民和尋求庇護的難民帶來的影響在這裡就不一樣了。

倫敦政治經濟學院團隊雖然有方法確定尋求庇護的難民最後在哪裡定居，但是這個方法並不完善，所以他們也重新檢視犯罪統計。他們發現如果難民是來自於有衝突和迫害的地區，被警察逮捕和入監的人數的確有點多，他們比本國人和A8移民都更常遭判有期徒刑。這或許是因為司法體系中存在的偏見。不過，也有其他不矛盾的證據顯示這兩波前往英國的移民的確帶來了不同的影響。

學者們覺得造成差異的原因十分明確。尋求庇護的難民被勞動力市場排除在外，這有部分原因是雇用條件頗為嚴格（受雇者必須有定居的住所）。他們也注意到來此尋求庇護的難民所獲得的津貼其實不太夠生活。在二〇〇九年，這些單身男性每週收入約為35.52英鎊，而失業津貼是每週65.45英鎊。相較於此，A8移民則可以進入勞動力市場，享有不錯的酬勞。事實上，到了二〇〇九年和二〇一〇年之間，A8移民還比英國本國人更願意受雇，而選擇不要領取津貼。這個觀察很有趣，不過貝爾和梅欽也承認「對於勞動力市場的投入差異」並不是兩個團體之間唯一的差別。他們也說：尋求庇護的難民和A8移民的「遷移特徵和動機迥然不同」。[26] A8移民主要是為了改善他們的經濟生活才移民的，吸引他們的是英國的工資和工作機會，但是尋求庇護的難民通常是為了逃離他們本國充滿戰爭和迫害的生活。

不過還有另一種解釋聽起來也很有道理。移民就只是帶來了他們母國的犯罪和暴力？畢竟，二〇〇〇年代中期的跨國調查顯示：波蘭本國——英國的A8移民最多是來自波蘭——的犯罪率和英國差不多。[27]雖然許多戰禍連年的國家很難得知其犯罪率，不過這些國家一定充斥著極端的暴力，這點應該也不容置疑：有些國家（像是索馬利亞）的法治長年以來幾乎是完全癱瘓的。

機會之地

墨西哥的華瑞茲城（Ciudad Juárez）的名聲並不是太好。它最著名的建築物之一是位於帕宣納洛斯街（Calle Parsioneros）3633號的「死亡之家」（House of Death），二〇〇六年在這棟建築裡發現了十二具遭到凌虐並處死的屍體，據稱應該是華瑞茲犯罪組織的受害者。在二〇〇九年九月，有歹徒持槍衝進一個戒毒所，射殺了十七名戒毒者，這如同重演了同年三月的另一場類似攻擊行動（該次有二十人被殺害）。[28]一般都認為是華瑞茲和錫納羅亞（Sinaloa）犯罪組織之間的衝突導致了這一連串騷亂，不過被害者其實不限於和組織性犯罪有關的人。華瑞茲城一向被人稱為「謀殺婦女之都」，因為它發生過好幾件年輕女性失蹤的慘案，屍體都在好幾個月以後被發現，明顯受過凌虐、性侵，有些甚至還有器官遭到毀損。據估計，華瑞茲城在二〇〇九年發生了二千六百件死亡案件，說不定也可以說是全世界的謀殺之都了，而且在那之後，它幾乎不曾掉到第三名以外。[29]

關於墨西哥的問題有許多記述，大家還很擔心暴力會越過國境，橫流到美國。每隔幾個月就會出現一些故事，說這個趨勢已經無可避免了。亞利桑那州的圖森市（Tucson）在二〇〇九年有好幾件侵入家庭的事件都被認為與毒品有關，這讓《紐約時報》發了一則新聞：「墨西哥毒品犯罪組織暴力外擴，嚴重威脅美國」。[30]

如果從華瑞茲城穿越邊境，只隔了一條不寬的河流就是另一個讓人注目的城市，即德州的艾爾帕索（El Paso）。在美國的大城市中，艾爾帕索的貧窮率算是數一數二的，不過快樂和繁榮程度也是。來到這裡的大量移民說：低工資的缺點早就被成長中的工作機會（尤其是在政府單位、石油和服務部門）彌補了，這裡還有宜人的天氣、休閒設施和好大學。艾爾帕索的人口在一九五〇年只有十三萬人，然而到了本書寫作時（二〇一三年），已經超過六十五萬人，造成這個城市擴張的其中一個重大原因，是具有抱負的西語裔移民紛紛前來。

另一個吸引人的原因，是這兒很安全。如果你在二〇一一年來到艾爾帕索，你會聽到機場的廣播系統自豪的宣稱：「歡迎來到艾爾帕索，我們是全美國最安全的城市。」[31]這樣說是禁得起考驗的。艾爾帕索在二〇〇九年只有十二件謀殺案，相較於隔壁鄰居（華瑞茲城）的二千六百件，幾乎根本不值得一提。艾爾帕索的其他刑事案件的犯罪率也很低，因此它有三度被稱為美國最安全的大城市。

艾爾帕索有超過四分之一的人口在國外出生，大部分是從墨西哥來的，而這個城市有百分之八十的居民認為他們自己是西語裔（Hispanic）或是拉丁美洲裔（Latino）的美國人。[32]不過墨西哥人似乎並沒有把自己國家的犯罪率帶來。艾爾帕索也不例外。許多有高密度西語裔移民的其他城市（包括加州的聖地牙哥）犯罪率也很低。[33]的確有研究者發現接收了比較多移民的地區，犯罪的減少比其他地方更快，對搬到英國的A8移民所做的研究結果顯示也是如此。[34]即使是在離邊境很遠的城市，例如哈佛的犯罪學者安東尼．桑普森（Anthony Sampson）就表示搬到芝加哥定居的移民（不論是合法或非法）的犯罪件數，反而比有相對剝奪感（relative deprivation）的本國人更少。他寫到：「（不是在美國出生的）第一代移民會比第三代美國人少百分之四十五的暴力犯罪，只是當然也存在個人、家庭和社區背景的差異。」[35]

移民會對美國的犯罪率造成怎樣的整體影響，這些在地的研究提供了最好的說明——主要是因為全國性研究會有資料的問題。獄方不會系統性記錄受刑人的國籍，而且也不可能全部都是經過核實的數據，有些是推測來的（被警察逮捕者的國籍資料也是如此）。[36]其他地方也有類似的問題。在大部分的歐洲國家（除了英國之外），蒐集並報導與種族有關的資料都是嚴格禁止的（只有羅姆人〔Roma〕和辛提人〔Sinti〕除外）*1：因為要避免絕對的種族區隔所造成的悲劇（像是納粹德國那樣），所以在計算跨群體或是跨世代的犯罪時，只可以用公民的身分。在某些國家（例如瑞典），如果該人已經取得瑞典的公民身分，甚至還限制獲取他出生國的資料。

所以，到底可不可以從國籍和種族得到一個普遍化的原則，就有不同的觀點。來自任何一個國家的移民彼此之間還是有差異性，他們之間的差異性，其實遠比來自不同國家的「一般移民」之間的差異大。例如索馬利亞青少年在英國的少年犯管教所中的比例偏高，他們的就業率和教育成果，與任何在英國居住的族群比起來，也是屬於後段班。[37]但是很明顯的，犯罪的索馬利亞人仍然只占少數，還是有許多十分成功又守法的索馬利亞移民：賈馬爾．奧斯曼孤身一人來到這個國家的時候，還不太會講英語，而現在則是成功的新聞記者。在戰爭年代長大的索馬利亞人都經歷過可怕的過去，但是這並不表示他們就是一個同質團體。有些來自貧窮農村的索馬利亞難民認為在英國的生活比以前好，但是也有人不這麼覺得。有一位帶著孩子逃難而來的索馬利亞母親說她很感謝英國的援助，但是她還是很渴望回到以前的生活：「與索馬利亞相比，這裡的一切都很不一樣，又很艱難。我們在索馬利亞是做進出口的買賣，經手來自義大利的皮革商品……我們在索馬利亞有三間房子，孩子們可以去上私立的義大利學校，但是在這裡，我們只能靠著收入補助金（income support）過生活，住在政府租給我們

*1 譯註：羅姆人和辛提人是納粹德國試圖消滅的兩個族群，即種族滅絕運動的根除對象。

的公寓裡。」[38]

父祖之地

資料的缺口使得調查移民下一代的犯罪變得格外困難。不過在某些可以取得資料的國家中，我們還是發現了一些有趣的趨勢。如同我們在前文已經討論過的，美國經濟移民（economicim immigrant）*[2]的犯罪數量其實還略低於本國人，尤其一併考慮他們的社會和經濟地位的話。不過移民下一代所顯示的數據就不是這麼回事了：以美國的西語裔移民為例，他們下一代的犯罪數量就與本國人相差無幾。而且第一代西語裔移民在美國待得愈久，下一代的犯罪行為就會愈接近本國人。[39]英國的移民也有類似的情況。調查A8移民的倫敦政治經濟學院學者們的結論是：「在英國待了十年以上的移民，和本國人就沒有什麼差別了。」[40]

許多人認為這只是同化過程中的副作用。不過歐洲各國的資料也不一致，顯示至少還有些國家見證了不同但是更值得憂心的現象。在大部分的歐洲國家，移民第二代和第三代的犯罪率通常（雖然也不是絕對）都比本國人高得多，即使把個人和家庭經濟狀況的差異考慮進去，得到的結論依然是如此。[41]這就是所謂「同化的悖論」。[42]第二代移民通常比他們的父母擁有更好的教育和就業機會，但是如果比的是身體和心理健康、物質濫用和犯罪率，第二代移民卻差得多。[43]

許多理論在討論為什麼第二代移民經歷的困難反而比較多。有許多理論其實稱得上合理，但是幾乎所有理論都無法經過驗證。其中一種解釋是如果站在與父母輩同樣的參照點（reference point）

上，第二代移民已經沒有優勢了：如果把他們的命運和這個國家的其他人相比較，這個他們所居住的國家，而不是他們父母出生的國家，會讓他們感到很挫折。另一種解釋是第二代移民被夾在兩種世界之間，因此無法找到自己的認同。這很有可能造成適應問題，並使得年輕人轉而尋求其他方面的認同感，例如加入幫派，或是更經常感到挫折，最後就直接或是間接導致犯罪和暴力。還有第三種相關的理論，是認為移民父母不一定有辦法幫助孩子在新環境中取得成功。例如：不會英文的父母可能就無法指導孩子寫功課，或是在孩子面臨社會問題時，輔導他們度過。

第四種理論是說他們受到的對待並不公平。我們絕對可以相信移民受到的待遇會影響到他們最後是否成功。在大部分的歐洲國家，都有一個外來的國家、種族或是宗教團體，會在政治或是媒體評論上特別受到批評。不過「有問題的」移民族群通常在每個國家都不太一樣。例如在德國，土耳其第二代就比第二代的摩洛哥人容易犯罪，也比較常受到批評。越過邊境到了荷蘭，情況又變得相反了，荷蘭的摩洛哥人比較常犯罪，也比較常受媒體抨擊。[44]

司法體系會對少數族群有偏見，這件事不容置疑，這個現象還可能會對非白人國家的移民產生影響。例如：華盛頓特區的黑人因為擁有大麻而被逮捕的機率是白人的八倍，雖然白人也一樣常吸大麻。[45]不過，研究一般傾向於認為少數族群（或是國籍）的人較常進出監獄和警察局拘留室，並不全然是因為警察和法律上的歧視。這些少數族群真的有比較多的犯罪行為，雖然他們同時也因為各種類

*2 譯註：指為了經濟考量前往一個工資更高的地方的移民，不算是「真正的難民」。

型或是有意／無意塑造出來的形象和不公平的對待，而有著比較差的生活條件。

高層次的犯罪或許也一樣，有部分是出於受歧視的挫折感。有許多證據指出受到不正義對待後所感覺到的憤怒，會使人強烈攻擊別人，不論是用暴力，或是用其他類型的「表現」行為（包括破壞行為和搶劫）。在過去的這一世紀，因為覺得或是真正受到歧視而引發的事件，已經成了西方國家騷亂的主要導火線之一。雖然它們大部分都沒有被報導出來，但無數的小型事件或許也有著同樣重要的影響。在學校裡對某些種族的嘲笑，可能使得對方在忍無可忍之下爆發，接著就是停學和開除學籍，而如果在街頭顯出「瞧不起」的樣子，可能會引起幫派報復性還擊。[46] 輕蔑和排拒都會帶來嚴重的結果。心理學實驗顯示受到別人的排拒通常會帶來很嚴重的影響。[47] 有時候受到排拒的反應也可能是正面的，會激發人們更努力工作，以獲得社會接納，或是贏回別人的喜愛。但是對於許多人來說，結果並不是這樣的。有些受到排拒的人會把他們自己孤立起來，保護自己不要再受到進一步的精神痛苦，因為他們並沒有準備好要忍受。還有些人則會猛烈攻擊別人，尤其是如果他們覺得自己是因為受到不公平的待遇才被排拒的話。也有些人覺得憤怒的反應是為了威嚇別人，免得他們繼續辱罵自己，不過實驗顯示，如果一個人覺得不可能再被接受或是重新回到團體中，他最常見的反應就是憤怒。[48]

如果一再遭到排拒，人甚至還會出現更具有破壞性的解決策略：在社交焦慮或是沮喪的情況下掙扎著自我療癒；對混雜著各種人的社會環境感到退縮；抗拒主流的價值觀，或是拒絕接受（他認為）會帶來不公平待遇的當權者。[49] 這些反應都可能造成犯罪事件的增加。當然，有些人不太具備抵抗犯罪誘惑的能力，這些人是風險最高的（參見迷思三）。不過一直受到別人的排拒，這看起來的確會造成短期的挫折感，而且也會因此而突然發怒，說不定也是問題的原因。

移民的品行

羅伯特．諾瓦克沃斯基在英格蘭展開新生活的初期或許有點困難，不過他還是找到了工作，並且很快的就被同化了——大部分的A8移民都是如此。他說：「我在西倫敦的一家大旅館擔任夜班的櫃台接待人員。那個工作滿辛苦的，但是我的生活過得很好。」[50]他並不想要犯罪：和大部分的波蘭移民一樣，他沒有犯罪或是反社會行為的前科，家庭良好，在波蘭也受過很好的教育。當然有些波蘭移民並不一樣。不過他們不同的其實並不是出身的國家，而是先前的經驗和個性的差異。

一國的平均水準為判斷一個人會不會犯罪提供了一個很粗略的指標。還好大部分國家（就算不是每一個）也承認這點。有些國家還在用很基本的體制，看國籍決定誰可以留在他們的境內，不過標準訂得愈來愈精細了。大多數已開發國家現在都是用「點數機制」（points-based system）來決定誰可以住下來找工作，國籍因素不再比其他因素重要了：大多數國家還會用人道角度來評估一個人受到的痛苦、經濟潛力、可以學習不足技能的能力等。用來篩選的體制可以明顯透露出不同國家（和政黨）在不同目標下各自追求的價值，有些國家比較注重人道因素，也有些國家則偏向經濟上的考量。

有些政治人物和時事評論家還主張國籍對犯罪有很重要的影響，而且是負面的影響。當他們這麼主張時，通常也會強調這是個案。圖十三是一張瑞士人民黨（Swiss People's Party）在二〇一〇年所作的廣告，它把焦點集中在一件移民犯下的強暴案，目的是要提醒選民，移民會帶來危險。當政黨的移民政策採取這樣的態度，實在令人感到十分不安，它等於在暗指所有移民都是強暴犯，但這當然不是事實。

有些移民潮的確帶來較高犯罪率，但是也有些反而使得犯罪減少了；不過，不論是贊成或是反對移民的倡導者，都刻意的操作了個案和統計資料，好支持他們的論點（但卻不是根據持平的證據）。有些人覺得移民不是件好事，還拿移民犯罪的例子來支持他們的說法。其他人則出於人道或是文化的論點，表態支持移民，但是他們也做了同樣的事。不過我們到底要怎樣管理移民，才能夠確保移民群體和他們的下一代不會涉入犯罪和其他的反社會問題中？這無疑是個重要的問題。

圖十三：瑞士人民黨在二〇一〇年所作的廣告，其主角為「伊萬 · *S*」（Ivan S）。

迷思八　我們需要更多警力？

「如果要確保人們對一個原則保持崇敬，不論多久，只有信仰是不夠的；也需要警力。」

——法國作家阿爾貝・卡繆（Albert Camus），出自《反抗者》（*L'Homme révolté*）。[1]

細藍線[*1]

商店老闆說：「我接到電話之後就過來這裡了。所有的窗戶都被砸成了碎片。所有商品都被拿走了。」[2]「接著，我們開始打掃這裡，我聽到還有一大夥人在摩根氏（Morgan's，百貨公司名）的附近，他們又喊又叫，繼續砸窗戶，所有東西都逃不過被打壞的命運。所以我和男孩們說：『我們把店門鎖上就先離開這裡吧，隨便他們要做什麼。』」

這位中年的蒙特婁店主沒有要等警察來的意思。畢竟他說的這件事是一九六九年十月七日發生在蒙特婁的事，那一天有五千名警察和消防員發動了罷工，抗議他們的薪水協商毫無進展。事情在白天還只是安靜進行。據估計，銀行搶案多了一倍，但是市民們還是正常做生意，沒有感覺到犯罪件數有

*1 譯註：細藍線是警察的象徵標誌。

任何改變。[3]

只有在勞工們回家、老闆也把店門鎖上之後，麻煩才真正開始。有兩百名計程車司機覺得警察罷工是個好機會，他們也可以在這時候把長久以來的不滿透過抗議更有效的表達出來，他們要抗議的是在多佛爾國際機場（Dorval International airport，即現在的蒙特婁-特魯多機場〔Montréal-Trudeau Airport〕）載客這件事，當時的市府當局是把專營權核發給穆雷山小型巴士（Murray Hill Limousine）。[4]還有其他人也參與了這場動亂。報導中說「左翼分離主義者」也湧上了街頭，不過有許多暴動者其實並沒有任何清楚的政治訴求。夜晚降臨時，窗戶都被砸了，商店也遭到洗劫。暴力逐漸升溫，有兩個人死亡，包括一名警察遭人開槍射擊，以及許多暴力毆人事件。從魁北克省警察局（Sûreté du Québec）借調來維持秩序的少部分警察也都壓不住了。

眼看著事件愈來愈失控，警察最後終於迫於政治壓力，回到勤務崗位上。當警察復工之後，秩序很快就恢復了。商店老闆開始清理他們被洗劫一空、玻璃滿地的店鋪，軍隊也抵達並展開救援，為蒙特婁的公共建築物提供警備。城市裡沒有警察的狀態只維持了十六個小時。

還有其他類似的事件足以確認警力的重要性。波士頓警察在一九一八年罷工，那一次也引發了許多暴動。一九七〇年代還有一連串的行動分別在紐約、巴爾的摩、舊金山、克里夫蘭和紐奧良展開，這都造成了犯罪增加，只是場面沒有蒙特婁那麼激烈。讓警察罷工也不是證明警察可以預防犯罪的唯一方法。丹麥在第二次世界大戰期間遭到德國的占領，抵抗運動不斷。納粹擔心（丹麥）警察不會積極鎮壓在暗中顛覆他們統治基礎的反抗活動，所以把一大部分丹麥警察都拘留在集中營裡，這大大削弱了維安的警力。於是犯罪就顯著增加了。[5]

但是令人驚訝的是，也不是所有警察罷工都會使得犯罪增加。例如：一九一八年的倫敦罷工似乎就很溫和。當大量警察湧進唐寧街，要抗議薪水太少的時候，首都其他地方的失序行為並沒有明顯增加。《泰晤士報》（*The Times*）說這「證明」了這個國家的「人民對於法律和秩序打從心底尊重」。[6]但是在一年之後，就證明這個結論其實下得太快了。利物浦的警察在一九一九年拒絕上工（因為和英國其他地方的警察相比，他們的薪水和條件都太差了）。消息很快就傳開了，過不了多久，就有碼頭的團體開始搶劫，他們故意破壞服裝店，還大喇喇的公開試穿新衣服，甚至在街上彈起偷來的鋼琴。[7]勞合・喬治（Lloyd George）首相憂心布爾什維克主義（Bolshevism）會出現，便派軍隊回復秩序；儘管實在沒有什麼理由擔心這件事，但還是立刻制止所有罷工的警察。在這個事件之後，英國政府就宣布法律上不允許警察的罷工行動，這個作法後來也被許多國家和地方的政府效法。[8]但定期還是會有小規模的行動，結果也符合我們的預期。在二〇一二年，巴西的巴伊亞州（Bahia）發生了一場為期十二天的警察聯合罷工，這使得薩爾瓦多市（Salvador）的謀殺率在短期內增加了一倍（雖然在該段時間內軍隊還是提供了某種程度上的安全措施）。[9]

因此，雖然警察罷工不一定會使犯罪增加，但是我們已經毫不懷疑地把警察維安和犯罪預防聯想在一起了，這些案例只是更強化我們心中的連結。[10]

當我們目擊了一場犯罪或是成為受害人時，警察通常是我們第一個接觸到的人。所以幾十年來，對於犯罪最直接的政治回應之一就是增加警察人數。就像是二〇一一年倫敦暴動的塵埃落定之後，飽里斯．強森（Boris Johnson）市長的意見就很典型：「倫敦人現在希望看到街上有許多警力配置。在過去幾天我們就是這麼做的。那也是人們希望我們貫徹的政策。」[11]遵照這個邏輯的政治人物讓警察人數在二十世紀後半葉和二十一世紀早期有了大幅增長。我們也常被灌輸以下觀念：比較多的優質警力會對犯罪有影響。警務總監協會（Association of Chief Police Officers）的會長休．奧德爵士（Sir Hugh Orde）在評價他的前一份工作時，說的話就是典型警察局長會有的看法。「在二〇〇二年和二〇〇九年之間（我當然會選擇這些年分，沒錯吧！），我們讓北愛爾蘭的所有犯罪減少了百分之二十三。」[12]

只有在預算緊縮的時候，會有一些政府同意在不聲張的前提下減少警察人數，很怕此舉激怒了國家和地方的警務人員。當內政大臣德蕾莎．梅伊在二〇一〇年提議要削減警察預算時，英格蘭和威爾斯的警察聯合會付費刊登了廣告，大力宣導（與警告）削減警察預算可能會帶來的後果。廣告中有一個小女孩蜷縮在房間的一角，雙手摀在耳朵上，有一個看起來像是不懷好意的男人的影子在對她步步進逼。廣告標題對我們提出的警告是：「這就是削減了百分之二十維安預算的結果？」（參圖十四）

民眾對於警察人數的減少總是充滿疑慮。就像是「反謀殺與侵犯母親陣線」（Mothers Against Murder and Aggression）的迪伊．愛德華（Dee Edwards）所說的：「孩子告訴我們，他們希望街頭有更多警察。如果連我們大人都沒有辦法不擔憂了，孩子會怎麼想呢？」[13]只有削減某些類型的警力才可說是為了公眾。我們會希望警察就在我們眼前，而不是「定在辦公桌後面不動」。如果有犯罪發生，我們會希望警察盡快趕到。警察應該要「定時巡邏」才能夠制止正打算做壞事的人，如果這樣還是來不及的話，至少對突發事件的反應也要夠快，才能夠讓肇事者不至於逍遙法外，也才能夠預防下一次犯罪——不論是這次的犯罪行為人再犯，或是其他人的犯罪。

「英雄與壞人」觀點的基礎，就是認為警察在犯罪的預防工作中居於核心地位。警察在大部分的犯罪小說中都是英雄。只有他們的英勇行為可以預防自私的犯罪者殘害無辜，有可能是因為他們抓住了無可救藥的壞人，或是因為他們阻止了那些不見棺材不掉淚的人（這些人不會輕易停止犯罪，除非覺得一定會被抓到）。他們願意讓自己的身體暴露在危險中，保障我們的安全，他們的存在就是一種保證。

雖然罷工證明了警察對於維持法律和秩序的確有重要的功能，不過在減少犯罪方面，警察的角色當真有這麼核心嗎？是否真要他們隨時出現在我們的眼前、很快的做出反應，才是最重要的呢？

壓倒性的力量

這些問題現在就擺在我們眼前，這是極為重要的問題，而且可能比我們所想的更難回答。例如：就算我們調

圖十四：警察聯合會的廣告，刊登於二〇一一年。

查不同國家或是城市的警力人數和犯罪率，也不可能知道警察到底有多少實質影響。如果警察對預防犯罪當真有用的話，那麼警察比較多的地區就應該比較少人犯罪；但是在同時，政治人物又會把比較多的警力送到高犯罪率的地區，試圖解決那裡的問題。就某種意義上來說，其實是犯罪導致了警察的增加。

因為如此，所以其實我們很難解釋現在的狀況。乍看之下，會覺得犯罪率比較高的地區，警察也比較多，但是我們也無法據此做出更多結論。有上百篇統計研究想要列出警察在不同時間的人數變化，和／或是「控制」其他可能影響犯罪率的因素，然後得出結論。但是這類方法使用的數據通常受到限制，而且不同研究的結果差異極大，也呈現出這個研究方法本身就有問題。有些研究認為警察可以減少犯罪率，但是使用類似數據的其他研究又提出沒有什麼不同。[14]有些研究甚至顯示，警察增加了之後，犯罪率也跟著增加了。[15]

警察罷工顯現的結果，讓這個問題變得比較清楚了。不過警察罷工有時候也會伴隨社會的不安，因此不一定表示警察愈多就愈好。畢竟，如果我們只是需要一些警察來維護社會秩序，和我們一致認為需要更多警察才能夠減少犯罪，這是非常不同的兩回事。光只是在英國，一年警政預算就大概需要一百億英鎊，考慮到警力花費的總支出，我們非常有必要找到其他方法，確實弄清楚警察巡邏到底能不能夠保障我們的安全。

克拉倫斯．凱利（Clarence Kelley）是個對的人，而且在對的時間，出現在對的位置上。他是前聯邦調查局的局長、堪薩斯城總警監，和許多同僚比起來，他比較不會拘泥於傳統的警務作法，但是這也絕不表示他就是個局外人。在位十年之後，他贏得了資深同僚和當地政治人物的尊敬，也因為他受到信任，所以可以有相當的自由調動警察資源。就在一九七二年，全美國的犯罪數量都在該年快速上升，即使增加了警察人數，也沒能遏止這個趨勢，美國其他州的警察局長都（毫無例外的）強烈要求更多人力，但是凱利卻提出了告誡。他說：「許多在這個部門的人都覺得我們在訓練、提供裝備、部署一些人，去做一個不管是我或是任何其他人都不太了解的工作。」[16]

凱利求助於警察基金會（Police Foundation），請這個獨立的研究機構協助研究一個以前絕對難以想像的問題。凱利想要從頭開始檢驗巡邏的效益。倫敦警察廳的第一任總監查爾斯．羅雲爵士（Sir Charles Rowan）在一八三〇年代提出的主張是警員「應該能夠注意到巡邏範圍內的每一個角落，而且至少要每十分鐘或是每十五分鐘一次」。[17] 隨著英國的警察模式被全世界相繼模仿，巡邏也變成全世界的基本警務了。有影響力的警務理論家和芝加哥警察總監（Chicago Police Superintendent）奧蘭多．威森（Orlando Wilson）對此外來又現成的「良法」所做的總結是：「巡邏是警察必不可少的業務，它對於達成警察的維安目標扮演了決定性的角色。在警務工作中，這是唯一可以直接鏟除犯罪行為的機會……。」[18]

和美國其他的大部分大城市一樣，堪薩斯城的巡邏也是指警察開警車巡邏。傳統的步行巡邏還是存在，但是現在有些城市已經是開警車或是其他機動車巡邏，好讓轄區警察一次顧到更多地方。堪薩斯城警察局的警察大概有百分之六十的時間都花在開警車巡邏上。

在凱利和警察基金會的討論還在進行時，他們已經愈來愈清楚，要提出困難的問題，就必須做出困難的決定。研究者堅稱，如果要正確評估巡邏會帶來什麼影響，唯一的方法就是在堪薩斯城（共十五個巡邏轄區）挑選五個轄區，當真完全「關閉」巡邏。警察還是會回應這五個「反應組」（reactive）轄區的報案電話，但是僅止於此；如果沒有通報，他們只會留在轄區外待命，等到必須主動進行調查為止。有幾位前線的警察對取消巡邏可能會造成的結果感到擔憂，不過實驗也設計了一些讓人安心的方法：該城市的整體警力是維持不變的。其實還有另外五個轄區的巡邏警力被增加到兩倍以上（「預警組」〔proactive〕轄區）。而最後的五個轄區（「控制組」〔control〕轄區）則是維持原本的巡邏模式。

凱利很願意支持研究者進行嚴謹的研究。但是這麼一來，他就是第一位在明知的情況下、故意在堪薩斯城的廣大轄區內停止警察巡邏的總警監了，他需要讓人安心的保證。於是他說：在研究者進行對警車巡邏有效性的實驗時，的確應該盡量使用科學的方式，但是如果犯罪達到了「無法允許的界限」，他就會取消這個實驗。19

因為怕警察還是會對不巡邏的轄區執行勤務，使得實驗必須作廢，因此觀察者每週會花一段時間監控警察的行動，以確保執勤人員有照著分配下來的巡邏模式跑勤務。不過其實警察都有確實照著計畫走，所以主要令人焦慮的是犯罪統計。凱利和他的同僚們很希望看到「預警組」轄區（也就是有兩倍警力巡邏的轄區）會得到改善，但是他們還是很仔細看了傳進來的數據，以確定被放著不管的「反應組」轄區不至於失控。幾個月過去了，已經不需要再從旁監控。即使是原本計畫進行八個月的檢驗站，也決定依這個巡邏模式再延長營運四個月。因此，堪薩斯城有部分地區其實有一整年都沒有警車固定巡邏，但是也有地區，一整年都被分配到了兩倍以上的警力。

當數據才分析到一半，凱利就到聯邦調查局擔任局長了，聯邦調查局的聲望在水門案醜聞（Watergate scandal）之後一落千丈，凱利的主要任務就是要恢復調查局的聲望。不過他在堪薩斯城的繼任警監約瑟夫・麥克納馬拉（Joseph McNamara）決定要完成上述研究，並且將實驗的評估結果完整發表出來。實驗的結論不拐彎抹角，但是也赤裸裸的告訴我們：「根據本實驗蒐集的數據所做的分析，顯示出三個地區（其中之一沒有巡邏，另一個維持一向的巡邏警力，而第三個則為雙倍的警力巡邏）在犯罪數量上並沒有顯著的不同，市民對於警務的觀感、市民對於犯罪的恐懼、警察的反應時間或是市民對於警察反應時間的滿意度，亦無顯著的差異。」[20]用掛著標誌的車輛隨機巡邏（這花掉了警察局預算的一大部分）並沒有什麼作用。

這個實驗讓警察社群感到十分震驚，但是卻沒有從根本上動搖已經形成的政治共識（也就是認為要有更多的警察，才能夠控制全美國愈來愈高升的犯罪率）。不過，後續還是有人做了進一步研究。在一九八一年，警察聯合會的研究者對紐澤西州的紐華克（Newark）的步行巡邏展開了調查。他們也一樣仔細設計實驗，甚至展開大規模的受害者調查，確保他們真正掌握到犯罪率的變化。他們發現如果取消了白天和傍晚的定時步行巡邏，會讓居民注意到，所以會使得居民對警察略為不滿。也有跡象顯示如果步行巡邏較頻繁的地區，民眾對於犯罪的恐懼會比較低。不過就和警車巡邏一樣，取消選定轄區的步行巡邏之後，對犯罪並沒有明顯的影響。另一個類似的英國實驗幫我們解釋了原因。根據它的計算結果，一名警察以步行方式隨機巡邏，平均每八年只會有一次百碼內竊盜案發生。[21]警車巡邏是在浪費稅金，不過看起來，步行巡邏也只是用貴重的打擊犯罪資源，來換取愈來愈安全的感覺，這是不真實的。

可以證明警察當真有用的證據，甚至漸漸成了被攻擊的箭靶。警察在過去贊成警車巡邏和步行巡邏的主要原因之一，是認為這樣可以縮短警察抵達犯罪現場的時間：我們一直相信如果要威嚇和抓住犯罪者，回應率是很重要的。好幾十年來，警方一直在拿他們的反應時間和鄰國相比較，只要有任何一點改善，絕不忘誇耀。不過在同時，政治人物也在留心是否有退步。當英國警察的平均反應時間在二〇一三年略見增加時，英國的影子內政大臣伊薇特・古柏（Yvette Cooper）立刻發動了攻擊。「這些數字顯示警察為民眾所做的服務根本只是外強中乾。警察在做他們能夠做的事，但是政府在過去三年間縮減警務的規模和速度——雖然德蕾莎・梅伊保證前線不會受到影響，但這的確削弱了他們的功能。民眾希望知道的是當他們有需要時，警察就會在那裡。」[22]

但是，問題在於大部分證據都顯示警察的反應時間對於犯罪率並沒有明顯的影響——甚至對於會不會逮捕人也沒有影響。其原因之一是在大部分的犯罪中，大眾通報所花的時間就已經夠久了，以至於警察用來反應的時間通常並不是那麼至關重大。凱利總警監在堪薩斯城進行的實驗發現「參與式犯罪」（involvement crimes），指的是被害者與犯罪者有互動的事件，例如施暴、搶劫和強姦的平均通報時間，竟然長達四十一分鐘。他們也發現要提高逮捕機率的話，警察必須在九分鐘內趕到事件現場，這幾乎是不太可能的。在大部分的案件中，電話打進來的時間就超過九分鐘了。由國家司法機關（National Institute of Justice）稍後進行的大型研究也確認了這些結論，該研究進行了四千次以上的訪談，所調查的犯罪案件多於三千三百件。[23]它也發現對犯罪快速做出反應並不會影響逮捕率，大部分被害者也沒有立即通報警察。對於平均反應時間的執著其實沒有什麼道理，尤其是如果考慮到警車疾速趕往犯罪現場時，還可能造成意外事故。就算是對現行證據做最寬鬆的解釋，結果也都指向我們還是需要排出優先順序，看看什麼事件應該得到最快速的反應。而大部分案件中所花費的成本其實都不值得。

現代警務的三大基礎警車巡邏、步行巡邏和迅速反應可能對降低犯罪率沒什麼效果，這的確讓人感到十分困窘。在過去的一世紀中，已經為警察巡邏和改善反應時間花掉上億英鎊的經費了。但是似乎大部分的錢都被浪費掉了。或許我們應該先停下來看一下。難道那些本應保護我們的機構，其實只不過是在收拾殘局，或是提供不實的安全感嗎？罷工期間發生的暴動表示我們還是需要最低限度的警力來維持秩序，但是，如果再往上增加警力，是不是對於犯罪率沒有真正的影響呢？

對抗恐怖主義的戰略

有三枚炸彈是同時爆炸的，第四枚接著也在331路巴士的頂層炸開了，事發當時這台公車正要從倫敦的國王十字車站（King’s Cross Station）往南開到羅素廣場（Russell Square）。[24]有五十二個人死亡，其中包括四名自殺炸彈客，他們是在二〇〇五年七月七月抵達倫敦。

這是一場無可挽回的悲劇。但是它讓我們有機會了解警察的影響力。在七月七日的爆炸案之後，倫敦警察廳在首都各地都部署了警力。這個措施的名稱是「忒修斯行動」（Operation Theseus），在炸彈攻擊之後的六週內，倫敦的五大行政區警察執勤時間都增加了大約三分之一。但是，倫敦的其他行政區的警力卻沒什麼改變，這為我們提供了一個有趣的對比。

倫敦政治經濟學院的研究者發現他們的機會來了，於是決定開始研究中央倫敦的警力部署到底能不能夠改善犯罪率。[25]倫敦中心的額外警力似乎有立即的影響。在警力配置沒有改變的地區，犯罪率大體上維持一樣。但是在有增加警力的地區，犯罪也只下降了百分之十，而且大部分跟街頭犯罪有關，例如搶劫、施暴和偷車。

有許多原因可以說明為什麼在恐怖攻擊之後，市中心的犯罪可能減少（不論警力有多少）。畢竟在恐怖攻擊之後，這些地區的人數也減少了百分之十左右，前來倫敦的遊客和通勤者都減少了。不過雖然旅客的人數花了好一段時間才回復到先前的水準，但是忒修斯行動沒有公開就突然結束，在六週後犯罪率倒是立刻就恢復正常了。這明顯表示犯罪減少的確是因為警力增加了。把所有因素都考慮進去之後，研究團隊估計增加百分之十的警力，會使犯罪減少百分之三或四。

這個發現雖然很引人注意，但是也同樣令人感到不解。堪薩斯城和紐華克也進行過實驗（如前文所述），當時的結果顯示例行的步行和警車巡邏不會對犯罪造成什麼影響，但是此處的研究又確認了我們不僅需要某種形式的警力來預防存在於各處的失序行為，還需要額外的警力來減少犯罪。這也不是完全單一的個案。在一九九四年（阿根廷首都）布宜諾斯艾利斯的主要猶太區中心發生恐怖攻擊之後，此處也配置了警察來保衛下一波排猶攻擊的潛在目標。猶太教堂和其他可能的目標在某一段時間內都有額外的警力在保護，在有加派警力的街區和隔壁的街區，偷車案件減少了——不過對其他地方並沒有明顯的影響。[26]不論是這項研究，或是七月七日炸彈攻擊之後對倫敦的研究，都顯示在一個地區增派警力並不會導致其他地方的犯罪增加，這應該也不是一個出乎預料之外的發現，因為大部分的犯罪都是臨時起意，或是非計畫性的（參見迷思二與迷思三）。

這個難題乍看之下很難解釋。但是再進一步研究，就會發現彼此之間也不是完全矛盾。基本事實就是警察的存在會影響犯罪，但是有很大一部分取決於其運作方式。在算是相當安全的地區隨機巡邏，似乎對於制止犯罪並沒有什麼作用——但這是警方花了大筆金錢在做的事。反而是如果有警察出現在高犯罪的「熱點」，就像是倫敦和布宜諾斯艾利斯這樣的城市中心則會對犯罪率發生真正的影響。

在所謂的「熱點」派駐警力可以發揮作用，相關證據現在頗受矚目。警察如果在正確時間出現在正確的地點，就可以對街頭的暴力犯罪和竊盜發揮預防的作用，但對於像是家暴這類犯罪，顯然完全沒有任何影響。這是個好消息，尤其是我們在這方面的警務技術有著日新月異的進步。科技和取得數據的能力都進步了，這表示我們現在對於犯罪模式的理解是前所未見的。現在只要有了手機訊號，全世界的政府（和其他人）都可以追蹤人的移動形態了，而犯罪資訊系統也發展得前所未有的複雜。幾乎所有分析都顯示犯罪呈現高度集中化。拉里．謝爾曼（Larry Sherman）教授和其同僚對明尼亞波利斯（Minneapolis）的重要警務數據進行了研究，他們調查了三十萬通從十一萬五千個不同的「地點」（住址和路口）打給警方的電話。發現有半數的電話都集中來自其中百分之三的地點。[27]如果把資源集中在這些地區，結果就會不同了，然而把警察部署到別的地方，支出通常又顯得過於高昂。

不過，我們也不能夠只靠著犯罪模式的資訊來指揮警察巡邏。還有其他很有效的方式可以幫助警察鎖定犯罪。頗受歡迎的「槍枝回購」（gun buy-back）計畫*2和「刀械赦免」，其實並無法有效讓潛在犯罪者拋棄武器，反而是就槍枝或是刀械的熱點進行搜尋及逮捕，通常會比較有效果。另一項在堪薩斯城的實驗發現，如果在大部分槍擊案發生的時間當下，鎖定槍枝犯罪的熱點進行臨檢和「攔檢訊問」，破獲持有槍枝的案件會增加三分之二以上，槍枝相關犯罪也會減少一半。[28]如果不改變類似地區的勤務分配方式，最後警方扣押的槍枝或是持槍犯罪的數量統計，都不會看到改變。

很重要的是，其實我們根本不需要有逮捕權的警察，因為還有許多功能可以有效的防止犯罪。雖然政治人物始終執著於制服警察的人數，不過民警人員或是其他公部門的員工通常也可以造成很不同的結果。而且要達到同樣的效果，花費通常少得多，因為警察一直以來要求的薪資——如果把他們的教育和訓練程度都考慮進去——其實高於其他大部分的專業人員（還有部分原因是怕警察罷工）。[29]

對遭竊的受害者提供居家安全建議和發給便宜的窗戶鎖，也是減少竊盜案的有效方法（而且划算），尤其是因為竊賊通常在第一次得手之後，還會再回來。把方便竊賊進出的小巷子堵死也是一個方法。如果市政府關注街燈的照明、確定營業時間結束後對出租車站進行確實的監督，甚至為喝酒狂歡夜歸的人提供免費的交通，都可以降低施暴和行凶搶劫的風險。只要犯罪機會減少了，犯罪就會跟著減到最少：只要讓目標變得沒有那麼吸引人，或是明顯的讓犯罪者知道他們很有可能被抓到——不論這件事是由警察、或是其他有能力維持社會秩序的人來做，結果都會一樣。

我們會在後面的章節繼續討論這個方法。不過這些作法有一個最明顯的好處，就是它們的目標都是在預防和避免審判以及監獄的花費（這點與其他的警務工作不同）。不過，它們的缺點就是挑戰了我們對於「恰當的」警務到底應該包括什麼這種根深蒂固的想法。政治人物一再強調「可見度」和「行動」是警察的最高指導方針，而花時間去收集和分析資料，則被認為是應該避免的苦差事。沒有逮捕權的執法人員還是會被說成是「拿筆桿的」，而工黨政府在二〇〇二年引進的社區協警（police community support officers）則被稱為「塑膠警察」。如同保守黨的政策決定者奧利弗・萊特溫（Oliver Letwin）在二〇〇一年至二〇〇三年擔任影子內政大臣時所說的：「各位，我們必須讓警察回到街頭……但不是提供更多的警力就夠了。我們必須確定他們是在街頭和深入鄰里執勤，而不是只有坐在辦公桌後面。」[30]

危險的警察工作特別有價值，而過去也的確認為危險是警務工作中無可避免的一部分。德蕾莎・梅伊在二〇一〇年以內政大臣的身分第一次對基層警察講話，她在一開頭就列出了多位殉職的警察，而且她的第一個結論也是「人性中最為高尚的行為，就是不惜賠上自己的生命來保護其他人。」[31]三年後，她對同一群聽眾也是這麼說的：「身為一名警察是一件艱辛而且危險的工作。坐在辦公桌後面的我們，永遠不應該忘記你們每天都有可能面臨到致命的危險。」[32]同時，實境節目也都喜歡強調警務工作的危險，特別是身體碰撞的那一面。[33]

不過，像這樣反覆強調危險和行動其實也是種誤解。警察工作中的許多面向會讓人壓力大而且不

---

*2 譯註：即購買私人所擁有的槍枝，若是購買者為警方，其目的便在於減少私人持有槍枝的數量。

愉快，這點當然不容置疑。他們在許多任務中都必須承受很多壓力，警察的自殺率甚至與軍人不相上下。[34]但是針對這個主題的有限研究告訴我們：警務工作其實比許多工作都安全得多了。牛津大學的斯蒂芬．羅伯茲（Stephen Roberts）博士調查了一九八〇年代英國最危險的職業，警察工作排名第二十四，因公務而死亡的機率比漁夫少十倍（漁夫是危險程度排名第一的工作），也低於農人和建築工人，甚至比清道夫還低！[35]確認過英國的警察榮譽榜和新聞報導之後，我們甚至發現有幾年的時間，沒有在執行勤務的警察被謀殺的人數，比在勤務中被殺害的警察人數還多。在二〇〇一年的國家警察榮譽榜（National Police Officers Roll of Honour）上，有一名警察遭到謀殺，還有一名是殺人罪的被害者。[36]馬爾科姆．沃克（Malcolm Walker）警員只是在進行例行的機車巡邏，他攔下了一輛經證明為贓車的車。一名二十三歲的男子故意撞向他的機車，這名男子後來被依謀殺罪起訴，並判決有罪。艾莉森．阿米塔格（Alison Armitage）警員也是被一名駕著贓車逃逸的嫌犯輾過，駕車撞她的十八歲凶嫌後來也因殺人罪被判有罪。❶但是在同一年，三十六歲的警察卡爾．布盧斯通（Karl Bluestone）卻殺了三個人，在這場悲劇中，他打死了自己的太太和兩名幼子，接著再上吊自殺。[37]美國的警察勤務稍微危險一些，因為美國有很高比例的人持槍，因而在二〇一三年，共有一百一十一名警察在執勤中死亡。但是和在英國一樣，最主要的死亡原因是交通事故（高達四十六件）。有三十三名警察遭到射殺，而有十八名是死於「與工作相關的疾病」。❷[38]

以為警察這行既危險又常常要出任務，這還不只是一個單純的誤解而已：這可能導致警察自己都做了很多浪費時間的事。例如：資深警察就常抱怨，很難阻止警察在接到緊急通報電話時一起出動

（雖然如果遵照指示，他們應該執行各自的勤務）。我也曾經第一手觀察到這個現象，因為我在東尼・布萊爾首相的戰略單位服務時，曾經參與警察的出勤，日後也有。在某一次的家暴案件中，我看到有四輛警車和一輛警用大型車（我也坐在裡面）抵達現場。我也曾看過六名警察鳴著警笛到來，只為了把一名睡得不醒人事的醉漢驅離一棟辦公室，還有好幾件諸如此類過分誇張的例子。

我在訪視警察的過程中，還發現了另一個算普遍但很吸引我的特色，就是警察對於「安靜的一天」會感到很惋惜。每當我跟著出勤、但是卻發生了以下狀況時，就會聽到這種說法。舉例來說：如果我們花了一整天跟蹤兩名毒犯，但是卻無法逮捕他們，警察就會對這件事跟我致歉（而不是因為少了會讓腎上腺加速分泌的刺激行動）。警察聲音中的失望有部分是因為他們以為你也和他們一樣，想要看到警察「確實在執行警務」，或許就因為這個原因，警察（不論是在有同伴或是單獨一人時）甚至會追過整個城鎮，好減輕他們的懊惱。

一味的強調行動，也讓警察和公民（以及社區）保持良好關係這件事的重要性蒙上了陰影。許多犯罪都是靠著被害人或是證人的證詞解決的，而不是依據複雜的偵查和法庭辯論（雖然電視是這麼演

---

❶ 該年有十二位警察在道路交通事故中死亡，通常是在前往交班的途中，或是交班後回程的途中。另有一名警察在夜班結束後，死於心臟衰竭。

❷ 被美國執法警察殺害的人的資料十分有限。有一個估計值顯示二〇一三年有超過三百人被殺，但是我不知道是否有可靠的數據可以知道其中有多少比例是屬於「正當殺人」（justifiable homicides）。有一些數據認為在美國，警察的謀殺案件應該和警察遭到殺害的件數是差不多的。

的）。不論是（延宕好幾年無法解決的）「懸案」或是最近的犯罪都是如此。以華盛頓哥倫比亞特區最近結案的懸案為例，有百分之六十三都是因為新的證人或是證詞出現，只有百分之三是依靠新的DNA證據。[39]但是，民眾並不一定會配合警察的調查；在某些圈子中這是禁忌，甚至可能遭到報復。許多事件都可能造成警察與民眾之間的互不信任；有可能只是因為警察沒有保護好證人，但是更多可能是出自警方具有侵犯性的維安手法，看起來是出於種族或是階級因素的警務作法更是飽受爭議。

如果人民認為警察的行動保有公正性，他們就會相信警察，而且也願意給警察更多的權力。基於這個事實，所以近幾十年來西方國家愈來愈強調「社區警政」（community policing）的觀念。但是其實社區警政的定義十分模糊，要評估它的有效性，也顯得很弔詭。對於某些人來說，那只不過就是更多的步行巡邏，而我們在前文已討論過，步行巡邏雖然在表面上會讓大眾覺得安心，但其實不會帶來太大的不同，除非它們有確實的目標。有些人覺得社區警政是代表更有選擇性的社區干預。倫敦警察廳在跨入二十一世紀的時候進行了「三叉戟行動」（Operation Trident），它的目標是黑人之間的犯罪問題，尤其是涉及幫派的槍枝犯罪。它一開始就強調要與受影響最大的社區居民建立關係，一般對這也都給予正面的評價，但是此舉到底有什麼影響，卻並沒有得到正式的評估。

因此，社區警政的缺點也和其他警務活動（例如巡邏）一樣。如果它連到底想做什麼都不夠清楚，顯然它的行動一定沒有足夠明確的目標，結果也不會受到評量，那麼社區警政不會為它預設的問題帶來任何不同答案，這應該也是預料中的事。如果要加強民眾對警方的信賴與合作，我們應該要分析一下為什麼某些社群會對警察抱有敵意，並測試看看不同的方法是否可以克服這個問題。例如：如果警察行動的目的是要改善安全感，我們就會需要針對這一個目標的技術和方法。而且可能會有其他行為者比較適合達成這個目標。可以加強安全感的通常不是警察的行動，而是一個地區的「外觀和感覺」，[40]所以只要好好的管理隨地亂丟的垃圾和雜亂的塗鴉，通常就是一個比較便宜（而且有效）的方法，這比起看到警察在巡邏還有用（不論人們會不會希望警察來巡邏）。

警務工作

一九六九年的蒙特婁警察罷工塵埃落定之後，某家在罷工當時放棄了自己的財產不管的店主人，向加拿大廣播公司（Canadian Broadcasting Corporation）的記者描述了一位鄰居的大膽行為。

「噢，對啊，他馬上就制止他們了。沒有人靠近他……他拿出了那把槍，所以沒人敢靠近他。」

記者接著說：「我想你從這件事裡學到了什麼吧，是嗎？」

「噢，我還是不想擁有槍。別人有是別人的事。」[41]

警察罷工除了讓我們體會到警務的重要性之外，還告訴了我們更多事，例如為什麼警察會有這些工作。一旦警察缺席了，人們會很快找人填補警察的必要功能。公民會採取行動來捍衛自己的財產，而政府也會徵召其他力量來制止動亂，比如軍隊。在二〇一一年的倫敦暴動中，居住在哈克尼（Hackney）的庫德人（Kurdish）和土耳其人社區中的店主，就是以武力自行抵禦暴徒的。一名咖啡店老闆耶爾馬茲．卡拉格茲（Yilmaz Karagoz）描述了當時場景：「暴民有很多人。我們都走到店外，但是警察要求我們什麼都別做。但是警察也什麼都沒做，後來暴民來得愈來愈多，於是我們只好自己把他們趕走了。」一名配著刀的土耳其烤肉店的店員是整個行動的領導人。卡拉格茲說：「我是不覺得他們還會再回來。」[42]

不過，不是每個人都想要承擔維護和平的功能。上文中的蒙特婁店主就一定不想，社會最好還是讓他經營自己的商店就好，預防或是阻止暴動的事就交給其他人去擔心。他的鄰居和抵抗暴徒的土耳其人和庫德人團隊，或許願意出面保衛自己的財產，但是他們沒有受過適當的訓練，很可能會害闖入者死亡，因此反而無法維持正義，或是又引發了族群衝突，讓自己暴露在暴力復仇的危險之中。

簡而言之，要防衛人民和財產以及維護正義，警察是我們最好的解決方案。如同設立警察廳的羅伯特．皮爾爵士（Sir Robert Peel）在一八二九年所說的：「警察就是大眾，而大眾就是警察；警察只是大眾中支薪，並須貫注全副心力於其職務上的人，其職責便是保障所有公民的社會福利和生存利益」。[43]

雖然警察勤務可以說是一種自然的社會功能，但是我們也在前文討論過：他們對於減少犯罪的效果各自不同，但是通常都比支持「英雄與壞人」觀點的人所認為的要少得多。政治上經常在辯論我們到底應該要有更多或是更少的警察，但是這個問題其實遠比不上警力應該如何配置來得重要。對於何謂「恰當」警務的標準答案，其實反而常常讓警察疲於從事我們已知根本無效的活動，包括隨機巡邏和對緊急狀況做出反應。我們一直把警察當作「負責」減少犯罪的機構，但是卻忽略了一個更為全面的事實：公民自己的行為和所有政府單位採取的方式，也都會影響犯罪的嚴重程度。我們需要警察與這些團體合作，而不是只為他們自己與犯罪的「鬥爭」累積更多的資源。我們的警察應該把焦點放在減少犯罪預防而非補救，並用硬數據和軟性的智慧，找出真正有用的方法。畢竟，嚴刑對於犯罪的影響，看來是比我們希望——或說害怕——的少得多了。

迷思九　嚴刑峻法才是嚇阻犯罪的靈丹妙藥？

「如果說我覺得我們的處罰都太過溫和了，人們一定會罵我太過野蠻。即使是犯了最嚴重罪行的男性犯罪者，也只會被吊死，這是人數最多的刑罰……如果是犯了謀殺罪的人，不管男性或是女性，都應該要被活活燒死。」

——英國小說家丹尼爾・笛福（Daniel Defoe），《街頭搶劫之我思》（*Street Robberies, Considered*），一七二八年

「看看一個地方的監獄，就可以了解這個社會的文明程度了。」

——俄國小說家費奧多爾・杜斯妥也夫斯基（Fyodor Dostoevsky），《死屋手記》（*The House of the Dead*），一八六二年

懲罰的潮流

那個鎖匠的手和腳都綁了起來，粗暴地綁在一隻大象的後腿上（用一根長繩子纏過他的腰間）。大象開始拖著他往前走，他的身體也就在道路上一顛一顛彈跳著。他犯的是謀反罪。他被認為幫助了

四名囚犯逃走，據說他們陰謀推翻當時的古吉拉特（Gujarat）統治者，即巴羅達（Baroda）的牧牛王（Guicowar）。

這是發生在一八六〇年代的事，而這名鎖匠很快的就成為這個地區受大象刑的最後幾個人之一，這種行刑方式在南亞和東亞延用了數個世紀之久。我們不知道讓他致死的真正原因是什麼。許多受到這種刑的人都死於腦部重擊，因為大象會拖著他繞過整個城市。但還是有人在被大象拖行之後逃過了一死，法國的旅行作家和攝影師路易斯・魯塞萊（Louis Rousselet）就曾經看過，但是等待他們的是更為殘酷的命運。「穿過城市之後，他（死刑犯）的手腳會被解開，或許是殘酷中的一絲絲憐憫，有人會給他一杯水。然後，他的頭會被放在一塊石頭上，要執行死刑的大象就會用牠那巨大的腳，把他的頭踩爛。」[1]

L'INDE DES RAJAHS. — Condamné exécuté par un éléphant.
Gravure extraite du *Tour du Monde*. — (Librairie de L. Hachette et Cie.

圖十五：大象執行死刑圖，首次刊於一八六八年出版之《環遊世界》（*Le Tour du monde*）。

懲罰通常還有重要

的象徵意義。由大象來執行死刑，目的是要展示統治者的權力，顯示他（統治者）甚至能夠操控這麼巨大的動物。扔石頭是另一種殘酷的處罰，直到現在還是有些部落的法庭會採用這種刑罰，它會讓執行者隱藏在人群之中，展現出處罰的社會本質。在中世紀的歐洲，謀殺者要到被害者的遺族家庭中當奴隸：一命償一命。

不過，國家的刑罰雖然有各種不同的方式，但都是為了兩個主要的目的。就是要減少犯罪——一方面嚇阻其他人，一方面讓本次的犯罪者被阻礙（或是被完全隔絕）在下次的犯罪機會之外。而且它們可以確保公眾報復的渴望得到了滿足，或進行實質或是象徵性的修復、也讓社會的非難有表達的出口，所以有利於維持公眾對於法治的支持。

今天有許多人認為現代的懲罰方式已經無法達到上述兩個目的了。有些人戀舊地重提起過去的嚴刑，一般人大概也都覺得犯罪者要逃脫處罰的確太容易了：近期的英國問卷調查結果，一直顯示大約有百分之八十的人覺得判刑都「太寬大」了。[2]英國有大約半數的人口希望恢復死刑，對付「標準謀殺」。[3]而不論是在澳洲、美國或是加拿大，大部分人也都覺得他們現在的制度太溫和了。在美國，大約有三分之二的人認為暴力犯罪的量刑太過寬厚，但是對於非暴力犯罪的科刑滿意度相對而言是高的。[4]

為什麼人們會希望刑罰再嚴厲一點？其中一個主要的理由是相信嚴刑有助於減少犯罪。最近的一個問卷調查結果顯示三分之二的英國人口同意以下觀點：「要減少再犯最好的方式，就是增加刑罰的嚇阻效果，具體的方法例如把更多犯罪者送進監獄、讓獄中生活更不好過、加長刑期，還有加重社區處罰。」5

奇怪的是，批評政府對於犯罪太過溫和的社會輿論，都忽略了在整個英語世界中，政策制定者都在逐步回應大眾的不滿。當美國的犯罪在一九六〇年代首次開始增加時，還沒有什麼人想要趕快制定更嚴厲的刑罰。但是隨著犯罪成為愈來愈迫切的社會問題，就有愈來愈多來自各領域的專家想要幫忙減少犯罪。經濟學家開始關注犯罪之後，（至少是在美國）他們很快的發現，犯罪的發生通常是因為「夠划算」。在本書前言中引用的芝加哥學派（Chicago School）的經濟學家蓋瑞．貝克曾在一九六八年進行了一項重要的研究，強調如果要減少犯罪，勢必要確保懲罰的風險和嚴峻程度會超過可得的報酬。芝加哥大學培育出的政治學家詹姆斯．Q．威森（James Q. Wilson）也在一九七五年出版了一本甚具影響力的書籍《思考犯罪》（*Thinking About Crime*），書中也強調把犯罪者關在鐵窗後久一點的確是有幫助的。

立法者受到大眾的支持，因此不打算退縮。在一九六〇年代晚期之前，理查．尼克森（Richard Nixon）前總統一直在推動「對毒品的戰爭」。傑拉德．福特（Gerald Ford）前總統在一九七六年把這擴大到更一般性的「對犯罪的戰爭」，因為犯罪一直在增加。福特全面提升了刑罰的嚴厲程度，包括對槍枝犯罪制定了並不寬容的強制最低刑期。但是某些懲罰最嚴厲的立法，還是在隆納．雷根和喬治．布希任內制定的，例如：若是持有二十八克以上強效純可卡因的初犯，最少為五年徒刑，還有更進一步的「真實刑期」措施，也就是說，有很高比例的犯罪者真正服刑時間比宣判刑期還來得久，也不會因為表現良好就提早獲釋。強硬的態度才能帶來政治的自尊。雷根十分自豪於「販毒和吸毒者的逮捕、判罪和刑期，都達到了最高水準」。[6]

到了一九九〇年，美國的監獄人口已經成長了四倍。不過犯罪率終於也開始下降了，許多人因此確信經濟學家是對的。嚴刑發揮了作用。於是政策制定者決定此時萬萬不可退縮，而是要乘勝追擊。一九九四年的《暴力犯罪管制與執行法》（Violent Crime Control and Law Enforcement Act）規定了更多犯罪的最高刑罰為死刑，聯邦的「三振出局」法確定了「若是因為嚴重的暴力犯罪或是毒品交易犯罪三次以上被判有罪的聯邦罪犯，強制判處其終身監禁不得假釋」。有些州甚至還對非屬聯邦的犯罪自行規定了更為嚴厲的法律規定。因此在一九九〇年和二〇〇九年之間，因毒品和暴力犯罪而服刑的平均時間增加了三分之一，財產犯罪則是四分之一。[7]犯罪事件持續減少，而美國的監獄人口一路擴大，比一九六〇年多了六倍左右。[8]

全世界有許多國家都十分讚賞美國的成功故事。尤其是它的高犯罪率和黑幫暴力長久以來都受到大家的嘲諷，因此美國的有效政策更是成為各國競相模仿的對象。眾人之中，有一位頗具影響力的英國專欄作家彼得·希欽斯（Peter Hitchens）率先有了具體行動。他在二〇〇一年寫到：「你或許會知道我們的專家是帶著羨慕在看美國的成就，其重大犯罪事件在四年內減少了百分之十六，暴力犯罪也在同一段時間內減少了百分之二十。他們可能很想知道這個成果是發生在美國蓋了將近五百棟新監獄之後，還全面廢除了輕刑和提早釋放制度。」[9]

其實政治人物和政策制定者也已經開始往這方面考慮了。最著名的便是英國的內政大臣麥克·霍華德，他在一九九三年開啟了刑罰新政。他說：「監獄是有作用的。它可以保護我們遠離謀殺犯、搶劫犯和強暴犯，同時它也會讓很多想要犯罪的人再多想一下，這或許是說，有比較多人要進監獄了。我不會害怕這件事的發生。我們不應該再用監獄人數減少這一例來指稱我們的司法制度是成功的。」在一九六〇年代到一九九〇年代中期之間，監獄人口和犯罪數量是同步增加的，但是在那之後監獄人口開始暴增。在一九九三年，每十萬人之中有九十人被關在監獄裡；而到了二〇〇四年，這個數字是每十萬人中有超過一百四十人坐牢。在人數一開始增加之後，英國的犯罪就隨之下降了，而且一直保持下降。受刑人的人數在二〇一〇年大致保持固定，不過那時候的犯罪只剩先前的一半了。[10]

澳洲和紐西蘭也受到美國作法的影響，在一九九二年到二〇一〇年之間讓監獄人數增加到兩倍，而加拿大雖然有一段時間拒絕加重刑罰，但是在史蒂芬・哈珀（Stephen Harper）於二〇〇六年選上總理之後，也終於向嚴刑的作法屈服了。加拿大有兩個綜合的犯罪條例草案——各自在二〇〇八年和二〇一二年通過——規定了許多強制的最低刑期，另外成年人的刑罰也適用於犯了重大犯罪的青少年，另有一部分犯罪判決不適用「附條件刑罰」（conditional sentences，指某些受刑人可以在社區服刑，或是活動範圍被限制在一定範圍內），在決定犯罪者的刑罰時，也給被害者較充分的發言權。

這些國家的犯罪一直在減少，政治人物也始終在探尋實務和原則上的基礎，為嚴刑賦予正當性。任何想要降低刑度的嘗試通常都無法持續很久。英國的司法大臣（Justice Secretary）肯・克拉克（Ken Clarke）曾經在二〇一〇年想要積極控制日益增加的獄政花費，因此他採取了一些步驟，讓英國的刑罰不要那麼嚴峻。但是他在某一次接受訪問時，失言說出有些強暴案比其他的更為嚴重，於是反對他政策的部分媒體便聯合起來，發起反對他的運動，引爆了群眾對他的怒氣。大衛・卡麥隆首相迅速撤換掉他，並提出政府未來將提高重大犯罪的刑度，還很快的提出克拉克的繼任人選是克里斯・格雷林，他是堅持要嚴肅法紀的強硬分子。格雷林甫上任，就批評監獄條件太「舒適」了，他還主張英國有權對罪行重大的犯罪者和累犯處以「無期徒刑」（life means life），並因此與歐盟槓上了。

不過，格雷林心目中的好方法，當真就是減少犯罪最有效的方法嗎？就算大眾都認可這些方法，他們是不是就真的都對呢？如果犯罪被抓到後必須要面臨比較重的刑罰，所以一開始就比較不會選擇犯罪，這個道理似乎是不證自明的。而在美國和其他英語系國家，監獄人數增加後犯罪就減少了，這個跡象似乎也支持兩者之間的連結。的確，好像很容易就覺得我們應該更努力的確保犯罪不是一件划算的事，就算不是重新用大象來行刑，至少也要延長刑期，並且適用死刑。這就是許多「英雄與壞人」觀點的支持者所提議的作法。

而在另一方面，美國現在每年花在矯正事務上的金額超過五百億美金，全世界的公共開支，愈來愈多是用來把人們關在鐵幕之後。[11]現在美國的某些州花在監獄上的錢，還比花在大學教育的錢更多。或許「受害者與生存者」觀點的支持者所想的是對的，如果將這些錢用在其他地方，效果是不是會更好呢？

抵抗潮流

塔皮奧・拉比-塞佩萊（Tapio Lappi-Seppälä）博士常向世界各國那些感到好奇的政策制定者和時事評論家陳述下面這個過程，而由他來說，也絕對是個適合的人物。他冷靜、精確，專注於證據，用一種明確而低調的方式，詳細闡述芬蘭那不尋常的監獄經驗。[12]

他在電話裡告訴我的故事，是從一九六〇年代便拉開了序幕。他的祖國芬蘭很快的就從近乎半世紀的戰爭、社會以及政治的動盪中復興了，但是還在尋找它的定位。芬蘭依然保留著與俄羅斯的緊密政治連繫（部分是出於務實的理由），但是隨著這個國家益發富有，它也開始想要發奮趕上它的北歐鄰國瑞典、挪威和丹麥。有了比較，才會顯出許多不同，但還是有某個最明顯的對比，最能夠吸引學者和政策制定者的注意。根據拉比-塞佩萊的說明：「如果把我們的監禁率和其他北歐國家相比，就會發現我們的受刑人人數是他們的三到四倍。」[13]芬蘭的犯罪率與斯堪的那維亞半島的其他地方大致是一樣的，所以這不是犯罪率的差異。看起來這比較像是一連串歷史選擇下的結果，形成了相對嚴厲的刑制。

接下來發生的爭論可能會讓許多人都大感驚訝。拉比-塞佩萊說：芬蘭負責制定政策的菁英馬上覺得「我們的情況有點丟國家的臉」。[14]與俄羅斯相同的監禁水準並不是這個國家想要的，學界和制定政策的人都很快同意應該做點什麼。芬蘭的問題被定調成「監獄太多了」，不像美國認為問題是「監獄太少了」。

發生在芬蘭的結果也和在美國一樣戲劇化。美國選擇走向「真實刑期」、規定強制的最短刑期、並宣揚像是「三振出局法」這樣的政策，同時期的芬蘭則展開了它自己的翻轉三十年旅程。首先，芬蘭釋放了幾乎所有因為不履行罰金而關在獄中的受刑人，他們的刑期大部分都用「暫緩監禁」（suspended sentence）取代了，也就是除非他們再次犯下重罪，否則刑期都不會重啟。改革者的用意是想要釋放竊盜犯、酒後駕車、其他輕罪者以及青少年罪犯的監獄空間。若是初犯者被宣判兩年以下的有期刑期，原則上都會判以暫緩監禁。直到一九九〇年代又做了進一步的改變，在仔細規畫後，引進了新的社區處罰制度。

大部分國家在引進社區處罰制度後，整體刑罰都變得更加嚴厲了。法官喜歡社區處罰，是因為這似乎可以讓犯罪者有機會獲得一個足以改變人生的經歷；但是，社區處罰最後通常都被法官用來取代罰金和暫緩監禁，而不是用來取代徒刑。不過，芬蘭的改革經過仔細設計，要確定讓人們可以遠離監獄制度。他們採用兩階段的步驟，法院會先判決一個刑罰（此時社區服務令並不是選項之一），接著在初步的課刑之後，再評估是否適合用社區服務令來取代監獄的徒刑。

最後的大改革是採用了假釋和提早釋放，拉比-塞佩萊認為這是「管制受刑人人數最有效的工具之一」。[15]受刑人可以申請假釋的最短時間從原本的四個月減少為十四天，而服滿刑期的受刑人比例也預期應該會大幅減少。

這個實驗的確有助於減少監獄中的人數。在一九六〇年，有三分之一的芬蘭囚犯的刑期暫緩，而不是立刻入監執行；而到了一九九〇年，則達到三分之二。監獄中的青少年人數掉到十分之一。因為竊盜被判有罪之後，可能入監的比例降為不到三分之一，而到了一九九一年，更是令人難以置信的降為百分之十一。一九七一年的法官判給竊盜罪的刑期總共加起來是兩千五百年，但是在二十年後，就只剩下兩百五十年了。芬蘭的監禁率在一九五〇年是瑞典和挪威的三倍以上，但是到了一九九〇年代早期，已經和其他兩國非常接近了。

這個降幅本身就已經很明顯了。不過如果想一下犯罪率的變化，就會發現它其實還更驚人。在芬蘭開始採用比較寬大的方式之後不久，犯罪件數也開始慢慢爬升，在許多統計數據中，都顯示一九六〇年和一九八〇年代的晚期之間，犯罪件數幾乎達到三倍。為什麼大眾竟然沒有強烈反對呢？

拉比-塞佩萊的解釋是：「芬蘭的犯罪政策特別屬於專家導向。在像芬蘭這樣的小國家，改革都是由相對來說一小群專家在籌畫和執行的。到目前為止，芬蘭的政治人物都還擋得住低層次的民粹主義在這個議題上的誘惑力。」[16]「而且我們有可靠的媒體。我們沒有那種唯恐天下不亂的小報！」[17]拉比-塞佩萊還認為要求共識的政治體制（包括多黨政治和許多聯合政府）也有助於減少政治上無謂的激情。

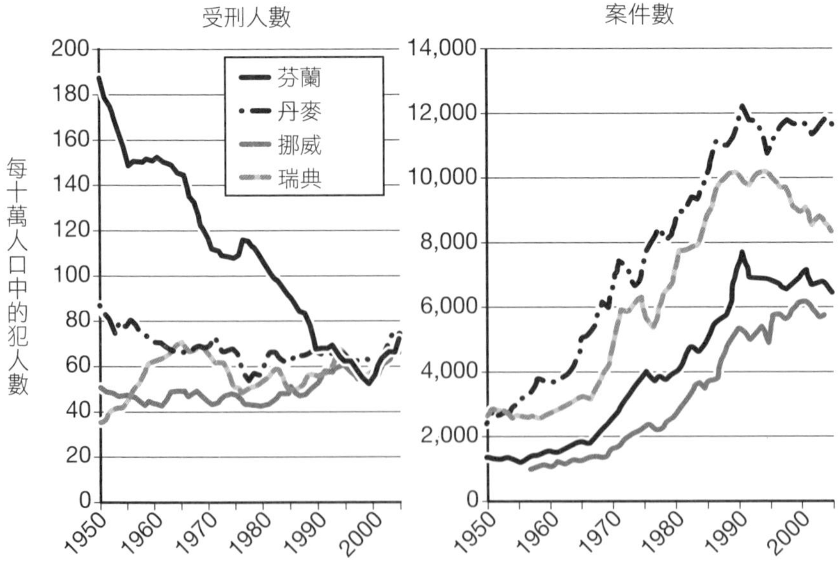

圖十六：北歐半島四國受刑人數與案件數的比較，於一九五〇年至二〇〇五年。[18]

不過，如果刑罰過於寬容，到底會發生什麼事，這個經驗真的給了我們一個清楚的警告嗎？乍看之下，會覺得芬蘭的監獄人口下降了之後，這個國家付出了很多代價，每年新增加上千件犯罪。但這真的是個代價嗎？或許不是。芬蘭的犯罪率在一九六〇年代到一九九〇年代之間上升了，但是美國和其他已開發國家在同時間也是如此，這也使得美國監獄人口暴漲。芬蘭的犯罪走勢與它的北歐鄰國也幾乎相同，雖然只有芬蘭對犯罪者變得「比較寬容」。拉比-塞佩萊用圖表成功解釋了嚴刑顯然並沒有相關性。圖十六顯示芬蘭的犯罪走向和鄰國的相似性，芬蘭的監禁人數有著明顯的減少。圖十七則以蘇格蘭和芬蘭互相做比較，蘇格蘭的國家大小和芬蘭差不多，但是它也和大部分的英語國家一樣，以「重懲犯罪」作為刑罰改革的方向，而不是芬蘭式的「減少入監

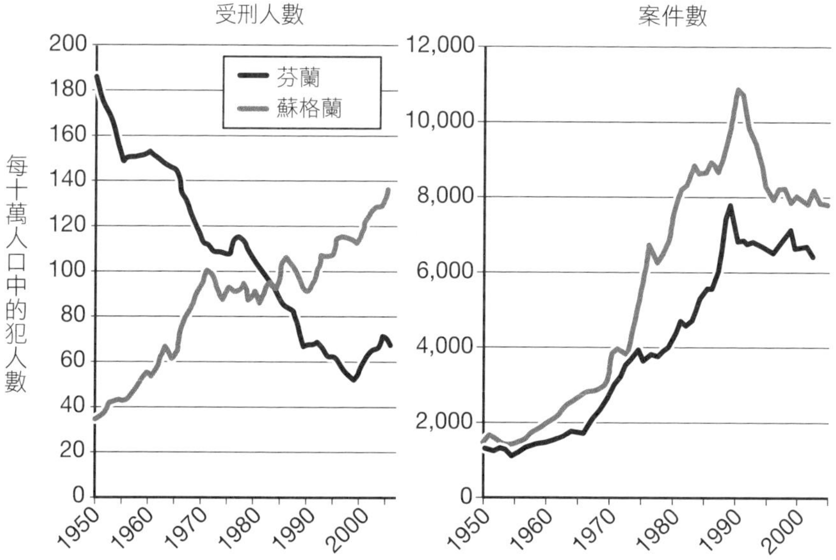

圖十七：芬蘭、蘇格蘭的受刑人數與案件數的比較，於一九五〇年至二〇〇六年。[19]

人數」（decarceration）。

確實如拉比-塞佩萊所說的：「或許（懲罰和犯罪率之間的）連結遠比我們一般所假設的低得多。」[20]我們再看一下全世界的狀況，就會發現情況確實是如此。日本一直是全世界犯罪率最低的國家之一；英國相對於其他國家並沒有特別高、也沒有特別低；而在大部分的研究中，哥倫比亞都被評為犯罪率極高的國家。但是這三個國家的監禁率都差不多。除此之外，犯罪多寡的改變和量刑輕重的改變，似乎也沒有什麼連結。加拿大很晚才走上懲治路線，但是它的犯罪走勢和美國並沒有太大的區別（但是美國的監禁人數早已爆炸）。[21]日本是極少數幾個在一九六〇年和一九九〇年之間犯罪不增反減的已開發國家之一，但是這個情形卻是發生在日本的監禁人數比過去少了三分之一以上時。[22]

這是不是在告訴我們：許多英語國家從美國身上學到的一課是錯的？加重刑罰真的有助於扭轉持續上升的犯罪率？刑罰愈嚴厲犯罪就應該愈少，這在邏輯上似乎很合理，但是為什麼卻不總是成立呢？

謎團中三個有缺陷的部分

讓我們回到嚴刑峻法為什麼在理論上可以減少犯罪的三個理由。第一個理由，是我們相信嚴厲的處罰應該會對那些正在考慮犯罪的人有嚇阻的效果，一來它增加了萬一被抓到的「成本」，而且讓這個成本高於犯罪可得到的好處。第二個理由，是嚴厲的處罰讓因犯罪而付出代價的人上了一課，讓他們知道如果未來繼續犯罪，也會付出高昂的代價。第三個理由，是既然犯罪者已經被關起來了，他們就根本不可能做出其他犯罪行為了。

乍看之下，會覺得這些原則當然很有道理。不過芬蘭的例子讓我們知道，或許還是有必要再把每一個理由重新檢討一遍……

1. 一般威嚇作用

一件雙屍命案的凶手信步走過監獄的娛樂室，和一群整齊圍成半圓形坐下來的青少年面對面。

那名囚犯帶著冷笑，說：「我們也會有性欲。」他接著說：「你這壯小伙子，隨便猜猜看。當我們性欲上來的時候，你覺得我們要跟誰做？可別告訴我是互相。跟誰？」那名謀殺犯直勾勾的盯著一個深色頭髮的青少年男孩瘦長的臉，繼續問著，「你們不知道吧，哈。那就讓我來告訴你們。我們會找上那種年輕、無腦的大蠢蛋，就像你這樣的。」[23]

一九七八年的紀錄片《恐嚇從善》（*Scared Straight*），拍攝了一群青少年犯罪者走訪拉威州立監獄（Rahway State Prison）三小時的歷程。在那三小時中，會有刑期比較長的受刑人以生動的口吻，不懷好意地向他們描述監獄生活。這些青少年訪客光著腳坐在矮腳椅上，眼前的受刑人自然而然會讓他們感受到威脅。[24]

這個計畫的構想是要讓年輕的麻煩製造者脫離犯罪的人生。策畫這個紀錄片的人認為年輕人過於低估了在監獄裡要吃的苦，對於自己的行為後果也欠缺考慮；這個企畫假設年輕人若知道監獄生活中殘酷的現實，就會比較努力避開它了。

構想者對於這個計畫的結果很滿意，原因倒不只是因為它的收視率很高。與參與攝製的人所作的後續會談中，他們注意到只有很少數的年輕犯罪者最後進了監獄。他們的成功被大為宣傳，接著就有一連串政府出資的計畫，在設計時都是以《恐嚇從善》為範例。有些甚至就直接複製了。還有其他計畫會用監獄體制來「處置」青少年，用類似的方式提醒他們。

這類計畫到今天還在運作，它的概念也進化成「新兵訓練營」的作法，若要對治品行不端的青少年，這是常見處方，也是電視紀錄節目的熱門題材。

不過「恐嚇從善」企畫的受歡迎程度，卻帶出了一個鮮少人知的問題：它們不僅沒有什麼作用，甚至還可能確定是有害的。有一群研究者在二〇〇二年分別檢視了十一項研究計畫，這些研究是在探討被「恐嚇從善」的青少年、和類似但是沒有受到「恐嚇從善」的青少年，兩者的犯罪率有什麼不同。這十一個研究都沒有顯示出正面的影響，有些研究甚至還認為這種介入會產生不良的後果。[25]研究者也很驚訝的發現：當有一項評估顯示「恐嚇從善」的某種轉化作法確定有害時，該評估很快的就會被取消了，但是計畫本身還是繼續進行下去。

當然，也可以說我們本就不應該期待計畫會帶來多大的不同。畢竟，即使參與計畫的人現在更了解監獄的艱苦之處，但是他們的刑罰並沒有改變。或許它的失敗之處在於證明了只有做壞事的實際後果出現變化時，人們才會去注意。

加州的「三振出局法」當真改變了判刑的嚴厲程度，而且還不是一般的苛刻。美國有大約二十五個州立下了三振出局法，而二十五個州中，大部分都堅持只有在三個「重」罪之後，才適用無期徒刑。但是在加州，只需要有兩項重罪就可以了：第三次不管犯了任何罪都無所謂。新聞也曾經報導有人在犯下很輕的罪之後，例如：對駕照考試的筆試成績說謊、偷錄影帶、順手牽羊地拿走商店裡的貼身內衣，卻被判處「二十五年至終身」徒刑。[26]加州的法律是在一九九四年制定的，當時的大眾正對十二歲的波莉·克拉斯遭到殺害感到群情激憤，所以許多人都認為加州有這樣的法律算是一種成就。加州的犯罪驟減，讓阿諾·史瓦辛格（Arnold Schwarzenegger）州長在二〇〇三年宣布「經證實，這確實能夠嚇阻暴力犯罪」。[27]這等於是用法律的規定強化不利因素，遏止已經犯下兩條罪的人繼續犯第三條罪。被判決有罪的後果突然變得難以想像了。

但是奇怪的是，還是有許多人要冒這個風險，而且也真的受到了處罰。在二〇一〇年之前，已經有將近四千人因為「三振出局」條款而被判處終身監禁，其中一半以上的人最後犯的都只是非暴力的犯罪。[28]這個法律的確帶來了一些影響。但是讓許多研究者真正感到驚訝的，是它的影響力其實非常微小。其中一項由經濟學家埃里克·赫蘭（Eric Helland）和亞歷山大·塔巴羅克（Alexander Tabarrok）所做的研究，認為在「三振出局」法出現之後，已經有兩次犯罪前科的人不想再被逮捕的機率比以前多出百分之十二點五。[29]換句話說，在十個已經累積了兩次前科的人裡面，幾乎有九個人在新法制定前後的表現並沒有什麼不同。[30]另一項研究認為在十個人裡面，有相當於七個人的表現並無不同，但是這個研究同時也發現，有證據顯示符合「三振出局」的人所犯的罪加重了。[31]作者認為這或許是因為犯罪者覺得既然確定會被判重刑，還不如「來件大的」，所以選了比較嚴重的犯罪，或是覺得犯件大案或許還能夠逃過偵查和逮捕。這是一個有趣的可能性，不過總之行為模式的變化實在太小了，所以我們無法真的確定「三振出局」法到底有什麼影響；我們只知道其實大部分人都不太在意這個威脅。

為什麼處罰刑度有這麼大的改變人們卻毫不在意呢？一項瑞士的實驗為我們提供了線索。[32] 犯罪學家沃特．布克惠森（Wouter Buikhuisen）在一九七〇年代早期說服了荷蘭格羅寧根市（Groningen）的政府官員，協助他們宣導將對交通違規施以更重的刑罰，看會有什麼影響。警察會嚴格取締不符規定的老舊輪胎，而地方新聞也以大篇幅報導警察檢查的結果。同時，附近的呂伐登（Leeuwarden）就不推動這樣的運動和宣傳，以茲比較。

格羅寧根的突襲行動持續了兩週，並帶來了重大的影響。輪胎的銷量增加了，突襲抽查也比較少發現磨損和折舊的輪胎。而呂伐登就沒有類似的變化。媒體去採訪那些買了新輪胎的人，他們都說知道懲罰變重了，也似乎真的是因為這個原因才去買輪胎的。不過布克惠森也訪問了那些還是被抓的人。他發現不照章行事的人通常比較年輕、教育程度比較低，而且不出所料開的是比較舊、車況比較不好的車。他也發現其中有些人根本不知道這場運動。但是他最有趣的發現，其實是受訪者表現出來的態度。不理會警告的人都很宿命論，採取聽憑決定的態度，甚至說即使未來運動繼續推行，他們還是會開著有磨損輪胎的汽車上路。

這個實驗提醒了我們，其實有許多犯罪者事先都不會考慮後果，也缺乏自衛的本能（迷思三）。它也暗示了有其他類型的「非理性」，例如對規定和法條就是抱著敵意。它還顯示出非關犯罪的選擇，會引發連鎖反應，例如在這個案例中，是指被迫選擇要開一輛老爺車（非關犯罪的選擇），將帶來違反法律的風險（連鎖反應）。不過這個實驗也顯示出威嚇對不同的人會有不同的作用。實驗告訴我們：如果加重了刑罰並加以宣傳，對於那些本來就認為自己「沒做壞事」的人是最有效的。用教育方式也可以帶來服從，而且通常並不輸給以正式制裁加諸恐懼的方法。在這個案例中，買了輪胎的人或許只是被提醒說用磨損的輪胎上路是違法的，也可能為自己或是其他人帶來危險。而那一群在格羅寧根的警方活動中無視於自己的行動會帶來什麼後果的人，與在「三振出局」條款之下受到刑罰的人並沒有什麼不同。從某種意義上來講，不論出於什麼理由他們就是不會受到威嚇的人，當他們犯罪或是無視法律時，就是不會把懲罰的風險和代價列入計算。

這提示了我們格羅寧根的輪胎實驗中另一個重點：它的焦點不是加重刑罰，而是大幅增加人們（如果無視法律規定的話）被抓到的機率。所有證據都顯示了這點；而且買新輪胎的人在訪談中，也的確有說讓他們決定採取行動的部分原因，是因為被抓到的機會增加了，而不是處罰變重了——其他的實驗結果也一再驗證了這種說法。酒駕取締也是用這種方法，在高風險的時段大量增加臨檢，並大肆宣傳這個結果。其他見效的警察行動（參見迷思八）也都是依照類似的原則。看來人們其實不會認真看待可能的處罰——除非有非常高的機率會受罰。

有沒有可能被抓到，其重要性其實高於被抓到後的刑罰有多嚴厲，這個事實或許可以說明為什麼（在「三振出局」法的規定之下，）已經犯了兩條罪的人卻還繼續犯罪——而且被抓到第三次犯罪的後果可能極慘。因為在他們計算過每一次犯罪被抓到的機率之後，或許有什麼理由，讓他們寄望這次可以逃得過。以英國為例，只有少於百分之五的犯罪會受到任何形式的正式制裁。有超過一半的犯罪無人通報，超過一半未獲解決，還有許多會以「不起訴」結案。[33]慣犯從過去的經驗中，得知他們很有機會逃過每一次犯罪的制裁，雖然就長期來說他們還是很有可能被抓到的。

這些都嚴重打擊了加重刑罰必定可以減少犯罪的論點。有許多人根本無視於入獄的威脅，即便他們犯的罪可能刑期非常長，也有其他許多人十分奉公守法，儘管他們面對的根本不是嚴厲的刑罰。嚴刑的立法針對的對象，其實通常都知道有被捕的風險，但是他們就是會輕率選擇賭一把。當然或許是現代的監獄太舒適了，讓人們都不害怕。也或許只要處罰再嚴厲一點，所有人就都會遵守法律了……。

2.特殊威嚇作用

沒有窗戶的單人牢房長十一英尺、寬六或七英尺，看起來設計目的完全是為了減少囚犯製造或是藏匿武器的風險。鋼鐵製品反照出日光燈那刺眼的強光，對比著同套的臉盆和非坐式馬桶那柔和的銀色外形。緊貼著牆的床有八英寸厚、上了漆的混凝土材質，上面鋪著兩英寸厚的深色床墊，但是床墊比床板略小了一點。除了兩條毛巾、一些衣服、衛生紙、沒幾本書和幾張海報之外，房間裡一無長物。牢房裡沒有電視，雖然有些恪守監獄規定的受刑人是可以有電視的。

尚恩（Shawn）稱呼他的牢房是「墳墓」，他一天有將近二十三個小時都待在那裡。剩下的那一個小時左右就是他的淋浴時間，也或者，他可以待在一個封閉的小院子裡，自己一個人做點運動，那個小院子的長度大概只容他走個六或七步。只有當太陽正在頭頂上時，陽光才會照到院子的地板上。

絕少人會來拜訪他，身體接觸也是禁止的，唯一的例外是被上手銬的時候，比如每當他要去小院子裡（或是回來）以及要去淋浴的時候。在晚上，尚恩會聽到其他牢房（同一條長廊上有七間類似的牢房）隱約傳來的噪音，但是也會聽到在比較遠的地方，有精神病患或是「發洩衝動」的囚犯傳來的嘶吼或是尖叫聲。[34]

與尚恩情況類似的，還有鵜鶘灣監獄（Pelican Bay Prison）被稱為「小鞋」（the shoe）的禁閉室（Security Housing Unit）中的超過一千名囚犯。[35]這種戒備狀態一開始是針對「壞人中的壞人」設計的，他們過於暴力、令人擔憂，所以可能會對自己或是其他人造成威脅。這也只是一種暫時的手段，受刑人在經歷禁閉之後，很快便能重新回到監獄的大團體中。

但是在全美國各地陸續出現了管理體制比較嚴格的「超高度安全級別」監獄，許多監獄還有各自的變異體：單獨監禁室（Security Housing Unit）、禁閉室和特殊監禁室（Special Housing Unit），但都是一樣根據單獨監禁的原則。這些監禁室是為了嚇阻在監獄內出現的不正當行為，支持者也認為這種環境會讓犯罪者在出獄後，在下次犯罪前會先三思而後行。有許多人都認為監獄變得太「寬厚」了，他們一定會贊成這種作法。就像是彼得．希欽斯對英國體制的控訴：「那些暴力和不誠實的人都在嘲笑和蔑視刑事司法制度，對它一點都沒有恐懼之心。」[36]

受刑人也知道禁閉室的目的。一名以前被關過禁閉室的人說：「它是一種懲罰。足以毀滅一個人。」但是受刑人的證詞也都質疑嚴峻的條件到底可以帶來什麼影響。受刑人說他們希望以後不要再受到單獨監禁，但是他們也會擔心這個經驗所帶來的潛在負面情緒，包括憤怒和沮喪。

拉斐爾（Rafael）被單獨監禁時只有十五歲。他說：「我想要離開那裡。」「我覺得很想死。我也想要傷害別人。我就是想。我就是想，如果沒有與人接觸，我不知道怎麼處理發生在我身上的事。」[37]

尚恩站在他的小牢房門口，說話時語帶堅決，睜大的眼睛透露出他的信念。他語帶挑戰地和鵜鶘灣的獄警對峙。[38]「我刺向他們，把他們刺傷了，我還打他們、向他們吐口水、爬上控制台的欄杆，把糞潑了一地，獄警用滅火器噴我。這是我做過的事，我以後還會再做。」[39]一位鵜鶘灣的典獄長說這類「骯髒的抗議」攻擊舉動十分常見，而另一名關在禁閉室裡的受刑人柯林（Colin）解釋了這種事是怎麼發生的。他說：「你會開始跟自己講話。還開始做一些讓人怪不好意思的事，像是用各種不同的體液在牆上畫畫，還有，你還會去挑釁其他人，但是基本上只是為了和別人吵一架。嗯，你知道的，都只是一些蠢事。」[40]

但還是有一小群受刑人認為禁閉室的條件比普羅大眾的生活要好，通常是一再受到暴力傷害的被害者才會這樣想。比森特．加西亞（Vicente Garcia）說明他是如何面對單獨監禁的：「大部分被放在『小鞋』裡而能夠自處的人，都懂得如何安排活動。但是有些人，他們就是沒有這種心理能力……我讓自己保持忙碌。像是，我讀很多書……我只是會對自己的活動做些變化，我就是，我就是真的會把持住。就是試著讓自己保持冷靜。」但是，他又繼續說：「那還是會改變你。會讓你非常憤怒。就像是一隻狗。你知道的，如果你把一隻狗關在籠子裡，不讓牠接觸到任何人，然後有一天把那隻狗放出來，牠一定會咬人的！」[41]

聽了這些證詞之後，實在很難不讓人質疑這類處罰方式的有效性。雖然針對苛刻的監獄條件究竟會對犯罪和暴力有什麼影響的相關研究其實不多，不過僅有的一些，還是顯示出，很常使用單獨監禁或是監禁條件很折磨人的監獄，會讓受刑人在監獄內比較常出現攻擊行為。[42]或許是因為保安比較嚴密，所以監獄暴力不一定會出現，但是也沒有減少。[43]

美國有些州最近開始減少使用禁閉室，主要是因為人權運動團體（例如人權觀察〔Human Rights Watch〕）的施壓，而且司法調查的結果也顯示監獄條件不符合最低標準的規定。一項司法審查就認為密西西比州州立監獄的禁閉室不具備可讓人接受的條件，所以儘管在二〇〇七年爆發了一連串暴力事件，但最後還是決定要放寬禁閉室的限制，給囚犯更多的社交時間，若是表現良好，還可以有更多的獎勵。這當真使得暴力事件減少了，而且單獨監禁的人數也慢慢從一千人降為三百人。[44]

在鐵幕之外，也找不到證據顯示嚴厲的條件有助於減少人們重返牢獄的可能性：監獄條件愈苛刻的地方，其實重罪的再犯率反而愈高。其實這主要是因為受到嚴酷對待的人本來就是比較會惹麻煩的人。但即使考慮到這個要素，還是沒有跡象顯示嚴厲的處罰會讓人們不再犯。其實總的來看，證據所顯示的是嚴厲的處罰要不然就是對於受刑人重返監獄的風險毫無影響，要不然就是還略微提高了。[45]

類似證據也顯示比較長的刑期並沒有幫助。我們很難在司法體系內做實驗，不過有些法官判的刑期的確是比其他法官長很多。美國的許多州（包括賓夕法尼亞州）的作法是把案件隨機分配給不同的法官，這就讓研究者可以看看被罰得比較重的人，是不是未來就比較少再犯。[46]結論是並沒有。在其他地方（包括荷蘭）有針對短期的徒刑或是觀看監督（probation supervision）的刑度作實驗。大部分實驗結果都顯示不同的課刑並不會對再犯率造成決定性的差異，或是甚至顯示監獄經驗還會稍微提高再犯的可能性。[47]

3. 無效的作法

人在夏天的溽暑中會做出難以預料的事。但是羅馬在二〇〇六年七月通過那麼大膽的立法，大概還是很少有政府會照做。義大利的《集體赦免法》一舉釋放了超過兩萬名囚犯。在短短幾個月內，國家的監獄人口減少了三分之一。監獄過於擁擠的急迫問題得到了立即的解決。

本來被關在監獄裡的人如潮水般湧上街頭，報紙也報導了這個驚人的結果。「受到赦免的義大利囚犯在街頭亂竄」，這是《電訊報》在八月六日的報導。[48]在那不勒斯發生了數件殺人事件後，《衛報》在十一月的分析是「義大利犯罪橫行應歸咎於赦免」。許多囚犯幾乎是立刻就再犯了。[49]在薩丁尼亞島（Sardinia），三十二歲的馬西米利亞諾・弗穆拉（Massimiliano Formula）和二十八歲的雷蒙多・蒙托尼（Raimondo Muntoni）喝醉了酒，在努奧羅（Nuoro）的一家酒吧中大鬧一場，因此而遭到逮捕。他們接著還攻擊了來逮捕他們的警察。還有更嚴重的是來自烏迪內（Udine）的水管工人皮耶羅・梅利斯（Piero Melis）原本是因為攻擊太太卡拉（Carla）而被判刑的，僅在獲釋後的六小時內，就因為想要勒死卡拉，又重新被捕。[50]

這個寬大為懷的法案還是有像教宗若望・保祿二世這樣的名人支持，但是它的民意支持度很快的就降到谷底了。在那不勒斯對抗「克莫拉」（Camorra，堪稱為那不勒斯黑手黨）的明燈佛朗哥．羅伯蒂（Franco Roberti），就認為赦免法帶來了災難性的後果。他說：「我們可以看到一個客觀的事實——在過去三個月的謀殺案中，因為赦免而放出來的囚犯幾乎都參與其中。」[51]

羅伯蒂可能是言過其實了，但是他說得有道理。許多放出來的囚犯很快又再犯了，而且一下子又被抓了回去。這的確影響了義大利的犯罪率。但是也遠不如想像中的巨大。在赦免法生效的前一年，即二〇〇四年到二〇〇五年之間，義大利的總體犯罪增加了大約百分之六，主要增加的是竊盜和其他非暴力犯罪。[52]赦免發生在二〇〇六年，所以二〇〇六年的治安已經有部分受到赦免的影響，但二〇〇五年到二〇〇六年總體犯罪也只有些微增加百分之七，而且增加的犯罪大部分動機是出於當下的貪心。接下來的一年還是有受到囚犯被放出來的影響，但是在同時，監獄的數量也急速成長，總體犯罪的成長率是百分之五。到了二〇〇八年，犯罪重新開始下降。謀殺率在一九九〇年代晚期到二〇一〇年代之間呈現下降趨勢，這個趨勢在二〇〇六年至二〇〇八年之間明顯慢了下來。有更多深入的統計學研究也確認赦免的確是對犯罪有明確的影響，因為某些地區接收的犯人比例較高，平均而言犯罪增加的幅度就比較大。[53]

放出這麼多有犯罪傾向的受刑人，犯罪增加應該也不是件值得驚訝的事。也可以說明為什麼用這種方法來減少監獄數量是非常不明智的作法。譬如說若在同一個時間放人的話，監獄無法像平常那樣好好準備囚犯的釋放事宜，接下來，再犯者又在同一個時間湧入，對於囚室和能夠賺錢的工作位置反而競爭更為激烈。每當有受刑人出獄的時候，短期內總是有一定的再犯風險。當他們在牢裡的時候，外面的人際關係大概都已經瓦解了，受刑人回家的時候，也只得被動接受結果。不論他們原本的伴侶是不是有了新的戀情，都還是有可能會起爭執。也不是只有這方面的緊張關係：他們可能會與訴訟中的其他相關人還有未清的債務，而當地的非法交易（例如販毒和賣淫）也可能出現了新的競爭者，諸如此類。

這些真實存在的問題，可以說明為什麼一下子釋放了大量受刑人並沒有對犯罪率帶來好的影響。還有其他幾個可能的原因。首先，當然是因為在同一個時間點，只有一小部分真正犯了罪的人或是在特定情況下可能犯罪的人會遭到關押：監獄要關的是最常犯罪的人，不可能把社會中所有潛在的罪犯都關進去。

的確也不是所有被放出來的人都會再犯。那些被關進監獄裡的人再犯率是高的；但是大部分人最後也想明白了犯罪對於通往健康、財富和快樂都不是捷徑（參見迷思二）。尤其是因為加州的「三振出局」法而入監的人更是如此，從統計上來說，因為「三振出局」法而被判終身監禁的許多人在遭到關押的時點，正是他們犯罪行為減少的時候。加州州政府在二〇一二年十一月面臨破產，而破產的部分原因正是監獄的支出不斷增加，於是只得重新檢討「三振出局」政策，並逐步釋放了一千名因為「三振出局」法而遭到關押的非暴力輕罪者。史丹佛三振出局研究計畫（Stanford Three Strikes Project）的結果顯示：只有百分之二（遭「三振出局」）的人在獲釋的頭幾個月內，又因為犯了新罪而被起訴。[54] 然而該州的受刑人在同樣時間內的平均再犯率，則是八倍之高（百分之十六）。[55]

但是或許最重要的，是因為犯罪機會絕對不是無限的。對於非法商品（像是毒品或贓物）的需求就是這麼多。即使頭腦比較好的犯罪者能夠再找到額外的市場需求，例如開發了購買毒品的新客戶，但這還是有個限度。大部分犯罪都是臨時起意的（參見迷思三），但犯罪機會並沒有那麼多。沒人注意的車只能被偷或是被破壞一次。施暴的丈夫或是不貞的妻子也只能被謀殺一次。

這些事實可以幫助我們理解，為什麼把比較有犯罪傾向的人關在牢裡，對於犯罪造成的差異其實並不如預期，而打擊涉入違法市場（且刑期較長）的人，還特別容易造成反效果（參見迷思四）。也許我們可以從這些事實中找到可能的理由，說明為什麼監獄人口長期減少（像是芬蘭在做的），對於犯罪率卻沒有太大的影響。我們開始看到，長期高監禁率可能帶來非常負面的後果。把涉入犯罪的人關上很長的一段時間，其實反而可能會增加犯罪的總人數。當一名毒販被關起來之後，很快的就會有另一名毒販取代他，而犯罪者的總人數就增加了（雖然其中的許多人最後還是會被關起來）。當這些毒販刑期屆滿被釋放的時候，他們都有了前科和破碎的人生。這並不是說毒販的違法行為就不應該受到處罰，但是就長期來說，降低非法毒品的需求或是減少輕易散布毒品的機會，對社會更有保障。

反過來說，嚴厲的刑罰也使得監獄被「常態化」了：如果監獄裡關的都不是一些「罪大惡極」的人，那它帶給犯罪人的恥辱功效就少得多了，家庭和社區也不會再認為犯罪是異常的。擴大撒網也可能造成更多的負面效果，因為許多孩子在成長過程中失去了父親、許多母親在面對生活時失去了伴侶、許多父母也失去了孩子。如果關起來的人本來就是喜怒無常的危險分子，把他們帶離家庭當然是好的。但是因為布網要抓的對象也包括非常習性、犯行也比較輕微的犯罪者，所以好處反而就不如壞處了。換句話說，如果監獄裡關的不是真正危險的犯罪者，監獄的效益很快就會下降了。

這並不是在否認刑期的作用，至少在某種意義下，長期的徒刑的確還是有用。但是相對而言，監獄對於嚇阻其他人並沒有太大的作用，因為大部分犯罪者都未經思考，而且人們關心自己有沒有可能被抓到的程度，還遠多於對被判有期徒刑的擔憂（通常也不會真的被判刑）。嚴刑對於因犯罪而被科刑的人其實不太有威嚇作用：痛苦的處罰甚至還會讓某些人未來更容易犯罪。但是，監獄還是能夠阻止某些有犯罪傾向的人繼續在主流社會中犯罪，如果是處在管理良好的監獄，也會限制他對獄友的犯罪可能。

希望嚴刑可以消滅犯罪的人因此要感到失望了，而且大概還會繼續失望下去。有些人認為只要把刑罰訂得很嚴厲，大概就不需要用到了，但是這種理論已經證實是沒有事實根據的。嚴刑幾乎阻止不了大部分犯罪，因為很多犯罪根本沒有經過仔細的策畫；犯罪者似乎很關心他們到底會不會被抓到，反而不太關心被抓到以後會發生什麼事；而且監獄（雖然是個令人不愉快的地方）對於協助人未來向善似乎沒有什麼幫助。這變成了政策制定者無可避免的難題。從什麼時候開始，監獄不再是收容最危險分子的有效方式，反而成了不斷消耗資源的無用之物，只會把愈來愈多人拖進犯罪的深淵裡，把許多已經快要金盆洗手的人丟進監獄，還讓社會的支出愈來愈多，因為它不僅失去了有經濟貢獻的人，還一直製造出破碎的人際關係？

對於這個問題，我們還不知道真正的正確答案。不過，根據最嚴謹的美國研究估計，在美國減少的犯罪中，只有介於百分之十到二十七可以歸因於大量使用監禁的手段。[56]而這麼低的影響力，讓大部分犯罪學家認為至少在美國，愈來愈嚴厲的刑罰其實已經不符合成本效益。我個人對於嚴刑的好處還抱持著懷疑的態度，主要是因為像是芬蘭和加拿大等國家並沒有提高刑度，但是在一九九〇年代也經歷了和美國類似的犯罪減少過程。而且更重要的是，我知道嚴刑的影響通常低於其他減少犯罪的方法，但是花費卻高出太多。把國家的錢花在其他方面，其實是更好的作法，例如我們可以減少犯罪的機會（我們將在後文討論，參見迷思十一）、仔細思索警力的配置（參見迷思八），以及嘗試其他預防性的作法，這些作法都將告訴我們，其實只需要很多的小步驟，犯罪就會大幅減少……

迷思十　江山易改，本性難移？

「江山易改，本性難移。」*1 [1]

——英國小說家艾維．康普頓-伯內特（Ivy Compton-Burnett）

「關於人性，我們唯一能夠確定的，就是人性會變。」[2]

——愛爾蘭作家奧斯卡．王爾德

對永久性的迷思

「我的名字就是威脅，我要全世界都知道。」[3]

詹姆士．霍頓（James Horton）那低沉的嗓音，讓小會議室中每一個聽他講話的人都深陷在他的魅力之中。他說：他的青少年時代是在一九七〇年代和一九八〇年代的早期度過的，身邊充斥著毒品與憤怒。他殺了一個人，那時候的他幾乎還未成年。沒過多久，他就被關進監獄裡，等著被送進毒氣

*1 譯註：英文原句之直譯為「花豹無法改變牠的花紋，也永遠以身上的花紋為榮。」

室。

我今天還能夠聽到他講話，只是因為司法制度的一百八十度大轉彎。「我是殺了一個人。但是他們把我關起來，卻是因為我殺了另一個不是我殺的人。」

霍頓說他沒有做的那件謀殺案十分殘忍，所以他才被判處死刑。但是霍頓也沒有為這個判決辯駁些什麼。他說：「我知道我是有罪的。」不過，他還是獲得了減刑，在一九九四年，他被改判為終身監禁不得假釋。到了二〇一〇年，他才獲得法律援助，推翻了有罪判決。直到二〇一〇年十二月三十日他才終於獲得釋放，到這時候他已經在牢裡待了三十年。

霍頓表現出悔悟之意，不過讓聽眾最有反應的，還是他所傳達的主要訊息，也就是一絲希望。許多人如果聽到他過去犯下的罪，大概會和法官一樣對他求處死刑或是無期徒刑，不過今天卻不是這樣了。此時此刻，這個屋子裡的政策制定者和刑事司法實務人員，似乎都相信他們聽到了一個已經洗心革面的人物心聲，這個人不會再對社會有任何危險性了。當霍頓說他在獄中第一次學著控制他的憤怒時，聽眾們都傾身向前、仔細聆聽，霍頓也說他如今在加州追隨神父格雷格．博伊爾（Greg Boyle），他會和這位頭髮灰白的神父一同登上講台。

霍頓改過向善的故事似乎也和其他類似的故事一樣，對於犯罪本性不可能改變的迷思舉出了反例，就如我們在迷思二中討論過的，這也是「英雄與壞人」觀點對於犯罪的核心想法。若從長期的趨勢來看，人們會隨著年齡的增長而遠離犯罪，霍頓的生命歷程也證明了這一點。但是最讓這一群精挑細選過後的聽眾感興趣的，是霍頓還與格雷格．博伊爾神父一起工作。他們想知道這個經驗能不能夠透露出更多訊息？他的故事是否為政府指出了一條明路，讓政府知道如何幫助和加快犯罪者的更生？他的經驗是否顯露出，人的犯罪傾向是可以透過一個複雜的過程加以改變的？

今天聚集在這裡的人，都對這些問題有很深的興趣，因為他們深知一個人要放棄犯罪是很慢的。世界各國的再犯率差異很大，不過在許多已開發國家，被關進監獄的人在獲釋後，大概會有一半的人在兩年內又重新獲判有罪。[4]在青少年時期遭到判刑的人的再犯率甚至更高。[5]每多一次犯罪，就是製造了更多的受害者，而每多判一次監獄刑期或是社區刑罰，也會花掉納稅人更多的錢。

虛假的希望

當克里斯．格雷林在二〇一二年出任英國的司法大臣時，他所面臨的是很困難的任務。他必須要削減司法經費，才能達成政府誇下海口的預算目標，但是他同時也要改善司法體系的績效。格雷林不太願意縮短犯罪的刑期，所以他就把腦筋動到了緩刑上。他說：「我們在體制之外看到了一些非常良好的示範，比如讓入獄多年的受刑人去阻止新來的受刑人繼續犯錯。我們未來也需要更多這類的機制。」[6]格雷林特別提及慈善事業聖吉爾斯信託公司（St Giles Trust）一項計畫，以及令人印象深刻的成果，這項計畫雇用前科者，並讓他們與受刑人組成一對，請前科者協助受刑人重新融入社會。這項干預方案獲得了媒體的正面報導。《旗艦報》（*Evening Standard*）為它下的標題是「與我相遇於監獄大門：顧問指導如何帶來希望與幫助——同時拯救納稅人的百萬稅金」。[7]這個所謂「走出大門」（through the gate）計畫所呈現的統計數據也很驚人。《旗艦報》為此寫了一篇報導：「一項最近的分析顯示：聖吉爾斯的『走出大門』計畫使得再犯率比全國平均低百分之四十，成本效益比為一比十，也就是說這計畫每投資一英鎊，在日後的損害、法庭支出、緩刑等事項上就可以省下十英鎊的開銷。」[8]

格雷林開始進行一項新的改革計畫，他說要推廣聖吉爾斯信託公司的工作，並確保後續新行動的執行。他將英國大部分緩刑管理交給了私人公司和慈善機構，而且說若真的看到成效，政府會盡可能的支付費用。這的確是一個極吸引人的提議，尤其是格雷林還承諾主要受惠對象將擴及刑期十二個月以下的前科犯，前提是之前沒有判處過緩刑便適用此方案。但是因為它對於「國家緩刑服務機構」（National Probation Service）造成威脅，所以受到了阻力，「國家緩刑服務機構」認為這項舉措無視於它先前對降低英國再犯率所做的貢獻，而且也大幅刪減了緩刑及社會重返服務的經費。

《旗艦報》盛讚的「走出大門」服務，後來也被兩個十分著名的試驗計畫採用。這兩個試驗計畫的地點在彼得伯勒（Peterborough）和唐卡斯特（Doncaster）監獄，私人公司和慈善機構聯手合作，為刑期在十二個月以下的受刑人提供新服務。其中的安排也牽涉到不同的資金機制，但是投資者（絕大多數為慈善基金會）只有在成功減少再犯時，才能夠獲得回報。[9]

第一年的計畫結果是正面的，政府新聞稿上寫著：「依成果計費前導計畫正走在成功的軌道上」。[10]唐卡斯特的初期成果是「若以二〇〇九年為基準，犯罪者再度被法院判決有罪的機率減少了五點七個百分點」。[11]彼得伯勒的初步成果是「與全國對照組相較，犯罪者在獲釋後一年內因再犯而被判有罪的次數下降了百分之八點四」。[12]如同格雷林所說的：「原本的方法對於我們極高的再犯率幾乎無計可施，再犯率在十年間幾乎無可撼動，但是這些走出大門的嘗試是有效果的。」[13]

當然這也不是政府第一次宣布他們找到了方法。在二〇一一年的倫敦暴動之後，鮑里斯．強森（當時的大倫敦市長）主張另一種「依成果計費」的替代解決方案：「費爾塔姆（Feltham，監獄）的『蒼鷺』（Heron）牢房非常重要……那些牢房（中的囚犯）的再犯率從百分之八十減少到百分之十九。我想這個模式應該推行到整個國家的監獄。」[14]

不過，這些主張其實都雄辯勝於事實，也只顯示出我們真的很難確定政府應該用什麼方法來降低再犯率。強森的主張犯了一個明顯的錯誤。「FactCheck」這個網站會為追求真相的人提供珍貴的線上資源，它調查了這些主張，發現全國青少年犯罪再犯率將近百分之七十，而BBC的資料顯示費爾塔姆則是「至少百分之四十」。[15]從這些例子也可以看出，要把任何計畫成果和沒有計畫的結果相比較，實在是極端困難的。

我們知道監獄裡關的人形形色色。雖然不可能事先精確的預估誰會再犯，但我們還是能夠知道有哪些因素會導致較高的再犯機率。世界各國的緩刑機關都為評估系統投資了大量的時間和金錢，以便幫助該單位評估再犯風險，這一方面是為了估算受刑人在獲釋當時和之後，需要何種程度與類型的管理及監督；二方面也是為了了解受刑人需要什麼樣的介入措施，才能夠幫助他們脫離犯罪。其中會納入考慮的因素包括年齡（年紀較大的受刑人比較容易放棄再犯，而青少年犯罪者從矯正機構出來的再犯率會很高）、犯罪類型（所犯為竊盜或是入室偷竊罪的人比較容易再犯）、性別（男性的再犯率高於女性），還有其他許多因素則被稱為「犯罪所需」（offending needs），包括一個人是否有吸毒、酗酒、心理健康問題，或者是否缺乏技能或是工作。

《旗艦報》的報導是依據全國平均再犯率所做的評估，但是它的案例只是一群受到「走出大門」計畫支援的人，也就是說，他們的確有可能取得比較好的成果，因為這原本就是非常不同的一群人：[16]計畫可以取得好成績的原因，可能只是因為志願接受援助的人通常是一群本來就想要改變人生的人。因為參加計畫的人畢竟只是相對少數，他們的結果無法導出那麼確信無疑的結論。❶

彼得伯勒進行的前導計畫想要嘗試相對公允的比較，因此它的援助對象是刑期十二個月以內的人，並將結果拿來與有類似風險、但是沒有接受

圖十八：英國犯罪評估所採納的因素。

	犯罪評估系統（OASys）條項	具一項問題者經評估後之再犯可能性百分比 社區刑罰	監禁刑罰
1&2	犯罪資料*	50%	66%
3	住居	31%	43%
4	教育、培訓與就業（ETE）	53%	65%
5	財務管理與收入	22%	29%
6	人際關係	36%	42%
7	生活方式與人際連結	35%	52%
8	藥物濫用	27%	39%
9	酒精濫用	34%	33%
10	情緒穩定	40%	38%
11	思考與行為	50%	59%
12	態度**	21%	32%
	犯罪性需要（criminogenic needs）之條項數目	3.99	4.97
	犯罪性需要（criminogenic needs）之條項數目 1&2項除外	3.50	4.31

*：犯罪資料包括目前的犯罪與犯罪史。

**：OASys評分系統修正之後（於二〇〇五年早期開始生效），態度需求的百分比有增加。

援助的人相比較。但是，這個經過較精密設計的比較結果卻從未公開發表，而經媒體報導的中期報告看似樂觀，但卻是根據較粗糙的比較結果（全國和彼得伯勒的再犯趨勢之比較）。而克里斯．格雷林接著卻展開了他的全國改革，這等於是在前導計畫完成之前，就把對照組完全摧毀了。所有刑期較短的受刑人現在都會受到援助了。

再者，其實不論是唐卡斯特或是彼得伯勒的前導計畫，都不是真正隨機抽樣的試驗。❷或許它們要求某些人志願接受援助，但是隨後又拒絕了其中的三分之一，最後則是把有接受援助和沒有接受援助的結果相比較。執行這類試驗真正會遇到的困難常常讓相關人士裹足不前，慈善機構抗拒將要求幫助的人拒之門外這件事，而監獄的管理者則擔心不公平的待遇將使監獄情勢緊張。其實很多人並不知道隨機選擇會對結果的可信度造成多大的不同。政府也不願意等前導計畫完成，就直接執行全國計畫了。

一個被斷言有希望的計畫其實言過其實、評估失當，還沒有等到結果就逕自行動了，這在全世界都稱不上是個案。但是這讓我們在評估時，變得必須把四處散落的證據拼湊到一起，而且依據的還是為數不多、只是前導試驗的研究。克里斯．格雷林的改革改變了每年超過五億英鎊支出的流向，但事實卻是：其實我們根本不知道它們會帶來多少不同。事實上，我們甚至不知道這項改革到底有沒有實

---

❶ 一般來說，較大的樣本數可以減少受試者的犯罪者類型所造成的機遇變異（chance variation）。

❷ 這些試驗的優勢條件不只是它們要確保在類似的人之間做比較。也要考慮到受刑人獲釋後會回到全國各地不同的地方，他們各自的環境也可能非常不同。舉例來說：要包括各地矯正服務會有的差異和逮捕再犯者的警察效率。

際的效用。

人的改變

就在我剛看完迪倫・杜法斯（Dylan Dufus）和沙巴・湯普森（Shabba Thompson）神氣活現出現在一部影片裡面之後，我想辦法在去酒吧的路上堵到了他們。兩人聯合主演英國公共電視Channel 4的私人紀錄片《一哩之外》（*One Mile Away*），還出席了映後座談和問答大會，好讓觀眾更加了解他們是如何處理伯明罕鄰近地區的兩大敵對幫派漢堡吧男孩（Burger Bar Boys）和強森幫（Johnson Crew）之間的衝突，最終讓衝突降溫。我們一下子就展開了對話。杜法斯在他的家鄉附近算是個名人，他曾經主演過另一部影片，不過那部影片沒有女主角。而我想要更加了解他們，以及他們為什麼可以放棄「現在進行式中」的幫派、毒品交易和暴力的人生。

那次對話一直在我的腦海中盤旋、揮之不去，倒不是因為它帶給我新的視野，而是因為我在那時候真正了解到：幾乎每一個和我聊過、曾經在人生中的某一個時間點陷入犯罪的人，談的其實都是他們在生活中感受到的許多壓力。湯普森曾經入獄，並且在二〇〇五年遭到射殺。在他人生中的大部分時間，他都必須留意他最後到過什麼地方、碰到了什麼人。杜法斯在另一次訪問中也說過要擔心警察。他說：「妄想狂不只來自於街頭，也來自於警方……你明明就沒有做任何事，但是他們會接近你、對你做出有敵意的舉動，最後把你拽回警察局，按了你的指紋、找出你住在哪兒。於是你好像全身都充滿了睪固酮。想想看，你還是個青少年，正是隨時會爆炸的年紀。」[17]有時候壓力來自於犯罪者周圍的人：例如不能讓不喜歡他的媽媽看到他的行為。有些我在獄中交談過的年輕人，可能腎上腺素一直分泌的緣故，讓他們先是無視所有外在焦慮，但最後這些現實的壓力還是會找上他們。

要一個人了解犯罪通常無法帶來太多利益的這個過程十分混亂，而且到底是哪一種與犯罪有關的壓力會讓人體悟到這件事，也還存在著許多爭論。不過一般來說，在一個人承認了犯罪的生活模式對他沒有好處之後，還是要過了很久，他才會真正開始做些什麼。讓我們聽聽托馬斯（Tomas）是怎麼說的，托馬斯是一位三十幾歲的瑞典人，他告訴我們為什麼他快三十歲時決定金盆洗手（其他的許多人也是如此）。「在十二年前，我第三次失去了我的房子，或許還要更早一點，十三年前，也許吧。那時候我開始想，或說我其實想了很久，其實在我十九歲的時候，我就知道『這樣不行』了。」[18]在同一份由克里斯托弗．卡爾臣（Christoffer Carlsson）所做的訪談中，另一位瑞典人也是這麼說的。伊文．戴維（Even David）六十二歲了，他在十六歲時犯下謀殺案，坐了六年牢，之後他大部分的青少年和成人歲月都在犯罪，諸如「詐騙、搶劫、竊盜、販毒和吸毒」。[19]「我還記得最後一次的犯罪是毒品和安非他命，我覺得很煩了。但是我別無選擇，你可以這麼說。我找不到別的事代替它。」[20]

每個人最後想要改變的動機都不一樣。對於托馬斯來說，動機應該是一種跌到谷底的感覺，在談到人為什麼會放棄毒品（或是犯罪）時，以下說詞是一個很常見的理由：「我的家回不去了，我只好睡在阿姨家的沙發上。她跟我說：『該死！你該去做點什麼事。』然後就——我也不知道，很多人以前都跟我說過很多次了，但是那次我就聽進去了。我和『十二步項目』（Twelve-Step）的機構聯繫，開始參加他們的集會，而且還持續了好一段日子。我的狀態起起伏伏的，接著有一次，我故態復萌，我有一整個月好像失去了記憶一樣，什麼都不記得了。我做了很多糟糕事，一整個半月都渾渾噩噩的。過了那段時間之後，我好像糟到不能再糟了。我是說，我也可以永遠這樣下去，但那時候我就是做了決定。就像是——到現在為止，已經夠了。」[21]

這個案例顯示出決定要改變和堅持做下去並不是同一回事。就像人們嘗試戒菸或是減肥的時候，總是有誘惑讓他們做出比較糟糕的選擇。人們通常信念不足，不相信自己可以改變。有時候是缺乏自尊，不認為自己值得過更好的生活。對於捲入犯罪的人來說，要定義清楚自己是誰、遠離這種生活，甚至是更難的一件事。就像戴維所說的：「要叫我放棄做這些事，就像是叫我變成另一個人一樣。變成另外一個人，這不是一個晚上就可以做到的事。」[22]另一個人說是他的自我凌駕於道理之上，所以最後他進了英國安全級別最高的懷特穆爾（Whitemoor）監獄，只是因為他要給人好看，這個人偷了他的鏈條，當他說想要回來時，這個人還拿刀威脅他。「我回家以後根本睡不著。我一直在家裡踱來踱去的，直到凌晨兩點，然後我說：『我不能就這樣算了。』我的女兒叫我冷靜，不要再管它了。但我還是一直在想，『這件事很重要。』這不只是動動拳頭的事。而這件事很重要。在場的每個人都知道我在找他。最後我終於在酒吧裡碰到他。我帶了這把刀，刺向他。除非你也碰到了那個情況，不然你不會知道我經歷了什麼。常識在那個情況下是不適用的。你不會用一般的常識想那件事。當我躺在床上，說真的，我一直在想那件事。『如果這樣的話……如果那樣的話……』，但是接著那些『如果』都說不通了，你必須要知道：『這就是真正的你。』我真的沒有什麼選擇。要不然就是這樣做，要不然就是什麼都別做，當那件事不存在。在下層社會打滾過的話就知道，那無異於自殺。這樣你又要回到最最底層了，你就誰也不是了。當然你要有概念一點，那才是最好的作法。」[23]

我們知道，許多生命中的偶發事件都可以讓人成功放棄或至少是大幅降低犯罪性。當格雷格·博伊爾神父在倫敦對他的聽眾（都是政策制定者）解釋他的工作時，的確吸引了許多人。

首先是就業。格雷格神父在一九九二年就知道他不想要再為那麼多年輕人辦葬禮了。他說：「在一九八八年，我主持了生平第一場葬禮。而在飛來這裡之前，我才剛主持完我的第一百八十七場葬禮。」但是在那一年，有一位富有的電影製片人願意資助格雷格神父的計畫，幫助更多幫派分子脫離犯罪。格雷格神父用這些錢買了一間麵包店，他為它取名為「好朋友麵包店」（Homeboy Bakery）。如果有以前的幫派分子來找格雷格神父，說他們在別的地方找不到工作，神父就會雇用他們在這裡工作。當其他想要脫離幫派的人聽到這個計畫，就開始有愈來愈多的人來找神父，尋求諮詢和建議。所以神父接著又開了「好朋友墨西哥餅店」（Homeboy Tortillas）和「好閨蜜咖啡廳」（Homegirl Café）。神父笑著說：「但是『好朋友水電工』就沒有那麼成功了。誰會想到人們並不想要把以前混過幫派的人請進自己家裡呢？」[24]

「好朋友」企業現在是個社會企業，幫助前幫派分子再投入各式行業中，他們每年的營收大約是五百萬美元，但是虧損不多，這主要是還有其他單位的資助。此外給員工的工資也很合理。這個機構收到一千萬美元的補助金和捐款，並把經費都用在員工培訓和提供各種不同的支持活動，包括除刺青服務，以幫助那些把自己的過去永遠留在皮膚上的人。格雷格神父以法蘭克（Frank）的故事為例，法蘭克身上有曾經加入幫派的標誌，其中包括他刺在額頭上的一句話「去你媽的這世界」。有前科的人常說找到工作是他們一生中的轉捩點。無怪乎「好朋友」一開始的格言就是「要擋住子彈，沒有比工作更好的了」。[25]

第二個是宗教和較高層次的生命意義。許多研究都說我們不能只看監獄裡信教聲明的表面意義，因為有些人可能只是想要在監獄裡獲得一些社會資源和行政上的特權，或是想要讓假釋的審查委員相信他們已經改過向善了。[26]但是也常有人說如果是真心的信教，或是單純的服膺於宗教教義，就可以將原本深陷於犯罪泥淖中無法自拔的人帶離犯罪的深淵。[27]G神父──許多格雷格神父的朋友這麼叫他──對一整室聽他講話的人傳遞了一個清楚的宗教訊息。儘管他從來未曾積極要人信教。他說：「唯有維持親密才會帶來公平。我們是屬於彼此的，我們一直在一起。」[28]

第三個是人際關係。格雷格神父透過「好朋友」企業建立起的社群十分強調友誼的連結，對於許多人來說，神父本人也是一個很清楚的父親形象。當犯罪者說到他們為什麼、以及何時脫離犯罪時，很常是因為找到了有意義的人際關係（尤其是人生的伴侶）。戴維這個幾十年間一直在犯罪的瑞典人後來碰到了一個好女人，所以想要少碰毒品、減少犯罪。他是這麼說的：「她想要我，而那個時候，我也想要海洛因。所以她就說了：是我還是海洛因，你選一個。我真的是瘋狂愛上她了，所以我就選了她。」[29]一項針對美國、英國和荷蘭犯罪者所做的研究估計男性在婚後大約會有三分之一不想再犯罪。[30]親子關係也會讓人想要脫離犯罪，女性尤其是如此。一般人通常認為當一個好爸爸或是好媽媽意謂著不要犯罪，即使是那些常惹上麻煩的人也是這麼想的。就像是當我在二〇一三年走訪一個在施洛普郡（Shropshire）的緩刑矯正計畫時，一位二十六歲的人對我說：「現在還這麼做就太傻了。我現在當爸爸了，我也得成長了。」[31]

不過，格雷格神父的工作中最有趣的部分，倒不是他專注於就業、宗教或是人際關係，這些很重要沒錯。而是他透露了一些由經驗中得知的事，這讓我們清楚的知道個人的改變並不是把做到什麼事逐條打勾就好。他在另一個訪問中說過：「過去我會說『要擋住子彈，沒有比工作更好的了』。（而現在）如果有人在介紹我時說了那句話，我會覺得好像全身不對勁。雖然到了現在，我會覺得就業和所有那些事都是真的（有用），但其實也有點表面。它沒有真的說到點上。我可以幫一個人找到工作，甚至讓這成為他終身的職業。但是有人就會潑他冷水，然後接著也會有事情發生。你知道的，他的女朋友跑了，之類的。接下來的事情你就知道了，他會回到原本生活的地方，然後就又回監獄裡去了。我們可以說他沒有對症下藥。他沒有學到復原的能力。」

「但是現在這些人不同了。雖然世界還是會朝他們身上丟東西，但是已經不會把他們擊潰了。他們經歷了完整的情感修復過程，也獲得了復原的能力。現在最要緊的任務，是重新為他們在世界上找到定位。你必須要擺脫以前的想法。你可能會說：過去我認為帶著槍在路上走就表示有勇氣。而現在，我覺得那根本一點都算不上是什麼勇敢的事。」❸[32]

真正重要的是心態和個性的轉變，許多調查人為什麼會犯罪的研究都承認這件事。當我們說工作、婚姻、宗教或是為人父母就可以阻止犯罪時，我們必須十分小心這種說法。它們是有助於將人們拉離誘惑，但是如果沒有發自內心深處的改變動機，是很難長期堅守新工作或新人際關係的。犯罪的減少和就業（或是人際關係改善）之間的許多連結，其實是因為人們在選擇、找到新的定位，並塑造新身分之後才產生的結果。這也說明了為什麼我們在迷思六中會看到：只有被認為有意義並且能夠改善自我形象的工作，才會對犯罪帶來（些許的）不同。以及為什麼有些人際關係明顯要對守法的人才比較有用。譬如有一名叫作「安潔」（Angie）的前科犯結過兩次婚。在佩姬・佐丹諾（Peggy Giordano）和她的同事共同進行的研究中，安潔說她的第一任丈夫是「一個自私的男人……他會從我的錢包裡偷走店裡的錢，全部拿去買他的機車配件，花得精光」。而她現任的丈夫原本是一名警察，「他對我的影響很大，因為我很討厭惹上任何麻煩，而你知道的，他是一個很正直、嚴謹的人」。[33]

細節很重要。如果要幫助一個人放棄犯罪，提供支援的人是誰，這將是一個很重要的因素。格雷格神父絕對是個優於常人的人。假釋後被格雷格神父雇用為保全人員兼發言人的韋伯斯特（Webster）說：「他愛你。他會告訴你他愛你。他會告訴你他以你為榮。這位時尚的神父真的是一個非凡的人。」[34]很顯然的，他能夠讓犯罪者完全信賴他，並且相信他們有能力改變。許多不同的研究都顯示提供支援的人是很重要的。例如有一項針對假釋官員的研究就顯示，大力主張人們可以有好結果的假釋官員，不但要從實際面支持犯罪者，還要啟發他們，鼓勵他們看見希望。雖然作者也注意到其實整體來說，對於緩刑犯的監督不太能發揮什麼實質影響。❹[35]

犯罪者的內心歷程當然是很重要的，這自不待言。但是它有著無與倫比的複雜性，也幾乎是不可能分析的。每一個人都不一樣，所以每一個人對於自己生命中發生的事件和處境，反應也都各異。要預測是什麼因素會讓一個人決定要或是不要犯罪，或是什麼因素能觸發什麼事，可以說是非常困難。例如某些染有毒癮的犯罪者會因為朋友的死亡而做出改變，但是也有人反而因此變本加厲。一個客服的工作或許就足以讓某些人重新來過，但是也有人需要更能實現個人抱負的工作，同時也有些人根本不需要工作，就可以洗心革面、重回正途。也許有些人當了媽媽以後就不同了，但是也有些人當了媽媽以後，仍然只是在對小孩重複過於疏忽又造成行為問題的循環。妮可（Nicole）是二十九歲的美國人，她就和接受格雷格神父幫助的其他許多幫派成員一樣，在兒童時期曾經受到虐待或是被丟著不管。依照她的說法：「我會自己跑到街上。我被很多不同的人養大。幾乎每個我媽媽跟過的男人都強暴過我。」[36]妮可在監獄裡進進出出的（她犯過的罪包括毒品犯罪、偷竊和援交），不過她現在已經有三個孩子了。她其實很愛孩子們，但是給他們的教養卻很糟。妮可在一次訪問中說：「就在上個月，

---

❸格雷格神父也分享了另一個觀察，這可以和我的觀點結合（我認為我們過去都誤解了幫派）。「早期我會以外交手段在幫派之間穿梭。你知道的，這就像是締結和平條約、休戰協定、停火協議那一類的。那是我早期學到的一課。但在『好朋友』，我們不會與幫派合作。我們合作的對象是幫派成員。如果你和幫派合作，就像是為幫派提供氧氣一樣。你關注他們，所以讓他們得以存活。我們談的不是中東或是北愛爾蘭，在那裡，如果你讓爭戰雙方坐下來，他們會討論彼此的爭議。有人批評我。他們說：『所以你不要創造和平嗎？』但是我會說：我比較老派。我覺得創造和平需要衝突。而幫派暴力不存在衝突。沒有。零。從來就不是。它完全無關。它讓年輕人失去了希望，這是致命的。暴力成了一種語言，帶來沮喪、創傷和心理疾病。這不是我們可以坐下來就能把它消除。這不是我說我想要回我的土地，或是我想要公開信仰我的宗教這樣。什麼問題都沒有被解決，因為它不是人們所想的那樣。局外人的觀點總是決定了我們內部要做的事，我們的政策。」

❹大家都知道每當制定了新的支援計畫時，小規模總是比在全國推動的效果好得多，所以由此可見，比較有技巧和態度積極的執行人員是十分重要的。每當有新事務要推行時，通常比較容易吸引到最優秀的員工，而且參與的人也知道他們的努力會受到嚴謹檢視，所以他們可能也會格外努力，以確保任務成功。

湯米（Tommy）的鞋底部整個都裂開了」，接著她也承認有人給了她買新鞋的錢，但是被她拿去買毒品了。[37]她也讓孩子遭遇各種風險，包括她那有暴力傾向、分分合合的同居人。她說：「他在我懷孕的時候還打我。有一次還很用力掐我脖子，讓我幾乎沒有辦法呼吸。」[38]

不過，事件對於人們的影響各自不同，這樣的差異性加劇了核心問題的探討難度。我們其實有很多資料，可以掌握人們為什麼、什麼時候以及用什麼方法可以遠離犯罪，但是我們並不確定是什麼事件或是外在的支援才能幫助他們。不同的人就需要不同類型的支援。「好朋友」企業以彈性的方式提供各種支援，也是著眼於這一點。這明確告訴我們：如果要解決教育問題、情緒管理或是毒癮的問題，除了必須規畫一般的方式或是協助「模式」之外，也還需要針對特定目標擬定計畫。其實格雷格神父的作法跟科學評估結果並不相符，這讓事情又變得更複雜了。根據目前為止對於「好朋友」企業所做的評價，由其支援的犯罪者中有百分之三十五會走上再犯一途，而加州整體的平均值是百分之六十五。[39]不過這樣的比較其實是有缺陷的，就像是觸發了司法大臣格雷林決定大幅更改英國緩刑制度的計畫一樣。格雷格神父自己也說：「『好朋友』企業不是針對那些需要幫助的人，它的對象是想要得到幫助的人」。它只是確保想要得到支援的這些人前來求助時，沒有人會把臉別過去，棄他們於不顧。天平的兩邊一邊是受到援助的人，另一邊是想要改變、但是卻沒辦法接觸到「好朋友」的服務或是精神的人，我們也不知道怎麼將這兩者做比較。然而格雷格神父好像也不在乎能不能夠確實做到評估。他幫助這些人，完全不是因為他覺得這方法有用。他有道德和人道的使命。他認為「不是有效果的事情能夠提供幫助，而是有幫助的事就會看到效果」。[40]

關乎個人改變的新興科技

華盛頓州的司法制度跟其他州不太一樣。州議會（State Legislature）在一九八三年設立了華盛頓州公共政策研究所（Washington State Institute for Public Policy，即WSIPP），務求確保州政府關於司法政策的決定都是根據證據而來的，而且也要進一步檢視這些證據。[41]相對而言，WSIPP的規模並不大，預算也只有一百五十萬美元，不過要真正從對累犯的審判中總結出什麼證據，倒也不花太多時間。到了二〇一三年十二月，他們認為根據美國和國際的研究，只有二十一件計畫符合成本效益，而且是「根據證據」、可以推動的條件來說。❺[42]成功方案包括十種不同的藥物治療方式，但是也還有其他幾種藥物治療模式並沒有證明其效益。[43]有趣的是，有兩個經認定有效的計畫，是以介入治療來支持性犯罪者不再犯，但有很多人在此之前都誤以為性犯罪者是不可能改變的。[44]其他頗有進展的介入方式也都的確是根據我們已有的理解，比如我們需要用因人而異的方式來支持犯罪者不要再犯。內行人認為這些方法是根據加拿大的「風險-需求-對應」（risk-need-responsivity）原則，不過格

❺被WSIPP認為是「根據證據」的計畫或是作法，必須是「以多個隨機和／或在統計上有控制的評估方式，對異質或是經過設計的人口進行測試，或是對多個據點進行一個大型的隨機和／或在統計上有控制的評估方式，其證據價值在經由系統性的檢視之後，認為可以證明其對累犯或是其他有利的結果會有持續的改善。除此之外，『根據證據』還代表這個計畫或是作法可以由一組步驟加以執行，因此可以成功複製到華盛頓其他地方，而且盡可能的符合成本效益原則。」

雷格神父大概會說這是「真正的看到那個人」吧！最後可以發揮效果的是「認知行為治療」（cognitive behavioural therapy），這可以幫助人們改變他們對於不利局面的對應方式，以及某些支持教育和就業的作法也是有效的。

如果政府採用的都是這類計畫（而不是未經證明的計畫），我們應該會安全得多。但是這類計畫如果當真推行的話，到底會帶來多少不同，中間也都還存在變數。幫助人們改變是一件混亂、複雜的動態過程，還很花時間。而且事實上，政府多年來一直不願意投資在真正有用的計畫上，甚至也不願意編派研究預算，看看什麼才是最好的協助形式。

克里斯·格雷林的改革是想要整體刪減英格蘭和威爾斯花在緩刑制度上的經費，而不是減少監獄的支出，這點十分發人省思。我們也很清楚，在政府其他領域工作的人，並沒有真心把幫助犯罪者放在優先順位，儘管對於社會整體來說，這麼做的好處大概比幫助非犯罪者還要大。舉例來說：在接受住宅或是就業協助的名單上，前科者常常發現自己大概都是排在最後的。雖然英國政府和某些州政府也慢慢在改變這個狀況。[45]即使是在華盛頓州，真正有用的方案也極少付諸實行。根據WSIPP所長史蒂夫·奧斯（Steve Aos）的估計，他轄下機構的建議只有大約百分之三十被採用。[46]

所以我們還是可以保持樂觀。雖然進程緩慢，但我們還是一步一步地以證據基礎來立法案，也有當真發生轉變的例子足以激勵人心，有新的機構在推動以證據為基礎的作法。不過事實是：我們還陷在沒有什麼幫助的循環中。一般來說，政府並不是很願意花上必要的時間仔細進行實驗，慈善機構通常也不願意改變他們的作法，准許一些必要的隨機試驗，而且大部分的人在情感上，也很抗拒要優先援助曾經犯過罪的人。已經有足夠的徵兆告訴我們應該投資在實驗和某些方法上，這樣才能夠減少再犯，包括藥物治療。但是真正的問題或許是價值觀。如同格雷格神父所說的：「我們要如何拆除那些把某些人屏除在外的屏障？……沒有我們和他們之分，再也沒有。」[47]

迷思十一　改革不激進就無法降低犯罪率？

「我還沒有任何資料，在還沒有資料之前就推論是絕大的錯誤。人們會不自覺歪曲事實以符合推論，而不是根據事實來判定。」

——這是福爾摩斯在亞瑟・柯南・道爾爵士（Sir Arthur Ignatius Conan Doyle）的短篇小說〈波宮祕聞〉（'A Scandal in Bohemia'）中，對案件撲朔未明的想法。1

行動與反應

有四個女孩正在伯明罕阿斯頓（Aston）的髮廊尤妮瑟芬（Uniseven）慶祝二〇〇三年的到來。那時是凌晨四點。派對已經接近尾聲了。女孩們站在髮廊外面聊天，等人開車來載她們回家，而其他人則走向停車處。

附近有一台紅色的福特六和車（Ford Mondeo）發動了。在暗色的車窗玻璃後面，坐著幾個神經緊繃的男子，他們的腎上腺素因為憤怒和緊張而加速分泌著。據稱也在跨年派對現場的杰梅因・卡蒂（Jermaine Carty）在那天稍早的傍晚，出現在羅西・奧布萊恩（Rosie O'Brien）開在索利赫爾（Solihull）的夜店裡，對一群自稱為「漢堡吧男孩」的人做出了「無禮」的舉動。「漢堡吧男孩」幫在前一年有一名成員被謀殺了，據信那是與「漢堡吧男孩」敵對的「強森幫」做的，強森幫當時也在那裡。「漢堡吧男孩」已經全副武裝準備要報仇了。

福特六和加快了速度，車裡的幫派成員也準備好要行動了。但是從行進間的車裡射擊實在是一件太困難的事，而且幫派選用的武器MAC-10衝鋒槍在許多人的印象裡就是只能「先噴灑，然後祈禱」（spray and pray）的武器*1，它的後座力太強，要精確開槍幾乎是不可能的。當槍手非常激動地扣下扳機時，子彈也會失控偏離目標。卡蒂和任何一名強森幫的人都沒有被射中。子彈隨便找上的幾個受害者是：四個在聊天的女孩。萊蒂西亞．莎士比亞（Letisha Shakespeare）和夏琳．艾利斯（Charlene Ellis）幾乎當場死亡。雪兒．蕭（Cheryl Shaw）和索菲亞．艾利斯（Sophia Ellis，夏琳的姐妹）則身受重傷。[2]

在一開始的震驚和悲痛之後，群眾開始感到憤怒。英國的媒體提出警告，說這起事件可能讓美國式的幫派暴力降臨英國，因此政府應該有所行動。內政大臣大衛．布蘭基特迫於壓力只好做出回應。他在一週之內宣布要加重槍枝犯罪的刑罰，包括對於非法持有槍枝處五年以上的強制徒刑。他說：「非法使用槍械的犯罪者適用最小刑度的刑罰，這是在清楚傳遞訊息：嚴重的暴力犯罪一定會受到極嚴厲的待遇。」[3]

這個例子所反應的是一個我們先前討論過的模式，想要平復民憤就得「適用重典」制度。例如前文也提過加州制定「三振出局」法的契機，就是因為大眾對於十二歲的波莉．克拉斯被謀害感到怨憤難消；詹姆斯．巴爾傑遭到殺害的事件，也使得英國下修了要負刑事責任的年紀；瓦拉奇的聽證會中也提出了許多懲罰性的手段，要對組織性犯罪做出還擊。

許多因素都使這個模式一再重演。或許是公眾和媒體壓力把政治人物逼到了牆角，讓他們覺得必須滿足大眾對於報復的渴望。也或許是政治人物和遊說團體利用這些案例來推動某個政策，因為他們相信民怨絕對不可以浪費。不管是哪一種模式，都顯示政治人物在這幾十年來一貫認為對事件最恰當的處理方式，就是在群眾面前採取戲劇性的行動，讓大家都看得見，這樣才足以煽動群眾的情緒，並引發更多質疑政府是否有能力處理犯罪的信心危機。

提高刑度和增加警力通常是馬上就會想到的事，但是還有另外一個一直以來頗受喜愛的作法，就是讓民眾看到政府機構的改組，尤其是廢除看似沒有用的組織，再成立新的。內政大臣德蕾莎・梅伊就在二〇一〇年展開了她的重要改革，新聞稿上稱這是「宣言對警務所做的徹底改革」。[4] 她說：「今天，我要開始對二十一世紀的警務進行一個頗具雄心大志的改革計畫。在策略層面包括新成立國家打擊犯罪調查局，一方面加強對組織性犯罪的打擊，另方面也強化邊境的維安。而在地方層級，則是要以群眾為維安的中心，讓警務處處長（Police and Crime Commissioner）改為民選。」[5] 在同一段時間內，她的司法部（Ministry of Justice）同僚也將主要精力放在「矯治革命」（Rehabilitation Revolution），這也是「徹底改革」政策中的一個環節，把緩刑後的管理工作轉給私人公司，希望他們做得比現在的公部門更好。

徹底的改革同時呼應了前述兩種犯罪觀點支持者的想法。「英雄與壞人」觀點認為一個人的犯罪

*1 譯註：開槍然後祈禱會射中目標，也就是隨便掃射的意思。

性是與生俱來的，持這個觀點的人堅信政府應該使出渾身解數，與犯罪威脅相抗衡，而「受害者與生存者」觀點也同樣認為應該採取徹底（雖然是與「英雄與壞人」觀點非常不同）的步驟，去解決這個社會的重要病症。如果你花點時間瀏覽線上文章的讀者評論，很快就會發現其實有許多人支持對備受矚目的大型案件作出戲劇性的回應：要求多判死刑、重新恢復「鞭刑」，而在右翼媒體上，則常見絕對零容忍的評論。[6]左翼媒體上也會要求大幅加重刑罰，但是它們也會譴責政府，認為就日益深化的社會問題方面，加重刑度和組織的改革只是治標的「瘐痛藥布」而已。

但是最好的改革方式當真就是目前所看到的嗎？我們已經討論過嚴刑對於犯罪效果有限，而警務工作到底有沒有效，也必須看它們是怎麼執行的。我們也有理由質疑，犯罪和諸如貧窮、收入不均等因素之間到底有沒有連結？既然透過本書，我們已經發現過去根據迷思所制定的政策是如此的不恰當，那麼我們還有沒有其他選擇呢？

三個謎團

我想在此分享三個案例，由這三個案例中，我們可以看出一般人對於犯罪的標準回應存在著什麼缺點，它們也告訴我們其實不用大筆的政府支出或是徹底的社會改革，就可以大幅減少犯罪。每一個案例都屬於不同類型的犯罪，也都透露出我們能從中學到什麼。

1.金屬竊盜案

從二〇〇八年到二〇一一年，我每年都會花上幾個禮拜在普里斯提納（Pristina，科索沃〔Kosovo〕的首都）工作。我要幫他們成立一個新的「戰略計畫辦公室」（strategic planning office），我為一個臥虎藏龍的小團隊提供訓練課程，而他們日後的工作，就是要擔任總理的智庫，為政府提供建議，看錢要怎麼花才聰明。我住的地方離我辦公的政府大樓很近，但是每次要去上班，都還是要集中全副注意力。戰爭讓南斯拉夫變得殘破不堪，就算科索沃獨立建國，也不可能立刻挽回這個城市已經發展落後的基礎建設。首都的中心實際上根本就沒有人行道，我必須與車輛共用狹窄的道路，還要小心不要踩進道路上無數個坑洞裡，免得扭傷了腳踝。但最可怕的還是下水道孔。通常它們的蓋子都不見了，變成一個深不見底的洞，當夜晚街道上透著微光時，就顯得特別詭異。

下水道的蓋子不見了，其實不完全是資源不足，或是政府都不管。這和道路或是街燈維護不佳，其實完全是兩回事。我和本地人同事聊起這件事，他們說市政府其實很常換下水道的蓋子，但每次都是一換完，馬上就有幾個被偷了。金屬很值錢，而且熔化以後很容易轉作它用。

於是我開始更注意金屬竊盜的問題，我也發現這不是科索沃特有的困境。許多開發中國家都有下水道蓋子遭竊的問題，其實已開發國家也不是完全沒有。在二〇〇〇年代中期，金屬竊盜案件在全世界都增加了（雖然同時期的整體犯罪率是下降的）。世界各地的金屬價格都上漲了，犯罪者也愈來愈清楚它的價值何在。這聽起來只是小偷小盜，但是卻開始造成不可忽視的後果。竊賊連鐵路和發電廠的金屬都偷，這使得重要的基礎建設每隔一段時間就會毀損。連文化財也成為了目標。價值上百萬英鎊的雕塑被熔了，當作廢金屬賤賣，這或許是因為竊賊不知道它們的價值，也可能是因為他們找不到買主。

當我在科索沃的時候，聽到英國爆出亨利・摩爾（Henry Moore）有一件青銅雕塑品被偷走的新聞。這件雕塑品原本展示在亨利・摩爾基金會（Henry Moore Foundation）位於赫特福德郡（Hertfordshire）的七十二英畝大莊園中，它就是從那裡被偷走的。赫特福德郡警局總督察（Detective Chief Inspector）喬恩・漢弗萊斯（Jon Humphries）在報告中指出：「根據證據和情報顯示，它在半夜被人鋸開，接著運往他處徹底解體之後，再裝船運往國外。為了要解開這個令人百思不得其解的迷團，我在腦海中把過程想了無數遍。」[7]據估計，雕塑品價值三百萬英鎊，但是它可能以一千五百英鎊賤賣掉。

正當政府開始有所警覺時，事態改變了。將現有的數據拼拼湊湊之後，慢慢顯示出英國的金屬偷竊事件已經不再增加了。英國的竊盜事件到了二〇一二年的確大幅下降了，這個趨勢的出現，是伴隨著金屬價格的下降，但是即使金屬價格在之後又回彈了，案件還是繼續減少。數據顯示金屬竊盜案件在二〇一二年三月和二〇一三年三月之間減少了將近百分之四十。[8]是什麼原因造成如此巨幅的轉向呢？

2. 汽車竊盜案

我們待會兒再回來討論金屬竊盜案，在那之前，我們先檢視一下一個更大的謎團——汽車竊盜案件。

到了一九八〇年，大部分已開發國家的中產階級家庭都有車。[9]在美國或是英國這樣的國家，國內的汽車銷售量增加速度不快，買主通常是要買第二輛車或是換車的人。但是，汽車被偷的件數卻呈現爆炸性的成長：許多國家在一九八〇年代的失竊率甚至增加了百分之五十。在一九八〇年代的美國，十到十七歲的偷車賊比例增加了一倍。[10]英國和澳洲也出現了類似的模式，因為開著偷來的車兜風已經成了某種青少年的成年儀式。[11]

但是如同我們在前文討論過的，到了一九九〇年代，整體的犯罪率開始下降，汽車竊盜案也包括在內。但同時也發生了一件看起來很奇怪的事：財產犯罪逐漸減少，但是車輛的竊盜案卻暴跌，尤其是汽車。美國、英國和澳洲的數據顯示光只是在二〇〇〇年代，車輛的竊盜案就減少了大約百分之六十，遠比搶劫和其他竊盜案都降得多。在一九九〇年代，英國的車輛竊盜案在全部紀錄有案的犯罪中大約占百分之二十，而到了二〇一〇年代，已經少於百分之十。[12]

是什麼造成了這麼劇烈的改變？

3.夜間的暴力

我們也會再回來討論汽車竊盜案。不過在那之前，讓我們再想一下另一個案例：酒精引起的暴力案件也驟減了。

麥爾坎·葛拉威爾（Malcolm Gladwell）在《紐約客》上發表了一篇有趣的文章，裡面說到暴力並不必然伴隨著過量的飲酒。[13]他說了人類學家德懷特．希斯（Dwight Heath）的故事，希斯在一九五〇年代造訪玻利維亞（Bolivia），想要調查一下當地原住民社群受到威脅的生活型態。希斯在嘗試記錄當地的飲酒習慣時，當真被當地烈酒的力道和當地人消耗的數量嚇到了。每當有大型的社會集會時，總是會見到人們醉倒，或是因為喝太多而直接睡在路邊。但是希斯說：即使是如此，「沒有什麼社會上的病態——完全沒有。沒有吵架，沒有爭執，沒有性侵事件，也沒有言語上的攻擊。大家還是很愉快的對話，或就是安靜。」[14]希斯認為這大概主要是出於社會的期望，以及與喝酒有關的宗教慣例。這個社群有必須嚴格遵守的飲酒禮儀，包括他們會有一連串的舉杯敬酒儀式、要圍著圈子坐、一次也只能打開一瓶酒。如果喝醉了，就是靜靜地去睡覺，而不是產生攻擊行為。

不過，絕大多數國家的飲酒慣例都與這非常不同。許多人喜歡在公眾場所和朋友們一起喝酒，但即使是與陌生人也無妨。喝酒可以忘卻每天的責任，也可以締結新的人際關係，尤其是性關係。[15]這就為酒後鬧事提高了風險。酒精對人體有許多影響，例如身體協調不佳、判斷力降低、只專注於眼前（專家會稱這是「酒精近視」〔alcohol myopia〕），如果將生理因素與上述喝酒的社會模式結合在一起，就會發生問題了。在一個混合的社群團體裡站著喝酒的人比較容易把酒灑出來，因此就會造成誤會：陌生人（比起朋友）比較容易把這個潑酒的行為理解為挑釁。而團體氣氛是比較有活力的，這表示人們容易擔心如果他們不反擊，或是沒有保護自己的朋友或是女朋友，就會被認為很「丟臉」。性競爭在這裡也是如火如荼。[16]

大部分人都看過夠多的酒後打架或是爭吵，所以也都了解這般發展情況。在這裡，我們再用一位科爾切斯特（Colchester）年輕人的話，說明通常在這情形下會發生什麼事。「就是有一個傢伙，他好像以為自己是誰，世界都是他的，當他開始朝我們這群人走過來的時候，我只是說：『你自己看看。到這裡就夠了。不要再過來了，也不要到我們這兒來惹事，我們不要你過來。』然後我就揮了一拳，只是朝向最近的人做了個動作，但這真的不是個好主意！並不是我覺得自己塊頭大或是怎麼樣。那時候就只是一個自然而然的反應。但是如果當時我沒喝醉，我還可以停下來，想過以後再做。」[17]

一九九〇年代英國這類事件持續增加。過量飲酒的事件層出不窮，年輕人現在有更多錢了，許多新上市的甜酒例如百家得冰銳（Bacardi Breezer）和思美洛（Smirnoff Ice）也加入市場。在一九九〇年代，十六歲到二十四歲之間的年輕人每週的平均酒精消耗量增加了百分之二十五以上，醫院新收容的酒精中毒人數也差不多是這個比例。[18]雖然其他類型的犯罪在一九九〇年代晚期已經開始下降了，但是與酒精相關的暴力事件還是呈現增加的趨勢。

英國威爾斯的最大城卡地夫（Cardiff）所受的影響尤其大。喬納森・謝普德（Jonathan Shepherd）教授一九九〇年代都在威爾斯大學醫院（University Hospital of Wales）當外科醫生，他很快發現，極端暴力事件愈來愈多。他說：「每個週末我都會看到在酒吧和夜店被玻璃打破頭的病人，任何人都會一下子注意到這絕對是個問題。」[19]

但是很快的，事情又變得不一樣了。謝普德教授注意到他要處理的臉部傷者大幅減少。[20]統計數字也和他的印象一樣。原本在內政部的排名中，卡地夫是類似規模的英國城市中「受傷」事件發生率最高的前幾名，但這時候已跌到了後幾名。[21]這個趨勢在二〇〇一年之後也還是如此。卡地夫醫院所收容的暴力事件受害者整體而言迅速減少，其速度也超過類似規模的其他英國城市。[22]其實全國都有改善，但是看起來卡地夫做得特別好。

如何解釋這個突然好轉的現象和卡地夫顯著的成功呢？

成功的祕訣

這三個謎團顯示出犯罪的複雜性，也證實影響因素實在是太多了。但是它們也展示了幾個一般性的原則。理查德．沃特利（Richard Wortley）教授是最能夠說明這箇中道理的人，他是倫敦大學學院（University College London）吉爾丹朵保安與犯罪科學研究所（Jill Dando Institute of Security and Crime Science）的所長。沃特利教授在我的對面坐下，告訴我他是如何一路從澳洲的監獄心理學家當到機構首長，而這個機構想要做的，正是改變英國和其他國家對於犯罪的處理方式。沃特利是在觀察監獄生活時，發現了第一條線索。

「我明確意識到，站在我眼前的這個人之所以墮落，並不是因為他原本就是個墮落的人，而是因為這個不正常的環境。」[23]沃特利認為是因為受刑人每天要經歷的事，才讓他有這麼多受刑人的心理健康問題得處理，而且監獄內的暴力事件也層出不窮。身為一個心理學家，沃特利的工作應該是要診斷、治療和研究受刑人具有破壞性和自我毀滅傾向的行為。但是他很快的就被臨床標準流程弄得深感挫折，那套用到任何人身上看起來都沒有太多不同。他帶著一點玩笑的意思說：「或許那表示我不是一個很好的心理學家。」

沃特利教授和他的同事想要知道，有沒有別的辦法可以處理行為問題。他們不再專注於「治療」個別的受刑人，而是試著改變囚犯每天都要接觸到的環境。他解釋說：「那就是換一種建築、設計和不同的監獄管理策略的問題。」「我只是其中的一分子，其他人都做了很多努力。我們建立了一個模範監獄，它在短時間內真的有了很驚人的成果。暴力等級降低了。而且，我們那裡原先就有很暴力的受刑人」，他領略到「那真的太有效了，遠遠超出臨床心理工作對於受刑人的效果。」只要在暴力升溫時做一些小小的改變，就可以減少衝突，透過近距離的觀察便可以看出改善的成果。

這個模式被推廣到澳洲各個地方，效果各異。不過沃特利已經開始思考他和同事的成功（減少監獄暴力）可不可以帶來更多的意義。如果減少環境帶來的壓力和暴力發生的機會在監獄裡是有用的，那麼，這個方法難道不能用於其他地方嗎？沃特利教授愈來愈專注在犯罪研究上，他同時也受到羅恩．克拉克教授和其他學者的啟發。克拉克教授是我們在前言提過的獲獎英國學者，而其他學者也在研究如果調整一個人身處的環境，是不是可以減少犯罪。

「眼前的環境到底有什麼力量，是我們這些人深感興趣的課題，我們也形成了一個很緊密的紐帶……我們每年都會聚會。現在還是每年聚會，（不過）人數已經愈來愈多了。」這個團體一直在成長，因為有愈來愈多的證據顯示如果要解決犯罪，最有效的方式不是改變個人，而是改變他們所處的環境：把每天的日常生活中常見的誘惑減到最少，犯罪就會跟著減少了。通常並不需要大量增加監獄人口或是警力就可以達到效果了。

✳

英國的金屬竊盜案在二〇一二年大幅減少之前，發生了一連串的政府政策和地方作法的改變。對於犯罪的處罰並沒有增加，或許這是因為明智遵照了在前文的結論——要讓刑罰發揮威嚇的作用，其實效果有限（迷思九）。於是政府不再把焦點放在犯罪者身上，而是要讓他們不能夠藉犯罪行為來獲利：政府讓偷來的金屬變得比較難脫手。其中一項最重要的法規是在二〇一二年生效的。在那之後，所有廢金屬商都不能夠用「手頭的現金」付款了（之前的慣例是如此），而必須用電子轉帳，這樣每一筆交易都會留下紀錄，如果事後發現贓物，就可以知道犯罪者是誰了。同時，賣家在交易時也必須出示身分證明，而買家必須至少保留交易紀錄三年，而在拿到商品後的至少七十二小時內，買家必須將商品照原樣保存。[24]

地方政府也發布了新規定，所有廢金屬商都必須領有執照。沒有遵守新規定的公司可能會受到五千英鎊的罰款，或是被吊銷執照。的確有些公司一開始是沒有執照的，如果公司負責人有相關犯罪前科的話更是如此。除此之外，還有許多科技產品都可以幫助交易商確認交易物是不是贓物，例如有人發明新的法醫鑑定工具，它可以在金屬上建立一個僅此一組、可以追蹤的DNA標記，若是金屬物品失竊，警方甚至可以從竊賊的手或是衣服上鑑定出這組標記。[25]

由於絕大多數犯罪者並不是天性如此、或是絕對的專業（參見迷思二和迷思三），所以只要讓偷竊金屬這件事變得有一點點難賺，犯罪數量就會減少了。對於大部分竊賊來說，還要另外找新方法處理偷來的金屬，實在是太麻煩了。

這個案例的有趣之處，在於如果我們只專注在犯罪者的動機上，就會忽略其他可以減少犯罪的機會（只要改變他們的作案環境就好了）。這個例子的關鍵是交易安全規定，而不是刑度。要把目標放對才有意義，而目標往往是那些在不知不覺間（或是故意）為金屬竊賊大開方便之門的人，同時也要把部分責任從政府轉移到產業身上。產業本身也會樂意遵守，因為新法只是比照一些最成功的回收商本來就在用的作法，而且讓人起疑心的交易商也會染上污名。英國金屬回收協會（British Metals Recycling Association）的董事長（Director General）伊恩·赫瑟林頓（Ian Hetherington）也說：這次改變「是這個產業一個重要的轉捩點；讓這個產業有機會一舉擺脫大眾對它的刻板印象，澄清它並不像是電視劇《斯特普托父子》（*Steptoe and Son*）*2裡所演的那樣」。26

這個例子還有另一個有趣的地方，它顯示了某些類型的威嚇還是有用的。如同我們在迷思四中討論過的，經營者通常是一些理性的人，如果他們因為犯罪而被判有罪，就可能會失去許多東西，所以用罰金或是損失來威脅他們，是可以讓他們採取行動的。同樣的，我們也討論過人對於會不會被抓到的擔憂，遠大於他們到底會受到什麼刑罰（迷思九）。所以重點是讓金屬竊賊比較容易被抓到，這是很聰明的作法。更聰明的是讓偷竊根本無利可圖。許多犯罪者在提供身分證明和銀行資訊那關時就會打退堂鼓，他們知道金屬現在根本不值得偷了。

雖然類似的創舉在其他地方也成功了，我們仍無法確定，金屬竊案的減少是否真的跟這個策略有

*2 譯註：一九六二年於BBC播放的電視喜劇，劇中的主角斯特普托（爸爸）是個拾荒的老人，而他在劇中常被稱為髒老頭。

關，畢竟數據太過片段，也沒有實驗的對照組。威斯康辛州的歐克雷爾警察局（Eau Claire Police Department）要求買主記錄賣家的詳細資料，而警察局也與企業維持著緊密的關係，這一開始是為了掃除聲名狼藉的經營者。[27]他們聲稱金屬竊盜案因為這個作法而減少了百分之五十（雖然他們的評估方法其實也完全稱不上精確）。

坐在我對面的理查德．沃特利說：現在大家也承認犯罪情境的理解和機會主義是很重要的觀念，他稱這個趨勢叫作「犯罪科學」，過去一般是稱作「情境預防策略」（situational approach）。他解釋說：細節是很重要的。「這個小組關注的不是社會的根本狀態或是政策決定的長期影響，它的任務是確實了解犯罪發生當下的環境是怎麼樣的，並且探究如何透過一些微小的改變，減少犯罪的誘惑。」[28]

＊

那麼，汽車竊盜發生當下的環境是怎麼樣的呢，又是發生了什麼事，才使得許多國家的汽車竊盜率明顯下降呢？

如果我們看一下今天什麼車最常被偷，就可以找到一些線索。國家保險犯罪局（National Insurance Crime Bureau）釋出了一份美國汽車遭竊的年度排行榜。[29]如果你覺得大部分的犯罪者都是一些生來惡性重大的職業老手，那麼你大概也以為排行榜的前幾名都是些昂貴的名牌車，像是BMW或是賓士。但是在二〇一三年，最常被偷的汽車品牌前兩名其實是本田雅哥（Honda Accord）和本田喜美（Honda Civic）。排在後面的是運動型休旅車（SUV）雪佛蘭（Chevrolet）和福特小卡車，排名第五的則是舊型號的豐田Camry。[30]

上述這些車都有兩個共通點。它們都曾經很受歡迎，這表示現在路上還有很多這幾型車在跑。還有它們都很舊了。常常被偷的豐田Camry有兩種車款，分別是在一九九〇年和一九九一年上市，而最常被偷的車款是一九九六年的本田雅哥。[31]英國也與此類似。所以如果你有一台日系老車，那麼你就是竊賊所瞄準的對象了。[32]在二〇一三年，失竊機率最高的三個車款分別是三菱帕傑羅（Mitsubishi Pajero）、日產陽光（Nissan Sunny）和日產藍鳥（Nissan Bluebird）。[33]

舊型車有一個共通點：防盜系統很差。老車款最常被偷，是因為它們最容易偷，而且只有它們才可以用「熱配線」（hot-wiring）❶的方式啟動引擎。為日本市場設計的車特別容易遭到竊賊覬覦，因為它們內建的安全配備比較少，日本法規對汽車的安全性要求向來就比較少。

如果你擁有一台新車，除非你非常倒楣（或是不夠小心），否則不太會被偷：有愈來愈大比例的車子遭竊是因為鑰匙在車裡，或是停在家裡時被竊賊偷走。[34]就像是國家保險犯罪局的發言人弗蘭克．斯卡費迪（Frank Scafidi）所說的：「並不是沒有方法破解尖端的安全措施，不過笨人的腦袋不知道要怎麼做。」[35]大家都認為這就是為什麼全世界的汽車竊案都大量減少的原因之一。[36]有趣的是，並沒有什麼證據顯示汽車竊賊轉向其他車輛下手了，這又再一次顯示許多犯罪都只是臨時起意的。

汽車犯罪到底為什麼下降，儘管上述解釋已經很明確了，不過尋找解決方案的路依然漫長而艱

❶避開點火器安全鎖，不用鑰匙，使汽車電線短路以發動引擎。

辛。理查德．沃特利對於他的前一任倫敦大學學院吉爾丹朵保安與犯罪科學研究所所長格洛里亞．萊科克（Gloria Laycock）充滿溢美之辭。在接任研究所所長之前，萊科克在內政部工作了三十年，可以第一手觀察到政府如何努力抑制日益嚴重的汽車犯罪。[37]政府在一九七〇年代引進了方向盤防盜鎖，但是只有新型車才適用，而且新車相對容易被竊賊忽略。政府也試著透過媒體宣導，來提醒大家方向盤防盜鎖和其他保護措施所帶來的好處，最明顯的就是要記得鎖車門和關車窗。這些作法還是產生了一些影響，但是遠遠不夠。汽車竊盜案還是持續快速增加，因為擁有車的人愈來愈多了，而新的安全措施不僅會對車主造成不便（因此而讓他們沒有那麼樂意使用），對於竊賊來說，也不是那麼難以跨越的關卡。

因此，萊科克的內政部同僚在一九八〇年代決定採取行動。他們委託外部專家研究怎麼樣讓車子變得比較難偷。這次的研究結果報告十分重要。它的結論是「只要對汽車的設計做最小幅度的干預，就可以大幅改善汽車的安全性，這相對而言花費並不多，而且完全不會對汽車的駕駛造成任何不便。」[38]在那個時候，幾乎所有「福特跑天下」（Ford Cortina）車型的車都可以用同一組鑰匙打開，所以這個結論在那時候顯得十分合情合理。[39]但是讓人（至少是讓萊科克的幾位同事）感到驚訝的是，這個研究的結果並沒有讓車廠採取行動。只有幾家公司做了一點改變，但他們最後還是不願意採取相對應的行動。和廢金屬產業不同的是，汽車工業不覺得這對他們有什麼好處。如果車子被偷了，他們不會受到財務損失。甚至如果在英國各地有愈來愈多的車遭到燒毀或是蓄意破壞，車廠還可以賣出更多車，因而從中獲利。

於是在一九九一年，英國政府公布了第一份「汽車竊案索引」（Car Theft Index）。這份索引是依被偷的頻率來為汽車評等，而它根據的是真實可得的失竊率資料。[40]消費者雜誌《什麼》（*Which?*）對這類資訊很有興趣，它也的確獲得了比較多的版面。如同萊科克所說的：「汽車的安全性在那時候獲得市場前所未有的關注，製造業者也開始加進更複雜的安全功能，例如單門鎖（deadlock）和電動防盜系統（engine immobiliser）。」[41]政府的影響力帶來了巨大的效果，到了一九九〇年代晚期，汽車產業也默默贊同比較嚴格的管理方式，當時所有的新車都強制配備電動防盜系統。

對於沃特利教授來說，汽車犯罪下降除了有本身的意義之外，有趣之處還在於它可能有助於減少整體犯罪率。他說：「我們都知道犯罪正在減少。最戲劇化的例子就是一九九一年之後汽車竊案的驟減。有些人認為這其實也帶動了其他的犯罪下降。」[42]犯罪學者最近提出：只要減少容易被偷的車、讓汽車的安全性提高，與汽車相關的犯罪就會減少，例如某些類型的搶劫案件，以及幫派所為的「飛車」開槍殺人事件。他們也指出「開著偷來的車兜風」類似一種「敲門磚」的犯罪，可能將年輕人帶向更嚴重的犯罪行為。

這些理論無法獲得證實，但是它們強調要理解犯罪在真實世界中動態發展的本質，這一點是正確的。如果我們每天都要面對的情況發生了改變，我們的行為當然也會跟著改變——犯罪行為也是。今天還能夠進行汽車犯罪的人，只剩下碰巧發現幾台老車的人，或是擁有絕妙的偷車機會或是開鎖專長的人。科技的進步以及消費者和汽車製造業者在態度上的轉變（這是政府的措施造成的），在所有已開發國家都帶來了戲劇性的影響。

所以，金屬竊案主要是靠著商業法規減少的，而汽車竊案的減少，則是各項因素綜合之下的結果。先靠著科技達成了改變，同時以公開的資訊對不受教的汽車產業適時加以施壓。但是卡地夫的飲酒問題和喝酒以後發生的傷害事件，又怎麼解釋呢？

※

到了一九九〇年代中期，喬納森．謝普德教授對他要處理這麼多臉部嚴重受傷的病患感到心灰意冷。但是沒有幾個人真正注意到這個問題。他說：「我開始明白：就算我們一直看到同一種傷害，警方也不會定期收到報告，所以不會有任何匯整資料，也不會有人提出任何解決方案。」[43]

謝普德很快改變了這個現象。他開始與其他的醫療專業人員合作，看可不可以歸納出一個模式。他們發現了一件讓人印象深刻的事，就是他和其他外科醫生所處理的傷者中，有四分之三都是被一種特定的玻璃割傷的，這是一種邊緣很直、容量是一品脫的杯子。[44]被大啤酒杯劃傷的人就少得多了，被硬塑膠杯刺傷的人則幾乎是沒有。謝普德也注意到他所治療的大部分臉部受傷的患者，都是被對方用完好的玻璃杯打了之後，杯子在臉上碎裂開來傷了臉，而不是先把玻璃杯打破了之後，再拿來當武器。[45]

這是卡地夫的酒吧和夜店裡最常使用的玻璃器具，但是謝普德和同事們卻發現它們非常易碎，而極可能是問題的來源，於是他們看了一下產品的設計，也進行了一連串的實驗，測試許多不同種類的玻璃，最後，他們的發現證實了最初的懷疑。[46]傳統的玻璃器皿只需要一點施力，就可以成為刺傷人的危險器具，而強化玻璃就沒有那麼容易破了，而且就算破了，玻璃碎片也沒有那麼危險。[47]謝普德解釋：「眼前最顯然而且立刻奏效的解決方式，就是對夜店和開到很晚的市中心酒吧施壓，叫他們使用塑膠杯或是強化玻璃做的杯子。當然，被一個硬物打到，怎麼樣都會出問題，但是總的來說，被一個比較輕的玻璃或是瓶子打到，復原的速度總是比被強化、加硬的玻璃打到快得多，而又比被碎掉的玻璃造成的割傷容易好。」[48]

就跟汽車工業一樣，要說服酒吧和夜店把他們的玻璃器具換掉，也不是那麼容易的事。但是，強化玻璃雖然比較貴，但是它其實更經濟，可以用得比較久。還有一項附加的好處，就是可以保護店員的手不受傷（店員經常受輕傷，但是也太過於家常便飯了）。[49]除此之外，近來執照法規也做了一些調整，新規定准許地方政府對營業場地的負責人提條件——如果是曾經發生過暴力事件的酒吧或是夜店店家要換發新執照，附加條件之一就是要使用強化玻璃器皿。[50]這番改變大幅降低了重大衝突的受傷人數，除了卡地夫之外，整個國家都是如此，因為有愈來愈多的地區也漸漸採用了卡地夫的作法。不過謝普德對此還是不夠滿意。「時至二〇〇〇年，我們已經很清楚的知道，其實在真正防制犯罪方面，我們並沒有任何進展……把環境弄得安全一點是一回事，但是我們必須知道為什麼人們明明是出外找樂子，最後卻打了起來。」[51]

知識對於如何改變又再次發揮了重要的作用。醫院、警察和合法商家開始相互分享暴力的發生地點等資訊，然後擬定策略。如同謝普德所說的：「政府機構現在知道，在考慮營業時間和發放執照的時候，要多考慮城鎮的地理環境，警察也知道週末時要把資源集中在什麼地方，監視錄影機改放在更洽當的地方，急救人員可以在傷患的傷勢惡化之前，採取正確的處置或是及時抵達。」[52]

這些改變的依據都是很清楚的，它們都是出自於對特定環境的考量（因為這些環境有風險）。卡地夫的打架事件常發生在酒吧客人一起湧到街上的時候，這時候他們常為了一些小事而起爭執，例如搶搭計程車（因為計程車的數量很少）。因此管制人流是很有意義的。在熱點安排警力，會比定時巡邏有用許多（參見迷思八）。如果監視錄影機設立在對的位置，也勢必會帶來不同的結果。雖然如果當真要減少犯罪，比較有用的作法應該是當局要在犯罪發生時迅速的做出反應，阻止事件升溫。[53]

理查德．沃特利也針對酒精相關的暴力犯罪進行了許多研究。其中一項研究的對象是澳洲黃金海岸（Gold Coast）的觀光重鎮，衝浪者天堂（Surfer's Paradise）。每年夏天都會有大量觀光客光臨此地，他們也帶來了因酒精而引起的混亂狀況。為了解決這個問題，也試過了許多方法。包括減少大量飲酒的誘因（例如減價時段）；讓顧客比較容易用低價取得酒精濃度低或是甚至不含酒精的飲料、食物和零食；指示員工不要讓喝得太醉的人進店；開拓多元的客源，不要只有來喝酒尋歡的人；杯子換小一點，酒的濃度低一點；為棘手的顧客擬訂處理策略；以及保安的培訓。[54]當地的業主簽署了一份新的作業規範，其中詳細列出了他們承諾的某些措施。結果很驚人：在一年的實驗期間內，對身體的攻擊減少了百分之五十二。[55]

如同我們在前文討論過的，當我們專注於警務工作的效果時，常會忘記還有其他許多社會秩序的維護者。從最簡化的層面來說，其實我們全部的人都算是。一場爭執到底會不會升溫成暴力，其實旁觀者和朋友是很重要的。[56]但是或許最重要的，還是沃特利和其他犯罪學家所稱的「場所的管理者」

（place manager）。

酒吧或是夜店的工作人員採取什麼作法，對於酒精暴力會有很明顯的影響。拿「保鏢」柯蒂斯（Curtis）來說，他在埃塞克斯郡為酒吧和夜店守門已經超過十五年了。[57]他會在晚上七點和凌晨三點之間和人輪班守在斯爾克路（Silk Road）的外面，如銅牆鐵壁般流露出自信。一位顧客抱怨他已經付了入場的費用，也有手章可以證明這點，但是門口卻因為他喝得太醉而拒絕他入場；這個瘦削的年輕人不願意移動。

柯蒂斯告訴他：「離開這裡，走開。」

那名年輕人起身離開了，但是嘴裡還是不住的咕噥著。「去你的」，他說。

柯蒂斯決定反擊。「你給我過來，過來啊，雪莉（Shirley），雪莉，你給我過來。過來，我叫你過來。你這個蠢貨。過來站在這裡！」

那個年輕人當然不叫雪莉，他在一個距離外停了下來，但是看起來沒有要過來的意思。

柯蒂斯繼續罵：「你這個渾蛋。走開，你這王八蛋，走開啊，你這王八蛋。」接著柯蒂斯又立刻推翻了他自己的話。他說：「我們就在這裡解決好了。就在這裡。我們就在這裡解決。反正你是個蠢貨。你這個蠢蛋。」

現在那個年輕人開始拖時間了，他愈來愈覺得受到挑戰，所以開始用手勢還擊。又過了沒多久，他還在街上把上衣也脫掉了，露出他細瘦而蒼白的身體。那名魁梧的警衛看起來幾乎是他的兩倍大。他站著，看起來很緊張。他威脅要殺掉柯蒂斯，但是他自己的臉上充滿恐懼。

柯蒂斯咆哮著：「來啊，你來啊，我就在這裡。你給我過來。使盡吃奶的力氣給我來上一拳。你來。」

這時候，柯蒂斯已經把他的同事傑米（Jamie）也叫到前門來了。但是事情並沒有再進一步發展下去。那名年輕人還沒有醉到或是笨到要單挑一個甚至兩個保鏢，而且他的其中一個朋友已經開始感到無聊了。他的朋友扶住他一邊的肩膀，把這個沒什麼本錢的麻煩製造者帶離了街上。這個事件在還沒有造成什麼威脅之前就結束了。

柯蒂斯很高興這件事被英國的電視節目《巨人保鏢》（*Bouncers*）的攝製組拍了下來，他也在事後向影片工作人員說明他的作法。

他說：「我就是試著要控制住他。但是他不過來，因為如果他當真過來了，可能會被我揍扁。就是這樣。」[58]

有一位女性的聲音問到：「有人准許你這麼做嗎？」

他說：「沒有，不過我也只會打他一下。就這樣而已。我不會踢到他滿地找牙，因為這麼做是不被允許的。就是打個一下，那樣而已。」

柯蒂斯繼續解釋他的哲學。「我和那些新來的保鏢不一樣，他們想要用政治正確的方法來處理事情。處理事情應該要看情況。如果有人恐嚇你，那你就要處理。就是這麼簡單。你知道的，我做這個工作都十五年了。我不會不知道該怎麼拿捏分寸。」離開酒吧之後，他接受了另一次訪問，而且還說得更加詳細。「不要惹我不高興。不要讓我有什麼不開心的。你知道。反正如果（你要說）我是個娘們，（我就會說）你是個娘們。」[59]

說到守門這個工作，柯蒂斯是屬於「舊派」的。對他來說，重點是要維持權威、主控全場。暴力的確是最後手段，但也不是（不管付出什麼代價都）不應該使用的手段。但是，英國守門的工作性質也慢慢在改變，和柯蒂斯有一樣想法的保鏢愈來愈少了。一位最近才在柯爾切斯特另一間酒吧工作的保鏢說：「我覺得我應該是名看門的人，而不是保鏢。你知道，我該是個有禮貌的人，為人們打開門，歡迎他們進來。也送他們離開。如果有人喝醉了，你可以幫忙他們回家、幫忙他們找到朋友帶他們回家……保鏢是來打架的，是來和別人爭執的，他不會在最大限度內先善用自己的溝通技巧。但是看門的人是追求和平的，他會協商解決問題。」[60]

不難理解，如果「場所的管理者」認為他們的工作是紓緩緊張和解決問題，這勢必有助於減少暴力。保鏢公司和雇員如果都有比較嚴謹的工作守則，也有助於改變。在一九八〇年代和一九九〇年代，工黨的國會議員伊恩．麥卡尼（Ian McCartney）常聽到他的選區維根（Wigan）選民投訴保鏢過度使用暴力，而且都在保護毒販和其他犯罪者。於是他便推動立法，要求酒吧和夜店約束保鏢的舉動，但是此舉對他自己造成了不少困擾，使得他成為被騷擾的對象。在一九九六年的某一天，他發現自己的前門被釘了一個環狀物，有一名保鏢基蘭．奎因（Kieron Quinn）在用頭撞那個環以表達不滿。[61]不過他的施壓也終於促成了新法規，新規定要求所有守門者都要有保全產業協會（Security Industry Association）核發的執照，這就使得有犯罪紀錄的人無法進入這個行業，而且守門者都要經過基本的訓練，該訓練課程必須由核可機構提供。[62]

卡地夫和其他許多城市在解決酒後暴力的成功經驗，還告訴了我們另一件事，就是嚴厲打擊犯罪的作法其實是有限制的。沃特利教授語帶熱情的告訴我們：「客觀來說，如果想要停止夜店的暴力，不管什麼策略幾乎都與威嚇無關。有效的策略都是要讓人們不要憤怒、不會酒後亂性、不會情緒不佳。」沃特利不贊成說犯罪科學只是要讓犯罪變得比較困難。他繼續說到：「有些（能夠發揮效用的）事，完全不是以變得更強硬為目標，它們其實是要讓那個地方變得更令人愉快。如果你想要減少夜店的暴力，你不能讓它變得像個地牢，你要讓它完全不像地牢，你要讓它很歡樂、舒適、不會發生衝撞。」[63]要減少比賽場內的暴力也是同樣的道理。英國的足球流氓在一九九〇年代急遽減少，原因其實有很多。不過其中有一個重要的因素就是引進了有環場座位的體育場，而且集各球團之力，讓體育場變得能夠吸引更多兒童（未來的球迷）和女性前來。[64]這種觀察或許也說明了為什麼挪威的高安全性監獄哈爾登監獄（Halden Fengsel，根據居住者需求設計出來的），雖然沒有像美國類似規模的監獄有反暴力措施，但是也很少出現暴力事件。[65]哈爾登監獄的圍牆裡有一片藍莓園，監獄裡的家具就和挪威一般家庭使用的基本款家具一樣，不會有直接嵌在牆上的臉盆和床，而受刑人（他們的前科檔案明擺著他們並沒有比其他國家抓到的犯罪者更不危險）擁有很大的移動自由，但是他們能夠自由活動的界限和獄警期望他們的行為規範，則是很明確的。

因為做出改變，所以帶來了不同的結果，這些變化在具體細節各不相同，但是這類犯罪大幅減少的現象讓我們看到了一些一般性的原則，這些事實足以反駁我們對於犯罪自以為是的迷思。不論是關於它的成因，或是到底要用什麼方法才可以減少犯罪……

結語

迷思十一中舉了好幾個減少犯罪的故事，沒有一個成功案例需要改變社會結構，這或許會讓支持「受害者與生存者」觀點的人感到驚訝。但是也沒有任何一個措施是因為大幅提高刑度而做到的，在過去四十年間，支持「英雄與壞人」觀點的政治人物常常不假思索就會脫口而出這樣的作法。

相反的，我們看到的是另一幅不同的圖象：其中的小改變就會帶來大不同；細節可以決定一切；犯罪的發生與否，是眾多因素交互影響之下的結果。所有的例子都說著，如果把問題聚焦在犯罪而不是犯罪者，就可以找到減少犯罪的方法。當然有些人犯罪的機率是比其他人高些，但是由前一章的三個例子中，就可以看出我們有多容易受到眼前的環境、當下的機會以及壓力的影響。我們有一種迷思，認為一旦身為犯罪者，就會始終堅持犯罪這條路（迷思三），上述事實太常被這個迷思遮掩住了，其實就連最明顯有侵略性的犯罪行為，也都適用於上述道理。

沃特利教授解釋：「我們可以看一下兒童性侵犯的行為模式，就會發現他們看起來都是臨時起意的。只要看一個很簡單的統計數字就好了。他們第一次犯罪的年紀，初犯的年齡大約是三十二歲。這讓我們想到了一件事，這時候正是這些人很容易接觸到小孩的年紀：和他們自己的孩子、及孩子的朋友相處，或者他們就是學校老師之類的。比起其他犯罪，他們的初犯時間算是比較晚的，這種晚熟的現象我想只能用機會來解釋。我們也發現犯罪者的犯罪行為其實有著高度的多樣性。但是我們的刻板印象會認為這些傢伙都是專家，或認為他們只從事性犯罪。在我們的樣本中，發現只有百分之四到五是單一類型的作案者，這些人有一件以上被判有罪的兒童性侵案，而且沒有其他犯罪紀錄。百分之三十六的人只有一件兒童性侵害有罪判決。而其他大多數的人，都有著各種不同類型的犯罪紀錄。」[1]

不過，把焦點放在犯罪、而不是犯罪者身上，這還只是第一步而已。總而言之，我們必須要具體理解什麼時候、什麼地點和為什麼犯罪會發生，這才有可能減少犯罪，而這必須要靠詳細的觀察，而不是先入為主的預想。調查犯罪的模式有助於找到減少犯罪的方法，例如：去思考暴力事件是否總是發生在特定的時間、日期或是地點。我們需要持續進行觀察。其實，預防犯罪的作法也極少引發其他方面的問題，不過社會生活的樣態變化得十分迅速，而支援卻可能無法持續下去。在天堂海岸的犯罪大幅下降之後，不到一年，沃特利的研究團隊又回來了。他們發現前一年控制暴力的作法只剩少數幾項還在，所以（也沒什麼好意外的），暴力事件也回到了原來的水準。[2]

在調查和評估過犯罪的趨勢之後，下一個步驟就是必須懂得忽略大家都信以為真的迷思（這些迷思幾乎可以說是刑事司法體系造成的）：我們的案例顯示當地的政府官員、醫生、企業主、專家、私人雇用的保全人員、產業本身和一般市民都有各自的角色。警察通常只是輔助的角色。

於是我們也需要試試新方式，就像是前一章所說的三種案例。如果新措施引進時，能妥善管控及監測，我們便能更加確定它的效用。舉例來說：許多評估監視錄影器效用的實驗，就把它們放在特定區域，而這類型的研究有助於我們理解監視錄影器放在哪裡最具有成本效益；例如容易發生汽車竊案的停車場裡，這便可以大幅減少失竊件數。[3]

這些步驟看起來可能很簡單，但是它們其實很少被採用。我們的政策還是根據迷思來決定的，我們眼中的世界是媒體描繪的世界，而不是我們真正居住在其中的複雜社會。只有當事態真的變得很嚴重的時候，我們才會看清楚問題。因為推動符合社會實況的作法需要時間，而直覺反應式的立法則容易得多了。沃特利教授認為這個潮流將會有所改變。他說：「現在已經有很多警察也這麼想了。在十年前，我會說這是完全沒有希望的，我每年舉辦的小型會議只不過是自我保護機制罷了，有這種想法的不過是三四十個怪人。不過現在這已經慢慢變成政策甚至犯罪學領域中更主流的想法了。」[4]

我們也發現了其他正面的跡象。英國和其他國家都成立了愈來愈多的研究單位，旨在提供更完善的研究證據，好協助政府制定社會政策。在近幾年間，聯合政府陸續成立了七個「行之有效」中心（what works' center），為制定政策者和執行者提供各領域的研究證據。其中一個中心就位於警務學院（College of Policing）中，而其研究與知識部門的主任（Director of Research and Knowledge）瑞秋・塔芬（Rachel Tuffin）已經成功說服了許多專家，對好的實務作法發表清楚易懂的證據摘要，包括監視錄影器的使用、青少年輔導計畫和鄰里守望計畫。而美國也有類似的輔助資源。

不過改變仍然只是逐步的。如同沃特利所說的：「把犯罪科學的方法轉換成政策其實是非常困難的，因為它一點都不吸引人。慷慨激昂地站起身來、把那些『既邪惡又可惡的犯罪者』痛罵一頓，這要容易得多了。所以我覺得政治人物都一定要有點精神分裂。你得要知道真正發生的事，但是在傳達給大眾時，又要用一種會讓大家買帳的方式。」沃特利繼續說，「情境式的犯罪預防有部分問題是在於它怪罪的都不是犯罪（行為）。而人們又始終堅持這樣的怪罪方式。他們想要怪被害者或是怪犯罪者。而且其實，我也會這樣。如果我看到了一個人正在犯罪的影片，我的第一個反應會是——你知道的——心裡想『多討人厭的傢伙』。」一般人的想法也會阻礙資金挹注在證據計畫上。例如：大眾對於「警察定時巡邏」的期待，表示最近的警務預算會有所削減，這會導致大量數據分析專家的失業。雖然我們其實需要更好的犯罪模式情報，才能夠更有效分配警力資源。其實還有更大的阻礙來自於政府現在的運作方式。爵士盛伯理（Sir Sainsbury）於二〇〇七年在英國成立了「政府研究所」這個新的機構，這是一個慈善機構，目標是要改善執政政府的有效性。最初我是因為原劍橋大學講師、代理所長大衛・哈爾彭（David Halpern）與我在首相的戰略單位共事過，才促使我加入這個機構。他給我一個短期工作，也就是研究所的第一個研究計畫。但是這個組織負責的範圍實在十分廣泛而且有趣，使得我之後也無法離開。也有許多加入的人和我一樣，深受到這個主題的重要性（它自己就可以寫成很多本書了）所吸引。

我的朋友兼同事吉兒・盧特（Jill Rutter）就是其中的一位。她在二〇一〇年由行政機構借調到政府研究所，為期僅一年（她原本是環境食物及鄉郊事務部〔Department for Environment, Food and Rural Affairs〕的策略與可持續發展部門〔Strategy and Sustainable Development〕主任）。但她後來並沒有回到原單位，而是留下來積極推廣研究所的宗旨，也就是官員制定政策時應該更廣泛使用研究證據。她還推動了更多實務改革，讓這類改變成為可能。

「政府不是只有制定犯罪政策的方式有問題。整個過程都太封閉了，都是一群聰明人在白廳

（Whitehall）*1裡想出來的，但是他們根據的都是理論，而不是事實。我們必須要讓在前線執行的人，都有機會參與決策。我們也必須承認：有時候雖然我們盡了最大努力，但是事情進展還是不如我們所預期。政府也必須從失敗經驗中學到更多。」[5]

這個體制有著常態性的問題。盧特強調這難處其實眾所周知，就是政策制定者太常更換了。沃特利教授也同意這點。他四年內就遇過了五位犯罪預防部長（Crime Prevention Minister）。「他們之中的許多人是很稱職的……但他們就是在同一個職位待得不夠久。」[6]新部長或許也知道他們的任期不會太長，所以自然就會抗拒複雜的工作，對犯罪只想採取保守的回應。但這並不是因為他們很懶惰。今天的政治人物既沒有穩固的工作，受到的要求又多，許多部長甚至經驗不足，卻要領導經費數十億英鎊的政府部門，他們的行程也常是要與心急如焚的陳情者開會，或是應付沒完沒了的媒體，每天被這些東西塞得滿滿的。一旦掌權之後，政治人物的照片很快就顯老了，證明這個工作的要求有多高。盧特說：「唯一的解決方法就是你在決定優先順序時必須堅決，而且只專注於會造成很大差異的少數事情。」[7]

這也不能成為我們無力解決長期問題的藉口。有時候裡面還有一些純粹的利己主義：政治人物不願意為困難的政策決定背書，以及像我們在前文討論過的，他們太常只是附和犯罪（和其成因）的迷

*1 譯註：英國政府中樞的所在地，包括英國國防部和英國內閣辦公室等諸多部門均位於此，因此也是英國中央政府的代名詞。

思，而不去挑戰它。如同盧特所說的：「說到證據的發展和使用，政府在某些方面已經做得比較好了。但還是有很長的一段路要走，而且『重大政策宣告』最後常引起混亂。結構性的改變就是一個很典型的例子。它們通常不會對前線工作造成任何變化，只是用了上千個小時在改革內部。」[8]如果要改善政府決策的方式，這將是一個漫長的過程。但是這份努力是絕對值得的。我們在前文不也看到了幾個犯罪大幅減少的例子？不過還是有許多事情要做，舉例來說：政府可以與手機產業合作以減少搶劫率。搶劫率一直居高不下，這部分是因為這個產業的自鳴得意。許多犯罪都因為網路而變得比較容易，網路的匿名性為犯罪者帶來很多機會。這些可以用新科技的安全措施來解決嗎？如果我們可以減少人們每天要遭遇的沉重壓力和會被激怒的狀況，是否也有助於進一步解決暴力犯罪呢？

我們也有理由相信這個方法會受到歡迎。如同沃特利教授所說的：「證據會說話。我相信人們也在找一些有用的新方法。」[9]他進一步解釋了目前在澳洲所做的研究。「澳洲原住民的暴力和犯罪問題都十分嚴重，而且已經持續三、四十年了。人們試過了所有從其他社會得到啟發的計畫。也為這個問題丟了許多錢進去。人們很重視這個問題，但是我們的方法都沒有什麼用。現在我們在研究這個社群的犯罪模式，尤其是性侵案的更多細節，看看介入方式可不可以有所不同。」[10]

研究細節是減少犯罪的關鍵。畢竟，在一步步解決犯罪的路上，我們並不總是需要全面結構改革或是「重大政策宣告」。而且這也是我希望透過本書釐清的，適用的法規並不一定和犯罪模式配合得上。社會走向如此多元，它們影響犯罪的方式十分複雜，也很難預測。例如：我們已經討論過貧窮對於犯罪的複雜影響，我們也觀察到，如果改善低收入戶的整體生活條件（一如「邁向機會」計畫所做的），帶來的影響卻不如政策微調來得顯著，例如確立每週發放失業救濟金（而不是每個月）就能有效減少月底的犯罪率。長期以來社會對於犯罪態度的改變，也可能對延續數百年來的犯罪發生率發揮影響，但是我們無法確認實際狀況，也真的很難找到社會對於犯罪的態度和犯罪嚴重程度之間，兩者有沒有清楚的關係。最好的方法，依然是細部了解違反法律者的心理和環境之後，再根據這個理解，仔細做出細部改變，來影響外部行為。

情境式的犯罪預防的確有進展，也有人從行為經濟學（behavioural economics）這個新興科學的內容中取經，提倡行為經濟學的人現在找出許多簡單的「推力」（nudge），鼓勵人們「用更好的角度傾聽本質」。例如最近的一項研究發現，如果人們必須先簽一份聲明，保證他們提供的資訊都是正確的，他們在納稅申報表格上低報收入的機率就少得多（但如果是在他們都填完資料之後才簽，就沒有這個效果）。這個研究同樣顯示出犯罪的人（在這個案例中是指逃漏稅）通常不是計畫好的，只是如果沒有人提醒後果、或是有多不道德，他們就會僥倖一試。

因為細節是如此關鍵，所以我們很難保證任何一種減少犯罪的新式作法一定會奏效。我們能做的，就是利用幾十年來精心研究的成果來設計介入的方式。這就是理查德．沃特利下一個實驗要做的事，還有其他許多先驅者在他們甚具價值的計畫中所做的事（經常無法被大眾看到）。我們也可以把現有的政府支出集中給最可能成功的計畫，但是同時也要繼續實驗，找出可以減少犯罪的新方式。時至今日，預防犯罪最有效的方式已經漸漸聚焦在減少可以輕易犯罪的機會，以及影響犯罪者「當下作成的」決定。不過，如同我們在迷思三和迷思五中討論過的，對於未來有犯罪風險的兒童提早介入、提供支援，也會是一個有效的作法，我們也發現這有可能（雖然遠遠稱不上是容易）幫助犯罪者脫離犯罪模式（迷思十）。

因此，我們是有希望的。我們已經成功阻止了汽車犯罪、金屬竊案、酒後暴力行為和足球流氓。至今我們探討了許多迷思，知道是什麼會讓人做出壞事，又是什麼環境會影響人的心理和行為。我們也知道該做些什麼，才會進一步取得成功。進步的唯一阻礙就在我們的腦中：因為我們不肯放棄那些根深柢固的迷思；因為我們不願意理解世界真實的樣貌。

謝辭

本書的研究和寫作耗時數年，如果沒有許多人的協助和支援，我勢必無法完成這本書。首先，我要感謝奉獻自己額外時間的人，他們幫我們進一步理解犯罪和如何減少犯罪。有許多人名我已經寫在正文中了，但是還有更多影響我至深的人，只能將他們的名字附在註腳中，他們毋庸置疑值得更多的關注和放置在更中心的位置。

我想要感謝在監獄、地方政府和警察單位工作的人們，以及為我在中間搭橋引薦的人，他們讓我理解，減少犯罪、控制餘波是多麼困難的工作。幫助我的人實在太多了，我無法在此一一列名，但是他們必然知道我在指他們。我也要感謝那些還在獄中，或是已經出獄的人，他們是如此坦誠與我分享犯罪經驗。

雖然我批評了許多犯罪新聞，但是我也必須指出，還是有些新聞記者能夠不隨著迷思起舞，一直為我們提供完整的事實故事和不同面向的新聞報導。如果我一一指名，深恐掛一漏萬，不過我特別記得英國廣播公司（ＢＢＣ）的馬克·伊斯頓（Mark Easton），他對於犯罪所知甚詳，在新聞記者中絕對是領先群倫。同時也要提到國際調查記者同盟（International Consortium of Investigative Journalists）對於貪污賄賂和企業犯罪的內幕調查，使得日後起訴在全球從事非法香菸買賣的公司時，讓事情變得比較容易。我也要感謝其他以真實犯罪為書寫主題的作者，包括尼克・羅斯（Nick Ross），他在最近的著作《犯罪》（*Crime*）中，也強調了減少犯罪機會的重要性。有些比較早期的同類書，當時其實都還沒有太多證據可以利用，但仍頗具參考價值，比如我的研究受《犯罪的一般性理論》（*A General Theory of Crime*）影響甚多。這是犯罪學家邁克爾・高佛森（Michael Gottfredson）和查維斯・赫胥（Travis Hirschi）合著的著作。

接下來，我想要感謝支持我做這件事的人。十年前，是保羅・莫爾特比（Paul Maltby）和斯蒂芬・阿爾德里奇（Stephen Aldridge）在首相的戰略單位帶我踏進犯罪防治政策的世界，我想要對他們致謝。我也要謝謝我在政府研究所的所有優秀同事，尤其是彼得・里德爾（Peter Riddell）、安德魯・阿多尼斯（Andrew Adonis）和大衛・哈爾彭，當我要請無薪假進行寫作時，他們總能理解。還有我的版權代理人喬治娜・卡佩爾（Georgina Capel），她總是熱情支持我。我也要感謝在企鵝出版集團的每一位工作人員，尤其是斯特凡・麥格拉思（Stefan McGrath）、湯姆・賓（Tom Penn）和施・廷（Thi Dinh）的幫助，還有林登・羅森（Linden Lawson）以她的專業，不辭辛勞地為我檢視最終定稿的細節。要不是她，我差點就把謀殺十二歲波莉・克拉斯的凶手，搞錯成大家所尊敬的法律記者兼部落客大衛・阿倫・格林（David Allen Green）了。我也不知道為什麼我會把理查德・艾倫・戴維斯改成大衛・艾倫・格林……

有幾位朋友和專家曾經私下撥空檢視過草稿，我也從他們的建議和鼓勵中獲益良多：尤其是詹姆斯・巴克豪斯（James Backhouse）、湯姆・查特菲爾德（Tom Chatfield）、大衛・福克納（David

Faulkner）、穆薩・歐孔伽（Musa Okwonga）、彼得・路透、佩特・梅休和羅素・韋伯斯特（Russell Webster）。然而所有意見、錯誤或缺漏，責任仍在於我。

而我最大的感謝，當然是要獻給我的家人：我的太太伊麗莎（Eliza）為我帶來了無盡的鼓勵和熱情；我的父親東尼（Tony）為我早期的草稿提供了極其寶貴的意見，而且總是願意撥空和我討論寫作問題；以及我的姐妹安娜（Anna）和我的母親琳恩（Lyn）。

註解

前言：虛構的世界

1 Byron, *Don Juan,* Canto XVI

2 Shaw, G., *The Intelligent Woman's Guide to Socialism and Capitalism* (Transaction Publishers, 2005, reprint of 1984 edition), p. 460

3 Mayhew, P., Clarke, R. and Elliott, D., 'Motorcycle Theft, Helmet Legislation and Displacement' in *The Howard Journal of Criminal Justice*, 28, 1989, pp.1–8. 數位物件識別碼（doi）: 10.1111/j.1468-2311.1989.tb00631.x

4 同上註。

5 同上註。

6 Stratton, A., 'David Cameron on riots: broken society is top of my political agenda' in the *Guardian*, 15 August 2011. 參見：http://www.guardian.co.uk/uk/2011/aug/15/david-cameron-riots-broken-society

7 Sparrow, A., 'David Cameron aims to extend citizen service scheme in aftermath of riots' in the *Guardian*, 21 August 2011. 參見：http://www.theguardian.com/politics/2011/aug/21/david-cameron-national-citizen-service

8 同上註。

9 Abbott, D., 'A tinder box waiting to explode' in the *Independent*, 8 August 2011: http://www.independent.co.uk/opinion/commentators/diane-abbott-a-tinder-box-waiting-to-explode-2333574.html

10 可參見Hurrell, K., 'Race Disproportionality in Stops and Searches, 2011–12', Equality and Human Rights Commission 2013. 於：http://www.equalityhumanrights.com/sites/default/files/documents/Briefing_papers/briefing_paper_7_final.pdf. 其中指出倫敦警察根據「六十條」所賦予的權力，可以攔人臨檢，而黑人被攔的機率是白人的七倍（二〇一〇年至二〇一一年）。「六十條」中不須與其他「臨檢」形式具有同等強度的「合理懷疑」便可以攔人臨檢。Bowling, B., and Phillips, C., 'Disproportionate and Discriminatory: Reviewing the Evidence on Police Stop and Search' in *The Modern Law Review*, vol. 70, Issue 6, 2007更舉出進一步的證據，發現在各種臨檢公權力的使用中，的確存在著種族差異。

11 'Michael Howard: a life in quotes' in the *Guardian Online,* 26 August 2004. 參見：http://www.guardian.co.uk/politics/2004/aug/26/

conservatives.uk

12 H.R.5484 in the Library of Congress. 參見：http://thomas.loc.gov/cgi-bin/bdquery/z?d099:HR05484:@@@L&summ2=m&

13 Obama, Barack, *The Audacity of Hope: Thoughts on Reclaiming the American Dream* (Crown, 2006)

14 *Brit Cops: Frontline Crime UK*, Episode 7. First aired December 2012.

15 COPS TV http://www.youtube.com/watch?v=rJThnnZFoSs

16 同上註。

17 Venkatesh, S., *Gang Leader for a Day: A Rogue Sociologist Crosses the Line* (Allen Lane, 2008), p. 16

18 Gorman, B., 'CSI: Crime Scene Investigation is the Most Watched Show in The World' in *TV By the Numbers*, 10 June. 參見：http://tvbythenumbers.zap2it.com/2010/06/11/csi-crime-scene-investigation-is-the-most-watched-show-in-the-world/53833/

19 'Twenty Years of Cuffing Crooks on Camera'. 參見：http://www.youtube.com/watch?v=EyUPe_Atu98

20 http://www.broadcastingcable.com/article/159548-Bad_Boys_Big_Money.php

21 Venkatesh, *Gang Leader for a Day*, pp. 225–6

22 例如：可參見Leishman, F. and Mason, P., *Policing and the Media: Facts, Fictions and Factions*, (Willan, 2002)。

23 例如：可參見Mawby, R.I. and Brown, J., 'Newspaper Images of the Victim', in *Victimology*, vol. 9., no. 1, 1983, pp. 82–94。

24 Yates, N., *Beyond Evil* (Blake Publishing, 2005)

25 Greer, C., 'News Media, Victims and Crime' in Davies, P., Francis, P. and Greer, C. (eds), *Victims, Crime and Society* (Sage Publications, 2007) 中，注意這兩個事件的對比。

26 Scripps Howard News Service, 'News coverage ignoring missing minority children' in the *Gaineseville Sun*, 2 December 2005. 參見：http://www.gainesville.com/article/20051202/WIRE/212020316

27 Pyrooz, D., Moule, R. and Decker, S., 'The Contribution of Gang Membership to the Victim–Offender Overlap' in *Journal of Research in Crime and Delinquency*, vol. 51, no. 3, 2014, pp. 315–48

28 'Tough on crime?' in the *Daily Mirror*, 2 July 2002

29 Williams, P. and Dickinson, J., 'The Relationship between Newspaper Crime Reporting and Fear of Crime', *British Journal of Criminology*, vol. 3 no. 1, 1993, pp. 33–5. 作者估計英國報紙中有百分之三十的內容都會提到犯罪。Ericson, R., Baranek, P. and Chan, J., *Representing Order: Crime, Law and Justice in the News Media* (University of Toronto Press/Open University Press, 1991). 作者群特別強調他們在多倫多的研究，其中發現大型報社和廣播新聞的報導中，有百分之四十五到七十五的內容都與不同

形式的異常有關。

30 Duffy, B., Wake, R., Burrows, T. and Bremner, P. *Closing the Gap: Crime and Public Perceptions*: http://www.ipsos.com/public-affairs/sites/www.ipsos.com.public-affairs/files/documents/closing_the_gaps.pdf

31 出自作者對佩特・梅休所作的訪談，二〇一五年七月二十一日於倫敦進行。

32 Mayhew, Clarke and Elliott, 'Motorcycle Theft, Helmet Legislation and Displacement'

33 同上註。

34 Becker, G., 1992, 'The economic way of looking at life' in *Nobel Lecture*, 9 December 1992. 參見：http://www.nobelprize.org/nobel_prizes/economic-sciences/laureates/1992/becker-lecture.pdf

35 Bahrani, M., 'The economics of crime with Gary Becker' in the *Chicago Maroon,* 25 May 2012. 參見：http://chicagomaroon.com/2012/05/25/the-economics-of-crime-with-gary-becker/

36 Becker, G., 1995, *The economics of crime: a review of business and economic developments* (FBI, 1995)

37 'London riots: Lidl water thief jailed for six months' in the *Telegraph Online*, 11 August 2011. 參見：http://www.telegraph.co.uk/news/uknews/crime/8695988/London-riots-Lidl-water-thief-jailed-for-six-months.html

38 Giannangelo, S., *The Psychopathology of Serial Murder: A Theory of Violence* (Praeger Series in Criminology & Crime Control Policy, 1996)

迷思一：犯罪事件日益增加？

1 Mencken, H.L., 'The Divine Afflatus', in Prejudices, 2nd series (Jonathan Cape, 1921).

2 Clifton, H., 'Rioter profile: the law was obeying us' in the *Guardian Online*, 9 December 2011. 參見：http://www.guardian.co.uk/uk/2011/dec/09/rioter-profile-law-obeying-us

3 Home Office, *An Overview of Recorded Crimes and Arrests Resulting from Disorder Events in August 2011*: http://www.homeoffice.gov.uk/publications/science-research-statistics/research-statistics/crime-research/overview-disorder-aug2011/overview-disorder-aug2011?view=Binary

4 Association of British Insurers, press release: *Londoners are Being Let Down by Riot Compensation Scheme,* 10 July 2012. 參見：https://www.abi.org.uk/News/News-releases/2012/07/LONDONERS-ARE-BEING-LET-DOWN-BY-RIOT-COMPENSATION-SCHEME-SAYS-THE-ABI

5 Cameron, D., 15 August 2011 *Sky News*: 參見：http://www.youtube.com/watch?v=jcjjzFdU_pA&feature=related

6 引用自Holehouse, M., 'UK and London riots: Ed Miliband accuses David Cameron of "shallow and superficial" response' in the *Telegraph*, 15 August 2011. 參見：http://www.telegraph.co.uk/news/politics/ed-miliband/8702037/UK-and-London-riots-Ed-Miliband-accuses-David-Cameron-of-shallow-and-superficial-response.html

7 R.M., 'Morals: Our Great Moral Decline' in *The Economist*, 2 March 2012. 參見：http://www.economist.com/blogs/democracyinamerica/2012/03/morals

8 Gallup, 'Americans' Negativity About U.S. Moral Values Inches Back Up' in *Gallup Politics Polls*, 18 May 2012. 參見：http://www.gallup.com/poll/154715/americans-negativity-moral-values-inches-back.aspx

9 Gallup, 'Most Americans Believe Crime in U.S. Is Worsening' in *Gallup Wellbeing Polls*, 31 October 2011. 參見：http://www.gallup.com/poll/150464/americans-believe-crime-worsening.aspx

10 英格蘭和威爾斯的資料可參見Home Office, *Crime in England and Wales*, 不同年份。對於澳洲的觀察，其摘要可參見Roberts, L. and Indermaur, D., *What Australians think about crime and justice: results from the 2007 Survey of Social Attitudes*, Australian Institute of Criminology 2009.

11 Howard, M., 'Full text: Michael Howard's speech on crime' in the *Guardian*, 10 August 2004. 參見：http://www.theguardian.com/politics/2004/aug/10/conservatives.speeches 與Cameron, D., 引用自Groves, J., 'Something deeply wrong in society': David Cameron blames torture case on Broken Britain' in the *Mail Online*. 參見：http://www.dailymail.co.uk/news/article-1245171/David-Cameron-charges-Brown-social-recession.html

12 Wood, L. and Azadi, P., 'Riots in Vancouver after Canucks lose Stanley Cup: live blog and photos', 16 June 2011. 參見：http://www.vancouverobserver.com/politics/news/2011/06/16/riots-vancouver-after-canucks-lose-stanley-cup-live-blog-and-photos

13 CBC News, 'Vancouver police arrest more than 100 in riot', 16 June 2011. 參見：http://www.cbc.ca/news/canada/british-columbia/story/2011/06/16/bc-riot-thursday.html

14 前註文章所附的影片。參見：http://www.dailymotion.com/video/xjckbz_vancouver-police-arrest-more-than-100-in-riot_news 6:48m

15 Heron, M.P., Hoyert, D.L., Murphy, S.L., Xu, J.Q., Kochanek, K.D. and Tejada-Vera, B., 'Deaths: Final data for 2006' in *National Vital Statistics Reports*, vol. 57, no. 14 (Hyattsville, MD: National Center for Health Statistics, 2009). 參見：http://www.cdc.gov/nchs/data/nvsr/nvsr57/nvsr57_14.pdf. 不少人認為美國在戰後對謀殺率的計算方式是可靠的：其他例子也可參見Blumstein, A. and Wallman, J. (eds), *The Crime Drop in America* (2006). 一九四五年的謀殺率是每十萬人五點七人，在一九六〇年降至四點七

人，到了一九七〇年和一九九五年之前，又回升、並維持在八人和十點七人之間。直到二〇〇八年，謀殺率降到每十萬人五點六人 (FBI, 2009)。從一九三〇年開始，地方的執法單位會對聯邦調查局（FBI）進行「統一犯罪報告」（Uniform Crime Reporting）。國家衛生統計中心（National Center for Health Statistics）每年也會提供可靠的統計圖表。

16 Heron, Hoyert, Murphy, Xu, Kochanek and Tejada-Vera, 'Deaths: Final data for 2006' 見前註。

17 Freeman, R., 'The Economics of Crime' in Ashenfelter, O. and Card, D. (eds), *Handbook of Labor Economics*, vol. 3, 1999

18 摩爾和西門的報告中指出：美國從一九〇〇年到二〇〇〇年的國內生產毛額（GDP）實際增長了七倍。平均餘命從一九〇一年的只有四十九年，到二〇〇九年已是七十八年。一九〇〇年出生的美國兒童只有百分之四十的機率可以完成國小學業，到了二〇〇〇年，已經成長為百分之九十六。參見Moore, S. and Simon, J., *It's Getting Better All the Time: 100 Greatest Trends of the Last 100 Years* (Cato Institute, Washington DC, 2000). http://books.google.co.uk/books?id=1ixRxAsdLKwC&printsec=frontcover&source=gbs_navlinks_s#v=onepage&q=&f=false

19 Broadberry, S. and Klein, A., *Aggregate and Per Capita GDP in Europe, 1870–2000: Continental, Regional and National Data with Changing Boundaries*, 2011. 參見：http://www.cepr.org/meets/wkcn/1/1699/papers/Broadberry_Klein.pdf CIA *World Factbook* (2006 data) published in 2009. 參見：http://web.archive.org/web/20060706042703/www.cia.gov/cia/publications/factbook/index.html http://www.parliament.uk/commons/lib/research/rp99/rp99-111.pdf

20 Home Office *Crime in England and Wales*, 不同年分。在一九一〇年代，英格蘭和威爾斯每年僅有少於三百人會遭到謀殺；到了二十一世紀初，每年謀殺人數則為八百五十人。在二〇〇〇年到二〇〇一年之間，英格蘭和威爾斯登記在案的謀殺案為八百五十件。在二〇〇〇年到二〇〇四年之間，謀殺率是每十萬居民中有一點七人。

21 在一九六〇年代，我們握有資料的所有歐洲國家的謀殺率為每十萬人零點八人。到了一九九〇年代，同樣國家的平均謀殺率為一點四人，低於全球或是美國的基準，但還是成長了超過零點五人。Eisner, M., 'Modernity Strikes Back? A Historical Perspective on the Latest Increase in Interpersonal Violence (1960–1990)' in *International Journal of Conflict and Violence*, vol. 2 (2) 2008, pp. 288–316. 參見：http://www.ijcv.org/docs/2008/eisner.pdf Average (unweighted) murder rates per 100,000 of England and Wales, Ireland, Sweden, Norway, Denmark, Belgium, Netherlands, France, Germany, Austria, Italy, Switzerland, Spain, Portugal, Finland (Eisner, 'Modernity Strikes Back').

22（二〇〇九年的謀殺率為每十萬人一點八人）Li, G., 'Homicide in Canada 2007', Statistics Canada, October 2008. 加拿大的謀殺率在一九六一年為一點三人，然而到了一九七五年，則是每十萬人為三人，接著才慢慢降到今天的每十萬人一點八人（見前註）。所有已開發國家的謀殺率皆呈現增加的趨勢，日本是唯一的例外。日本的謀殺率從一九六〇年代到一九九〇年代持續下降，之後就維持穩定。

23 二十二歲的賈里德・勞納（Jared Loughner）在亞利桑那州圖森市（Tucson）對嘉貝麗・吉佛斯發動槍擊，該次槍擊總共造成其他五人死亡、十四人受傷。關於吉佛斯的傷勢，例如可在下文中找到：Jha, A., 'Gabrielle Giffords shooting: survival factors after gunshot wound to head' in the *Guardian Online*, 10 January 2011. 參見：http://www.theguardian.com/world/2011/jan/10/gabrielle-giffords-shooting-gunshot-wound

24 Harris, A., Thomas, S.H., Fisher, G.A. and Hirsch, D.J., 'Murder and Medicine: The Lethality of a Criminal Assault' in Homicide Studies 6 (2), 2002, pp. 128–66. 由歷史學家埃里克・莫克寧（Eric Monkkonen）所作的類似研究也認為在十九世紀的紐約，大約有三分之二的謀殺案受害者在死前至少經歷了數小時的痛苦，這表示如果是在今天，他們之中的許多人是救得回來的：Monkkonen, E., Murder in New York City (University of California Press 2000).

25 Home Office, *Crime in England and Wales*, 不同年分

26 http://www.nij.gov/nij/journals/254/rape_reporting.html

27 例如可參見 Home Office 2009, ICVS 2007, NCVS 2008

28 也可參照 *Prison Works* (Wisconsin Policy Research Institute Report, vol. 8, no. 6, 1995. 參見：http://www.wpri.org/Reports/Volume8/Vol8no6.pdf，該研究所的所長詹姆斯・米勒（James Miller）寫到：「很不幸的是，人口統計學指出在未來的幾年間，暴力的青少年人口極可能增加，並且會造成暴力犯罪率的增加。除非我們真的有足夠的監獄空間容納這些暴力犯罪者，否則我們勢必將面臨難題。」

29 引用自 Zimring, F., *The Great American Crime Decline* (Oxford University Press, 2008), p. 22

30 根據內政部（Home Office）在二〇〇九年的統計，竊盜減少了百分之五十八，暴力犯罪減少了百分之四十九。

31 *FBI Uniform Crime Statistics, 2008* (FBI, 2009). 參見：http://www.fbi.gov/ucr/cius2008/data/table_16.html

32 Van Dijk, J., Van Kesteren, J. and Smit, P., *Criminal Victimisation in International Perspective: Key findings from the 2004/5 ICVS and EU ICS* (WODC, 2007)

33 Farrington, D.P., et al (eds), *Cross-National Studies in Crime and Justice* (US Bureau of Justice Statistics, 2004)

34 http://www.gallup.com/poll/150464/americans-believe-crime-worsening.aspx

35 Cabinet Office annual poll in *Crimes in Japan in 2007* (Police Policy Research Centre, National Police Academy, Tokyo, 2008). 參見：www.npa.go.jp/english/seisaku5/20081008.pdf

36 Duffy, B., Wake, R., Burrows, T. and Bremner, P., *Closing the Gap: Crime and Public Perceptions* http://www.ipsos.com/public-affairs/sites/www.ipsos.com.public-affairs/files/documents/closing_the_gaps.pdf

37 同上註。http://www.homeoffice.gov.uk/publications/science-research-statistics/research-statistics/crime-research/hosb1811/hosb1811?view=Binary

38 Lichtenstein, S., Slovic, P., Fischhoff, B., Layman, M. and Combs, B., 'Judged Frequency of Lethal Events' in *Journal of Experimental Psychology: Human Learning and Memory*, 4(6), November 1978, pp. 551–78

39 同上註。當代的資料顯示謀殺（或因施暴而造成的死亡）與死於糖尿病相比，前者的死亡人數大約只是四分之一——參見Xu, J.Q. et al., *National Vital Statistics Reports*, vol. 58, no. 19, 20 May 2010. 於：http://www.cdc.gov/NCHS/data/nvsr/nvsr58/nvsr58_19.pdf

40 Combs, B. and Slovic, P., 'Causes of death: Biased newspaper coverage and biased judgments' in *Journalism Quarterly*, vol. 56, no. 4, 1979, pp. 837–43.

41 *Crime in England and Wales 2009/10* (Home Office, 2011)

42 同上註。

43 Sutherland, S., *Irrationality* (Pinter & Martin, 2009), p. 11

44 同上註。

45 Nick Davies' *Flat Earth News* (Vintage, 2009) 中有一段有趣的文字，說明現代新聞記者如果想要作出嚴密的報導，必須面對什麼壓力。

46 有趣的是，在大部分國家，新聞記者的數量並沒有減少。例如：可參照Working Party on the Information Economy, *The Evolution of News and the Internet*, OECD June 2010. 於：http://www.oecd.org/sti/oecdexaminesthefutureofnewsandtheinternet.htm. 不過，對於內容的需求確實是大幅增長了。

47 例如：可參照Kunreuther, H. and Pauly, M., 'Behavioral Economics and Insurance: Principles and Solutions', February 2014 Working Paper. 於：http://opim.wharton.upenn.edu/risk/library/WP201401_HK-MP_Behavioral-Econ-and-Ins.pdf

48 大曼徹斯特郡的謀殺案資料來自*Manchester Evening News*, 'How Many More?': http://www.newsmapping.com/manchester.howmanymore.html，而人口估計數字來自Office for National Statistics census http://www.ons.gov.uk/ons/about-ons/what-we-do/FOI/foi-requests/population/greater-manchester-population-and-religion/index.html

巴爾的摩的謀殺案資料來自http://data.baltimoresun.com/homicides/index.php?range=2009&district=all&zipcode=all&age=all&gender=all&race=all&cause=shooting&article=all&show_results=Show+results，人口資料來自http://www.baltometro.org/content/view/148/210/ 也有其他資料來源 (http://www2.citypaper.com/eat/story.asp?id=19643) 的統計為一百九十五件射擊謀殺案件，但是我選擇的是最新的資源來源。

49 *Crime in England and Wales 2006/7* (Home Office, 2007): http://webarchive.nationalarchives.gov.uk/20110220105210/rds.homeoffice.gov.uk/rds/pdfs07/hosb1107.pdf

50 資料來自不同的資料來源。每年美國每十萬人的「謀殺率」來自US *Uniform Crime Reports*，由美國刑事司法數據國家檔案館（National Archive of Criminal Justice）所準備之資料；加拿大每十萬人的「謀殺率」包括觸犯刑法中的殺人罪、過失殺人罪和殺嬰罪。英國自一九六七年至今的每十萬人「謀殺率」是根據現在（二〇一四年）的實際紀錄，再根據英國國家統計局（Office for National Statistics）之計算。一九六一年至一九六七年的謀殺資料是根據下列而來：記錄在案的謀殺案，但經作者調整，以反映新的紀錄實務（估計當時約有百分之十五被記錄為謀殺的犯罪若依據現在的方式，不會記錄為謀殺——如同於一九六七年至一九七一年）；人口的估計是根據Office for National Statistics, *Mid-1838 to Mid-2014 Population Estimates for England and Wales*, 2015. 澳洲從一九八九年至二〇一三年每十萬人的「謀殺率」，是根據Bryant, W. and Cussen, T., *Homicide in Australia: 2010–11 to 2011–12: National Homicide Monitoring Program report* (Australian Institute of Criminology, 2015). 澳洲從一九七三年至一九八九年的「謀殺率」是根據Mukherjee, S. and Dagger, D., *The Size of the Crime Problem in Australia* (Australian Institute of Criminology, 1990).

51 'The Impact of Legalized Abortion on Crime', *The Quarterly Journal of Economics*, vol. 116, May 2001, issue 2. 參見：http://pricetheory.uchicago.edu/levitt/Papers/DonohueLevittTheImpactOfLegalized2001.pdf

52 Thomas B. Marvell, 'Prison Population and Crime', paper presented at the DeVoe Moore Center Symposium on the Economics of Crime at Florida State University, 27–9 March, 2009

53 Lott, J., *More Guns, Less Crime* (University of Chicago Press, 2nd edn, 2000)

54 'The Impact of Legalized Abortion on Crime' 見前註。

55「有超過一百萬的私人保全公司職員直接為美國公司所雇用 (BLS, 2009c)。相較之下，以二〇〇八年為例，在聯邦、州或是地方政府工作的（經宣誓的）執法人員大概只比八十八萬三千人多一些，其中包括市警局、縣警局和聯邦的執法機構，以及其他調查及執行機構、局處 (BLS, 2009b)。」Bureau of Justice Statistics, *Review of the Private Security Industry: Definitions, Challenges, and Paths Moving Forward*, December 2010. 參見：https://www.ncjrs.gov/pdffiles1/bjs/grants/232781.pdf

56 Russ Roberts in Roberts, R. and Leamer, E., 'Leamer on the state of econometrics' in *Econ Talk Podcast*, 10 May 2010. 參見：http://www.econtalk.org/archives/2010/05/leamer_on_the_s.html

57 Rupp, T., *Meta Analysis of Crime and Deterrence: A Comprehensive Review of the Literature* (2008). 參見：http://tuprints.ulb.tu-darmstadt.de/1054/2/rupp_diss.pdf

58 Leamer, E., 'Let's take the con out of econometrics', *American Economic Review*, vol. 73, no. 1, March 1983, pp. 31–43

59 同上註。

60 同上註。

61 'Meaningless mathematics' in *Judgment and Decision Making*, vol. 7, no. 6, November 2012. 參見：http://journal.sjdm.org/12/12810/jdm12810.pdf

62 Spurious correlation courtesy of Fletcher, J., 'Spurious Correlations: Margarine linked to divorce', in *BBC News Magazine*, 26 May 2014. 參見：http://www.bbc.co.uk/news/magazine-27537142

63 Ayres, I. and Donohue III, J., 'Shooting Down the "More Guns, Less Crime" Hypothesis' in *Stanford Law Review*, vol. 55 (4), April 2003, p. 1193. doi:10.2139/ssrn.343781

64 Glenn, D., 'Duelling economists reach settlement in Defamation Lawsuit' in *The Chronicle of Higher Education,* 10 August 2007. 參見：http://chronicle.com/article/Dueling-Economists-Reach/6720

65 van Mechelen, D., and Jethwa, R., *Recession crime wave*, June 2009. 參見：http://www.polfed.org/16_Recession_crime_wave_June_09.pdf

66 Mechelen, D. Van., and Jethwa, R., 'Recession Crime Wave, June 2009': http://www.polfed.org/16_Recession_crime_wave_June_09.pdf. Cartoon by Russ Trindo.

67 Oppel, R.A., 'Steady Crime Decline Baffles Experts' in *The New York Times*, 23 May 2011. 參見：http://www.nytimes.com/2011/05/24/us/24crime.html?_r=0

迷思二：人是如何走向墮落之途？

1 Wilde, O., *The Picture of Dorian Gray*, 1891, 最終章。

2 Alleyne, R., 'Dwarf burglar: crime is my only career option' in the *Telegraph*, 25 July 2008. 參見：http://www.telegraph.co.uk/news/uknews/2458166/Dwarf-burglar-crime-is-my-only-career-option.html

3 同上註。

4 Hickley, M., 'Crime is the "career" of choice in the inner-city' in the *Mail Online*, 22 December 2006. 參見：http://www.dailymail.co.uk/news/article-424444/Crime-career-choice-inner-city.html

5 Lauinger, J. and Zambito, T., 'DNA links 72-year-old career criminal Frank (Frankie Bones) Boehme to 2008 bank break-in', in *NY Daily News*, 24 December 2010. 參見：http://www.nydailynews.com/news/ny_crime/2010/12/24/2010-12-24_dna_links_a_geezer_

to_sloppy_08_hit_on_qns_bank.html Eaves, K., ‘Career criminal back behind bars after burgling house in Egglescliffe’ in the *Evening Gazette*, 10 January 2011. 參見：http://www.gazettelive.co.uk/news/teesside-news/2011/01/10/career-criminal-back-behind-bars-after-burgling-house-in-egglescliffe-84229-27952561/ Lamberti, R., ‘New York crime boss arrives in Montreal, bodies begin to fall’ in CNews, 11 December 2010. 參見：http://mafiatoday.com/bonanno-family/new-york-crime-boss-arrives-in-montreal-bodies-begin-to-fall/

6 這個分類法經下列資料檢驗：Canter, D. and Wentink, N., ‘Testing a Typology of Serial Murder: An Empirical Test of the Holmes and Holmes Serial Typology’, *Criminal Justice and Behavior*, vol. 31, no. 4, August 2004, pp. 489–515. 參見：http://www.ia-ip.org/uploads/library/key%20ip%20publications/Empirical%20Test%20of%20Holmes%20Serial%20Murder%20Typology.pdf

7 King James Bible, Matthew, 5: 29

8 Merton, R., *Social Theory and Social Structure* (Free Press, 1968, 原出版於一九四九年)

9 *1301.0 Year Book Australia, 2009–10*, Australian Bureau of Statistics average weekly earnings statistics 2008. 參見：http://www.abs.gov.au/AUSSTATS/abs@.nsf/0/93831E680B4ADFA2CA25773700169C70?opendocument

10 介於十四歲和十七歲之間的男性最多自陳有犯罪行為，而警方的逮捕和定罪資料，則顯示十幾歲的中後期有最高的犯罪率，出自：McVie, S., ‘Patterns of deviance underlying the age-crime curve: the long term evidence’, *British Society of Criminology*, vol. 7 (2005)，以及Livingston, M., Stewart, A., Allard, T. and Ogilvie, J., ‘Understanding Juvenile Offending Trajectories’ in *The Australia and New Zealand Journal of Criminology*, vol. 41, no. 3, 2008. pp. 345–63.

11 同上註。

12 同上註。

13 Fox, J. and Zawitz, M., *Homicide Trends in the United States* (Bureau of Justice Statistics, 2003)，參見：http://bjs.ojp.usdoj.gov/content/pub/pdf/htius.pdf 在一九九〇年代的美國，十四歲到十七歲之間犯謀殺案的人，遠比二十五歲以上的人多得多。也可參見Eisner, M., ‘Modernity Strikes Back? A Historical Perspective on the Latest Increase in Interpersonal Violence (1960–1990)’ in *International Journal of Conflict and Violence*, vol. 2 (2), 2008, pp. 288–316. 於：http://www.ijcv.org/docs/2008/eisner.pdf

14 Petras, H., Nieuwbeerta, P. and Piquero, A., ‘Participation and frequency during criminal careers across the life span’, in *Criminology*, 48 (2), 2010

15 Britten, N., ‘Britain’s oldest career criminal is back in the dock – 10 months after vowing to go straight’ in the *Telegraph*, 27 August 2009

16 Blumstein, A. and Cohen, P., with Hsieh, P., *The Duration of Adult Criminal Careers. Final report submitted to National Institute of*

Justice, August 1982

17 根據內政部（Home Office）於一九九八年後所記錄的數據。該數據也顯示四十歲男性遭到警告或是有罪判決的次數，是六十歲男性的五倍。

18 同上註。

19 Petras, Nieuwbeerta and Piquero, 'Participation and frequency during criminal careers'。

20 例如可參見Smith, D., *Social Inclusion and Early Desistance from Crime* (University of Edinburgh Centre for Law & Society, 2006). 史密斯（Smith）研究的對象為愛丁堡青少年，當十四歲的受試者被問到他們惹過多少麻煩時，超過一半的人說他們在過去的十二個月之中，曾經涉入四件以上的違法行為。不過僅在三年後（他們十七歲時），之前涉入犯罪或違法行為的那些青少年就有將近一半已經不再犯，或是大幅減少他們的違法行為了。

21 關於警告和有罪判決的數據，出自內政部（Home Office）在一九九八年的紀錄。Roe, S. and Ashe, J., *Offending, Crime and Justice Survey 2006*, July 2008. 參見：http://www.homeoffice.gov.uk/rds/pdfs08/hosb0908.pdf

22 Home Office 2000.

23 引用自McNutt, H., 'Tainted by the James Bulger Legacy' in the *Guardian Online*. 參見：http://www.guardian.co.uk/society/2010/mar/03/james-bulger-legacy-disturbed-children

24 *Daily Mail*, 25 November 1993.《電訊報》（*Telegraph*）在同一天回想起維納布爾斯的生日是五月十三日。

25 Nagin, D. and Tremblay, R.E., 'Trajectories of boys' physical aggression, opposition, and hyperactivity on the path to physically violent and non-violent juvenile delinquency', *Child Development*, vol. 70, 1999, pp. 1181–96

26 Tremblay et al., 199 based on data from the Canadian *Longitudinal Survey of Children and Youth* (NLSCY, 2010).

27 Loeber, R. and Stouthamer-Loeber, M., 'Development of juvenile aggression and violence. Some common misconceptions and controversies', *American Psychology*, vol. 53, 1998, pp. 242–59

28 Saint Augustine, *Confessions*, trans. Chadwick, H. (Oxford, 2008), p. 9

29 出自二〇一二年十月五日作者的訪談。

30 同上註。

31 UKAID and Penal Reform International, *The minimum age of criminal responsibility, Justice for Children Briefing No. 4*. 參見：http://www.penalreform.org/wp-content/uploads/2013/05/justice-for-children-briefing-4-v6-web_0.pdf

32 同上註。

33 同上註。

34 http://www.guardian.co.uk/world/2011/dec/16/barefoot-bandit-sentenced-seven-years

35 Roe, S. and Ashe, J., *Offending, Crime and Justice Survey 2006,* July 2008. 參見：http://www.homeoffice.gov.uk/rds/pdfs08/hosb0908.pdf

36 Sereny, G., *Cries Unheard: The Story of Mary Bell* (Macmillan, 1999)

37 Gallagher, I., 'The social worker who looked after Bulger killer until release gives a first extraordinary account of his "kid gloves" treatment inside . . .' in the *Mail Online*, 8 March 2010. 參見：http://www.dailymail.co.uk/news/article-1256109/Robert-Thompson-Social-worker-looked-James-Bulger-killer-speaks.html#ixzz32ctyXcxD

38 匹茲堡（Pittsburgh）的研究針對下層社會的年輕男性，並發現在七點五歲和十點五歲之間會有高度而且漸增的攻擊性：參見Piquero, A., 'Taking Stock of Developmental Trajectories of Criminal Activity' in Lieberman, A. (ed.), *The Long View of Crime: A Synthesis of Longitudinal Research* (Springer, 2008).

39 Krohn, M. and Thornberry, T., 'Longitudinal Perspectives on Adolescent Street Gangs', 出處同上註。

迷思三：犯罪欲望無法抑制？

1 Montaigne, trans. Cotton, C., *The Essays of Montaigne, Complete* (1877 edition, released Project Gutenberg, 2006)

2 Osborn, A., 'Thieves pull off biggest gem heist in diamond capital' in the *Guardian*, 19 February 2003. 參見：http://www.guardian.co.uk/world/2003/feb/19/internationalcrime

3 David, J., 'The Untold Story of the World's Biggest Diamond Heist' in *Wired Magazine*, 3 December 2009. 參見：http://www.wired.com/politics/law/magazine/17-04/ff_diamonds?currentPage=all

4 同上註。

5 Associated Press, 27 June 1999. 參見：http://www.courtpsychiatrist.com/pdf/indiana_star.pdf 也可參見 'Murder suspect fathered child to kill as revenge' in *Daily News, Bowling Green, Kentucky*, 28 June 1999，於：http://news.google.com/newspapers?nid=1696&dat=19990628&id=hfIaAAAAIBAJ&sjid=4UcEAAAAIBAJ&pg=6743,4084570，以及 Stoner, A. E., *Notorious 92: Indiana's Most Heinous Murders in all 92 counties* (Rooftop Publishing, IN, 2007).

6 Davis, 'The Untold Story of the World' s Biggest Diamond Heist' .

7 National Tea Party, 'Do you think criminals will obey new gun restrictions'? 參見：'http://nationalteaparty.blogspot.co.uk/2013/01/do-

you-think-criminals-will-obey-new.html

8 http://www.unicri.it/emerging_crimes/

9 'Walter Mischel's Marshmallow Study' in *Mind Changers*, BBC Radio 4, 20 February 2011. 參見：http://www.bbc.co.uk/programmes/b00ymjpr

10 Shoda, Y., Mischel, W. and Peake, P., Predicting Adolescent Cognitive and Self-Regulatory Competencies From Preschool Delay of Gratification: Identifying Diagnostic Conditions', *Developmental Psychology*, vol. 26, no. 6, 1990, pp. 978–86 Bucciol, A., Houser, D. and Piovesan, M., 'Temptation and Productivity: A Field Experiment with Children', *Journal of Economic Behavior and Organization vol.* 78, nos 1–2, April 2011, pp. 126–36. 參見：http://behaviourlibrary.com/Bucciol%20et%20al%202010.pdf

11 'Walter Mischel's Marshmallow Study', BBC Radio 4

12 同上註。

13 Caspi, A., 'The Child is the Father of the Man: Personality Continuities from Childhood to Adulthood', *Journal of Personality and Social Psychology*, vol. 78, 2000, pp. 158–72

14 Farrington, D. and Welsh, B., *Saving Children from a Life of Crime: Early Risk Factors and Effective Interventions* (Oxford University Press, 2008)

15 Moffitt, T., Arseneault, L., Belsky, D., Dickson, N., Hancox, R., Harrington, H., Houts, R., Poulton, R., Roberts, B., Ross, S., Sears, M., Murray Thomson, W. and Caspi, A. (ed. Heckman, J.), 'A gradient of childhood self-control predicts health, wealth, and public safety', *Proceedings of the National Academy of Sciences of the United States of America*, 2010, 檢索自：http://www.pnas.org/content/suppl/2011/01/21/1010076108.DCSupplemental

16 Card, D. and Dahl, G., 'Family Violence and Football: The Effect of Unexpected Emotional Cues on Violent Behavior' in NBER Working Paper no. 15497, November 2009. 參見：http://www.colorado.edu/econ/seminars/dahl.pdf

17 Kenrick, D. and MacFarlane, S., 'Ambient Temperature and Horn Honking: A Field Study of the Heat/Aggression Relationship', *Environment and Behavior*, vol. 18, no. 2, March 1986, pp. 179–91

18 'Expanded Homicide Data Table 12' in Criminal Justice Information Services Division, *Crime in the United States, 2012.* 可於下列網址存取：https://www.fbi.gov/about-us/cjis/ucr/crime-in-the-u.s/2012/crime-in-the-u.s.-2012/offenses-known-to-law-enforcement/expanded-homicide/expanded_homicide_data_table_12_murder_circumstances_2008-2012.xls

19 不包括一樁狙擊手的攻擊、十三件「組織性殺人」和一百三十七件「重罪類型」的分類。'Expanded Homicide Data Table 12' in Criminal Justice Information Services Division, *Crime in the United States*, 2012.

20 Anderson, E., *Code of the Street: Decency, Violence, and the Moral Life of the Inner City* (Norton, 1999)

21 二〇〇三年在英格蘭和威爾斯，謀殺案的「偵破」率為百分之九十，所根據的資料為Smith, K., et al., *Crimes Detected in England and Wales 2012/13* (Home Office, 2013). 在二〇一三年，德國的謀殺案破案率為百分之九十五點八，到了二〇一四年則為百分之九十六點五，所根據的資料為*Police Crime Statistics, Federal Republic of Germany, Report 2014* (abridged) (Bundeskriminalamt, 2014).

22 有個合理的好理由，說明為什麼人們會在住家附近犯案。舉例來說，違法者可能很難把偷來的東西運走，或是（例如許多年輕的犯罪者）無法開車到別的地點去尋找更有吸引力的目標。但是，移動距離不長的確就表示犯罪者無法把贓物的收益效益最大化。

23 Wiles, P. and Costello, A., *The Road to Nowhere: The Evidence for Travelling Criminals*, Home Office Research Study 207, 2000（可於下列網址存取：www.homeoffice.gov.uk）

24 Hearnden, I. and Magill, C., *Decision-making by House Burglars: Offenders' Perspectives* (Home Office, 2004)

25 Arnosky, M., 'Former FBI agent talks art theft at Michener'. 參見：http://www.philly.com/community/pa/bucks/102795839.html?c=r 湯瑪士．克勞恩是在兩部電影中的虛構名人，他有著極富魅力、令人嚮往的生活風格，但又同時從事一些極為大膽的計畫，專偷高價的藝術品。

26 Venkatesh, S., *Gang Leader for a Day* (Allen Lane, 2008)

27 Charest, M., 'Peut on se fier aux deliquants pour estimer leurs gains criminels?', *Criminologie*, vol. 37, no. 2, 2004, pp. 63–87. 這些數據是根據其所得的中位數，資料來源是透過私下的訪談，在訪談中會要求違法者詳述他們每次犯罪的細節和利潤。加幣換算為英鎊的匯率是零點四四九，此為二〇〇〇年六月十五日當天的匯率，也就是該研究進行當年的年中。

28 Carrington, P., Matarazzo, A. and deSouza, P., 'Court careers of a Canadian Birth Cohort' (Ministry of Industry, Canada, 2005). 根據該研究，即使把搶劫和竊盜算成同一種犯罪類型，在因一項以上罪名而被判有罪的加拿大人之中，也只有百分之十九點九能夠算是財產犯罪的「專門者」，例如只因財產犯罪而被定罪。每次當有犯罪者被送上法庭時，也很少會只犯一種類型的犯罪——那些被告發了十三次以上的犯罪者中，只有很小一部分（百分之五）只專門從事單一類型的犯罪（而且通常是廣義的「財產犯罪」）。

29 劍橋大學的大衛．法靈頓（David Farrington）教授在一九八〇年代發展出一個比較分析式的方法「順向專門化係數」（forward specialization coefficient），用來理解犯罪的專門化。他從犯罪的類型中區分出許多差異，像是竊盜和偷車有比較高度的專門化，而破壞公物、持有武器或擅自闖入的專門化則比較低。但是他也確認了一般來說，犯罪的專門化是特例，而不是常規。

30 英國和蒙特婁的數據出自以下來源：Wiles and Costello, *The Road to Nowhere*. 墨爾本的數據出自以下來源：*Retail Theft in Western Australia. Special Burglary Series* no. 1. (Crime Research Centre, University of Western Australia, 2007). 該研究也發現有超過三分之一的竊案，其發生地在竊賊住家的三分之二英里範圍內。

31 Wiles and Costello, *The Road to Nowhere* 見前註。

32 同上註。

33 Copeland, 2002.

34 *Roger. C., 'What became of Romania's neglected orphans?', BBC NEWS online: http://news.bbc.co.uk/I/hi/world/europe/8425001.stm*

35 數據表來源為：*Crime Statistics, Focus on Violent Crime and Sexual Offences, 2013/14*, Office for National Statistics, 2015 參見：http://www.ons.gov.uk/ons/publications/re-reference-tables.html?edition=tcm%3A77-376027

36 在二〇〇四年到二〇〇七年之間，美國有百分之三十三點五偵結的竊盜案是被害者認識的人所做的（有百分之十點六是「熟人／以前的熟人」所為，資料來源為：Catalano, S., *Victimization During Household Burglary, Bureau of Justice Statistics Special Report* (US Bureau of Justice Statistics, September 2010) 參見：http://www.bjs.gov/content/pub/pdf/vdhb.pdf 實際上竊盜案熟人犯案的比例可能還要高得多，因為只有百分之二十四的竊盜案確定由陌生人所做，而百分之四十二的犯案者尚「不明」。

37 例如：可參見 Australian Institute of Criminology, *Crime in Australia: Facts and Figures 2008* (Australian Government, 2009)

38 例如：可參見 Walker, A., Flatley, J., Kershaw, C. and Moon, D., *Crime in England and Wales: Findings from the British Crime Survey and police recorded crime* (Home Office, July 2009); Fox, J. and Zawitz, M., *Homicide Trends in the United States* (Bureau of Justice Statistics, January 2007) 於：http://bjs.ojp.usdoj.gov/content/pub/pdf/htius.pdf

39 吸毒和犯罪之間的關係似乎由一項研究獲得了證實。該研究對象為一九八〇年和一九八二年之間哈林區（美國紐約市黑人區）的海洛因吸食者。在哈林區，每天吸食海洛因的人有最高的犯罪率，每年非吸食毒品者的犯罪有二百零九件，但是固定吸食者（每年）有一百六十二件，不固定的吸食者則有一百一十六件。參見 Johnson, B. et al, *Taking Care of Business – The Economics of Crime by Heroin Abusers* (National Development and Research Institute, 1985).

40 Dobinson, I. and Ward, P. *Drugs and Crime* (NSW Bureau of Crime Statistics and Research, Sydney, 1985) 德雷克（Darke）、凱耶（Kaye）和芬利-瓊斯（Finlay-Jones）發現在四百名服用美沙酮（methadone，一種鎮痛藥）的樣本（均來自澳洲的新南威爾斯〔New South Wales〕）中，有百分之七十七的人出現犯罪行為其實是在他們第一次使用海洛因之前。Darke, S., Kaye, S. and Finlay-Jones, R., 'Drug use and injection risk-taking among prison methadone maintenance patients', *Addiction*, vol. 93, no. 8, 1 August 1998.

41 Davis, J., 'The Untold Story of the World's Biggest Diamond Heist', *Wired Magazine*, 3 December 2009: http://www.wired.com/politics/law/magazine/17-04/ff_diamonds?currentPage=al

42 Associated Press, 27 June 1999. 參見：http://www.courtpsychiatrist.com/pdf/indiana_star.pdf 也可參見 'Murder suspect fathered child to kill as revenge' in *Daily News, Bowling Green, Kentucky*, 28 June 1999.

43 Guinn, J., *Go Down Together* (Simon & Schuster, 2009)

44 Matera, D. *John Dillinger: The Life and Death of America's First Celebrity Criminal* (Carroll and Graf, 2004)

45 引用自Rosenthal, A., 'Taking Message on Road, Bush Pushes Crime Bill' in *The New York Times*, 24 January 1990. 參見：http://www.nytimes.com/1990/01/24/us/taking-message-on-road-bush-pushes-crime-bill.html

迷思四：組織性犯罪龐大無比，本質邪惡，而且一直在壯大？

1 Steinbeck, J., *The Short Reign of Pippin IV: A Fabrication* (Viking Press, 1957).

2 'Joe (Joe Cargo) Valachi' – National Crime Syndicate and Joseph 'the Rat' Valachi, 6 December 2004 https://www.youtube.com/watch?v=24M4lcAnKko

3 同上註。

4 'The Conglomerate of Crime', *Time* magazine cover story, Friday, 22 August 1969 *http://www.time.com/time/magazine/article/0,9171,213662,00.html* Maas, P., *The Valachi Papers* (Putnam, 1969) — Attorney General Robert Kennedy (Chapter 2, p. 36)

5 Statement by Attorney General Robert F. Kennedy to the Permanent Subcommittee on Investigations of the Senate Government Operations Committee, 25 September 1963. 參見：http://www.justice.gov/ag/rfkspeeches/1963/09-25-1963.pdf

6 同上註。

7 同上註。

8 同上註。

9 FBI, National Gang Threat Assessment, 2009. 參見：http://www.fbi.gov/stats-services/publications/national-gang-threat-assessment-2009-pdf

10 Presidential Decision Directives 42: International Organized Crime

11 Obama, B., 'Foreword', *Strategy to Combat Transnational Organized Crime*, 19 July 2011: https://www.whitehouse.gov/sites/default/files/Strategy_to_Combat_Transnational_Organized_Crime_July_2011.pdf

12 Lawler, J., CEO keynote address – International Serious and Organized Crime Conference, 30 July 2013. 參見：http://www.crimecommission.gov.au/media/ceo-keynote-address-international-serious-organized-crime-conference

13 https://www.unodc.org/unodc/en/frontpage/2012/July/new-unodc-campaign-highlights-transnational-organized-crime-as-an-us-870-billion-a-year-business.html

14 Veillette, C. et al, 'Plan Colombia: A Progress Report' (Congressional Research Service, the Library of Congress, 2005). 參見：http://www.fas.org/sgp/crs/row/RL32774.pdf

15 出自作者對Reuter, R. 所作的訪談，於二〇一三年九月五日及九月十二日進行。

16 Reuter, P., 'The Organization of Illegal Markets: An Economic Analysis', National Institute of Justice (University Press of the Pacific Honolulu, Hawaii, 2004，係由一九八五年之版本再版)

17 同上註。

18 Kleemans, E., 'Crossing Borders: Organized Crime in the Netherlands', in Fijnaut, C. and Paoli, L. (eds), *Organized Crime in Europe* (Springer, 2005)

19 Zhang, S. and Chin, K., 'Enter the Dragon: Inside Chinese Human Smuggling Organizations', *Criminology*, vol. 40, 2002, pp. 737–68. Hysi, V., *Organized Crime in Albania: The Ugly side of Capitalism and Democracy* (Springer, 2005).

20 出自作者對戴維．斯維諾所作的訪談，於二〇一三年九月三十日進行。

21 Collin, J., LeGresley, E., MacKenzie, R., Lawrence, S. and Lee, K. 'Complicity in Contraband: Cigarette Smuggling in Asia' in *Tobacco Control*, vol.13, 2004, p. 111. 參見：http://cgch.lshtm.ac.uk/Complicity%20in%20contraband%20BAT%20and%20cigarette%20smuggling%20in%20Asia.pdf

22 Dunt, K., BAT letter to Eduardo Grant, Noblexa-Picardo, 24 June 1992. British American Tobacco. Bates No. 301674939/4940. 引用自同上註。

23 例如：可參見Collin, LeGresley, MacKenzie, Lawrence and Lee 中引用的孟加拉和緬甸的文件。見前註。

24 'Tobacco's Other Secret', CBC News. 參見：http://www.cbsnews.com/2100-500164_162-150825.html

25 同上註。

26 同上註。

27 同上註。

28 Blackwell, R., 'Tobacco giants to pay $550-million settlement' in *The Globe and Mail*, 13 April 2010. 參見：http://www.

theglobeandmail.com/news/national/tobacco-giants-to-pay-550-million-settlement/article4314713/

29 Guevara, M.W., 'The world's most widely smuggled legal substance' in *Tobacco Underground*, International Consortium of Investigative Journalists, 2008. 參見：http://www.icij.org/project/tobacco-underground/worlds-most-widely-smuggled-legal-substance

30 英國稅務海關總署（HM Revenue & Customs）之數據，引用自 Cancer Research UK, 'The facts about the illicit tobacco market'. 參見：http://www.cancerresearchuk.org/prod_consump/groups/cr_common/@nre/@pol/documents/generalcontent/cr_095817.pdf

31 凱弗維爾委員會得到的證據指出在邁阿密，有為數眾多的警察和地方政府官員收受賄賂，介入非法賭博——而且對於賭博（之後則是非法賭博）睜一隻眼閉一隻眼，這是那個城市的公開祕密。更進一步的證據引用自Munting, R., *An Economic and Social History of Gambling in Britain and the USA* (Manchester University Press, 1996), pp. 204–6.

32 引用自Van Duyne, P., 'Crime and commercial activity: an introduction to two half-brothers' in Van Duyne, P., Von Lampe, K., Van Dijck, M. and Newell, J. (eds), *The Organized Crime Economy: Managing Crime Markets in Europe* (Wolf Legal Publishers, 2005)

33 Paoli, L., 'Organized Crime in Italy: Mafia and Illegal Markets – Exception and Normality', in Fijnaut and Paoli (eds.) Organized Crime in Europe, p.287.

34 Paoli, L., 'Organized Crime in Italy: Mafia and Illegal Markets – Exception and Normality' in Fijnaut, C. and Paoli, L. (eds), *Organized Crime in Europe* (Springer, 2005)

35 Kleemans, E., 'Crossing Borders'.

36 Unknown reporter, 'Canadian naval drug bust worth $150M happened "peacefully"', CEC News, 1 April 2013: http://www.cbc.ca/news/world/canadian-naval-drug-bust-worth-150m-happened-peacefully-1.1396477; Gye, H., 'Now even drug barons are going green as police raid solar-powered cannabis factory growing £500,000 worth of plants' in the *Daily Mail*, 1 February 2013. 參見：http://www.dailymail.co.uk/news/article-2271751/Now-drug-barons-going-green-police-raid-solar-powered-cannabis-factory-growing-500-000-worth-plants.html#ixzz2dHPw6mpK

37 *Extending Our Reach: A Comprehensive Approach to Tackling Serious Organized Crime* (London Home Office/Cabinet Office, 2009)

38 Bender, W. and staff writer, 'Law enforcement likes getting really high off drug busts' in the *Enquirer*, 27 July 2012. 參見：http://articles.philly.com/2012-07-27/news/32890201_1_drug-laws-drug-busts-ethan-nadelmann

39 同上註。

40 Miller, R.L., *Drug Warriors and Their Prey: From Police Power to Police State* (Praeger, 1996)

41 同上註。

42 Reuter, P. and Caulkins, J., ‘An Assessment of Drug Incarceration and Foreign Interventions’ for evidence session with US Domestic Policy Subcommittee, Oversight and Reform Committee, 19 May 2009

43 Biography Channel, *Frank Lucas – Mini-bio* 參見：http://www.youtube.com/watch?v=SL78pouE_Hk

44 同上註。

45 Jacobson, M., ‘The Return of Superfly’ in *New York Magazine*, 14 July 2000. 參見：http://nymag.com/nymag/features/3649/

46 同上註。

47 http://planetill.com/2009/09/ron-chepesiuk-dispelling-the-myth-of-the-american-gangster/

48 http://www.naijarules.com/xf/index.php?threads/is-american-gangster-really-all-that-true.26185/

49 http://wn.com/frank_lucas

50 Chepesiuk, R. and Gonzalez, A., ‘Frank Lucas and “American Gangster” — the Myth and the Reality’, December 2007. 參見：http://www.americanmafia.com/Feature_Articles_406.html

51 Jacobson, ‘The Return of Superfly’ 見前註。

52 Robert Lacey’s *Little Man: Meyer Lansky and the Gangster Life* (Little, Brown, 1991)

53 Statement by Attorney General Robert F. Kennedy to the Permanent Subcommittee on Investigations of the Senate Government Operations Committee, 25 September 1963. 參見：http://www.justice.gov/ag/rfkspeeches/1963/09-25-1963.pdf

54 http://en.wikipedia.org/wiki/Vito_genovese

55 出自作者對路透所作的訪談，於二〇一三年九月五日與九月十二日進行。

56 Reuter, R. and Greenfield, V., ‘Measuring Global Drug Markets: How good are the numbers and why should we care about them?’ 參見：http://www.stopthewarondrugs.org/wp-content/uploads/2013/05/Reuter-P.-Greenfield-V.-2001-Measuring-Global-Drug-Markets-How-good-are-the-numbers-and-why-should-we-care-about-them.pdf

57 Varese, F., ‘General introduction: What is organized crime?’ in Varese (ed.), *Organized Crime: Critical Concepts in Criminology* (Routledge, 2010)

58 同上註。

59 https://www.unodc.org/unodc/en/organized-crime/

60 Royal Canadian Mounted Police, ‘“What’s the Link?” with Organized Crime’, 於二〇一三年九月二十二日檢索，參見：http://www.rcmp-grc.gc.ca/oc-co/index-eng.htm

61 有關於終止幫派犯罪（包括增加推力，吸引個人退出幫派之重要性）的文獻摘要，請參見Young, M. et al., ‘Getting Out of Gangs, Staying Out of Gangs: Gang intervention and Desistence Strategies’, National Gang Center Bulletin no. 8, January 2013. 參見：https://www.nationalgangcenter.gov/Content/Documents/Getting-Out-Staying-Out.pdf

62 US Supreme Court Calero-Toledo v. Pearson Yacht Leasing Co., 416 US 663 (1974) 416 US 663 Calero-Toledo et al., v. Pearson Yacht Leasing Co. appeal from the United States District Court for the District of Puerto Rico. No. 73-157. Argued 7 January 1974. Decided 15 May 1974. 參見： http://caselaw.lp.findlaw.com/cgi-bin/getcase.pl?court=us&vol=416&invol=663

63 Stilman, S., ‘Taken’ in *The New Yorker*, 12 August 2013. 參見：*http://www.newyorker.com/reporting/2013/08/12/130812fa_fact_stillman?currentPage=1*

64 同上註。

65 例如：在一九九四年之後遭到扣押的荷蘭犯罪者資產中，有百分之九十四是在荷蘭的銀行帳戶中。引用自 Van Duyne, P., ‘Organized crime (threat) as a Policy Challenge: a Tautology’, *Journal of Criminal Justice and Security*, year 12, no. 4.

66 Joseph ‘the Rat’ Valachi, 6 December 2004 https://www.youtube.com/watch?v=24M4lcAnKko

67 這段情節在Raab, S., *Five Families* (Robson, 2006), p. 136 中也有描述。

68 *The Snitch System* (Northwestern University School of Law Center on Wrongful Convictions, 2004). 參見：http://www.law.northwestern.edu/legalclinic/wrongfulconvictions/documents/SnitchSystemBooklet.pdf

69 Gudjonsson, G. and Pearse, J., ‘Suspect Interviews and False Confessions’, *Current Directions in Psychological Science*, vol. 20, no. 1, February 2011, pp. 33–7

70 Mobsters – Joseph ‘Joe Cargo’ Valachi http://www.dailymotion.com/video/x1ageel_mobsters-joseph-joe-cargo-valachi-the-rat_shortfilms

71 出自作者對路透所作的訪談，於二〇一三年九月五日與九月十二日進行。

迷思五：犯罪性是由基因決定？

1 Arthur Conan Doyle, ‘The Final Problem’, in *The Memoirs of Sherlock Holmes* (John Murray, 1893).

2 ‘Confession’ in the *Philadelphia Inquirer*, 12 April 1896, 引用自 Ramsland, K., *Inside the Minds of Serial Killers: Why they Kill* (Praeger, 2006)

3 ‘East Side Man Charged With Killing His Wife’ in *The New York Times*, 8 January 1991, 於二〇一〇年八月十日存取，參見： http://

www.nytimes.com/1991/01/08/nyregion/east-side-man-charged-with-killing-his-wife.html?scp=2&sq=herbert+weinstein+window&st=nyt

4 Rosen, J., 'The Brain on the Stand' in *The New York Times*, 11 March 2007

5 Rafter, N., *The Criminal Brain: Understanding Biological Theories of Crime* (NYU Press, 2008)

6 Flowers, A., *Bound to Die: The Shocking True Story of Bobby Joe Long, America's Most Savage Serial Killer* (Pinnacle, 1995)

7 Harlow, J.M., 'Recovery from the passage of an iron bar through the head', *Publications of the Massachusetts Medical Society*, vol. 2, 1868, pp. 327–47（也於一八六九年在波士頓由D.H. Clapp出版成小冊子）：後又重現於下列書籍中：Macmillan, M., *An Odd Kind of Fame: Stories of Phineas Gage* (MIT Press, 2000)

8 'Is a life of crime hereditary? New research suggests that criminal behaviour could be "all in the genes"' in the *Mail Online*, 25 November 2010. 參見：http://www.dailymail.co.uk/sciencetech/article-1332927/New-research-suggests-criminal-behaviour-genes.html#ixzz2OYwW8QnB

9 Cohen, P., 'Genetic Basis for Crime: A New Look' in *The New York Times*, 19 June 2011. 參見：http://www.nytimes.com/2011/06/20/arts/genetics-and-crime-at-institute-of-justice-conference.html?pagewanted=all&_r=0

10 Marchant, M., 'Should We Screen Kids' Brains and Genes To ID Future Criminals?' in *Slate*, 17 October 2012 . 參見：http://www.slate.com/articles/technology/future_tense/2012/10/should_kids_brains_and_genes_be_screened_to_detect_future_criminals.html

11 同上註。

12 'Lighter sentence for murderer with "bad genes"' in *Nature*, 30 October 2009. 參見：http://www.nature.com/news/2009/091030/full/news.2009.1050.html

13 引用自Joseph, J., *The Gene Illusion: Genetic Research in Psychiatry and Psychology* (Algora Publishing, 2004)

14 Death Penalty Information Center, *Facts about the Death Penalty,* 22 June 2010. 參見：http://www.deathpenaltyinfo.org/FactSheet.pdf

15 Raine, A., 'Murderous Minds: Can we see the Mark of Caine?', *Cerebrum*, 1 April 1999. 於二〇一〇年八月十日重新瀏覽，參見：http://www.dana.org/news/cerebrum/detail.aspx?id=3066

16 同上註。

17 同上註。

18 出自作者對特里．莫菲特所作的訪談，二〇一二年七月三日於倫敦進行。

19 Caspi, A., McClay, J., Moffitt, T.E., Mill, J., Martin, J., Craig, I., Taylor, A. and Poulton, R., 'Role of genotype in the cycle of violence

in maltreated children', *Science*, vol. 297, August 2002; Raine, A., Buchsbaum, M. and LaCasse, L., 'Brain abnormalities in murderers indicated by positron emission tomography', *Biol* Psychiatry, vol. 42, 1997, pp. 495–508. 參見：http://wardakhan.org/notes/Original%20Studies/Physiological%20Psychology/Adrian-Raine-%20Monte-Buchsbaum-and-Lori-LaCasse.pdf

20 Raine, A., Buchsbaum, M. and LaCasse, L., 'Brain abnormalities in murderers indicated by positron emission tomography'.

21 Fischman, J., 'Criminal Minds: Adrian Raine thinks brain scans can identify children who may become killers', *The Chronicle of Higher Education*, 12 June 2011. 參見：http://chronicle.com/article/Can-This-Man-Predict-Whether/127792/

22 出自作者對特里．莫菲特所作的訪談，二〇一二年七月三日於倫敦進行。

23 同上註。

24 Adams, T., 'How to spot a murderer's brain' in the *Observer*, 12 May 2013. 參見：http://www.theguardian.com/science/2013/may/12/how-to-spot-a-murderers-brain

25 這是根據美國國家心理衛生研究院（National Institute of Mental Health）的估計（以及Goldner, E.M., Hsu, L., Waraich, P. and Somers, J.M., 'Prevalence and incidence studies of schizophrenic disorders: a systematic review of the literature', *Canadian Journal of Psychiatry*, 2002）

26 這個計算結果是假設有百分之一的人口患有精神分裂症（同上註），而檢測可以測出百分之七十三點九的患病者（「敏感性統計」〔sensitivity statistic〕，出自Davatzikos, C., et al., 'Whole-brain morphometric study of schizophrenia reveals a spatially complex set of focal Abnormalities', *JAMA Archives of General Psychiatry*, vol. 62, 2005, pp. 1218–27），並有百分之八十七點三未罹患精神分裂症的人也會被正確的被評估為未罹患精神分裂症（百分之八十七點三的特異度統計〔specificity statistic〕）。如果用這個數值測試一萬個人，表示該樣本中的一百名精神分裂症患者中，有七十四人是受到正確的診斷，有二十六人會被錯誤診斷為未罹患，但是有高達一千兩百五十七人會被錯誤診斷為精神分裂症患者。這表示在被診斷為罹患精神分裂症的一千三百三十一人之中，其實只有七十四例（百分之五）是正確的。http://www.rad.upenn.edu/sbia/papers/2005-schizophrenia.pdf

27 Joseph, J., 'Separated Twins and the Genetics of Personality Differences: A Critique', *The American Journal of Psychology*, vol. 114, no. 1, spring 2001, pp. 1–30

28 同上註。

29 Joseph, J., Is Crime in the Genes? A Critical Review of Twin and Adoption Studies of Criminality and Antisocial Behavior *Journal of Mind and Behavior*, vol. 22, 2001, pp. 179–218.

30 同上註。

31 參見Society for Neuroscience, 'Teen Brain Vulnerability Exposed', 31 December 2011，於BrainFacts.org: http://www.brainfacts.org/

across-the-lifespan/youth-and-aging/articles/2011/teen-brain-vulnerability-exposed/

32 Gogtay, N., et al, 'Dynamic mapping of human cortical development during childhood through early adulthood', *PNAS*, vol. 101, no. 21, 2004, pp. 8174–79, fig. 3. copyright@ National Academy of Science, USA, 2004

33 Rutter, 'Gene-Environment Interdependence', *European Journal of Developmental Psychology*, vol.9, issue 4. 2012: http://thebrainandthemind.co.uk/Build/Assets/readings/Rutter%20review%20paper%20gxE%202012.pdf.

34 Roger. C., 'What became of Romania' s neglected orphans?' , BBC NEWS online: http://news.bbc.co.uk/I/hi/world/europe/8425001.stm

35 Kreppner, J., Rutter, M., Beckett, C., Castle, J., Colvert, E., Groothues, C., Hawkins, A., O'Connor, T., Stevens, S. and Sonuga-Barke, E., 'Normality and Impairment Following Profound Early Institutional Deprivation: A Longitudinal Follow-Up Into Early Adolescence', *Developmental Psychology*, vol. 43, no. 4, 2007

36 Weaver, I., et al., 'Epigenetic programming by maternal behavior', *Nature Neuroscience*, vol. 7, 2004, pp. 847 –854

37 Kraemer, G., 'Psychobiology of Early Social Attachment in Rhesus Monkeys: Clinical Implications', *Annals of the New York Academy of Sciences*, vol. 807, 1997, pp. 401–18

38 Perry, B., 'Childhood experience and the expression of genetic potential: What childhood neglect tells us about nature and nurture', *Brain and Mind*, vol. 3, 2002, pp. 79–100

39 Maxfield, M. and Widom, C., 'The Cycle of Violence Revisited 6 years later', *JAMA Pediatrics*, vol. 150, no. 4, 1996. Lansford, J.E., Dodge, K.A., Pettit, G.S., Bates, J.E., Crozier, J. and Kaplow, J., '12-Year Prospective Study of the Long-term Effects of Early Child Physical Maltreatment on Psychological, Behavioral, and Academic Problems in Adolescence', *JAMA Pediatrics*, vol. 156, no. 8, 2002. Ludwig, J. and Kling, J., 'Is Crime Contagious', NBER Working Paper no. 12409, August 2006.

40 'Is a life of crime hereditary?' in the *Mail Online*, 25 November 2010. 參見：http://www.dailymail.co.uk/sciencetech/article-1332927/New-research-suggests-criminal-behaviour-genes.html#ixzz2OYwW8QnB

41 Beaver, K.M., 'Genetic influences on being processed through the criminal justice system: results from a sample of adoptees', *Biological Psychiatry*, vol. 69, issue 3, February 2011, pp. 282–7. doi: 10.1016/j.biopsych.2010.09.007. Epub 2010 Nov 10.

42 'Is a life of crime hereditary?' in the *Mail Online*, 25 November 2010.

43 'Life of crime is in the genes, study claims' in the *Telegraph*, 26 January 2012. 參見：http://www.telegraph.co.uk/science/science-news/9040997/Life-of-crime-is-in-the-genes-study-claims.html

44 同上註。

45 Barnes, J.C., Beaver, K.M. and Boutwell, B.B., 'Examining the genetic underpinnings to Moffitt's developmental taxonomy: A behavioural genetic analysis', *Criminology*, vol. 49, issue 4, 2011, pp. 923–54. doi: 10.1111/j.1745-9125.2011.00243.x

46 Blonigen, D., 'Psychopathic personality traits: heritability and genetic overlap with internalizing and externalizing psychopathology', in *Psychological Medicine*, vol. 35, issue 5, May 2005, pp. 637–48. 參見：http://www.ncbi.nlm.nih.gov/pmc/articles/PMC2242349/

47 Mason, D. and Frick, P., 'The heritability of antisocial behavior: A meta-analysis of twin and adoption studies', *Journal of Psychopathology and Behavioral Assessment*, vol. 16, pp. 301–23

48 Cohen, P., 'Genetic Basis for Crime: A New Look' in *The New York Times*, 19 June 2011. 參見：'http://www.nytimes.com/2011/06/20/arts/genetics-and-crime-at-institute-of-justice-conference.html?pagewanted=all&_r=0#h[BapFes,2]

49 在一九八三年到二〇一一年之間，平均有百分之八十八的人說他們相信醫生會說出真相，百分之七十七的人會相信大學教授，百分之六十一的人相信科學家，百分之二十八的人相信商業領袖，而只有百分之十八的人會相信政治人物。Ipsos MORI, Trust in the Professions poll, 2011. 參見：http://www.ipsos-mori.com/researchpublications/researcharchive/2818/Doctors-are-most-trusted-profession-politicians-least-trusted.aspx

50 Hadley, B., 'Can genes make you murder?' in National Public Radio (NPR) online series *Inside the Criminal Brain*, 1 July 2010. 參見：http://www.npr.org/templates/story/story.php?storyId=128043329

51 Aspinwall, L., Brown, T. and Tabery, J., 'The Double-Edged Sword: Does Biomechanism Increase or Decrease Judges' Sentencing of Psychopaths?', *Science*, vol. 337, no. 6096, 17 August 2012

52 Monterosso, J., Royzman, E. and Schwartz, B., 'Explaining Away Responsibility: Effects of Scientific Explanation on Perceived Culpability', *Ethics and Behavior*, vol. 15, issue 2. 參見：http://www.tandfonline.com/doi/abs/10.1207/s15327019eb1502_4#preview

53 Monterosso, J. and Schwartz, B., 'Did your brain make you do it?' in *The New York Times Sunday Review*, 27 July 2012. 參見：http://www.nytimes.com/2012/07/29/opinion/sunday/neuroscience-and-moral-responsibility.html?_r=1

54 例如可參見Gesch, C. et al., 'Influence of supplementary vitamins, minerals and essential fatty acids on the antisocial behaviour of young adult prisoners: Randomised placebo controlled trial', *The British Journal of Psychiatry*, vol. 181, 2002, pp. 22–8. 也可參見格施（Gesch）的研究日後在荷蘭的複製：'Effects of nutritional supplements on aggression, rule-breaking, and psychopathology among young adult prisoners', *Aggressive Behavior*, vol. 36, issue 2, 2010，以及後來與其同僚的複製實驗。

迷思六：貧窮是人們犯罪的真正原因？

1 Engels. F., *The Condition of the Working Class in England (Die Lage der arbeitenden Klasse in England,* 1845; 1st English translation

1887).

2 Mencken. H.L.(1880-1956), *Minority Report: H.L. Mencken's Notebooks* (Knopf, 1956), extract 273, p.190.

3 'Former Brewster-Douglass Housing Project demolition under way', WXYZ-TV Detroit, Channel 7, 4 September 2013. 參見：http://www.youtube.com/watch?v=Plp9GeHjUP4

4 Abbey-Lambertz, K., 'Most Dangerous Neighbourhoods: Detroit Home to 3 Most Violent Areas in America' in *Huffington Post*, 5 February 2013. 參見：http://www.huffingtonpost.com/2013/05/02/most-dangerous-neighborhoods-america-detroit_n_3187931.html

5 'Former Brewster-Douglass Housing Project demolition under way', WXYZ-TV Detroit, Channel 7, 4 September 2013: http://www.youtube.com/watch?v=Plp9GeHjUP4.

6 Abbey-Lambertz. K., 'Most dangerous neighbourhoods: Detroit home to 3 most violent areas in America', Huffington Post, 5 February 2013: http://www.huffingtonpost.com/2013/05/02/most-dangerous-neighborhoods-america-detroit_n_3187931.html.

7 底特律的失業率在近幾年來大幅攀升，而且會根據哪些區域被包括在這個城市中而不太一樣。根據美國勞動統計局（Bureau of Labor Statistics）的估計，底特律在二〇一〇年的失業率為百分之二十四點八，居所有大都會區之首（幾乎是全國平均的四倍）。參見http://www.bls.gov/lau/lacilg10.htm。不過，二〇一五年的數字顯示近幾年來失業率有下降的趨勢，失業率大概比全國平均高出百分之五十。可參見（例如：）Bureau of Labor Statistics, *Detroit Area Economic Summary*, September 2015: http://www.bls.gov/regions/midwest/summary/blssummary_detroit.pdf

8 參見Fisher, D., 'Detroit Again Tops List of Most Dangerous Cities, As Crime Rate Dips' in *Forbes*, 22 October 2013, 於：http://www.forbes.com/sites/danielfisher/2013/10/22/detroit-again-tops-list-of-most-dangerous-cities-but-crime-rate-dips/ for 2008–2013 reference

9 底特律在二〇一三年的謀殺率是每十萬人為四十五人，相較於全國平均是每十萬人為四點五人。參見FBI, *Crime in the United States, Murder*, 2014, 於：https://www.fbi.gov/about-us/cjis/ucr/crime-in-the-u.s/2013/crime-in-the-u.s.-2013/violent-crime/murder-topic-page/murdermain_final.pdf

10 Home Office, *Crime in England and Wales*，不同年份。

11 Orsen, D., '"Million-Dollar Blocks" Map Incarceration's Costs' in *NPR's Cities Project*, 2 October 2012. 參見：http://www.npr.org/2012/10/02/162149431/million-dollar-blocks-map-incarcerations-costs

12 'PM's speech on the fightback after the riots', 15 August 2011. 參見：https://www.gov.uk/government/speeches/pms-speech-on-the-fightback-after-the-riots

13 'Detroit Journal; When Life in the Projects Was Good' in *The New York Times* archives, 31 July 1991. 參見：http://www.nytimes.com/1991/07/31/us/detroit-journal-when-life-in-the-projects-was-good.html

14 'Michigan State Insurance Commission estimate of December, 1967, quoted in the *National Advisory Commission on Civil Disorders* AKA *Kerner Report*' 9 February 1968. 於二〇一一年六月五日整理自原檔，於二〇一一年四月二十四日擷取。

15 Young, Coleman, *Hard Stuff: The Autobiography of Mayor Coleman Young* (Viking, 1994)

16 Linebaugh, K., 'Detroit's Population Crashes' in *The Wall Street Journal*, 23 March 2011. 參見：http://online.wsj.com/news/articles/SB10001424052748704461304576216850733151470

17 Kellogg, A., 'Black Flight Hits Detroit' in *The Wall Street Journal,* 5 June 2010: 參見：http://online.wsj.com/news/articles/SB10001424052748704292004575230532248715858

18 MacDonald, C., 'Poll: Crime drives Detroiters out; 40% expect to leave within 5 years' in the *Detroit News*, 9 October 2012. 參見：http://www.detroitnews.com/article/20121009/METRO01/210090369

19 這段引用的話擷取自一個底特律線上討論區，它後來就關閉了。這只是許多類似意見的其中之一，犯罪和工作是最常被說成離開這個城市的兩個主要理由。

20 Scottish Law Online Discussion Forum. 參見：http://www.scottishlaw.org.uk/cgi-bin/yabb2/YaBB.pl?num=1207578092/1

21 Linden, L. and Rockoff, J.E., 'Estimates of the Impact of Crime Risk on Property Values from Megan's Laws', *American Economic Review*, vol. 98, no. 3, June 2008, pp. 1103–27. 參見：http://www0.gsb.columbia.edu/faculty/jrockoff/aer.98.3.pdf

22 Pope, J., 'Fear of Crime and Housing Prices: Household Reactions to Sex Offender Registries', *Journal of Urban Economics*, 2008. 參見：https://economics.byu.edu/Documents/Jaren%20Pope/pope_fear_of_crime_JUE2.pdf

23 Gibbons, S., 'The Costs of Urban Property Crime', *The Economic Journal*, vol. 114, issue 499, 2004, pp. F441–F463. doi: 10.1111/j.1468-0297.2004.00254.x. 較早的版本可參見：http://cep.lse.ac.uk/pubs/download/dp0574.pdf

24 De Souza Briggs, X., Popkin, S. and Goering, J., *Moving to Opportunity: The Story of an American Experiment to Fight Ghetto Poverty* (Oxford University Press, 2004)

25 同上註。

26 同上註。

27 同上註。

28 Ludwig, J., Duncan, G., Gennetian, L., Katz, L., Kessler, R., Kling, J. and Sanbonmatsu, L., 'Long-Term Neighborhood Effects on Low-Income Families: Evidence from Moving to Opportunity', *American Economic Review* Papers & Proceedings, vol. 103, no. 3, May 2013, pp. 226–231

29 同上註。

30 De Souza Briggs, Popkin and Goering, *Moving to Opportunity*

31 Ludwig, Duncan, Gennetian, Katz, Kessler, Kling and Sanbonmatsu, 'Long-Term Neighborhood Effects on Low-Income Families'

32 同上註。

33 Sciandra, M., Sanbonmatsu, L., Duncan, G.J., Gennetian, L.A., Katz, L.F., Kessler, R.C., Kling, J.R. and Ludwig, J., 'Long-Term Effects of the Moving to Opportunity residential mobility experiment on crime and delinquency', *Journal of Experimental Criminology*, vol. 9, issue 4, September 2013, pp. 451–89

34 同上註。

35 同上註。

36 Ireland, T., Thornberry, T. and Loeber, R., 'Violence among adolescents living in public housing: a two-site analysis', *Criminology and Public Policy*, issue 1, 2003, pp.3–38

37 De Souza Briggs, Popkin and Goering, *Moving to Opportunity*

38 Gibbons, S., Silva, O. and Weinhardt, F., 'Do Neighbours Affect Teenage Outcomes: Evidence from Neighbourhood Changes in England', Spatial Economics Research Centre, London, discussion paper, 2010

39 Overman, H.G. and Gibbons, S., 'In unequal Britain who you are is much more important than where you live in determining earnings', British Politics and Policy at LSE (11 November 2011). 個人特質所發揮的影響還比居住地區更大，關於這個論點的精闢摘要可見Cheshire, P., Gibbons, S. and Gordon, I., 'Policies for "Mixed Communities": A Critical Evaluation', Spatial Economics Research Centre, 2008. 參見：http://www.spatialeconomics.ac.uk/textonly/SERC/publications/download/sercpp002.pdf

40 Fahey, J., 'Benefit fraud Lottery winner Edward Putman jailed' in the *Independent*, 24 July 2012. 參見：http://www.independent.co.uk/news/uk/crime/benefit-fraud-lottery-winner-edward-putman-jailed-7972974.html

41 'Virginia lottery winner arrested on narcotics charges' in *Portsmouth News and Weather*. 參見：http://www.wvec.com/my-city/portsmouth/Virginia-lottery-winner-arrested-on-narcotics-charges-211448881.html

42 'Lucky Loser ends up behind bars following $1 million lottery win in Euromillions: Whatever happened to . . . ? Stories of lottery winners from around the world', 參見：http://www.euro-millions.org/america/554/

43 Narain, J., '"Celebrity" crime family who won £1m EuroMillions jackpot in trouble AGAIN after gangster's son used cash to bankroll heroin deal' in the *Daily Mail Online*, 19 September 2013. 參見：http://www.dailymail.co.uk/news/article-2424988/Desmond-

Noonan-jailed-heroin-deal-lottery-winnings.html

44 Uggen, C. and Wakefield, S., 'What have we learned from longitudinal studies of work and crime?' in Lieberman, A. (ed.), *The Long View of Crime: A Synthesis of Longitudinal Research* (Springer, 2008)

45 Farrington, D. and Welsh, B., *Saving Children from a Life of Crime: Early Risk Factors and Effective Interventions* (Oxford University Press, 2008)

46 Staff, J., Osgood, D., Schulenberg, J., Bachman, J. and Messersmith, E., 'Explaining the relationship between employment and juvenile delinquency', *Criminology*, vol. 48, issue 4, 2010

47 Uggen, and Wakefield, 'What have we learned from longitudinal studies of work and crime?'

48 http://www.telegraph.co.uk/news/uknews/crime/8979769/Third-of-unemployed-are-convicted-criminals.html

49 http://www.dailymail.co.uk/news/article-2079176/One-jobless-benefits-got-criminal-record.html#ixzz2lpgjolqo

50 有一項嚴密的研究估計在一九五三年出生的英國人口中，有將近四分之一都曾經受到警告或是有罪判決（百分之三十三的男性和百分之九的女性）——但大部分都是只有一次。參見 Prime et al, *Criminal Careers of Those Born Between 1953 and 1978*, Home Office Statistical Bulletin, April 2001. 於：http://webarchive.nationalarchives.gov.uk/20110218135832/http:/rds.homeoffice.gov.uk/rds/pdfs/hosb401.pdf

51 Foley, C., 'Welfare Payments & Crime', NBER Working Paper no. 14074, issued June 2008, NBER Program(s)

52 同上註。

53 Segal, D., 'A Missionary's Quest to Remake Motor City' in *The New York Times*, 13 April 2013. 參見：http://www.nytimes.com/2013/04/14/business/dan-gilberts-quest-to-remake-downtown-detroit.html?pagewanted=1&_r=2&adxnnl=1&adxnnlx=1388174409-6VDXQeiori4pErR%20Y%20driw

迷思七：移民會增加犯罪率？

1 Tony Blair, 引用自 'Blair toughens stance on religious tolerance and cultural assimilation – Europe – International Herald Tribune' in *The New York Times Online*, 8 November 2006. 參見：http://www.nytimes.com/2006/12/08/world/europe/08iht-blair.3836374.html?_r=0

2 Whitehead, T., 'Drunk illegal immigrant kills couple after sneaking back into country' in the *Telegraph*, 19 December 2013. 參見：http://www.telegraph.co.uk/news/uknews/immigration/9290571/Drunk-illegal-immigrant-kills-couple-after-sneaking-back-into-

country.html

3 Gibson, D., 'Illegal alien to be tried for teen's grisly murder two years after being charged' in *The Examiner*, 10 August 2012. 參見：http://www.examiner.com/article/illegal-alien-to-be-tried-for-teen-s-grisly-murder-two-years-after-being-charged

4 Giannangeli, M., 'Immigrant crime soars with foreign prisoners rising' in the *Daily Express Online*, 17 February 2013. 參見：http://www.express.co.uk/news/uk/378232/Immigrant-crime-soars-with-foreign-prisoners-rising

5 各式報告中都會引用川普的談話，包括Hod, I., 'Donald Trump Vs. Rupert Murdoch's Immigrant Crime Rate Claims: Why Biggest Victim Is the Truth' in *The Wrap*, 14 July 2015. 參見：http://www.thewrap.com/donald-trump-vs-rupert-murdochs-immigrant-crime-rate-claims-why-biggest-victim-is-the-truth/#sthash.AYzCVLeR.dpuf於二〇一五年二月二十六日的眾議院委員會的意見聽取會上，共和黨參議員皮特・塞辛斯（Pete Sessions）說：「每一天，都有曾經受到逮捕的謀殺犯穿過邊境——或許還有其他地方——進到我們的國家，是歐巴馬政權讓他們進來的，他們會在我們的各個城市中繼續謀殺美國人，我相信這是有違法律的。」可見於：https://www.youtube.com/watch?v=Xjs6F722ToQ#t=23m28s Farah, J., 'Illegal Aliens murder 12 Americans Daily' in *WorldNetDaily*, 28 November 2006. 參見：http://www.wnd.com/2006/11/39031/

6 *Europol SOCTA 2013: European Serious and Organised Crime Threat Assessment*. 參見：https://www.europol.europa.eu/sites/default/files/publications/socta2013.pdf

7 Home Office, *Protecting our border, protecting the public: The UK Border Agency's five year strategy for enforcing our immigration rules and addressing immigration and cross border crime*, February 2010. 參見：http://webarchive.nationalarchives.gov.uk/20100303205641/http:/www.ukba.homeoffice.gov.uk/sitecontent/documents/managingourborders/crime-strategy/protecting-border.pdf?view=Binary

8 https://www.dhs.gov/about-dhs，於二〇一三年十二月二十日擷取。

9 於二〇一三年十一月的搜尋結果。

10 同上註。

11 歐洲社會調查（European Social Survey）的數據（所有年份），可於下列網址檢視：http://www.europeansocialsurvey.org/data/round-index.html

12 Doyle, J. and Brooke, C., 'Drunken illegal immigrant who sneaked back into Britain after being deported used car "as a weapon" and killed "honest" pensioner couple in 100mph smash' in the *Daily Mail Online*, 25 May 2012. 參見：http://www.dailymail.co.uk/news/article-2149952/Eduard-Mereohra-Drunken-illegal-immigrant-killed-pensioner-couple-100mph-smash.html#ixzz2oO2lqJOq

13 Hesson, T., 'Is Fear of Immigrant Criminals Overblown?' 於《融合》（Fusion）之線上瀏覽：http://fusion.net/justice/story/fact-

check-fear-immigrant-criminals-overblown-15409

14 Gillingham, E., *Understanding A8 migration to the UK since Accession*, Office for National Statistics, 2010.

15 Vargas-Silva, C., *Briefing: Migration Flows of A8 and other EU Migrants to and from the UK*. 參見：http://www.migrationobservatory.ox.ac.uk/sites/files/migobs/Migration%20Flows%20of%20A8%20and%20other%20EU%20Migrants%20to%20and%20from%20the%20UK.pdf

16 'Immigration: migrants in their own words' in the *Telegraph*, 3 April 2008. 參見：http://www.telegraph.co.uk/news/features/3636123/Immigration-migrants-in-their-own-words.html

17 Britain's top black police officer: 'We are struggling to cope with immigrant crime wave'. 參見：http://www.dailymail.co.uk/news/article-510685/Britains-black-police-officer-We-struggling-cope-immigrant-crime-wave.html#ixzz2orNFS4ot

18 'Police chief fears migrant impact', *BBC News Online*, 19 September 2007. 參見：http://news.bbc.co.uk/1/hi/7001768.stm

19 Attewill, F., 'Increased immigration boosts knife crime and drink-driving, police chief says' in the *Guardian*, 19 September 2007. 參見：http://www.theguardian.com/uk/2007/sep/19/immigration.immigrationandpublicservices

20 Bell, B., Fasani, F. and Machin, S., 'Crime and Immigration: Evidence from Large Immigrant Waves', LSE Centre for Economic Performance Discussion Paper series CDP no.12/10, 2010. 參見：http://www.cream-migration.org/publ_uploads/CDP_12_10.pdf

21 同上註。

22 同上註。

23 同上註。

24 Osman, J., 'Immigration Nation: one man's journey from Somalia', Channel 4 News, 25 April 2013. 參見：http://www.channel4.com/news/the-dreams-of-immigrants-and-the-harsh-reality

25 Harris, H., *The Somali community in the UK: What we know and how we know it*, King's College, London, June 2004. 參見：http://www.icar.org.uk/somalicommunityreport.pdf

26 Bell, Fasani and Machin, 'Crime and Immigration' 見前註。

27 Van Dijk, J., Van Kesteren, J. and Smit, P., *Criminal Victimisation in International Perspective: Key findings from the 2004/5* (Boom Legal Publishers, 2007)

28 '17 patients killed in shooting at Mexican drug rehab center', CNN, 3 September 2009. 參見：http://edition.cnn.com/2009/WORLD/americas/09/03/mexico.killings/

29 Carlson, L., 'Murder Capital of the World', in *Foreign Policy in Focus*, Institute for Policy Studies, February 2010. 參見：http://www.fpif.org/articles/murder_capital_of_the_world

30 Archibold, R., 'Mexican Drug Cartel Violence Spills Over, Alarming U.S.' in *The New York Times*, March 22 2009. 參見：http://www.nytimes.com/2009/03/23/us/23border.html?pagewanted=all&_r=0

31 Washington Office on Latin America, *An Uneasy Coexistence: Security and Migration Along the El Paso-Ciudad Juárez Border*. 參見：http://www.wola.org/commentary/an_uneasy_coexistence

32 State and County quick facts: El Paso County, Texas, US Census Bureau. 參見：http://quickfacts.census.gov/qfd/states/48/48141.html，於二〇一三年十二月三十日擷取

33 Stowell, J., Messner, S., McGeever, K. and Raffalovich, L., 'Immigration and the recent violent crime drop in the United States: A pooled, cross-sectional time-series analysis of metropolitan areas', *Criminology*, vol. 47, issue 3, 2009

34 Martinez, R., Stowell, J. and Lee, M., 'Immigration and crime in an era of transformation: a longitudinal analysis of homicides in San Diego Neighborhoods, 1980–2000', *Criminology*, vol. 48, issue 3, 2010

35 Sampson, A., 'Rethinking Crime and Immigration' in *Contexts* feature. 參見：http://contexts.org/articles/winter-2008/sampson/#study

36 有一項研究（Butcher, K., 'Why are immigrants incarceration rates so low?' (2007)）指出在一九八〇年，進入這些機構的移民比本國人少百分之三十，在一九九〇年是少百分之四十九，而在二〇〇〇年則是少百分之二十。不過這樣巨幅的波動合理性並不高。

37 引用自Harris, H., *The Somali community in the UK*

38 同上註。

39 Berdadi, L. and Bucerius, M., 'Immigrants and their Children' in Tonry, M. (ed.), *Oxford Handbook of Ethnicity, Crime and Immigration* (Oxford University Press, 2013)

40 Bell, B. and Machin, S., *The Impact of Migration on Crime and Victimisation: A report for the Migration Advisory Committee*, December 2011. 參見：http://www.ukba.homeoffice.gov.uk/sitecontent/documents/aboutus/workingwithus/mac/27-analysis-migration/02-research-projects/lse-consulting?view=Binary

41 Berdadi and Bucerius, 'Immigrants and their Children' 見前註。

42 Rumbaut, R., and Ewing, W., 'The Myth of Immigrant Criminality and the Paradox of Assimilation: Incarceration Rates among Native and Foreign-Born Men', American Immigration Law Foundation, 2007. 參見：http://www.immigrationpolicy.org/sites/default/files/docs/Imm%20Criminality%20(IPC).pdf

43 同上註。

44 Berdadi and Bucerius, 'Immigrants and their Children' 見前註。

45 'Crime Stats Show D.C. Leads Nation In Per Capita Marijuana Arrests' in *Washington City Paper*, 13 October 2010. 參見：http://www.washingtoncitypaper.com/articles/39580/dc-leads-nation-in-per-capita-marijuana-arrests-crime-stats

46 例如：可參見Clarkson, B., 'A blow against racism: Student strikes back after being hit, taunted -- and finds himself charged with assault' in Sun News Canada, 28 April 2009. 於：http://www.torontosun.com/news/canada/2009/04/28/9272411-sun.html

47 可參照下列，其中對於排拒所造成的反應舉出了許多例證，並作成摘要：Richman, L. and Leary, M., 'Reactions to Discrimination, Stigmatization, Ostracism, and Other Forms of Interpersonal Rejection: A Multimotive Model', Psychological Review, vol. 116, no. 2, April 2009, pp. 365–83. 參見：http://www.ncbi.nlm.nih.gov/pmc/articles/PMC2763620/A Multimotive Model', *Psychological Review*, vol. 116, no. 2, April 2009, pp. 365–83. 參見：http://www.ncbi.nlm.nih.gov/pmc/articles/PMC2763620/

48 同上註。

49 同上註。

50 'Immigration: migrants in their own words' in the *Telegraph*, 3 April 2008. 參見：http://www.telegraph.co.uk/news/features/3636123/Immigration-migrants-in-their-own-words.html

迷思八：我們需要更多警力？

1 Albert Camus, *The Rebel* (*L'Homme révolté*, 1951).

2 '1969: Montreal's night of terror', Canadian Broadcasting Corporation Television News Special, 8 October 1969. 參見：http://www.cbc.ca/archives/categories/politics/civil-unrest/general-27/montreals-night-of-terror.html

3 Marx, G., 'Issueless riots' in Short, J. and Wolfgang, M., *Collective Violence* (Transaction Publishers, 1972) '1969: Montreal's night of terror' 見前註。

4 同上註。

5 Hurwitz, S. and Christiansen, K., *Criminology* (George Allen and Unwin, 2nd edn 1983), pp. 177–8

6 引用自Reiner, R., 'Fewer police does not mean Christmas for criminals' in the *Guardian*, 10 March 2011. 參見：http://www.theguardian.com/commentisfree/2011/mar/10/police-crime-disorder-cuts

7 同上註。

8 'Things We Forgot to Remember: Police Strike', BBC Radio 4, 20 November 2011. 參見：http://www.bbc.co.uk/programmes/b017c8h0

9 'Brazilian police end strike in Bahia, but Rio walkout continues' in the *Guardian*, 12 February 2012. 參見：http://www.theguardian.com/world/2012/feb/12/brazilian-police-strike-bahia-rio

10 可參見Pfuhl, E., 'Police Strikes and Conventional Crime' in *Criminology*, vol. 21, issue 3, November 1983, pp. 489–504. 其中認為市的警察罷工對於十一個美國城市所通報的入室偷盜、搶劫、竊盜和汽車盜竊率，影響很有限。

11 'Now Boris Johnson says we need MORE police as cuts row intensifies' in the *Daily Mail*, 15 August 2011. 參見：http://www.dailymail.co.uk/news/article-2025883/London-riots-Boris-Johnson-says-need-MORE-police-cuts-row-intensifies.html#ixzz2pc1W71GJ

12 Orde, H., Speech at the CFA annual lecture 2012. 參見：http://www.acpo.police.uk/ContentPages/Speeches/201205SirHughOrdeCFAannuallecture.aspx

13 引用自 'Do we need more police back on our streets' in the *Daily Express*, 5 July 2008. 參見：http://www.express.co.uk/comment/haveyoursay/51215/Do-we-need-more-police-back-on-our-streets

14 Rupp, T., *Meta Analysis of Crime and Deterrence: A Comprehensive Review of the Literature*, 2008. 參見：http://tuprints.ulb.tu-darmstadt.de/1054/2/rupp_diss.pdf

15 同上註。

16 Kelling, G., Pate, T., Dieckman, D. and Brown, C., *The Kansas City Preventative Patrol Experiment: A Summary Report*, Police Foundation 1974. 參見：https://www.ncjrs.gov/pdffiles1/Digitization/42537NCJRS.pdf

17 引用自Easton., M., *Britain etc.* (Simon & Schuster, 2012)

18 Kelling, Pate, Dieckman and Brown, *The Kansas City Preventative Patrol Experiment*見前註。

19 同上註。

20 同上註。

21 Clarke, R. V. and Hough, M., *Crime and Police Effectiveness*, Home Office Research Study no. 79 (London: HMSO, 1984)

22 Boffey, D. and McClenaghan, M., 'Police take longer to respond to 999 calls as spending cuts bite' in the *Observer*, 14 July 2013. 參見：http://www.theguardian.com/uk-news/2013/jul/14/police-longer-999-callout-times

23 Sherman, L. and Eck, J., 'Policing for Crime Prevention' in Sherman, L., et al. (eds), *Evidence-Based Crime Prevention* (Routledge,

revised edn 2002)

24 '7 July Bombings: What Happened' in *BBC News Online*, 擷取自：http://news.bbc.co.uk/1/shared/spl/hi/uk/05/london_blasts/what_happened/html/russell_sq.stm

25 Draca, M., Machin, S. and Witt, R., 'Panic on the Streets of London: Police, Crime, and the July 2005 Terror Attacks', *American Economic Review*, vol. 101, no. 5, August 2011, pp. 2157–81

26 De Tella, R. and Schargrodsky, E., 'Do Police Reduce Crime? Estimates using the Allocation of Police Forces after a Terrorist Attack', *American Economic Review*, vol. 94, no. 1, March 2004, pp. 115-33.

27 Sherman, L., Gartin, P. and Buerger, M., 'Hot spots of predatory crime: routine activities and the criminology of place', *Criminology*, vol. 27, pp. 27–56

28 Sherman, L., Shaw, J. and Rogan, D., *The Kansas City Gun Experiment*: Research in brief. 參見：https://www.ncjrs.gov/pdffiles/kang.pdf

29 Gash, T., 'Modernising the Police Workforce', Institute for Public Policy Research, 2008

30 'Full text: Oliver Letwin's speech: Speech by the shadow home secretary, Oliver Letwin, to the Conservative party conference 2003' in the *Guardian*, 7 October 2003. 參見：http://www.theguardian.com/politics/2003/oct/07/conservatives2003.conservatives4

31 May, T., Home Secretary's speech to the Police Federation on 19 May 2010 in Bournemouth, Home Office, 2010. 參見：https://www.gov.uk/government/speeches/police-reform-theresa-mays-speech-to-the-police-federation

32 May, T., Speech to the Police Federation Annual Conference 2013, Home Office, 2013. 參見：https://www.gov.uk/government/speeches/home-secretary-speech-to-police-federation-annual-conference-2013

33 可參見——例如——Doyle, A., '"Cops": Television Policing as Policing Reality' in Fishman, M. and Cavendar, G. (eds), *Entertaining Crime: Television Reality Programs* (Walter de Gruyter, 1988)

34 'The Badge of Life: A Study of Police Suicides, 2008–2012'. 參見：http://www.policesuicidestudy.com/

35 Roberts, S., 'Hazardous occupations in Great Britain', *The Lancet*, vol. 360, issue 9332, August 2002, pp. 543–4

36 參見National Police Officers Roll of Honour Research Project，於：http://www.policerollofhonour.org.uk/national_roll/2001/NPORH_2001.htm

37 'Suicide policeman kills wife and sons' in the *Telegraph*, 29 August 2001, 參見：http://www.telegraph.co.uk/news/1338846/Suicide-policeman-kills-wife-and-sons.html

38 National Law Enforcement Memorial Fund, *Research Bulletin: Law Enforcement Officer Deaths: Preliminary 2013*. 參見：http://www.nleomf.org/assets/pdfs/reports/2013-End-of-Year-Preliminary-Report.pdf. 請注意本數據是最新的估計值，也與下列資料中較為精確的統計調查結果相符合，請參見 Uniform Crime Reports (2010)，於：http://www.fbi.gov/about-us/cjis/ucr/leoka/leoka-2010/summaryleoka2010.pdf

39 Davis, R. C., Jensen, C. J., Burgette, L. and Burnett, K., 'Working Smarter on Cold Cases: Identifying Factors Associated with Successful Cold Case Investigations', *Journal of Forensic Sciences*, vol. 59, 2014, pp. 375–82

40 可參見下列書中的概述：Innes, M., *Signal Crimes: Social Reactions to Crime and Disorder*, Chapter 6 (Oxford University Press, 2014)

41 '1969: Montreal's night of terror' 見前註。

42 Beaumont, P., Coleman, J. and Lewis, P., 'London riots: "People are fighting back. It's their neighbourhoods at stake"' in the *Guardian*, 10 August 2011. 參見：http://www.theguardian.com/uk/2011/aug/09/london-riots-fighting-neighbourhoods

43 Peel, R., 'Bill for Improving the Police in and near the Metropolis, 1829', 引用自 Reith, C., *A New Study of Police History* (Oliver and Boyd, 1956)

迷思九：嚴刑峻法才是嚇阻犯罪的靈丹妙藥？

1 Rousselet, L., *India and its Native Princes*, 於一八七五年在倫敦首次出版；又於二〇〇五年在新德里再版，p. 113

2 Ashcroft, M., *Public opinion and the criminal justice debate*, 2011. 參見：http://www.lordashcroft.com/pdf/03042011_crime_punishment_and_the_people.pdf

3 同上註。

4 Princeton Survey Research Associates International, 'The NCSC Sentencing Attitudes Survey: A Report on the Findings', *Indiana Law Journal*, vol. 82, issue 5 (special issue), article 14. 參見：http://www.repository.law.indiana.edu/cgi/viewcontent.cgi?article=1534&context=ilj

5 Ashcroft, *Public opinion and the criminal justice debate* 見前註。

6 'Remarks on Signing the Anti-Drug Abuse Act of 1988', 18 November 1988. 於下列網址中存取：http://www.reagan.utexas.edu/archives/speeches/1988/111888c.htm

7 Pew Center, *Time Served: The High Cost, Low Return of Longer Prison Terms*. 參見：http://www.pewstates.org/uploadedFiles/PCS_

Assets/2012/Pew_Time_Served_report.pdf

8 Bureau of Justice Statistics, *National Prisoner Statistics and Survey of Jails.* 數據可參見：http://www.bjs.gov/index.cfm?ty=pbdetail&iid=4843

9 Hitchens, C., 'What happened to punishment' in the *Daily Mail*, 18 February 2001. 參見：http://www.dailymail.co.uk/columnists/article-124919/What-happened-punishment.html

10 International Centre for Prison Studies, *World Prison Brief: England and Wales.* 參見：http://www.prisonstudies.org/country/united-kingdom-england-wales

11 Pew Center, *Time Served*見前註。

12 例如：可參照'Tapio Lappi Seppälä speech to The Jesuit Center for Faith and Justice', Ireland, 2012. 參見：http://www.youtube.com/watch?v=W-a0RI8uatQ

13 出自作者對塔皮奧．拉比-塞佩萊的訪談，於二〇一四年四月一日進行。

14 同上註。

15 'Tapio Lappi Seppälä speech to The Jesuit Center for Faith and Justice'見前註。

16 Hodge, W., 'Finnish Prisons: No Gates or Armed Guards' in *The New York Times*, 2 January 2003. 參見：http://www.nytimes.com/2003/01/02/international/europe/02FINL.html

17 'Tapio Lappi Seppälä speech to The Jesuit Center for Faith and Justice'見前註。

18 Taken from Tapio Lappi-Seppälä, speech to the Jesuit Cent for Faith and Justice, Ireland, 2012. For the Nordics, the crime data is 'crimes against criminal codes excluding traffic offences (for those Nordic countries that had traffic offences in their criminal codes)'. Prisoner numbers are the annual average number of prisoners held in penal. Data is compiled from H. von Hofer, T. Lappi-Seppälä and L. Westfelt, *Nordic Criminal Statistics 1950-2010: Summary of a Report*, 8th revised edition, Stockholms universitet, Kriminolgiska institutionen, 2012.

19 Taken from Tapio Lappi-Seppälä, speech to the Jesuit Center for Faith and Justice, Ireland, 2012. For Scotland, crimes are 'crimes', not 'offences' (which are treated summarily). Data is from Scottish official statistics and draw on the work of Alec Spencer in A. Spencer, *Rethinking Imprisonment in Scotland: The Dilemma for Prison Reform and the Challenges Beyond*, 2007: http://www.gov.scot/resource/doc/1102/0056826.pdf.

20 出自作者對塔皮奧．拉比-塞佩萊的訪談，於二〇一四年四月一日進行。

21 Webster, C. and Doob, A., 'Punitive Trends and Stable Imprisonment Rates in Canada' in Tonry, M. (ed.), *Crime, Punishment and Politics* (University of Chicago Press, 2007)

22 Johnson, D., 'Crime and Punishment in Contemporary Japan' in Tonry, 同上註。

23《恐嚇從善》（*Scared Straight*），1978。由阿諾德·夏皮羅（Arnold Shapiro）執導的紀錄片。其節錄片段可見：http://www.youtube.com/watch?v=AKzcvmM47TY

24 同上註。

25 Petrosino, A., Turpin-Petrosino, C. and Buehler, J., '"Scared Straight" and other juvenile awareness programs for preventing juvenile delinquency' in *Cochrane Database of Systematic Reviews* 2002, issue 2, art. no. CD002796. DOI: 10.1002/14651858.CD002796. 於二〇〇四年更新，可於下列網址存取：file:///C:/Users/gasht/Downloads/Scared%20Straight_R.pdf

26 Coleman, A., 'Three strikes may be out' in *Pasadena Weekly*, 2006. 參見：http://da.lacounty.gov/pdf/3strikesPasadenaWeekly.pdf

27 Schwarzenegger, A., 2003 Gubernatorial campaign website, JoinArnold.com, 29 August 2003

28 Bazelon, E., 'Arguing Three Strikes' in *The New York Times*, 21 May 2010. 參見：http://www.nytimes.com/2010/05/23/magazine/23strikes-t.html?pagewanted=all

29 Helland, E. and Tabarrok, A., 'Does Three Strikes deter? A Non-Parametric Estimation' http://www.threestrikes.org/ThreeStrikesATaba.pdf

30 同上註。

31 'I'd Rather be Hanged for a Sheep than a Lamb: The Unintended Consequences of California's Three Strikes Law', American Law and Economics Association Annual Meeting, New York University (May 2005), Harvard University (October 2007), APPAM Annual Meeting (November 2007), Harvard Law School (2008) Yale Law School (May 2008)

32 布克惠森（Buikhuisen）於一九七四年的研究，引用自Beyleveld, D., 'Deterrence Research as a Basis for Deterrence Policies', *Howard Journal of Criminal Justice*, vol. 18, issue 3, 1979

33 Digest 4, 'Attrition Through the Criminal Justice System', Home Office, 1999

34 此段關於監獄的描述，擷取自G. Mitchell（製作人）的電視影集《嚴密封鎖》（*Lockdown*，也被稱為《美國最難以突破的監獄》〔*America's Hardest Prisons*〕）的第一集〈黑社會〉（Gangland），二〇〇七年於國家地理頻道（National Geographic Channel）播放，另也擷取自J. West（製作人）為雜誌《瓊斯夫人》（*Mother Jones*）所拍攝的紀錄影片《無路可出》（*No Way Out*），二〇一二年十月十八日。參見：http://www.motherjones.com/politics/2012/10/video-shane-bauer-solitary

35 California Department of Corrections and Rehabilitation, Pelican Bay State Prison. 參見：http://www.cdcr.ca.gov/Facilities_Locator/PBSP.html

36 Hitchens, 'What happened to punishment' 見前註。

37 Human Rights Watch, *US: Teens in Solitary Confinement*, 28 November 2012. 參見：https://www.youtube.com/watch?v=i7hynBLs1fU

38 G. Mitchell, producer, 'Gangland' 見前註。

39 同上註。

40 同上註。

41 可參見例如比森特・加西亞（Vicente Garcia）的證詞，於Leithead, A., 'Are California's prison isolation units torture?' in *BBC News Los Angeles*, 11 December 2013. 參見：http://www.bbc.co.uk/news/world-us-canada-25243002

42 例如：可參見Poole, E. and Regoli, R., 'Violence in Juvenile Institutions: A Comparative Study', *Criminology*, vol. 21, issue 2, May 1983; Mears, D. et al., 'The Code of the Street and Inmate violence: Investigating the salience of imported belief systems', *Criminology*, vol. 51, issue 3, June 2013

43 Briggs, C., Sundt, J. and Castellano, T., 'The Effect of Supermaximum Security Prisons on Aggregate Levels of Institutional Violence', *Criminology*, vol. 41, issue 4, March 2006

44 同上註。

45 Mears, D. and Bales, W., 'Supermax Incarceration and Recidivism', *Criminology*, vol. 47, issue 4, December 2009

46 Nagin, D. and Snodgrass, G., 'The Effect of Incarceration on Re-offending: Evidence from a Natural Experiment in Pennsylvania', *Journal of Quantitative Criminology*, vol. 29, issue 4, February 2013

47 對於「特殊威嚇作用」的證據所作的精闢摘要，可參見Nieuwbeerta, P., Nagin, D. and Blokland, A., 'Assessing the Impact of First-Time Imprisonment on Offenders' Subsequent Criminal Career', *Journal of Quantitative Criminology*, vol. 25, issue 3, September 2009, pp. 227–57

48 Pisa, N., 'Italian prisoners freed in amnesty go on the rampage' in the *Telegraph*, 6 August 2006. 參見：http://www.telegraph.co.uk/news/1525746/Italian-prisoners-freed-in-amnesty-go-on-the-rampage.html

49 Hooper, J., 'Italy crime spree blamed on amnesty' in the *Guardian*, 3 November 2006. 參見：http://www.theguardian.com/world/2006/nov/03/italy.topstories3

50 Pisa, 'Italian prisoners freed in amnesty go on the rampage' 見前註。

51 Hooper, 'Italy crime spree blamed on amnesty' 見前註。

52 此處的所有數據都來自於（或以此為根據進行計算）Italian National Institute of Statistics (Istat), *Italy in Figures*，不同年份。參見：http://www.istat.it/en/archive/30344

53 例如：可參見Buonanno, P. and Raphael, S., 'Incarceration and Incapacitation: Evidence from the 2006 Italian Collective Pardon', *American Economic Review*, vol. 103, no. 6, October 2013, pp. 2437–65

54 Stanford Law School Three Strikes Project, *Progress Report: Three Strikes Reform (Proposition 36)*, Stanford Law School Three Strikes Project and NAACP Legal Defense and Education Fund, 2013. 參見：http://www.law.stanford.edu/sites/default/files/child-page/441702/doc/slspublic/Three%20Strikes%20Reform%20Report.pdf

55 同上註。

56 Spelman, W., 'The Limited Importance of Prison Expansion' in Blumstein, A. and Wallman, J. (eds), *The Crime Drop in America* (Cambridge University Press, 2006)

迷思十：江山易改，本性難移？

1 Compton Burnett, I., *More Women than Men* (Eyre & Spottiswoode, [1933] 1951), p. 54

2 Wilde, O., *The Soul of Man Under Socialism*, in *The Complete Works of Oscar Wilde*, Kindle版本，2010

3 本段敘述和引用均來自一個倫敦的智庫「改革」（*Reform*）於二〇一三年五月三十一日所辦的活動。引用是根據速記寫下的筆記，但皆盡到最大的努力確保其正確性。

4 我這個推論是根據以下數據的匯整：英國的獲釋囚犯在兩年內又被判罪的機率超過百分之五十，美國有好幾十年的時間，獲釋囚犯在兩年內又被逮捕的機率超過百分之六十，而澳洲則有超過三分之一的囚犯會在出獄後兩年內又重新回到監獄中，還有其他許多人必須重新接受矯正制裁。下列文獻可以確認此數據的正確性：Langan, P. and Levin, D., *Recidivism of Prisoners Released in 1994* (US Department of Justice, 2002); Payne, J., *Recidivism in Australia: Findings and Future Research* (Australian Institute of Criminology, 2007). 我們必須承認：其實並沒有足夠可靠的方式可以比較不同國家的再犯率，因為不同國家用來評估再犯率和再度判罪率的方式實在差異過大。可參見Fazel, S. and Wolf, A., *A Systematic Review of Criminal Recidivism Rates Worldwide: Current Difficulties and Recommendations for Best Practice* (PLoS One, 2015).

5 在英國，被交付青少年保護管束的犯罪者中，大約有百分之七十五會在一年之內又再犯。*Breaking the Cycle: Effective*

Punishment, Rehabilitation and Sentencing of Offenders (Ministry of Justice, 2010).

6 Grayling, C., 'Speech by Lord Chancellor and Secretary of State for Justice Chris Grayling MP on the current state of crime and ways to improve rehabilitation', 20 November 2012, 參見：https://www.gov.uk/government/speeches/rehabilitation-revolution-the-next-steps

7 Godwin, R., 'Meet me at the prison gates: how mentoring can give hope and help – and save the taxpayer billions' in the *Evening Standard*, 26 February 2013, 參見：http://www.standard.co.uk/lifestyle/london-life/meet-me-at-the-prison-gates-how-mentoring-can-give-hope-and-help-and-save-the-taxpayer-billions-8511279.html

8 同上註。

9 依結果決定報酬，原本的目的是要吸引私人投資者，但是不會有什麼人願意拿一筆現金出來，所以如果是必須先行出資的投資，大部分都只好由大樂透（Big Lottery）提供資金。Disley, E. and Rubin, J., *Phase 2 report from the payment by results Social Impact Bond pilot at HMP Peterborough* (Ministry of Justice, 2014), 參見：https://www.gov.uk/government/uploads/system/uploads/attachment_data/file/325738/peterborough-phase-2-pilot-report.pdf

10 *Payment-by-results pilots on track for success* (Ministry of Justice,7 August 2014): https://www.gov.uk/government/news/payment-by-results-pilots-on-track-for-success

11 同上註。

12 同上註。

13 Barrett, D., 'Controversial scheme to cut reoffending misses key target: Government praises "promising" results but project fails to hit target to cut reoffending by 10 per cent' in the *Telegraph*, 7 August 2014, 參見：http://www.telegraph.co.uk/news/uknews/crime/11019027/Controversial-scheme-to-cut-reoffending-misses-key-target.html

14 *Uncorrected Transcript of Oral Evidence: Policing largescale disorder*, 2011: http://www.publications.parliament.uk/pa/cm201012/cmselect/cmhaff/uc1456-i/uc145601.htm

15 Full Fact, 'Boris Johnson corrected over youth reoffending figures' in *Full Fact*, 21 October 2011, 參見：https://fullfact.org/blog/boris_johnson_crime_youth_reoffending_justice-3055

16 Probono Economics, *St. Giles Through the Gate Analysis*, 2010, 參見：https://www.frontier-economics.com/documents/2009/12/st-giles-trust-through-the-gates-frontier-report.pdf

17 Olah, N., 'Dylan Dufus vs Shabba', *Dazed and Confused Magazine*. 這次訪談是在二〇一三年進行的，但是沒有記錄下確切的日期。

18 Carlsson, C., ‘Using Turning Points to Understand Desistance from Crime’, *British Journal of Criminology*, vol. 52 (2012)

19 同上註。

20 同上註。

21 同上註。

22 同上註。

23 Maruna, S., ‘Desistance and Development: The Psychosocial Process of “Going Straight”’ in Brogan, M. (ed.), *The British Criminology Conferences: Selected Proceedings*, vol. 2 (British Society of Criminology, 1999)

24 出自作者的筆記，來自於「改革」（*Reform*）於二〇一三年五月三十一日所辦的活動。引用是根據速記寫下的筆記，但皆盡到最大的努力確保其正確性。

25 對於染有毒癮的犯罪者所作的研究中，尤其可以清楚的看到這種效果。McIntosh, J., Bloor, M. and Robertson, M., ‘Drug treatment and the achievement of paid employment’, *Addiction Research and Theory*, vol. 16, no. 1, pp. 27–45.

26 Stromberg, P., ‘Ideological language in the transformation of identity’, *American Anthropologist*, 92, 42–56

27 Maruna, S., Wilson, L., and Curran, K., ‘Why God Is Often Found Behind Bars: Prison Conversions and the Crisis of Self-Narrative’, *Research in Human Development*, vol. 3 (Lawrence Erlbaum Associates Inc., 2006) , pp. 161–84

28 出自作者的筆記，來自於「改革」（*Reform*）於二〇一三年五月三十一日所辦的活動。引用是根據速記寫下的筆記，但皆盡到最大的努力確保其正確性。

29 Carlsson, C., ‘Using Turning Points to Understand Desistance from Crime’, *British Journal of Criminology*, vol. 52 (2012)

30 Bersani, B., Laub, J. and Nieuwbeerta, P., ‘Marriage and Desistance from Crime in the Netherlands: Do Gender and Socio-Historical Context Matter?’, *Journal of Quantitative Criminology*, vol. 25, no. 3 (Springer, 2009), pp. 3–24. 也可參見Sampson R., Laub, J. and Wimer, C., ‘Does marriage reduce crime? A counterfactual approach to within individual causal effects’, *Criminology*, vol. 44, pp. 465–508

31 出自作者對於參訪施洛普郡的威羅丁（Willowdene）公益農場的記憶。

32 Pitney, N., ‘Nothing Stops A Bullet Like A Job’, *Huffington Post*, 24 September 2015, 參見：http://www.huffingtonpost.com/entry/greg-boyle-homeboy-industries-life-lessons_56030036e4b00310edf9c7a4

33 Giordano, P., et al., ‘Gender, Crime, and Desistance: Toward a Theory of Cognitive Transformation’ in Humphrey, J. and Cordella, P. (eds), *Effective Interventions in the Lives of Criminal Offenders* (Springer, 2014)

34 Del Barco, M., ‘Priest’s Answer To Gang Life Faces Hard Times’, 21 May 2010, *NPR*, 參見：*http://www.npr.org/templates/story/story.php?storyId=127019188*

35 Farrall, S. and Calverley, A., *Understanding desistance from crime*, Crime and Justice Series (Open University Press, 2006)

36 Giordano et al., ‘Gender, Crime, and Desistance’ 引用自同前註。

37 同上註。

38 同上註。

39 出於與加州大學洛杉磯分校（UCLA）的喬雅・希普（Jorja Heap）教授以電子郵件通信所得的資料，希普教授是一本關於「好朋友」企業模式的專書（即將出版）的主要調查者和作者。

40 出自作者的筆記，來自於「改革」（*Reform*）於二〇一三年五月三十一日所辦的活動。引用是根據速記寫下的筆記，但皆盡到最大的努力確保其正確性。

41 http://www.wsipp.wa.gov/About

42 Washington State Institute of Public Policy, *Inventory of Evidence-Based and Research-Based Programs for Adult Corrections* (Washington State Institute of Public Policy, December 2013), 參見：http://www.wsipp.wa.gov/ReportFile/1542/Wsipp_Inventory-of-Evidence-Based-and-Research-Based-Programs-for-Adult-Corrections_Final-Report.pdf

43 同上註。

44 同上註。

45 以英國為例，現在從獄中獲釋的人，可以優先申請政府對長期失業者所提供的「工作計畫方案」（Work Programme Scheme）。

46 Rutter, J., *What works in government – lessons from the other Washington*, 30 April 2012, Institute for Government, 參見：http://www.instituteforgovernment.org.uk/blog/4394/what-works-in-government-%E2%80%93-lessons-from-the-other-washington/

47 出自作者的筆記，來自於「改革」（*Reform*）於二〇一三年五月三十一日所辦的活動。引用是根據速記寫下的筆記，但皆盡到最大的努力確保其正確性。

迷思十一：改革不激進就無法降低犯罪率？

1 Arthur Conan Doyle, ‘A Scandal in Bohemia’, in *The Adventures of Sherlock Holmes* (George Newnes, 1982).

2 這段敘述是根據 Summers, C., ‘Victims of “transferred malice”’ in *BBC News Website.* 參見：http://news.bbc.co.uk/1/hi/england/

west_midlands/4010485.stm#summers，以及McLagen, G., *Guns and Gangs: The Inside Story of the War on our Streets* (Alison & Busby, 2006)

3 Blunkett, D., 引用自 'Blunkett targets gangster gun culture' in *BBC News Online*, 6 January 2003. 參見：http://news.bbc.co.uk/1/hi/uk_politics/2632343.stm

4 May, T., 引用自 'Press Release: Radical reforms for police announced', 26 July 2010. 參見：https://www.gov.uk/government/news/radical-reforms-for-police-announced

5 同上註。

6 關於《每日郵報》的讀者對於青少年犯罪者的觀點，或是如何處置他們的看法，在下列文章中有一個很有趣的分析：Arnett, G., 'What do Daily Mail commenters think about young criminals?' in the *Guardian* datablog, 27 May 2013. 參見：http://www.theguardian.com/news/datablog/2013/may/27/daily-mail-comments-criminals-interactive

7 Townsend, M. and Davies, C., 'Mystery of the stolen Moore solved: Bronze sculpture worth ￡3m was melted down and sold off as scrap for just ￡1,500, say police' in the *Guardian*, 17 May 2009. 參見：http://www.theguardian.com/artanddesign/2009/may/17/henry-moore-sculpture-theft-reclining-figure

8 *Metal theft, England and Wales, financial year ending March 2013*, Home Office, 28 November 2013. 參見：https://www.gov.uk/government/publications/metal-theft-england-and-wales-financial-year-ending-march-2013/metal-theft-england-and-wales-financial-year-ending-march-2013

9 關於美國人擁有汽車的狀況，可在下列資料中找到：US Department of Energy *Transportation Energy Data Book*, Chapter 8, Table 8.5. 參見：http://www-cta.ornl.gov/data/chapter8.shtml

10 這是根據聯邦調查局的逮捕數據和美國人口普查局（US Bureau of the Census）的人口資料換算得來的，引用自：'The growth in juvenile motor vehicle theft arrest rates that began in 1984 was erased by 1999', *Juvenile Offenders and Victims, National Report Series,* December 2001. 參見：https://www.ncjrs.gov/html/ojjdp/nrs_bulletin/nrs_2001_12_1/page14.html

11 關於澳洲在一九八〇年代汽車竊盜的模式，在下列資料中有完好的整理：*Exploring Motor Vehicle Theft in Australia: Trends and Issues in Criminal Justice*, no. 67, February 1997. 英國的模式可見下列：*Crime in England and Wales*（Home Office，不同年份）。

12 *Crime in England and Wales*, 見前註，不同年份。

13 引用自Gladwell, M., 'Drinking Games: How much people drink may matter less than how they drink it' in *The New Yorker*, 15 February 2010. 參見：http://www.newyorker.com/magazine/2010/02/15/drinking-games

14 同上註。

15 關於為何發生以及如何解決與酒精相關的暴力，下列為最嚴謹（且來自實證）的研究之一，請參見Graham, K. and Homel, R., *Raising the Bar: Preventing Aggression in and Around Bars, Pubs and Clubs* (Willan, 2012)

16 針對社會上還沒有完全被我們檢視過的的暴力角色和成因，已有各種研究作出一般性的理論。對於暴力概括解釋的一般性論調，可能包括社會角色的重要性（例如：可參見Athens, L., 'Violent Encounters: Violent Engagements, Skirmishes, and Tiffs', *Journal of Contemporary Ethnography*, vol. 34, 2005）和當前環境的重要性（例如：可參見Tedeschi, T., Felson, R. and Wessells, M., *Violence, Aggression, and Coercive Actions* (American Psychological Association, 1994）。

17 *Bouncers*, Series 2, Episode 1, shown on Channel 4, 擷取自：https://www.youtube.com/watch?v=rVbvyPrb7Hc

18 Office for National Statistics, *Smoking and drinking among adults*, 2009, p. 61

19 Prior, N., 'Award for drink-violence project' in *BBC News Online*, 18 November 2009. 參見：http://news.bbc.co.uk/1/hi/wales/8367316.stm

20 Shepherd, J., *Effective NHS Contributions to Violence Prevention: The Cardiff Model* (Cardiff University, 2007), p. 10

21 同上註。

22 同上註。

23 出自作者所作的訪談，二〇一四年五月十七日於倫敦進行。

24 有關發給許可證的限制清單，請參見*Scrap metal dealer licence* (*England and Wales*). 於：https://www.gov.uk/scrap-metal-dealer-registration, 最後一次更新日期為二〇一四年六月二十七日。

25 SelectaDNA, 'Thames Valley Police Take the Shine off Metal Theft', January 2009. 參見：https://www.selectadna.co.uk/news/thames-valley-police-metal-theft

26 Leedham, E., 'Scrap Metal Dealers Bill comes into effect' in *Resource*, 1 October 2013. 參見：http://resource.co/materials/article/scrap-metal-dealers-bill-comes-effect

27 Eau Claire Police Department, Detective Division, 'The Eau Claire, Wisconsin Metal Theft Initiative', 2008. 參見：http://www.popcenter.org/library/awards/goldstein/2009/09-01.pdf

28 出自作者所作的訪談，二〇一四年五月十七日於倫敦進行。

29 National Insurance Crime Bureau, 'Hot Wheels: America's 10 Most Stolen Vehicles', 18 August 2014. 其他詳細資料可於下列網址存取：https://www.nicb.org/newsroom/nicb_campaigns/hot%E2%80%93wheels/hot-wheels-2013#States

30 同上註。

31 同上註。

32 參見Honest John, 'Car Crime Census 2013: Top 10 most stolen cars'. 誠實約翰（Honest John）是《電訊報》的新聞專欄作家，他會為讀者提供建議和其他服務（包括保險）。他們用來確定什麼車最常被偷的方法，是目前可以拿到的資料中最強大的方法之一，即以個人向所有英格蘭和威爾斯的警察單位提出要求。可參見：http://www.honestjohn.co.uk/crime/top-10s/top-10-most-stolen-cars/?image=6，此為最常遭竊的汽車詳細資料，以及http://www.honestjohn.co.uk/crime/insight-and-analysis/car-crime-census-methodology/，此為方法論。

33 同上註。

34 關於竊賊如何偷車的數據，無可避免的是根據拼湊而來，不過保險公司（像是Confused.com）的報告中也有提到這樣的趨勢。例如：可參見Avery, L., 'Avoid stolen car keys by securing your home', 於二〇一四年八月二十五日擷取。參見：http://www.confused.com/car-insurance/archive/avoid-stolen-car-keys-by-securing-your-home

35 Klein, A. and White, J., 'Car theft tamed by technology, aggressive police work' in *The Washington Post*, 23 July 2011. 參見：http://www.washingtonpost.com/local/car-theft-tamed-by-technology-aggressive-police-work/2011/07/22/gIQAnCbrVI_story.html

36 Laycock, G., 'The UK Car Theft Index: An Example of Government Leverage', *Crime Prevention Studies*, vol. 17, 2004, pp. 25–44. 參見：http://www.docstoc.com/docs/120818681/Gloria-Laycock-THE-UK-CAR-THEFT-INDEX-AN-EXAMPLE-OF-GOVERNMENT

37 同上註。

38 Southall, D., Ekblom, P. and Laycock, G., *Designing for Vehicle Security: Towards a Crime-free Car*, Home Office Crime Prevention Unit, 1985

39 Laycock, 'The UK Car Theft Index: An Example of Government Leverage' 見前註。

40「汽車竊案索引」的範例可以參見Home Office Communication Directorate, *Car Theft Index 2004*, Home Office, December 2004. 於：https://www.gov.uk/government/uploads/system/uploads/attachment_data/file/119342/Car_Theft_I_041.pdf

41 Laycock, 'The UK Car Theft Index: An Example of Government Leverage' 見前註。

42 出自作者所作的訪談，二〇一四年五月十七日於倫敦進行。

43 Prior, N., 'Award for drink-violence project' in *BBC News Online*, 18 November 2009. 參見：http://news.bbc.co.uk/1/hi/wales/8367316.stm

44 Gallagher, D., Brickley, M.R., Walker, R.V. and Shepherd, J.P., 'Risk of occupational glass injury in bar staff', *Injury*, vol. 25, issue 4, May 1994, pp. 219–20

45 關於此項發現的精闢摘要，可參見Shepherd, J., 'Editorial: The circumstances and prevention of bar-glass injury', *Addiction*, vol. 93, issue 1, pp. 5–7. 於：http://www.ihra.net/files/2011/07/21/09.2_Shepherd_-_Circumstances_and_Prevention_of_Bar-Glass_Injury_.pdf

46 Shepherd, J., Huggett, R. and Kidner, G., 'Impact resistance of bar glasses', *Journal of Trauma and Acute Care Surgery*, vol. 35, issue 6, December 1993, pp. 936–8

47 同上註。

48 Prior, 'Award for drink-violence project' 見前註。

49 Shepherd, Brickley, Gallagher and Walker, 'Risk of occupational glass injury in bar staff' 見前註。

50 Shepherd, *Effective NHS Contributions to Violence Prevention*見前註。

51 Prior, 'Award for drink-violence project' 見前註。

52 同上註。

53 Welsh, B. and Farrington, D., *Effects of Closed Circuit Television Surveillance on Crime*, The Campbell Collaboration, December 2008. 衡平的證據認為監視錄影機現在設置的位置都沒有經過好好的設計，如果善加利用的話（例如評估其有效性之後再決定設置地點），成本效益一定會獲得改善。

54 Homel, R., Hauritz, M., Wortley, R., McIlwain, G. and Carvolth, R., *Preventing Alcohol-Related Crime Through Community Action: The Surfers Paradise Safety Project*, 1997. 參見：http://www.popcenter.org/library/crimeprevention/volume_07/02_homel.pdf

55 同上註。

56 例如：可參見Tedeschi, Felson and Wessells, *Violence, Aggression, and Coercive Actions* 見前註。

57 這是下列影片中的一個場景：*Bouncers*, Series 2, Episode 1, 於Channel 4播放，擷取自：https://www.youtube.com/watch?v=rVbvyPrb7Hc

58 同上註。

59 同上註。

60 同上註。

61 參見Routledge, P., 'Bouncer beats up MP' in the *Independent*, 17 November 1996; 'Jail for bouncer who headbutted MP' in the

Independent, 15 March 1997；以及Hetherington, P., 'Gangsters at the door' in the *Guardian,* 31 December 1998。於：http://www.theguardian.com/theguardian/1998/dec/31/features11.g24

62 有關保安產業協會（Security Industry Association）如何運作的詳細資訊，請參見http://www.sia.homeoffice.gov.uk/Pages/about-us.aspx。但請注意，保安產業協會現在正處於逐漸解散的過程中，或是將由另一個完全獨立於政府的機構取代。

63 出自作者所作的訪談，二〇一四年五月十七日於倫敦進行。

64 Garland, J., and Rowe, M., 'The 'English Disease' —Cured or in Remission? An Analysis of Police Responses to Football Hooliganism in the 1990s', *Crime Prevention and Community Safety: An International Journal,* Vol. 1, Issue 4, 1999, pp. 35-47

65 Benko, J., 'The Radical Humaneness of Norway's Halden Prison' in *New York Times Magazine,* 26 March 2015 參見：http://www.nytimes.com/2015/03/29/magazine/the-radical-humaneness-of-norways-halden-prison.html?_r=0

結語

1 出自作者所作的訪談，二〇一四年五月十七日於倫敦進行。

2 同上註。

3 Welsh, B. and Farrington, D., *Effects of Closed Circuit Television Surveillance on Crime*, The Campbell Collaboration, December 2008

4 出自作者所作的訪談，二〇一四年五月十七日於倫敦進行。

5 出自作者所作的訪談，二〇一四年十一月於倫敦進行。

6 出自作者所作的訪談，二〇一四年五月十七日於倫敦進行。

7 出自作者所作的訪談，二〇一四年五月十七日於倫敦進行。

8 同上註。

9 出自作者所作的訪談，二〇一四年五月十七日於倫敦進行。

10 同上註。